Otto F. Müller

Meininger Ortsnamen und Bauwerke auf Münzen und Marken

Otto F. Müller

Meininger Ortsnamen und Bauwerke auf Münzen und Marken

ISBN/EAN: 9783743659575

Hergestellt in Europa, USA, Kanada, Australien, Japan

Cover: Foto ©Andreas Hilbeck / pixelio.de

Weitere Bücher finden Sie auf **www.hansebooks.com**

Meininger Ortsnamen und Bauwerke

auf

Münzen und Marken.

Ein Abriß der Münzkunde
des Herzogthums Sachsen Meiningen

von

Otto F. Müller,

Amtsgerichtsrath in Saalfeld.

———◄━❰❒❱━►———

Meiningen.

Verein für Meiningische Geschichte und Landeskunde.

1880.

Meininger Ortsnamen und Bauwerke auf Münzen und Marken.

⸺⸱⸺

Als der Pfarrer J. Leitzmann in Tunzenhausen seinen Wegweiser auf dem Gebiete der deutschen Münzkunde geschrieben und 1869 bei G. F. Großmann in Weißensee hatte erscheinen lassen, durfte man wol den Fleiß und die Ausdauer des Verfassers rühmen und seinen Gedanken als einen glücklichen bezeichnen. Wie Leitzmann in den Zeiten, wo die deutsche Münzkunde noch wenig verbreitet war und die deutsche Münzwissenschaft erst eine kleine Schaar von Jüngern zählte, durch die Gründung seiner numismatischen Zeitung sich ein wesentliches Verdienst erworben hatte, so war auch der dem Wegweiser zu Grunde gelegte Plan, die Länder und Ortschaften Deutschlands einzeln aufzuführen, soweit sie für die Münzkunde interessant sind oder in Verbindung mit derselben stehen, ein neuer und guter, und mit Recht nimmt das Buch noch heute eine hervorragende Stellung in der Fachliteratur ein. Daß ihm mancherlei Fehler anhaften, daß das kritische und gründliche Durcharbeiten des Stoffes ebenso wie Styl und Sprache nicht überall zu loben sind, ist nicht zu leugnen, indessen dient es dem Verfasser zur Entschuldigung, daß er in kleinen, engen Verhältnissen sich bewegt hat, und in jenen Tagen zu einem wirklich wissenschaftlichen Studium der deutschen Münzkunde erst der Grund gelegt worden ist, auf dem dann die neuere Zeit weiter gebaut hat.

Wünschenswerth und für die Münzkunde werthvoll wäre eine Weiterbildung des von Leitzmann angeregten Gedankens: es sollten sich neben den bisherigen noch mehr Fachgenossen finden, die in wissenschaftlicher Form die Arbeit fortsetzten

1 *

und für die einzelnen Länder Teutschlands die Forschungen Leitzmanns prüften, nach Befinden verbesserten und ergänzten. Aber auch für die Geschichte eines Landes ist eine derartige Fortsetzung wichtig, und so mag denn meine Abhandlung als ein Versuch gelten und eine Probe sein, wie man den Gedanken Leitzmanns ausdehnen und vertiefen könnte. Ich führe alle Ortsnamen und Bauwerke im Staatsgebiet des jetzigen Herzogthums Sachsen Meiningen auf, welche auf Schau-, Denk- oder Geldmünzen und auf Marken genannt oder abgebildet sind, beschränke mich aber bei der Beschreibung soweit als irgend möglich durch Bezugnahme auf die einschlägigen Schriften, und muß bei den Marken, wie sie jetzt immer allgemeiner im geschäftlichen Verkehr, in Fabriken, Bierwirthschaften, bei Kaufleuten und Konsumvereinen eingeführt werden, von vornherein insofern wegen Unvollständigkeit meiner Abhandlung um Entschuldigung bitten, als es mir nicht möglich war, alle diese neuen Erscheinungen kennen zu lernen und demgemäß zu behandeln. Insofern wird meine Arbeit nicht erschöpfend sein, vielleicht aber finden sich Leser derselben entweder aus Interesse für die Sache oder aus Gefälligkeit für mich bereit, die vorhandenen Lücken auszufüllen und uns durch gütige Mittheilung ihrer Wissenschaft zu erfreuen.

Der Übersichtlichkeit halber wähle ich die alphabetische Ordnung, obwohl die örtliche oder geschichtliche Folge oder eine Gliederung nach den einzelnen Vor- und Darstellungen manchen wol mehr zusagen würden. Daß ich im Verlauf meiner Besprechung wiederholt auf meine, in den zu Leipzig bei C. G. Thieme erscheinenden Blättern für Münzfreunde, 1884, Spalte 1041 ff abgedruckte Abhandlung über die Münze zu Saalfeld und ihre Meister, und auf die ebenda gegenwärtig Spalte 1374 ff erscheinende Arbeit über die Münze zu Hildburghausen Bezug nehme, hat darin seinen Grund, daß mir eingehendere und umfassendere Studien nicht bekannt sind.

In würdiger Weise eröffnet den Reigen das Dorf Bibra, „der alte allodiale Stammsitz des alten in hohen, weltlichen und geistlichen Würden vielfach durch Geist und Wirksamkeit ausgezeichneten und besonders in der hennebergischen und würzburgischen Geschichte berühmten Geschlechtes." Auf den vielen Münzen, die Herren von Bibra, insbesondere die Fürstbischöfe Lorenz und Konrad von Würzburg, sowie Heinrich von Fulda schlagen ließen, sind der Orts- und Geschlechtsname nicht genannt, wol aber ist er mit „DE BIBRA" auf den Zwanzig- und Zehnkreuzerstücken zu lesen, welche auf das Begräbniß des letztgenannten Herrn 1788 vom Domkapitel des Hochstifts Fulda geschlagen worden und in Zepernick, die Kapitels- und Sedisvacanzmünzen und Medaillen, 1822, Seite 112 und 113, Tafel VII 75 beschrieben und abgebildet sind.

Ein zweites Mal wird der Name Bibra genannt auf der einseitigen Schaumünze, welche zu Ehren des am 9. Juni 1806 in Schwebheim geborenen, am 5. Juni 1878 in Nürnberg gestorbenen berühmten Schriftstellers und Reisenden

Ernst Reichsfreiherr von Bibra geprägt worden ist, und von den Herren
Dr. J. und A. Erbstein in Dresden in dem auf ihren verstorbenen Freund
geschriebenen, in der Zeitschrift für allgemeine Museologie und Antiquitäten-
kunde, 1878, S. 31 und 32 veröffentlichten Nachruf behandelt wird.

Bisher ist die Stadt Eisfeld in der Münzgeschichte nirgends genannt
worden, erst aus dem 1880 bei Mailach gehobenen und vom königl. Bau-
amtmann Herrn F. Kirchner in Freising im fünften Jahrgang der Mittheilungen der bayerischen numismatischen Gesellschaft, 1886, S. 69 ff besprochenen Münzfund hat sich ergeben, daß der von 1374—1406 regierende
Landgraf Balthasar von Thüringen auch in Eisfeld eine eigene Münzstätte
hatte, aus welcher zweiseitige silberne Halbgroschen mit „moneta in esvelt" in
Mönchsschrift auf der Rückseite, und Silberpfennige mit & uns erhalten sind,
die zum Theil an der angezogenen Stelle beschrieben und abgebildet werden, zum
Theil im königlichen Münzkabinet in München, zum Theil in der Sammlung
des als Münzforscher weitbekannten Herrn Bezirksarztes Dr. Ludwig Fikentscher
in Augsburg sich befinden. An diese hochinteressanten Stücke aus der nunmehr auf einen bedeutsamen Platz gehobenen Münzstätte schließt sich aus
neuerer Zeit die Messingmarke der Bierbrauerei Paul Weber „EISFELD" an,
welche in den in der Reichshauptstadt von Adolf Weyl herausgegebenen
Berliner Münzblättern Nr. 83 beschrieben ist und zum Bezug eines halben
Liters Bier berechtigt.

Die beiden Kupfermarken zu XXIV und zu II Kreuzern, welche 1808 von
dem damaligen Hammerwerksbesitzer G. Mylius in „FRIEDRICHSTHAL" bei
Sonneberg geschlagen worden sind, behandelt Neumann in seiner Beschreibung
der bekanntesten Kupfermünzen unter Nr. 32787 und 32788.

In Gleichamberg bestand früher das sogenannte Schrickel'sche oder
Rab'sche Freigut, es war seiner Zeit ebenso wie der Schrickels- oder Doktorshof
in Jüchsen und das Freigut im altenburgischen Dörfchen Lehnitzsch im Besitz
des in Hildburghausen geborenen und in Gotha als fürstlicher Leibarzt gestorbenen, hochgeehrten Dr. Jakob Jodokus Rab, über welchen ich in meiner
Hildburghäuser Arbeit des Näheren berichte. Der Herr war 1657 Stadt-
und Landphysikus in Römhild, 1661 im gleichen Amt in Meiningen — vergl.
die Aufzeichnung in der Meininger Chronik vom 2. November 1664 --- und
wurde 1669 als Leibmedikus nach Altenburg berufen, von wo er nach Aussterben des Herrscherhauses 1680 nach Gotha übersiedelte und dort am
11. Januar 1708 starb. Ihn feierte Christian Wermuth in Gotha 1707 durch
eine prächtige silberne Denkmünze, und auf ihr sind die Orte „GLEICHAMB.
ET IUCHSEN" sowie Lehnitzsch besonders genannt mit dem Bemerken, daß in
ihnen Rab Freihöfe besitze. Nach freundlicher Mittheilung des Herrn Pfarrer
Reiser in Jüchsen besteht der Doktorshof noch, wenn auch in geringerem

Umfang, das Schrickelsgut in Gleichamberg ist nach Brückners Landeskunde des Herzogthums Meiningen 1813 zerschlagen worden.

Auf das in früheren Jahrhunderten ergiebige Bergwerk in Glücksbrunn bei Bad Liebenstein schlug der ebengenannte Christian Wermuth in Gotha 1715 aus dem im Bergwerk gewonnenen Kupfer eine Klippe, welche jetzt sehr selten und von mir nur im Verzeichniß der Ampach'schen Sammlung Nr. 2424, und da unter den Braunschweigern, und im gothaischen Münzkabinet gefunden worden ist. Sie wird ziemlich genau beschrieben und bestimmt in Bidermann, Abhandlungen über Bergwerksmünzen, VI, Nr. 234, und trägt auf der Hauptseite die Aufschrift: GOTT | SEEGNE | VND | ERHALTE DIE GLÜCKS-BRVNNER BERGWERCKE, | WORAVS | DIS | METALL | GEWON | NEN, während auf der Rückseite ein Bergmann, mit gefüllter Erzmulde auf der linken Schulter, mit der rechten Hand den leuchtenden Drudenfuß emporhebt. Die Umschrift lautet: „D. VON GLÜCKSBRVNN | AVFGEHENDE" (d. h. Licht, welches der Bergmann trägt), im Abschnitt stehen Jahrzahl und Name des Stempelschneiders. Es hob sich in jener Zeit der Bergbau und auf diese frohe Hoffnungen bezieht sich die Klippe, welche im Geviert 24 Millimeter mißt.

Über das Bild der Kirche zu Graba bei Saalfeld bitte ich bei dieser Stadt nachzulesen.

Ebenfalls auf den Bergbau bezieht sich der Kupferpfennig des wohl 1595 verstorbenen Mansfelder Münzmeisters Berthold Meinhardt in Eisleben, welcher zu Ehren der „GREFENTALISCHEN GESELSCHAFTER" geschlagen und in Neumanns Kupfermünzen Nr. 33043, sowie in meiner Saalfelder Arbeit, Spalte 1068, behandelt ist. Wie uns Francke in der Historie der Grafschaft Mausfeld berichtet, wurde das in den Mansfelder Bergwerken gewonnene Kupfer zu Ende des 16. Jahrhunderts nach Gräfenthal gebracht und auf der dortigen Saigerhütte, der jetzigen Porzellanfabrik von Unger, Schneider und Co., gesaigert; die Gewerken, welche auch in Ernstthal und Unterneubrunn Bergbau betrieben, waren Kaufleute aus Nürnberg, zu den vornehmsten gehörte die Familie Endter oder Erckel, die auch von Keßler von Sprengseusen und in Brückners Landeskunde mehrfach erwähnt wird. Die Geschäfte gingen schlecht und wiederholt mußten die Regierungen in Altenburg und Weimar mit Vorschüssen aushelfen, darauf deutet der Münzmeisterpfennig hin.

Auch auf dem ebenso schönen als seltenen goldenen Kleinobstück des 1603 bis 1639 regierenden Grafen Max von Pappenheim, der 1621 die seiner Familie gehörige Herrschaft Gräfenthal an den Herzog Johann Philipp von S. Altenburg verkaufte, wird die Stadt „GREFENTAL" in dem Titel genannt, vergl. Verzeichniß der Ritter von Schultheß-Rechberg'schen Münz- und Medaillensammlung Nr. 5498, dagegen konnte ich nicht ermitteln, ob aus der 1622 und 1623 in Betrieb gewesenen Heckenmünzstatt zu Gräfenthal — Blätter für Münzfreunde, Spalte 1387 — Stücke hervorgegangen sind, die den Namen der Münzstätte tragen oder andeuten, und ebenso wenig konnte ich feststellen, ob der aus Gräfenthal stammende Johann Rentsch, welcher 1622 Pfalzneuburgischer Münzmeister in Gundelfingen, Höchstädt und Stockau war und übel wirthschaftete, vergl. die oben erwähnten Mittheilungen der bayerischen numismatischen Gesellschaft, S. 121, in irgend einer Weise seine Vaterstadt fachmännisch geehrt hat. Wol aber hat in neuester Zeit die Schützengesellschaft zu Gräfenthal zur Feier ihres 200jährigen Bestehens 1886 bei Lauer in Nürnberg eine zinnerne, gehenkelte Schaumünze, 38 mm Durchmesser, fertigen lassen, welche auf der Hauptseite den getheilten, mit reichen, blaugefütterten Helmdecken geschmückten Schild mit dem Wappen der Stadt Gräfenthal, darüber auf einem Band die Schrift „GRAEFENTHAL IN TH. 1686—1886", und darunter zwei gebundene Eichenzweige, auf der Rückseite aber Schützengeräthe mit der Umschrift: „ZUR ERINNERUNG AN DAS 200JÄHRIGE SCHÜTZENJUBILÄUM" (Sternchen, darunter Lauer) zeigt. Das Wappen hat im oberen Feld das zweifellos von den Grafen von Pappenheim herrührende Bild der mit einer Blattkrone geschmückten wachsenden Mohrin von vorne, welche sich mit den seitwärts gestreckten Händen auf den Schildfuß stützt, und unten den schwebenden, nach rechts schreitenden Löwen in rothem Feld; als eine Art Helm ruht auf dem Schildrand die bereits beschriebene Mohrin (vergl. Brückner, Landeskunde II, Seite 553).

Daß die Herren von Grumbach auf dem Gutshof gleichen Namens bei Breitungen gesessen haben, berichtet dasselbe Quellenwerk; ob zu diesem Geschlechte der s. Z. viel genannte Ritter Wilhelm von Grumbach gehört hat, weiß ich nicht, doch wird er als „WILHELMVS A. GRVM-BACH" auf der in Köhlers historischen Münzbelustigungen, Theil XII, S. 153 abgebildeten einseitigen Schaumünze von 1567 bezeichnet. Er besaß das zum Theil noch stehende Schloß in dem auch durch einen Münzfund bekannten Dorf Hellingen bei Heldburg. Dies Dorf war eine Zeitlang Wohnsitz des Prinzen Ludwig Friedrich von Sachsen-Hildburghausen, der als Kommandant der belagerten Stadt Braunau 1743 die selten gewordenen Braunauer Nothklippen in Gold, Silber und Blei ausgegeben hat, worüber die Hildburghäuser Abhandlung Näheres enthält.

Auf das von Herzog Heinrich von Sachsen Römhild 1701 neuaufgebaute, aber nicht mehr vorhandene Schloß Hartenburg bei Römhild hat der mehrfach angeführte Wermuth die in Tentzel, Sächsisches Medaillenkabinet, Lin. Ern. tab. 90, Nr. X abgebildete, übrigens auch in Brückners Landeskunde erwähnte silberne Schaumünze geschlagen: sie trägt das Bild des Schlosses mit dem Namen „HARTENBERG" in der Umschrift und dürfte wohl sehr selten sein.

Eine 20 Pfennig geltende Messingmarke von Paul Lachmann „HASELBACH BEI SONNEBERG" bringen die Berliner Münzblätter Nr. 83; besonderen geschichtlichen und numismatischen Werth haben die beiden Denkmünzen, auf denen die Stadt Heldburg genannt wird: die erste von 1707 ist auf die auf der Veste Heldburg erfolgte Geburt („NATVS HELDBVRGI") des späteren Herzogs Ernst Friedrich II. von S. Hildburghausen von Wermuth in Gotha geschnitten und in Tentzel a. a. O. Lin. Ern. tab. 94, Nr. VI abgebildet, die andere hat 1717 die Stadt Heldburg auf das Reformationsjubelfest ebenfalls von Wermuth schneiden lassen: „AC HELDBVRGVM IVbILAT", vergl. Kreußler, Dr. Martin Luthers Andenken in Münzen, Seite 32, Nr. III, Tafel 35, Nr. 131 und meine Hildburghäuser Abhandlung.

Einen hervorragenden Platz nehmen die Münzen der Grafen von Henne - berg und ihrer Besitznachfolger, der sächsischen Fürsten ein: von der Stamm - burg Henneberg hatte das Geschlecht seinen Namen und auf den Münzen des letzteren wird Henneberg genannt; als nach dem Aussterben des Hauses die verschiedenen sächsischen Linien die Länder übernahmen, nahmen sie neben ihrem bisherigen auch den Titel „gefürstete Grafen von Henneberg" an und bezeich - neten vielfach ihre Münzen als hennebergische. Insbesondere wurden die in den Jahren 1621 und 1622 in Schleusingen geprägten Stücke und die 1692 bis 1702 aus der Ilmenauer Ausbeute gewonnenen Münzen ganz ausdrücklich als hennebergische bezeichnet, und 1660 und 1661 besondere Denkstücke auf die Theilung der bis dahin gemeinschaftlich verwalteten Lande mit entsprechender Auf= und Umschrift geschlagen. Auch ältere Meininger Heller nennen sich henne - bergische Münze, und es hat 1844 Herzog Bernhard von Meiningen eine vom Hofgraveur und Senator Höfling in Suhl geschnittene Medaille auf das „dritte hennebergische Reformationsjubiläum" ausgegeben, welche das Brustbild des Fürsten Georg Ernst von Henneberg mit entsprechendem Titel zeigt (s. Historisch- statistisches Taschenbuch für Thüringen und Franken. Herausgegeben von L. Bechstein und G. Brückner, 1. Jahrgang, Meiningen 1844, Seite 370, 371). Ich darf hier hervorheben, daß das Wappenthier des Geschlechts in der Heraldik und auf den Münzen übel behandelt wird: bald stellt man die Henne von rechts, bald von links dar, bald hebt sie den rechten, bald den linken Fuß, mitunter ruht sie auf beiden. Naturgemäß sieht aber der Vogel nicht nach hinten sondern nach vorne, er muß also von der linken Seite und zwar nicht schreitend, sondern auf beiden Füßen stehend abgebildet werden, wie wir ihn auf den älteren Münzen stets finden. In ähnlicher Weise wird auch der sächsische Ballenschild im Gegensatz zu den älteren, richtigen Abbildungen (vergl. auch Köhlers historische Münzbelustigungen, Theil I, S. 203) oft falsch ge - geben; er leitet sich ab von dem gelben, mit fünf Ballenstockwerken versehenen askanischen Stammhaus in Ballenstädt und besteht aus goldenem Feld mit fünf schwarzen Balken, so daß also Schildhaupt und Fuß golden darzustellen sind.

Über die ältesten, von dem obengenannten Landgrafen Balthasar von Thüringen

und seinem Sohn Friedrich dem Friedfertigen auf der Münzstätte zu Hildburghausen geschlagenen Groschen, Halbgroschen, Pfennige und Heller,
welche in die Jahre 1374—1406 ff zu verweisen sind und den Namen der
Münzstatt voll ausgeschrieben mit „HILPVRGHVSEN" oder nur angedeutet tragen,
berichtete ich in meiner Hildburghäuser Arbeit, Spalte 1386 und 1387 der
Blätter für Münzfreunde, und habe ich dort auf die Untersuchungen des um
die Münzwissenschaft hochverdienten Dr. Franz Streber in München, des bereits erwähnten Bauamtmanns Kirchner, sowie auf die Sammlung Fikentscher
verwiesen. Als dann 1680 die Stadt Hildburghausen dem neuen sächsischen
Staat und seinem Fürstenhaus den Namen gab, ließen auch die Herzöge von
S. Hildburghausen den Namen ihrer Haupt- und Residenzstadt auf vielen ihrer
Münzen, insbesondere den Kupfer- und den kleinen Silberstücken, aufschlagen,
bis 1826 das Land dem Herzogthum Sachsen Meiningen einverleibt und die
von 1703 bis 1829 im Betrieb gewesene Münzstätte aufgehoben wurde. Von
den in meiner Hildburghäuser Arbeit eingehend behandelten Denk- und Schaumünzen sind besonders zu nennen das 1716 auf die Goldwäsche zu Schwarzenbrunn bei Eisfeld geprägte, in den Landeskunden von Voit und Brückner nicht
vollständig richtig beschriebene, silberne Denkstück, welches in Gold in Größe
und Schwere eines Doppeldukatens geschlagen werden sollte (in Wirklichkeit ist
es in Gold nicht ausgeprägt worden, weil es am wichtigsten, am Gold selbst
fehlte), und auf der Rückseite die Aufschrift: „DER | SCHWARTZENBRUN | GIEBT
GOLD, DERGLEICHEN BRICHT|SCHALCKAU, DAS SALTZ SCHENCKT | LINDENAU,
GOTT IST DEM | LANDE HOLD. | HILDBURGHAUS. | 1716." und die Umschrift
trägt: „AUS DER GOLDWÄSCHE — ZU SCHWARTZENBRUNN," — die von Christian
Wermuth 1724 geprägten Münzen auf das Begräbniß des Herzogs Ernst
Friedrich, auf welcher das Gymnasium akademikum und das Schloß in Hildburghausen ausdrücklich genannt sind, und auf die Obervormünderin-Landes-
regentin, die Herzogin-Wittwe Sophie („HILDBVRGHVSAE"), — die für die
Freimaurerloge in Hildburghausen von Werner geschnittene Schaumünze auf die Geburt des späteren Herzogs Joseph von S. Altenburg 1789 („S HILDBURGHAUSEN"),
— das für die Vertheidiger des Vaterlandes 1814 vom Herzog Friedrich ge-
stiftete silberne Ehrenzeichen („H. z. S. H."), — die 1817 zur Feier des Reformations-
jubelfestes der Schuljugend vom „STADTRATHE ZU HILDBURGHAUSEN"
verehrte silberne Denkmünze. — die 1882 bei der hundertjährigen Jubelfeier der
Schützengesellschaft zu „HILDBURGHAUSEN" ausgegebene, von Lauer in Nürnberg geschlagene Broncemedaille und die von demselben Meister gefertigte Bronce-
denkmünze, welche beim Lutherfest 1883 die Kesselring'sche Hofbuchhandlung in
„HILDBURGHAUSEN" veranstaltet hat. Dagegen enthalten die Denkmünzen,
welche 1886 beim 25jährigen Stiftungsfest der freiwilligen Feuerwehr zur
Vertheilung kamen, und diejenigen, welche 1883 bei den Konzerten der Hild-

burghäuser Militärmusik in London an den Kapellmeister und das Musikkorps selbst zur Auszeichnung gegeben wurden, keinerlei Hinweise auf die Stadt. Daß auf der Ausbeutemünze von 1716 auch die Stadt Schallau, das Dorf Schwarzenbrunn und das Salzwerk in Lindenau, das heutige, durch sein Bitterwasser bekannte Friedrichshall, genannt werden, macht dieses Stück für uns besonders werthvoll.

Von den Messingmarken der Gebrüder Schönau „HÜTTENSTEINACH" bei Sonneberg, „gut für ¼ Liter Petroleum", berichten die Berliner Münzblätter Nr. 83; in einer besonders eigenartigen, ja launigen Art führt sich das Dorf Judenbach bei Sonneberg ein: Als Almosenzeichen hat der damalige, inzwischen verstorbene Schultheiß Heß 1882 bei Lauer in Nürnberg 18 mm messende Marken aus einer Zinnmasse fertigen lassen, welche sich wie Silber anfassen, auch ähnlich klingen, schön und scharf gearbeitet sind und auf der mit Perlenrand versehenen Hauptseite die zweizeilige Schrift „¼ PFENNIG", darunter ein fünfspitziges Sternchen, in der Umschrift oben „GEMEINDE" und unten zwischen zwei fünfspitzigen Sternchen „JUDENBACH" tragen. Auf der Rückseite, welche keinen Perlenrand hat, ist inmitten eines am Rand entlang laufenden Kranzes von Blumenverzierungen und umgeben von vier Rosenzweigen in türkischen Schriftzeichen der Namenszug des Sultans Mahmud II. aufgeschlagen, und schreibt mir Herr Geheime Hofrath Dr. Pertsch in Gotha, den ich um Entzifferung der mir unverständlichen Schrift gebeten, darüber Folgendes: „Die Ihnen unverständliche Figur auf der Münze von Judenbach ist die sogenannte Tughra, der Namenszug des türkischen Kaisers. Sultan Murad I. (regierte 1359—89) pflegte, des Schreibens unkundig, seine Erlasse ꝛc. dadurch zu beglaubigen, daß er seine Hand — Ballen und Finger — in schwarze Farbe tauchte und auf den betreffenden Aktenstücken abdruckte, und in pietätvoller Erinnerung an diesen Vorgang haben alle folgenden Sultane bis auf den heutigen Tag ihrer Namensunterschrift die auf der Münze sichtbare, an eine Hand mit Ballen und ausgestreckten Fingern erinnernde Gestalt gegeben. Auch auf Münzen erscheinen diese Namenszüge sehr häufig, wie denn die Judenbacher Münze die directe Copie der einen Seite von einer wirklich existirenden Münze Mahmud's II. (regierte 1808—1839), des bekannten Vernichters der Janitscharen, ist. Für den oberflächlichen Beschauer nämlich sehen diese Namenszüge der verschiedenen Kaiser alle ganz gleich aus, bei genauerer Betrachtung aber sieht der Kenner, daß der Name des jeweiligen Sultans nebst dem seines Vaters in die Tughra verwebt ist; so läßt sich denn in der vorliegenden Tughra rechts unten lesen: Mahmud, Sohn des Abdal Hamid, der Zug rechts von der Tughra heißt adli „der gerechte", welches Prädikat Mahmud II. sich beilegte; auch bediente er sich desselben in seinen Gedichten als seines nom de plume . . . . Je länger und genauer ich mir die Münze ansehe, um so unzweifelhafter wird es mir, daß dieselbe sei Nachahmung, sondern eine wirkliche türkische Münze ist, deren Rückseite man umgeprägt hat. Ein Nachahmer würde die Ingbra schwerlich so vollkommen correct und stylhaft herausgebracht haben."

Anscheinend hat demnach Lauer einen in seinem Besitz befindlichen, ächten türkischen Stempel zu der Rückseite benutzt, oder aber, und das ist noch wahrscheinlicher, er hat verschlagene oder sonstige, werthlos gewordene, ächte Münzen auf der einen Seite nur umgeprägt. Die Marken, welche an einer bestimmten Stelle einzulösen waren, sind nicht mehr im Gebrauch, und danke ich es der Freundlichkeit des jetzigen Herrn Schultheißen Fischer, daß ich einige derselben für meine Sammlung erwerben konnte.

Das Dorf Jüchsen ist auf der bereits beschriebenen rabschen Denkmünze unter Gleichamberg aufgeführt; in Ramburg soll eine Kippermünze bestanden haben, aus welcher der obenerwähnte Wegweiser Stücke mit C-B zu nennen weiß; von dem Zeichen des Kriegervereins „CAMBURG" berichten die Berliner Münzblätter, Nr. 62/3, Spalte 599 und 600; reicher und besser ist Kranichfeld in der Münzkunde vertreten.

Es hatte in der Kipperzeit 1622 eine eigene Münzstätte mit dem Meister Barthel Bechstädt, der Name der Stadt selbst kommt vielfach auf Münzen vor. Bekanntlich war Kranichfeld früher in die untere und obere Herrschaft getheilt, jene gehörte eine Zeitlang den Grafen von Hohenlohe, diese den Grafen von Reuß-Plauen und von Schwarzburg, und es hatten diese Fürsten nun auch in ihre Titel den Kranichfelder Besitz aufgenommen und auf ihren Münzen sich ausdrücklich als Herren von Kranichfeld bezeichnet. Auf dem in Köhlers historischen Münzbelustigungen, Theil X, S. 385 beschriebenen und abgebildeten Thaler des Grafen Karl August von Hohenlohe und Gleichen von 1738 und dem ebenda beschriebenen und abgebildeten Begräbnißthaler seines Vaters Friedrich Eberhardt wird Kranichfeld in der Umschrift der Hauptseite mit CR angedeutet. in der von Dr. Ferdinand Fließbach 1856 herausgegebenen Münzsammlung wird auf Tafel 87, Nr. 1 ein Hohenlohischer Dukat von 1770 mit „CRAN" und unter Nr. 3 ein Thaler von 1785 mit „CRANICHFELD" abgebildet, und so finden sich von 1623 (Verzeichniß der Schulthesischen Sammlung Nr. 5125) bis 1804 (Verzeichniß der Wamboltschen Sammlung, Theil II, S. 712, Nr. 605 und 606) Doppel- und einfache Dukaten, ganze und halbe Thaler der Grafen von Hohenlohe mit C, CR, CRAN, CRANCH, CRANICH oder CRANICHFELD.

Als die Grafen von Schwarzburg Rudolstadt in Kranichfeld regierten, wurden 1630 Begräbnißthaler für den Grafen Karl Günther, und 1652 auf das Ableben seiner Wittwe, der vortrefflichen Gräfin Anna Sophie, ebenfalls Thaler und kleinere Münzen geschlagen, die im Verzeichniß Schulthes

Nr. 5643 und 5644, in Appels Repertorium zur Münzkunde des Mittelalters und der neueren Zeit Nr. 3467 und in Leitzmanns numismatischer Zeitung, 1851, S. 179 behandelt werden, den Namen Kranichfelds und außerdem den besonderen Zusatz zeigen, daß der Tod auf dem oberen Schloß dieser Stadt ("arce Kranchfelt sup") erfolgt sei.

Von den jetzigen Fürsten von Reuß, welche sogar den Kranich in ihr Wappen aufgenommen, haben in früherer Zeit die meisten größeren Münzen im Titel auch Kranichfeld aufgewiesen, und hebe ich heraus die in Köhlers historischen Münzbelustigungen, Theil IX, S. 225 und 241 abgebildeten Begräbnißthaler von 1635 und 1698, die in Madai's Thalerkabinet unter Nr. 1852 ff und die im Verzeichniß Schultheß von Nr. 5515 ab behandelten Folgen; auf den neueren Münzen fehlt der Namen Kranichfelds, welches ja nicht mehr zum Reußenland gehört.

Aus „LAUSCHA" sind uns die in den Berliner Münzblättern Nr. 83 beschriebenen messingenen Schußmarken bekannt, für das durch seine altberühmte Porzellanfabrik bekannte „LIMBACH" (auch abgekürzt „LIMB") sind wiederholt Marken ausgegeben worden. 1788 schlug der Hofcommissar Gotthelf Greiner als Gründer und erster Fabrikherr VI und IIII Kreuzermarken in Kupfer, Messing und Zinn, später kamen noch einseitige 3 Kreuzermarken hinzu und in den 50er Jahren dieses Jahrhunderts veranstaltete ein Nachkomme Greiners, der Gastwirth E. Tressel, ein Bruder des jetzigen Fabrikdirektors Viktor Tressel, zum Gebrauch für seine Gäste Messingmarken für 1 und ½ Maaß Bier. Die älteren VI, IIII und 3 Kreuzermarken beschreibt Neumann in seinen Kupfermünzen unter Nr. 32791—3. Die Biermarken werden in den Berliner Münzblättern Nr. 84 besprochen, doch fälschlich nach Chemnitz in Sachsen verwiesen, während sie nach brieflicher Mittheilung des Herrn Viktor Tressel zweifellos zu unserem Limbach gehören. Auf der Rückseite der Vier-Kreuzermarken ist das wohlgelungene Bild des alten Limbacher Wirths- und Fabrikhauses zu ersehen, welches ja auch dadurch merkwürdig ist, daß die hintere Dachrinne das Wasser in die Schwarza und das Elbgebiet, die vordere aber in die Grümpen und das Maingebiet abgibt (s. Brückner, Meininger Landeskunde II. Seite 476). Daß der auf den Sechskreuzermarken von 1788 ersichtliche dreiblättrige Kleestängel irrthümlicher Weise von manchen auf die drei Fabriken Greiners in Limbach, Breitenbach und Veilsdorf bezogen wird, während die letztgenannte doch erst 1797 kurz vor Greiners Tod in den Besitz seiner Familie gekommen ist, habe ich in meiner Hildburghäuser Arbeit hervorgehoben.

Inwiefern Lindenau vertreten ist, zeigte ich oben bei der unter Hildburghausen behandelten Ausbeutemünze; wie zu diesem Stück hoffnungsvolle Freude die Veranlassung gewesen, so gab auch dem Amt Maßfeld, dessen

Mittelpunkt das Schloß zu Untermaßfeld war, die im ganzen Land mit lautem Jubel begrüßte Vermählung des Herzogs Karl von S. Meiningen mit der Prinzessin Luise von Stolberg-Gedern willkommene Gelegenheit, 1780 durch Veranstaltung einer in Gold, Silber und Kupfer abgeschlagenen Denkmünze seine Theilnahme zu bethätigen; das Stück ist in Daßdorf, numismatisch-historischer Leitfaden, Nr. 2564 beschrieben, auch im Meininger Münzkabinet befindlich und nennt sich ausdrücklich „ein Denkmal von treuem Amt „„MASFELD"".

Wie Hildburghausen, so gab auch die Stadt Meiningen 1680 dem neubegründeten Staat, dessen Herzog hierher seinen Wohnsitz verlegte, den Namen und wird sie in Folge davon auf den Münzen dieses Staats im Titel des Landesherren aufgeführt; in ihr ward auch eine kleine, bescheidene Münzstätte errichtet, welche mit vielen Unterbrechungen etwa bis 1763 im Betrieb war, und außerdem hat die Stadt selbst entsprechend ihrer Bedeutung mancherlei Denkmünzen prägen lassen. Zunächst sind aus der langen Reihe der herzoglichen Münzen hervorzuheben die 1692 von Herzog Bernhard I. bei der Einweihung der zur heiligen Dreifaltigkeit benannten Schloßkirche in Meiningen*) ausgegebenen, in Tentzel, Sächsisches Medaillenkabinet, Tafel 87, Nr. IV und V abgebildeten Doppel- und einfachen Dukaten, Thaler und Groschen, allesammt auf der Rückseite mit der Ansicht des Schlosses geschmückt. Außerdem war bereits 1690 eine mit vermuthlichen Stempeln vom Meininger Münzmeister J. G. Sorberger geprägte, große Silbermedaille mit den Brustbildern des fürstlichen Paares und mit derselben Ansicht des Schlosses erschienen, welche bei Aufsetzen des Knopfes auf den Schloßkirchthurm in jenen miteingelegt worden ist und sich bei Tentzel a. a. O. Nr. VI behandelt findet.

Ein weiteres gleich schönes und interessantes Stück ist die auch als Begräbnißthaler des Herzogs Bernhard I. beim Ableben dieses Herrn 1706 geprägte und in Tentzel a. a. O., Tafel 88, Nr. IV ersichtliche Denkmünze: auf ihrer Rückseite sind die Städte Meiningen und Coburg mit ihren Schlössern und Kirchen, den Flüssen Werra und Itz und mit den, für das Verständniß allerdings nothwendigen Unterschriften „Meiningen—Coburg" abgebildet,

---

*) Als Herzog Bernhard I. in Ichtershausen seine Residenz aufschlug, erbaute er zu Ehren seiner ersten Gemahlin Marie Hedwig von Hessen-Darmstadt die Marienburg; nach seiner Übersiedelung nach Meiningen begann er mit dem Bau des neuen Schlosses, welches er zu Ehren seiner zweiten Gemahlin Elisabeth Eleonore von Braunschweig-Wolfenbüttel, der Wittwe des Herzogs Johann Georg von Mecklenburg-Mirow, die Elisabethenburg nannte. — Das alte Schloß wurde vom obenaufgeführten Bischof Lorenz von Würzburg erbaut und 1511 fertig. Die in demselben Jahr geprägte prachtvolle Silbermünze des Bauherrn (Madai a. a. O. Nr. 901) nimmt indessen keinen Bezug auf diese Thatsache.

wobei Meiningen schlechter weggekommen und entschieden stiefmütterlich behandelt worden ist.

Von einer Aufzählung der Ordenszeichen, der anderen Denk- und Schaumünzen und der eigentlichen Geldmünzen, auf denen allen der Name der Stadt ersichtlich *) ist, glaube ich absehen zu dürfen, nur der von Helfricht bei der Vermählung des Erbprinzen Georg 1850 geprägten Medaille gedenke ich noch und der Schaumünze, welche Herzog Georg II. 1881 zur Erinnerung an das 1000. Gastspiel seines Hoftheaters in der königlichen Münze zu München mit den von J. Ries geschnittenen Stempeln prägen ließ. Sie wird erwähnt im hannöverschen numismatisch-sphragistischen Anzeiger, 1882, S. 29, mißt 44 mm und wiegt in Silber 45 Gramm. Abgesehen von dem störenden Stempelfehler in der achten Zeile der Rückseite ist es eine schöne Arbeit: auf der Hauptseite das gekrönte Balkenschild zwischen zwei Eichenzweigen, um die sich ein Band mit der Aufschrift „FIDELITER | ET | CONSTANTER" schlingt, auf der Rückseite in einem dichten Lorbeerkranz die Inschrift:

„ZUR | ERINNERUNG | AN DIE | TAUSEND'STE | GASTVORSTELLUNG | DES
SACHSEN- | MEININGEN'SCHEN | HOFTHEATERS | AM 10 OCTOBER | 1881"

Aus der Stadt Meiningen sind mehrere, ihren Namen tragende Münzen

---

*) Insbesondere sind in dieser Beziehung zu erwähnen die Schaumünze auf die Erwählung der Prinzessin Elisabeth Ernestine Antonie zur Äbtissin von Gandersheim 1713, das Stück auf die Einigkeit der drei fürstlichen Brüder Ernst Ludwig, Friedrich Wilhelm und Anton Ulrich 1707, die große Prachtmedaille auf das Begräbniß des Herzogs Ernst Ludwig I. (von C. Wermuth in Gotha), die beiden Münzen auf seine erste Gemahlin Dorothea Marie von S. Gotha und die Nummern auf die Geburten ihrer Prinzen; die meisten dieser Stücke befinden sich im Meininger Münzkabinet und werden auch von Tentzel und Taßdorf behandelt. Der Einigkeitsthaler ist zudem die einzige Münze, auf der die Herzöge Friedrich Wilhelm und Anton Ulrich abgebildet sind, und mit vollem Titel und Namen genannt werden; der erstere wird überhaupt auf keiner weiteren Münze genannt, Anton Ulrichs Namen kommt nur noch in abgekürzter Form auf Kupferstücken vor. Auf der Geburtsmedaille des Prinzen Friedrich Karl 1712 wird das Meininger Schloß noch einmal besonders aufgeführt. Auch die Meininger Landstände „STATUS MEININGENSES" haben durch das zu Ehren der Herzogin Charlotte Amalie 1775 geschlagene, ebenso schöne als seltene große Schaustück (Meininger Kabinet) sich einen besonderen Platz in der Münzkunde gesichert. Von den Geldmünzen hebe ich heraus den Conventionsthaler Herzogs Georg I. mit seinem und seiner Gemahlin Brustbild (1803) und den 1812 geschlagenen Zwanziger der letzteren: sie sind die einzigen Stücke mit Bild und Namen der Regenten und in meiner Saalfelder Arbeit behandelt.

Die Herzogin Dorothea Marie wird übrigens auch auf dem gothaischen, goldenen Prachtstück, welches Tentzel a. a. Orte 64 V abbildet, als Conjux Ducis S. Meiningensis bezeichnet, und auf einem zweiten gothaischen Schaustück zur Vermählung ihrer an den Erbprinzen Friedrich von S. Gotha verheiratheten Tochter Luise Dorothea von 1729 (Taßdorf Nr. 2481) wird die Braut ausdrücklich als meiningensche Fürstin genannt.

hervorgegangen: auf die bereits erwähnte Vermählung des Herzogs Karl ließen 1780 die Freimaurerloge („zum Andenken eines der erwünschtesten Tage „„MEININGENS““) und die Stadt („zum Glück der Residenz Stadt Meiningen“) Schaustücke prägen, erstere nur in Silber, diese in Gold und Silber, welche in Daßdorf Nr. 2563 und 2565 beschrieben, auch im Meininger Münzkabinet befindlich und mit der Maßfelber Nummer die einzigen Stücke mit dem Namen des Herzogs Karl sind; abgebildet ist der Herzog nirgends. Auf die Geburt des Erbprinzen, späteren Herzogs Bernhard veranstaltete „die Dienerschaft“ eine in Gold und Silber ausgeprägte Denkmünze („BERNHARD | ERICH. | FREUND. | PRINC. HEREDIT. | S. MEINING.“). welche in der Meininger Chronik, Theil II, S. 151 erwähnt, und von dem berühmten Steinschneider J. B. Döll in Suhl geschnitten ist; auf die Vermählung der Prinzessin Ida mit dem Herzog Bernhard von Weimar ließ der Stadtrath („SENATUS ET CIVITAS MEININGENSIS“) 1816 das in der Meininger Chronik II S. 196 und im Verzeichniß Ampach Nr. 13833 aufgeführte Stück in Gold und Silber schlagen. Leider habe ich über die Anfertigung aller dieser Nummern, über die Stempelschneider, Prägstätten und Anzahl der ausgegebenen Stücke genaueres nicht erfahren können, Herr Oberbürgermeister Schaller in Meiningen hat selbst das städtische Archiv zu durchforschen die Güte gehabt, aber auch nichts gefunden, und so weiß ich nur von dem Stempelschneider Döll und davon, daß von der Geburtsdenkmünze von 1800 mehrere Stempel in verschiedener Güte vorhanden sind, und ich selbst zwei besitze.

Zu den von den Landesherren, der Stadt oder einzelnen Klassen der Bürgerschaft veranstalteten Münzen treten hinzu die namentlich in neuerer Zeit beliebt gewordenen Marken des geschäftlichen Verkehrs: Der schon seit Jahren bestehende Consumverein, eingetragene Genossenschaft, hat messingene Dividenden- und kleinere Waarenmarken, beide ohne Jahrzahl, ausgegeben, auf der Hauptseite tragen sie allesammt im Feld die zweizeilige Schrift „MEININGEN | E. G.“ und die Umschrift „CONSUM VEREIN“, auf der Rückseite haben die ersteren mit 25 mm Durchmesser im Feld 10 und in der durch einen Perlenkreis von jenem geschiedenen Umschrift „DIV. MARKE • MARK •“. weitere, mit 20 mm Durchmesser, die Werthbezeichnung „2 • MARK“ in gleicher Form und dritte, mit 16 mm Durchmesser, in derselben Weise die Aufschrift „50 | PFENNIGE.“ Die Waarenmarken zeigen auf der Rückseite nur „20“ und „10 Pf.“ und halten 20 und 16 mm. Endlich gibt es noch einseitige, weißblecherne Waarenmarken mit 20 mm im Durchmesser und der Aufschrift „CONSUM-VEREIN | 5 | PFENNIGE MEININGEN.“

Der in neuerer Zeit als Concurrenzgeschäft gegründete Rabatt-Sparverein hat Marken ausgegeben, die nach orientalischer Art in der Mitte durchlocht sind, auf eine Mark, fünfzig und zwanzig Pfennig lauten und auf beiden

Seiten die gleiche Umschrift „RABATT-SPAR-VEREIN MEININGEN" und darunter die Werthzahl tragen. Aus Messing sind die Mark- und Halbmarkstücke mit 19 und 16 mm, von Blei sind die 20 Pfennigmarken, welche 22 mm im Durchmesser halten. Endlich haben einzelne Geschäftsleute für ihre Firma Marken prägen lassen: in meiner Sammlung befinden sich die des Kaufmanns „C. H. | LANG in | MEININGEN" auf 2 | MARK — Messing und 20 mm — und auf 5 | PFG. — Blei und 16 mm Durchmesser — lautend; die von der Bierwirthschaft Fr. Kämpf (nicht Rümpf) in „MEININGEN" auf ½ Liter Bier ausgestellten Kupfer- und Messingmarken bringen die Berliner Münzblätter Nr. 83; auch darf nicht unerwähnt bleiben die in Leitzmanns numismatischer Zeitung, 1858, S. 162 besprochene alte Bleimarke mit dem hennebergischen Wappen auf der einen und „MEI-NIN-GEN" auf der anderen Seite, sowie die in der Sammlung des früher in Salzungen wohnhaft gewesenen Herrn Oberlehrers Gustav Lomler befindliche einseitige alte Bleimarke, wie jene ohne Jahrzahl, mit dem Meininger Stadtwappen (den drei Thürmen und der Henne) und der Umschrift •MEININGER•BOMMOSIN, welche wohl gleich wie das beim Umbau der unteren Werrabrücke in Meiningen aufgefundene und in der Tagespresse beschriebene Bleistück Bezug hat auf die früher so schwunghaft betriebene Barchentweberei.

Das schönste und bedeutendste Denkmal in unserem Herzogthum ist zweifellos das Lutherdenkmal in Möhra: bei seiner Einweihung im Jahr 1861 wurden Zinnmedaillen feilgeboten, die gehenkelt sind, 37 mm Durchmesser hatten, auf der Hauptseite das auf der schwebenden Sockelplatte stehende Standbild des Reformators mit der Umschrift „EINE FESTE BURG — IST UNSER GOTT!" auf der Rückseite das sogenannte Lutherhaus mit Umgebung und der Umschrift: „STAMMHAUS DR. MARTIN LUTHER• ZU MÖHRA•" zeigen und so in sinniger Weise das Dorf, seinen großen Sohn und dessen Stammhaus feiern. Als Verfertiger nennt sich auf der Rückseite „G HANEMANN", ich habe aller Mühe ungeachtet ein zweites Stück dieser hübsch gearbeiteten, gegossenen Denkmünze, welche ich von der Einweihungsfeierlichkeit her aufbewahrt habe, nicht auffinden, aber auch nähere Nachrichten über den Verfertiger nicht beischaffen können, die Literatur erwähnt diese Nummer nirgends.

Die für die Arbeiter der herzoglichen Obersteinacher Hammerwerke geschlagenen, zum Empfang eines Maaßes Bier berechtigenden, aber nicht mehr in Gebrauch befindlichen Messingmarken, welche nach manchen Mühen Herr Amtsrichter Hoßfeld in Steinach und Herr Amtsverwalter Rippold, jetzt in Gräfenthal, mir verschafft haben, beschreibt Neumann Nr. 32796, sie tragen auf der Hauptseite den achtspitzigen Stern und die Umschrift: „OBERSTEINACHER HAMMERWERK".

Eine hübsche Reihe von Marken liefern uns die vielbekannten Schieferbrüche des Kommerzienraths Karl Oertel in Schmiedebach bei Lehesten, er hat für seine zahlreichen Arbeiter auf den Oertelsbrüchen eine ganze Folge von Marken schlagen lassen, welche theils als Geld, theils zum Empfang der auf den Brüchen in den verschiedenen Wirthschaften vorgehaltenen Speisen dienen, Jahrzahlen aber nicht führen. Neben den Geldmarken, welche in verschiedener Form im Werth von 15 und 9 Kreuzern, 50 und 15 Pfennig ausgegeben sind, und ebenso wenig wie die Brotmarken die Namen der Brüche aufweisen, gibt es achteckige Zinnstücke, die auf der Hauptseite „OERTELSBRUCH" mit eingeschlagener Controlnummer, auf der Rückseite „MITTAG- | ESSEN" tragen und 22 mm im Geviert halten, und runde Zinnmarken mit gleicher Hauptseite, mit „ABEND- | ESSEN" auf der Rückseite und 21 mm Durchmesser; eine Beschreibung dieser Folgen ist mir noch nicht vorgekommen.

Wie an anderen Stellen, so sind auch in Pößneck zum Ersatz der oft mangelnden Scheidemünze Marken in früheren Jahren geschlagen worden; die Porzellan-Fabrik Conta & Böhme beschaffte solche für ihre Arbeiter mit der Aufschrift „CONTA | und BÖHME in | PÖSNECK" auf der Haupt-, und mit der Werthzahl auf der Rückseite, von ihnen kennt Neumann Nr. 39875 nur die Stücke mit der Ziffer 1, während in meiner Sammlung sich weitere Nummern in Messing mit der Ziffer 16, in Billon mit 12 befinden, die noch nicht beschrieben sind. In den 60er Jahren hat der aus Geschäftsleuten bestehende Markenverein Messingstücke zu ½ und ¼ Kreuzer in Umlauf gesetzt, welche von Neumann Nr. 39873 und 39874 behandelt sind und beiderseits die Umschrift „MARKENVEREIN PÖSSNECK" tragen.

Die 12 und 3 Kreuzermarken in Kupfer, welche 1816 von der alten, wohlangesehenen Porzellanfabrik in Rauenstein durch die damaligen Besitzer Fried. Christ. Greiner und Söhne ausgegeben und in Neumann Nr. 32794 und 32795 beschrieben worden sind, weisen auf der Rückseite die Werthzahl mit der Umschrift „PORCELAIN FABR: RAUENSTEIN" auf. Ich möchte auch hier Herrn Rittergutsbesitzer Constantin Hoffmann in Steudach und Herrn Amtsrichter Köhler, jetzt in Römhild, für Übermittelung derselben danken.

Die einzigen, aber darum auch um so werthvolleren, goldenen Ausbeutemünzen unseres Landes, die Reichmannsdorfer Dukaten, entstammen dem Reichmannsdorfer Bergwerk, dessen frühere Ergiebigkeit in vergangenen Zeiten sehr übertrieben worden ist, aber doch in unseren Tagen wieder zu neuen Versuchen veranlaßt hat. Eine sehr schätzenswerthe Abhandlung über diese Bergwerke und die aus ihnen kommenden Münzen hat Herr Kaufmann M. E. Habicht in Lauscha im Saalfelder Kreisblatt, 1886, Nr. 23 veröffentlicht, auch Herr Professor Dr. Grobe in Meiningen bespricht diese Münzen am Ende seiner Abhandlung über das Meininger Münzkabinet; auf der Rückseite der Goldstücke ist die Reichmannsdorfer Kirche abgebildet und in der Umschrift wird auf verschiedene Weise bemerkt, daß sie aus Reichmannsdorfer Erz gewonnen seien. Mir sind die Jahrgänge 1713, 1717, 1719, 1721, 1722, 1726, 1727, 1728, 1733 und 1766 bekannt oder wenigstens genannt, und habe ich in meiner Schrift über die Saalfelder Münze des weiteren mich darüber ausgesprochen. Eine gute Abbildung des Dukatens von 1728 befindet sich in der V. Bidermann'schen Abhandlung über Bergwerksmünzen, es ist der einzige Jahrgang, den Bidermann und nach ihm Leitzmann gekannt haben.

Schon bei Henneberg, Hildburghausen und Meiningen bemerkte ich, daß ihre Namen häufiger auf den Münzen vertreten seien, weil sie als Residenzen den betreffenden Staaten den Namen gegeben hätten; die gleiche Wahrnehmung machen wir bei Römhild, welches mehrfach auf Münzen genannt wird. Zunächst hat sich aus dem schon wiederholt aufgeführten Münzenfund von Mailach und seiner Bearbeitung durch F. Kirchner die hochbedeutsame, bisher nicht bekannt gewesene Thatsache ergeben, daß bereits vom Henneberger Grafen Hermann V. von Aschach, welcher 1353—1403 regierte und in Römhild wohnte, in dieser Stadt zweiseitige Silberpfennige geschlagen worden sind, welche auf der Rückseite als „MONETA IN ROMHILT" sich einführen und in den Mittheilungen der bayerischen numismatischen Gesellschaft a. a. O. abgebildet und behandelt sind. Weitere Erzeugnisse dieser so lange verborgen gewesenen Münzstätte liegen in der Sammlung Fikentschers in Augsburg, wohin sie aus einem Münzenfund bei Schwabach gelangt sind. Als Jahrhunderte später Herzog Heinrich von Sachsen Landesherr vom Fürstenthum Römhild wurde, nahm er in dem Städtchen seine Wohnung, erbaute die oben erwähnte Hartenburg, erweiterte die noch vorhandene Glücksburg und richtete auch eine Münze ein, die freilich übel angesehen ward und bald wieder einging. Zu einer Blüthe ist sie nicht gediehen und auch der Münzen des neuen Staates, welcher mit dem Tode seines Gründers den anderen Ernestinern zufiel, sind es nur wenige. Von eigentlichen Geldmünzen kenne ich u. a. den sehr seltenen Kupferheller von 1690, welcher als „Römhl." Heller bezeichnet und in Neumann Nr. 9076 nicht ganz richtig beschrieben wird, von Schaumünzen führt nur das große, bei Tentzel a. a. O. 90 III abgebildete, silberne Schaustück aus dem Jahr 1692 den Namen „RÖMHILD" im Abschnitt der Rückseite. Dagegen wird an Bauwerken außer dem bereits behandelten Schloß Hartenburg noch die neue Gottesackerkirche in Römhild gefeiert, auf die Christian Wermuth in Gotha eine Silbermünze mit dem Bild der Kirche geprägt hat*). Diese Nummer habe ich nur in dem Verzeichniß der von Wermuth ausgegebenen Stücke Seite 25, Nr. 51 beschrieben gefunden, sonst ist sie mir noch nirgends vorgekommen·

In unserem Jahrhundert wird die Stadt auf zwei Denkmünzen genannt: als der in Römhild am 11. Mai 1779 geborene, aus den allerbescheidensten Verhält-

---

*) Über den Bau der Gottesackerkirche, vergl. Archiv für die Herzogl. S. Meiningischen Lande, herausgegeben von G. E. Fr. Emmrich und G. A. Debertshäuser, Band I, Seite 296.

niffen burch eigenen Fleiß zum ?. k. Militäroberarzt und Obermedicinalrath aufgerückte Christoph Hartung den damals in Mailand wohnenden Feldmarschall Radetzky 1843 von schwerer Augenkrankheit geheilt hatte, überreichten ihm, dem ersten homöopathischen Arzt der Lombardei, seine Verehrer eine vom Münzgraveur Broggi in Mailand geschnittene Denkmünze, die auf der Hauptseite das Brustbild Hartungs mit der seinen Lebenslauf andeutenden Umschrift, auf der Rückseite die Widmung vorstellt und darthut, daß Hartung „A ROMHILDO IN SASSONIA INFERIORE" geboren ist. Das in Gold, Silber und Kupfer abgeschlagene Stück wird, wenn auch nicht ganz genau, in dem Werk von C. L. von Duisburg, S. 169, Nr. CCCCLV behandelt; einen kurzen Lebensabriß Hartungs, verbunden mit einer Beschreibung der Kur und der Denkmünze, bringt das Meininger Tageblatt, 1856, Nr. 65, und kann ich auf Grund der mir von seinem Sohn gütigst gemachten Mittheilungen noch nachtragen, daß der alte Herr in den Adelstand erhoben worden ist, und sein Sohn und Enkel in Wien als homöopathische Ärzte leben.

Einen hübschen Abschluß der Römhilder Nummern bildet die 1884 zur Erinnerung an die Einweihung des deutschen Kriegerwaisenhauses im Schloß Glücksburg geprägte Zinnmünze, deren Vertrieb die schon durch Veranstaltung der Lutherdenkmünze verdiente Kesselring'sche Hofbuchhandlung in Hildburghausen übernommen hat. Das Stück mißt 40 mm im Durchmesser, ist gehenkelt und von Lauer in Nürnberg gefertigt. Auf der Hauptseite ist das Brustbild des Kaisers Wilhelm, von rechts, mit der Umschrift „WILHELM I. KAISER V. DEUTSCHLAND" mit s im Schulterabschnitt, unten Lauer, auf der Rückseite die Ansicht des Schlosses von Osten mit sT in der unteren linken Ecke, im Abschnitt „DEUTSCH. | KRIEGER | WAISENHAUS | RÖMHILD" und die durch einen Reif vom Feld getrennte Umschrift „ZUR ERINNERUNG AN DIE EINWEIHUNG DEN 17. AUGUST 1884" (Rös¢hen) zu sehen. Eine Abbildung oder Beschreibung dieses wohlgelungenen, sinnigen Stückes ist mir noch nicht zu Gesicht gekommen.

Es versteht sich ganz von selbst, daß der Namen der alten Münz- und Bergstadt Saalfeld oft und in verschiedener Weise auf Marken und Münzen genannt wird. Von den hier geschlagenen Münz- und Kammermeisterpfennigen, von denen ich in den Leipziger Blättern Spalte 1054 ff ausführlich handele, trägt allerdings nur der eine, vom Münzverwalter Jakob Nebelthau (1575 bis 1594) ausgegebene, auf der Rückseite zu beiden Seiten des Vierecks ein s als Zeichen der Stadt, vergl. auch Neumann Nr. 32703; weit häufiger und klarer geschieht der letzteren Erwähnung auf den kaiserlichen Stücken, den Münzen der Abtei und ihren eigenen Weißpfennigen, welche in von Posern Klett, Sachsens Münzen im Mittelalter, Theil I, S. 182 ff, und in der Saalfelder Chronik von Wagner-Grobe, Theil II, S. 279—283, zusammengestellt sind.

2*

Von den Geldstücken, welche die Herzöge von Sachsen Saalfeld schlugen und mit dem auch von ihnen angenommenen Namen der Stadt versahen, hebe ich heraus als besonders lehrreich die aus Saalfelder Silber gewonnenen Ausbeutethaler, die Jubiläumsmünzen von 1717 und den aus der neuen Zeit stammenden Ausbeutegulden von 1829 und schließe ihnen verschiedene Denk- und Schaumünzen sowie Marken an. Eine stattliche Reihe bilden die Ausbeutethaler! ich kenne die Jahrgänge 1692, 1697, 1698, 1712, 1714, 1715, 1716, 1720, 1722, 1723, 1725, 1726, 1727, theils in Tentzel, theils in Madai und anderen Fachschriften abgebildet oder aufgeführt, sie bringen auf der Rückseite eine Ansicht der Stadt Saalfeld mit der Kirche in Graba, mit den Bergen im Hinter-, dem Fluß im Vordergrund, mit den Kirchen, dem alten und neuen Schloß, dem hohen Schwarm, dem Kitzerstein, dem Rathhaus, den vielen Thoren und Thürmen und der Saalbrücke mit der St. Gehülfen-Kapelle; auch die in Leitzmanns Wegweiser irrthümlich als besondere Ortschaft aufgeführte Silberkammer findet sich auf dem ältesten Thaler von 1692 abgebildet, sie ist in Wirklichkeit nur eine, gute Ausbeute liefernde Zeche in der Nähe der Stadt gewesen. Die Bilder sind verschieden, aber stets gleich interessant, fast durchgängig besser als die oben behandelten Darstellungen von Coburg und Meiningen, die Thaler selbst, auf denen der Name der Stadt nicht steht, sind hochbegehrt. Die zum evangelischen Jubelfest 1717 ausgegebenen, in Köhlers und Soothe's Dukaten:abineten und in Daßdorf beschriebenen Stücke, Doppel- und einfache Dukaten, ganze, halbe, viertel, achtel- Thaler und Groschen, verkünden allesammt in ihrer Umschrift, daß „IVBILAEVM SAALFELDIA AGIT IN LAETITIA“, und die von Herzog Bernhard von S. Meiningen 1829 aus Feinsilber geschlagenen Ausbeutegulden tragen die Aufschrift „SEGEN DES | SAALFELDER | BERGBAUES“, obwol sie nicht von Saalfelder Erz — dasselbe konnte in der erforderlichen Masse nicht beschafft werden — sondern von dem von der Handlung Sillem und Co. in Hamburg bezogenen Edelmetall geprägt worden sind.

Unter den Denk- und Schaumünzen sind die im Jahr 1745 auf das Ableben des Herzogs Christian Ernst geschlagenen, in Köhlers historischen Münzbelustigungen, Theil XX, Seite 1 abgebildeten Stücke auf der Hauptseite mit einem kleinen Bild der Stadt von Osten aus geschmückt, der Name der letzteren selbst wird aber nicht genannt; auf den Denkmünzen zu Ehren des Religionsfriedens 1755 (Daßdorf 2646), des Hubertusburger Friedens 1763 (Daßdorf 2647) und der ersten Geburtstagsfeier des neuen Herzogs 1765 (Daßdorf 2659) wird Saalfeld in der Titelumschrift genannt; mit s angedeutet wird sein Name auf dem von Herzog Ernst 1814 für die Freiheitskämpfer gestifteten silbernen Ehrenzeichen, und endlich findet sich der Name in der Titelumschrift aufgenommen auf dem von J. C. Kehl 1814 geschnittenen, in Ampach

Nr. 13928 beschriebenen Schaustück, welches dem Herzog Ernst bei seiner Rückkehr aus dem Feldzug überreicht wurde.

Von Marken sind hervorzuheben die vom Münzmechanikus Wiskemann in Silber und Kupfer abgeschlagenen, in den Blättern für Münzfreunde, 1884, Spalte 1096 behandelten Stücke auf die 1832 erfolgte Einweihung der neuen Töchterschule, mit deren Bild die Hauptseite der Marke geschmückt, während auf der Rückseite die entsprechende Aufschrift mit „SAALFELD" zu lesen ist, weiter die 1828 in der Münze selbst geprägten Messingmarken, welche die „KNAPPSCHAFT SAALFELD" zum Empfang eines Maaßes Bier berechtigen und in den Berliner Münzblättern, 1888, Nr. 90 beschrieben sind, und endlich noch die einseitigen Blechmarken des inzwischen heimgegangenen Consumvereins („C. V. SAALFELD" mit der in Pfennigen ausgedrückten Werthzahl).

Die durch ihre Salzquellen und ihr kräftiges Soolbad alt und weit bekannte Stadt Salzungen feierte ebenso wie die Stadt Hildburghausen das Reformationsjubelfest 1817 durch Ausgabe einer kleinen, im Verzeichniß der vom Rath Geldner in Meiningen hinterlassenen, sehr werthvollen Sammlung unter Nr. 1466 beschriebenen Silberdenkmünze, auf deren Hauptseite oben „STADT SALZUNGEN" und darunter die Widmung steht, und acht Jahre später gab die Stadt zur Vermählung des Landesherrn, Herzogs Bernhard, mit Prinzessin Marie von Hessen Kassel eine schöne, in Ampach Nr. 13834 aufgenommene und in der Meininger Chronik Theil II S. 229 erwähnte Denkmünze aus. Über dieselbe sind — endlich einmal — Akten zu finden gewesen, welche mir durch die Güte des Herrn Oberbürgermeisters Carl in Salzungen zugänglich gemacht worden sind und darthun, daß der Plan zu dieser Nummer ausgegangen ist von dem auch in numismatischer Hinsicht vielverdienten Kammerrath Hartmann in Meiningen. Für die Residenzstadt hatte der in der Münzwissenschaft rühmlichst bekannte Geheimerath und Oberkommissar von Donop die Prägung einer kleinen und billigen Denkmünze angeregt; der vom Hofschlosser gefertigte Stempel mißfiel aber so gründlich, daß man von der Ausführung des Plans absah, und nun griff Hartmann den Gedanken auf und schlug dem Stadtrath in Salzungen die Prägung einer Festmünze vor. Sein Vorschlag wurde gerne angenommen, die Stempel wurden nach den von Hartmann selbst gefertigten Zeichnungen vom Graveur Steigleder in Suhl geschnitten und die Prägung in Berlin bewirkt. Es wurden 7 Stück in Gold abgeschlagen und den hohen Neuvermählten, der Mutter sowie den beiden Schwestern des Herzogs wie auch den Eltern der Frau Herzogin in Kassel überreicht, 160 Stück silberne behielt und vertheilte der Stadtrath in Salzungen, 40 vertrieb auf seine Rechnung der Graveur in Meiningen. Die goldenen waren fünf Dukaten schwer, die silbernen kosteten 2 Gulden das Stück, und es hatte der Stadtrath in Salzungen, welcher sich in der Widmungsschrift auf der Münze „SENAT. CIVITASQVE SALZVNGENSIS" zeichnet, gegen vierhundert Gulden zu zahlen.

Für seine, vor mehreren Jahren gegründete Mineralwasseranstalt hat der Apotheker und jetzige Kommerzienrath Dr. Hoffmann eine ovale Messingmarke mit 25 × 19 mm im Durchmesser ohne Jahrzahl ausgegeben, welche auf der Hauptseite die Schrift „MINERALWASSER|ANSTALT | Dr. HOFFMANN (Leiste) SALZUNGEN", auf der Rückseite „1 | GLAS | MINERALWASSER | ½ Sgr." und beiderseits Perlenrand zeigt.

Endlich finden sich in der bereits erwähnten Sammlung des Herrn Oberlehrers Lomler Marken des Salzunger Consumvereins, der Vereinsbrauerei Salzungen („gut für ½ Liter Bier"), der Bierbrauerei Bergschlößchen Salzungen und des Schenkwirths Ehrhardt Wehner („Gut für 1 Glas Bier"), doch kann ich eine Beschreibung dieser Stücke nicht geben, weil ich dieselben nicht gesehen habe.

Die Stadt Schalkau und das Dorf Schwarzenbrunn sind auf der unter Hildburghausen beschriebenen Ausbeutemünze genannt, für die Stadt Sonneberg kann ich aber leider nur sehr wenig Nummern benennen, obwohl doch zweifellos im Thüringer Nürnberg viele Marken umlaufen, die von der Regsamkeit des geschäftlichen Verkehrs und dem Kunstsinn, dem Geschmack der Einwohner bestes Zeugniß ablegen. Erwähnt wurde die Stadt schon oben bei Haselbach, weitere Stücke bringen die Berliner Münzblätter Nr. 83, die eine Zinnmarke des Georg Höhn in „SONNEBERG", „gut für eine Flasche Bier," beschreiben, und das Verzeichniß der von Th. Reichenbach in Dresden versteigerten Sammlung, welches in Nr. 1222 eine mit dem Stadtwappen geschmückte Messingmarke der „FEUERWEHR SONNEBERG" ohne Jahrzahl vorführt.

In der Nähe Hüttensteinachs, der Obersteinacher Hammerwerke, Limbachs und Haselbachs liegt das Dorf Steinheid hoch oben auf dem Kamm des Gebirgs; in früheren Jahrhunderten war es ob seiner reichen Goldbergwerke hoch berühmt, und für den Münzforscher und Sammler hat es um deswillen eine besondere Bedeutung, weil seit langen Zeiten nach Dukaten aus seiner Ausbeute eifrigst geforscht wird und doch nirgends und niemals ein glücklicher Fund die Mühe gelohnt hat. Muß es schon vorneherein auffallen, daß der fleißige und umsichtige Keßler von Sprengseysen in seiner Beschreibung von Steinheid nichts von diesen Münzen zu berichten weiß, so hat auch weiter der bereits genannte Herr Kaufmann M. E. Habicht in Lauscha in seiner, in der Sonneberger Zeitung, 1885, Nr. 251 und 253 abgedruckten sorgsamen und umfassenden Besprechung des Steinheider Bergbaues nichts von den Dukaten mittheilen können, und nun haben auch noch die Herren Forstmeister Völter in Sonneberg und Baumeister Eichhorn in Saalfeld mir suchen helfen; Wege und Kosten wurden nicht gescheut, aber gefunden haben wir nichts, man sprach

und versicherte uns hoch und theuer, daß da und dort ein solcher Schatz verborgen sei, beim Nachgraben fanden wir andere Münzen oder meistens gar
nichts. Im vorigen Jahr dagegen hat der mit dem Ordnen und Verzeichnen
des Meininger Münzkabinets beschäftigte Herr Professor Dr. Grobe in Meiningen
unter seinen Pfleglingen ein zinnernes Probestück eines Steinheider Dukatens
entdeckt, welches begreiflicher Weise großes Aufsehen erregt hat und mir freundlichst mitgetheilt worden ist. Ich fand, daß das Probestück, abgesehen von
etwas Doppelschlag, scharf und sauber ausgemünzt ist, einen glatten Rand hat,
22 mm mißt, eine Jahrzahl oder einen Namen des Stempelschneiders und
der Prägestätte aber nicht enthält, daß der auf der Hauptseite auf dem gekrönten Wappenmantel liegende 2feldrige, eirunde, sächsische Wappenschild genau
derselbe ist, wie ihn das in Tentzel a. a. O. 94 III abgebildete, vom Münzmeister Julius Angerstein in Eisenberg geschnittene Achtelthalerstück des
Herzogs Christian von Eisenberg von 1703 aufweist, und daß die durch einen
Fadenreif vom Feld getrennte, oben links beginnende und nach unten und
rechts laufende Umschrift „DUCATUS SAXONICI DUCATUS" lautet. Die
Rückseite stellt im Feld vor das Wappen des Dorfes Steinheid: die sitzende,
gekrönte Mutter Gottes mit offenem, lang wallendem Haar und weitem
Mantel, in der rechten Hand den Scepter, mit der linken hält sie den auf
ihrem Schooß sitzenden Jesusknaben, welcher die rechte Hand segnend vorstreckt
und mit der linken die Weltkugel trägt. Die Füße der Maria ruhen auf
dem Haupt eines an beiden Seiten eingebogenen Schildes, auf welchem zwei
Hämmer gekreuzt liegen; oben und unten ragt das Bild über den, das Feld von der
Umschrift trennenden Fadenreif hinaus und oben (beim Kopf der Maria) ist
der Reif ausgebogen; am Rand liest man die von oben links nach unten
und rechts laufende Umschrift „STEINHEYDA - REVIVISCENS". Wenn nun
auch dieses Probestück keinen sprechenden Nachweis enthält über Zeit, Münz-
herr, Meister und Münzstätte, so schließe ich doch daraus, daß der Wappenschild sich auch auf dem Eisenberger Achtelthaler findet, auf eine Beziehung
zum Eisenberger Meister Angerstein und folgere: ein Verwandter dieses Julius
Angerstein, Heinrich Ernst Angerstein, lebte zu Ende des 17. Jahrhunderts
in Coburg als Münzmeister des Herzogs Albrecht von Sachsen Coburg; er
hatte für seinen Landesherrn viel zu thun und kaufte als vermögender Mann
das in der Nähe Steinheids liegende herrschaftliche Hammerwerk Schwarzwald;
der Coburger Hof nahm lebhaften Antheil an dem zu seinem Land gehörigen
Dorf Steinheid und seinem Bergbau und veranlaßte in Hoffnung auf reichen
Bergsegen bei seinem Münzmeister H. E. Angerstein die Fertigung eines
Probestücks für die zu prägenden Ausbeutedukaten. Trotz der großen Opfer,
welche zur Hebung des Bergbaues aufgewendet wurden, kam es jedoch nicht
zu einer praktischen Verwerthung des Probestücks, der goldne Segen blieb auch

hier aus, wie einige Jahre später bei der Goldwäsche in Schwarzenbrunn, die Ausmünzung von Ausbeutedukaten mußte aufgegeben werden geradeso wie in Hildburghausen, und es blieb nur das zinnerne Probestück übrig, welches nun Veranlassung wurde zu der gerne geglaubten und darum weit verbreiteten Sage vom Steinheider Dukaten. Sein in Coburg nicht mehr verwerthbarer Stempel wanderte aber aus nach Eisenberg und wurde dort um so lieber von dem verwandten Münzmeister benutzt, als der Schnitt ein zierlicher und scharfer ist. Vielleicht trägt meine, mit Vorbedacht etwas ausgedehnte Besprechung dazu bei, nunmehr ein für allemal den Reden und Mären ein Ende zu machen.

Einen zweiseitigen, aus dem Schwabacher Fund stammenden, mit einem ⁻σ⁻ auf der Rückseite geschmückten Silberpfennig seiner Sammlung weist Herr Bezirksarzt Dr. Fileutscher der Münzstätte in Themar zu; bestätigen sich die Vermuthungen dieses wohlerfahrenen Münzforschers, so würde damit eine ebenfalls bisher noch nirgends bekannt gewordene, neue Münzstätte der Henneberger in Themar nachgewiesen sein und das um 1400 vergrabene Stück einen sehr hohen Werth erhalten.

Die ältesten Fabrikmarken unseres Herzogthums entstammen der Porzellanfabrik in Kloster Veilsdorf: der Begründer dieser Industrie, Prinz Friedrich Wilhelm Eugen von Hildburghausen, ließ 1766 zum Ersatz der Scheidemünze Kupfermarken zu einem Gulden, 20 und 5 Kreuzer Werth schlagen und setzte sie in Umlauf; sie sind in Neumann Nr. 9480—2 beschrieben und allesammt im Abschnitt auf der Hauptseite mit „CLOSTER VEILSDORF" gezeichnet; im Jahr 1822 gab der damalige Besitzer Greiner kupferne 12 und 3 Kreuzermarken aus, welche in Neumann Nr. 9483 und 38132 behandelt und mit der Aufschrift „Kloster Veilsdorf" versehen sind; auf den Zwölfermarken ist außerdem ein hübsches Bild des Fabrikgebäudes von der Vorderseite enthalten, und nehme ich bezüglich der Geschichte und der Literatur dieser fünf Nummern Bezug auf meine Hildburghäuser Abhandlung.

Von der hennebergischen Münzstätte in Wasungen, welche 1397 nach Leitzmanns Wegweiser S. 948 für 2000 Goldgulden an Gottschalk von Buchenau und Appel von Reckerod verpfändet worden ist, kannte man bis jetzt noch keine Münzen. Herr Dr. Fileutscher glaubt einige von ihm erworbene, mit W versehene Silberpfennige dieser Münzstätte zuweisen und ihre Entstehung vor das Jahr 1397 verlegen zu können; sind seine Vermuthungen richtig, so würden freilich Stadt und Münzen sehr bedeutend für die Münzforscher an Interesse gewinnen. Als dann die hennebergischen Lande 1660 unter die Ernestiner und Albertiner Linien vertheilt wurden und Herzog Ernst der Fromme von Gotha in Wasungen sich 1661 von den ihm zugewiesenen Unterthanen huldigen ließ, schlug auch er, ähnlich wie Herzog Wilhelm in Weimar zur Feier der Huldigung in Kaltennordheim, zu Ehren dieses Festes

Thaler, Viertelthaler und Groschen, welche der am 11. September 1661 erfolgten „HULDIGVNG IN WASUNGEN" gedenken und in Tentzel 59 VI—VIII
abgebildet sind.

Endlich ist noch eine sehr seltene, silberne Denkmünze zu erwähnen, welche
Herzog Ernst Ludwig von S. Meiningen 1722 von Christian Wermuth in
Gotha auf den am 18. Juni 100 Jahre alt gewordenen Zimmermann Johann
Caspar Hartung, den die Aufschrift der Münze selbst als einen Wasunger
bezeichnet, hat schlagen lassen. Der verstorbene Hofrath Ludwig Bechstein, welcher selbst ein eifriger Münzsammler war, eine in der
numismatischen Zeitung, 1862, S. 96 zum Kauf ausgebotene, nicht gewöhnliche
Sammlung hinterlassen und sein Interesse namentlich auch in der von ihm
mitherausgegebenen Meininger Chronik kundgegeben hat, berichtet in seinen
Mittheilungen aus dem Leben der Herzöge von Meiningen und deren Beziehungen zu Männern der Wissenschaft S. 41, daß Hartung das Schlößchen
Amalienruhe bei Meiningen gebaut habe. Dort befindet sich noch heutigen-
tags sein Bild. Es stellt, in Öl gemalt, das trefflich ausgeführte Brustbild eines noch rüstig darein blickenden Mannes mit ausdrucksvollen, ge-
winnenden Zügen dar und enthält in einer Ecke die Umschrift: „Hannß
Caspar Hartung von Lucienfeldt.*) Natus die 18 Junij 1622. Pictum
18. Novembris 1718. Aetatis An: 96. Mensis: 5. Hebd: 2* (d. i. Geboren am 18. Juni 1622. Gemalt am 18. Nov. 1718 im Alter von
96 Jahren 5 Monaten 2 Wochen). Nach der Meininger Chronik I S. 82
gab der Herzog dem Jubilar und seinen Freunden in Frauenbreitungen ein
Festessen; die Denkmünze ist das einzige Stück, welches auf einen Meininger
von einem Meininger veranstaltet worden ist, sie wird bloß von Taßdorf
Nr. 2560 beschrieben, Bechstein hat sie nur ein einziges Mal und da in einem
Bleiabschlag gesehen, ich selbst kenne sie nur aus Taßdorf und Bechstein und
weiß nicht, wo noch ein Stück zu finden sein möchte. Der gefeierte

---

*) Es ist schwer, den Widerspruch zu lösen, welcher zwischen der Angabe des Bildes,
daß Hartung ein Lucienfelder sei, und der Münze, daß er aus Wasungen stamme, liegt.
Eine von befreundeter Seite hierüber angeregte Untersuchung, welcher sich die Herren Pfarrer
Beck in Lucienfeld und Kirchenrath Dr. Germann in Wasungen mit dankenswerthester
Sorgfalt unterzogen, ergab zunächst, daß in dem Lucienfelder, leider erst mit 1661 be-
ginnenden Kirchenbuche Johann Caspar Hartung, faber lignarius (d. i. Zimmermann), in
den ersten Jahrgängen bis 1679 mehrfach, von da ab jedoch nicht mehr erwähnt wird. Die
Wasunger Kirchenbücher beginnen mit dem Jahre 1612, enthalten jedoch von dieser Zeit an
bis 1750 keinen einzigen Vermerk über den in Rede stehenden Hartung, geschweige denn eine
Angabe über seine Geburt oder seinen Tod. Inwiefern also das Wasung. oriundus („aus
Wasungen stammend", vielleicht ist das ganze Amt Wasungen gemeint!) begründet ist, ließ
sich an der Hand zu Gebote stehenden Hülfsmittel nicht feststellen.

Mann wird in der Aufschrift der Rückseite Senex - centenarin - Henneberg - Wasvng orivndo genannt, und es trifft sich ganz hübsch, daß ein fränkischer Edelmann in hohen geistlichen Würden die Reihe der Namen anführt, ein fränkischer, von seinem Landesherrn hochgeehrter Handwerksmann dieselbe abschließt.

Der Vollständigkeit halber darf ich nicht unerwähnt lassen die Gedenkmünzen, die neben den auf den staatlichen Münzstätten in Hildburghausen, Meiningen und Saalfeld geprägten und in Kreußlers Luthermünzen ausführlich behandelten Geldstücken, und außer den von mir besprochenen Nummern, anläßlich kirchlicher Feste meistens an die Schuljugend vertheilt worden sind: die Meininger Chronik berichtet, daß 1730 beim Jubelfest der augsburgischen Confessionsübergabe der Stadtrath durch zwei Viertelsmeister Angedenkspfennige habe in den Schulen vertheilen lassen, und es hätten Selectaner und Primaner ganze, die übrigen halbe Batzen erhalten; aus Schreiber, allgemeine Chronik der dritten Jubelfeier der deutschen evangelischen Kirche im Jahr 1817, Theil I. S. 498 erfahren wir, daß bei den Festen in Streufdorf, Häselrieth und Sachsendorf Denkmünzen unter die Schuljugend vertheilt worden sind. Ob nun diese Stücke besondere Hinweise auf die betreffenden Ortschaften aufzeigen, weiß ich nicht, da man aber sonst gar nichts über diese Nummern findet, so werden sie wohl mehr als gewöhnliche Fabrikarbeit nicht gewesen sein.

Das Herzogthum Meiningen hat nach dem neuesten Staatshandbuch 419 Gemeinden, davon sind nach den obigen Ausführungen 38 auf Münzen und Marken genannt, während Leitzmann nur 17 aufzählt, der Procentsatz ist ein hoher, auch wenn man berücksichtigt, daß das Land verhältnißmäßig viel frühere Residenzen fürstlicher und gräflicher Herren umschließt, welche nach meiner Darlegung regelmäßig auch auf Münzen vertreten sind.

Abgebildet sind die Städte Meiningen und Saalfeld mit ihren hauptsächlichsten Gebäuden, die Schlösser Elisabethenburg, Glücksburg und Hartenburg, die Kirchen in Reichmannsdorf und Römhild und als Beiwerk auch die in Graba, die Töchterschule in Saalfeld, Lutherdenkmal und Lutherhaus in Möhra, sowie die beiden Porzellanfabriken in Limbach und Kloster Veilsdorf, genannt werden außerdem Schloß und Schloßkirche zu Meiningen, Schloß und Gymnasium akademikum in Hildburghausen und das obere Schloß in Kranichfeld.

An Denkwürdigkeiten ihrer Fürstenhäuser feiern Heldburg, Hildburghausen, Meiningen und Saalfeld Geburten, Maßfeld, Meiningen und Salzungen Vermählungen, Hildburghausen, Kranichfeld, Meiningen und Saalfeld Trauerfälle, auf einer Vormundschaftsmünze ist Hildburghausen, auf einer Huldigungsmünze Wasungen vertreten, außerdem feiert Meiningen die Wahl einer Äbtissin und die Einigkeit seiner Landesherren. Ordens- und Ehrenzeichen führen die Namen von Hild-

hauſen, Ramburg und Saalfeld, mit einem Friedensſchluß wird Saalfeld, mit
ſeinem Hoftheater Meiningen in Verbindung gebracht. An Landſtänden ſind
die von Meiningen genannt. Bei kirchlichen Feiern ſind vertreten Heldburg,
Henneberg, Hildburghauſen, Saalfeld und Salzungen, auf Freimaurerdenk-
münzen Meiningen und Hildburghauſen. Auf beſonderen Schau- und
Kleinobſtücken ſind Gräfenthal, Römhild und Saalfeld, auf Münzen hervor-
ragender Privatperſonen Bibra, Gleichamberg, Grumbach, Jüchſen, Möhra,
Römhild, Saalfeld und Waſungen aufgeführt.

Auf den Bergbau nehmen Bezug Friedrichsthal, Glücksbrunn, Gräfenthal,
Henneberg, Hildburghauſen, Lindenau, Oberſteinach, die Ortelsbrüche, Reichmannsdorf, Saalfeld, Schalkau, Schwarzenbrunn und Steinheid, Fabrikmarken
giebt es für Limbach, Pößneck, Rauenſtein und Veilsdorf, Schützenerinnerungen
und Bräuche pflegen Gräfenthal, Hildburghauſen und Lauſcha, für die Feuer-
wehr ſchafft Sonneberg, für die Bettelleute Judenbach, ein Weberzeichen hat
Meiningen, Hüttenſteinach und Salzungen gemahnen an Petroleum und
Mineralwaſſer, von Konſum- und Rabattvereinen werden die in Meiningen,
Saalfeld und Salzungen vorgeführt, Speiſemarken gibt es auf den Ortels-
brüchen, Biermarken in Eisfeld, Limbach, Meiningen, Oberſteinach, Saalfeld,
Salzungen und Sonneberg, wirkliches Geld oder Marken zum Erſatz von
Geld ſchlug man für Eisfeld, Friedrichsthal, Haſelbach, Henneberg, Hildburg-
hauſen, Judenbach, Ramburg, Kranichfeld, Limbach, Pößneck, Rauenſtein,
Römhild, Meiningen, Saalfeld, Themar, Veilsdorf und Waſungen, auch
dürfen die Dukaten von Reichmannsdorf, Schwarzenbrunn und Steinheid hier
nochmals genannt werden.

So iſt denn in meiner Aufzählung gleichzeitig ein gutes Stück meiningiſcher
Münzkunde enthalten, ich glaube, meine Aufgabe gelöſt und Leitzmanns
Forſchungen nicht nur erweitert, ſondern auch vertieft zu haben.

Beulwitz bei Saalfeld, den 12. Juni 1888.

Zur

Vorgeschichte Meiningischer Orte und Gegenden.

⁓ ⌇ ⁓

1.

**Spuren vorgeschichtlicher Ansiedelungen
in der Umgegend von Pößneck.**
Von
Dr. med. **Richard Toth** in Erfurt.

2.

**Rotemulte, Rotmulti (Römhild)
und seine Nachbarorte Milz, Mendhausen, Hülzdorf
im Streiflicht der Geschichte und Vorgeschichte.**
Von
Hofrath Dr. med. **G. Jacob** in Römhild.

⁓⁓⁓⁓⁓

Meiningen.
Verein für Meiningische Geschichte und Landeskunde.
1888.

Spuren vorgeschichtlicher Ansiedelungen

in der

Umgegend von Pößneck.

Von

Dr. med. Richard Loth,
praktischer Arzt in Erfurt.

———— ✦ ———— – —

Da, wo die Archive und Urkunden nicht mehr ausreichen, um uns Auskunft von dem Dasein und der Thätigkeit, dem Leben und Streben einstiger Völker zu geben, müssen wir unsere Aufmerksamkeit der Oberfläche unserer Erde zuwenden, welche mit einem mehr oder weniger starken Mantel uns die Spuren des Lebens und der Arbeit einstiger Geschlechter vor Zerstörung beschützte und bewahrte. Wie der Geschichtsforscher manchmal erfolglos in alten vergilbten Handschriften nach der Wahrheit sucht, während ihm ein anderes Mal der Zufall mühelos werthvolles Material zu seinen Arbeiten in die Hände spielt, so geht auch der Forscher vorgeschichtlicher Zeiten manchmal, verleitet durch alte Überlieferungen, voller Hoffnung an die Eröffnung eines sogenannten Hünengrabes, muß aber nach mühevoller Arbeit enttäuscht einsehen, daß der Hügel irgend einer andern Ursache seine Entstehung verdankt. Ein anderes Mal dagegen bringt ihm der Pflug des Landmannes mühelos die verborgenen Grabschätze zu Tage und ein Feuersteinsplitter oder eine Topfscherbe führt ihn zu wichtigen Entdeckungen. Alle diese an und für sich manchmal werthlosen Fundstücke bilden, als Bausteine zusammengefügt, sich allmählich zu einem kunstvollen Gebäude aus, welches keine seiner Bausteine mehr missen kann.

Nur die enge Vereinigung der Ergebnisse der Forschung aus der sogenannten vorgeschichtlichen Zeit mit den Forschungsergebnissen der geschichtlichen Zeit vermag uns ein richtiges Bild von der allmählichen Kulturentwickelung eines Volkes zu geben. Ist ja doch der Übergang eines Volkes aus vorgeschichtlichen Zeiten in geschichtliche häufig ein rein zufälliger, und hat sich doch bei vielen untergegangenen, einst auf hoher Kulturstufe stehenden Völkern die Glanzperiode ihres Lebens in vorgeschichtlichen Zeiten abgespielt.

Will man jetzt versuchen, einen Überblick über die Wohnungs- und Lebensverhältnisse einer Bevölkerung vorgeschichtlicher Zeit für einen umschriebenen geographischen Bezirk zu geben, so kann man sich natürlich nicht streng an die jetzt bestehenden politischen Grenzen halten. Es wird deshalb nicht zu umgehen sein, bei einer Besprechung des vorgeschichtlichen Lebens, welches in der Umgegend der meiningischen Stadt Pößneck zu Tage trat, in der Zeitschrift des Vereins zur Erforschung der Geschichte Meiningens auch das angrenzende Gebiet benachbarter Länder, besonders Preußens, zu berühren.

Ich will versuchen, in kurzem von den vorgeschichtlichen Überresten vor allem das zusammenzustellen, was ich selbst seit einer Reihe von Jahren von Zeit zu Zeit bei meinen Ausflügen in die Umgegend von Pößneck gefunden habe, theils aber auch das, was ich aus der Litteratur, aus den Erzählungen der Bewohner sowie aus Sammlungen habe erforschen können. Während man in der ersten Hälfte dieses Jahrhunderts, und wahrscheinlich auch schon früher, hier häufig werthvolle Funde gemacht hat, welche zum Theil in verschiedenen Sammlungen ihren Platz gefunden haben, zum Theil verschleudert sind, werden die Funde zur Zeit immer seltener, und ich halte die Zeit nicht mehr für fern, wo jegliche Spur jener ehrwürdigen, geheimnißvollen Zeiten vollständig verwischt sein wird. Möge daher dieser kleine Aufsatz wenigstens etwas mit dazu beitragen, daß aus den vorgeschichtlichen Zeiten der Landes- und Volkskunde Meiningens, im besonderen der Umgegend von Pößneck, bleibend zu retten, was noch zu retten ist.

Nach der Art und Weise der Fundstätten um Pößneck herum will ich unterscheiden: 1) Stätten von vorgeschichtlichen Ansiedlungen, 2) Feuersteinwerkstätten, 3) Gräber.

Von Ansiedlungen habe ich zwei aufgefunden und genauer untersucht. Die eine liegt auf der Altenburg, die andere auf einem der Spitzer Berge, und zwar auf dem ersten von Pößneck aus gerechnet. Beides sind schroffe Kalkfelsen mit gewaltigen Felspartien, natürlichen Festungen gleichend. Besonders hat ersterer Berglegel, die Altenburg, zu dem Glauben vielfach Veranlassung gegeben, daß sich auf demselben einst eine Burg befunden habe, was jedoch nicht der Fall gewesen zu sein scheint. Die Altenburg liegt etwa 1/4 Stunde südlich von Pößneck, und die Stelle der Ansiedlung befindet sich an dem Süd- und Südwest-Abhang. Die Ausdehnung der letzteren ist keine große, jedoch ausreichend für mehrere Wohnungen mit ihrem Zubehör. Wie ja auch Tacitus die germanischen Wohnstätten nicht als zusammenhängende Wohnsitze beschreibt, sondern „einsam und abgesondert siedeln sie sich an, wo gerade ein Quell, eine Au, ein Gehölz ladet."

Die Fundstücke waren zahlreiche Topfscherben von geringer Größe, einzelne Knochenwerkzeuge in Form von kleinen zugespitzten Pfriemen, ein großer Feuersteinsplitter, Eisenschlacken und Knochen sowie Zähne von großen Thieren, vermuthlich Rind und Pferd, welche alle zusammen in oder dicht unter der Rasendecke sich vorfinden. Die Topfscherben, welche sich in der schwarzen Humusschicht in größeren Mengen, aber nur in kleineren Stückchen vorfinden, tragen alle den Charakter der germanischen Thongefäße, wenn sie auch sowohl in der Art der Mischung der Thonmasse, sowie in der Art der Brennung und der Sauberkeit der Herstellung ebenso wie in der Art der Verzierungen wesentliche Unterschiede erkennen lassen. Die beiden größten Stücke, welche ich gefunden habe, sind ein Randstück von 11 Centimeter Länge und 9 Centimeter Breite und ein Bodenstück von 14 Centimeter Länge und 9 Centimeter Höhe. Die meisten Stücke sind mit vielen groben Quarzkörnern gemengt, in der Mitte der Thonmasse schwarz. An der äußern und innern Fläche ist häufig eine feinere Thon- resp. Lehmschicht aufgetragen, welche wohl durch den Brand eine gelbe, braune oder röthliche Färbung erhalten hat. In der äußeren Schicht sind die selten vorkommenden Verzierungen angebracht. Bei einem Theil derselben fehlt die feinere Lehmschicht; diese haben durch und durch eine schwarze Färbung. Es ist jene Schicht vielfach wohl überhaupt nicht aufgetragen gewesen; bei manchen sieht man jedoch noch Spuren davon, während der größte Theil wohl dem fortgesetzten Witterungseinfluß nicht dauernd hat Widerstand leisten können und allmählich abgebröckelt ist. Ein Theil der Scherben ist in seiner ganzen Masse fein geschlemmt und zeigt überhaupt eine feinere und sorgfältigere Bearbeitung. Die Scherben sind mehr oder weniger gut gebrannt, und die Gefäße aus freier Hand, ohne Töpferscheibe gearbeitet. Manche Scherben, welche wohl als Bodenstücke anzusehen sind, haben eine Stärke bis zu 2 Centimeter. Die verschiedene Sorgfalt, welche, wie man noch aus den einzelnen Bruchstücken erkennen kann, auf die Bearbeitung der einzelnen Gefäße verwandt worden ist, kann zu der Muthmaßung führen, daß dieselbe verschiedenen Zeit- und Kulturabschnitten angehören, in welchen ein Fortschritt in der Töpferkunst stattgefunden hat, oder aber, was mir wahrscheinlicher vorkommt, die Gefäße sind in derselben Zeit gefertigt und haben je nach ihrer gröberen oder feineren Bearbeitung verschiedenen Zwecken gedient. Es scheint mir diese letztere Annahme deshalb mehr Wahrscheinlichkeit für sich zu haben, weil die verschiedenen Stücke dicht gemengt an ein und derselben beschränkten Stelle sich vorfinden. Bei der geringen Größe der gefundenen Bruchstücke ist es nicht möglich, aus denselben die Form der Gefäße mit Gewißheit zu erkennen, jedoch scheinen dieselben verschiedene Form und Größe besessen zu haben. Sie scheinen ohne Henkel oder Buckel gewesen zu sein, wenigstens ist es mir nie gelungen, einen solchen zu finden. Was die Verzierungen anbelangt, so sind dieselben sehr selten. Am häufigsten findet sich die Verzierung mit Tupfen oder Einkerbungen, welche der Rundung des Nagels entsprechen. Erstere sind wohl zweifellos für gewöhnlich mit der Fingerkuppe hervorgebracht, jedoch sind dieselben wahrscheinlich auch zuweilen mit entsprechend geformten Knochenstückchen erzeugt worden. Ich werde eines derartigen Knochenstückchens unten noch Erwähnung thun. Es findet sich dann noch die Schnittverzierung in Form von paarweise nebeneinanderstehenden, ohngefähr 1 Centimeter langen Strichen vor. Eine derartige Verzierung fand ich an der oberen Seite eines Randstücks. Auch findet sich die Reifenverzierung in Form von parallel verlaufenden, vertieften Streifen. Eine unterhalb eines Randes verlaufende Verzierung zeigt eine zickzackförmige, blattartige, das Gefäß umkreisende Anordnung. Auch ein plastisch auf die Gefäßwand aufgetragener Wulst bildet die Verzierung eines Bruchstückes.

Die aufgefundenen, mehr oder weniger zugespitzten Knochensplitter mögen zur Herstellung der Verzierungen gedient haben. Ein breites, zugeschärftes Stückchen paßt genau in die Tupfenverzierung; es scheint bei der Herstellung dieser Verzierung seinen Dienst geleistet zu haben. Einige gabelförmig gespaltene Stückchen haben vielleicht dazu gedient, die parallel verlaufenden Reifen bei der Reifenverzierung herzustellen. Jedoch möchte ich diesen Knochenstückchen keinen zu großen Werth beimessen. Es hat hier manchmal der tückische Zufall seine Hand im Spiel. Sonst würden die Werkzeuge beweisen, daß die Thongefäße an Ort und Stelle geformt, verziert und wahrscheinlich auch gebrannt wurden. Auch dem einzigen Feuersteinsplitter will ich keinen großen Werth zur Beurtheilung der damaligen Kulturverhältnisse einräumen.

Größeres Interesse scheinen mir jedoch die mit den Thongefäßscherben gefundenen Eisenschlacken zu verdienen. Auch finden sich hier und da Kalkstücke vor, deren Oberfläche vollständig verglast ist. Das Zusammenvorkommen mit den irdenen Gefäßscherben in derselben Tiefe der Erde macht es wahrscheinlich, daß hier einst zu denselben Zeiten, in welchen die Thongefäße hergestellt wurden, ein Eisenschmelzofen gestanden hat. Den Bewohnern des alten Germaniens war die Herstellung und Bearbeitung des Eisens schon zu Cäsars Zeiten bekannt. Die Erze finden sich aber noch jetzt unweit Pößnecks. In Unterwellenborn werden dieselben noch heute verhüttet. Die Herstellung des Eisens aus seinen Erzen auch mit den primitivsten Hülfsmitteln ist aber bei weitem nicht so schwierig, wie wir uns dieses gewöhnlich vorstellen. Den besten Beweis hierfür liefern uns die afrikanischen und malayischen Naturvölker, welche mit den einfachsten Vorkehrungen die prächtigsten Schwerter, Dolche, Lanzen- und Pfeilspitzen schmieden. Das Eisen im alten Noricum, dem jetzigen Steiermark, war schon zu der Römer Zeiten berühmt. Die Stätten vorgeschichtlicher Eisenindustrie bei den alten Norikern sind von Graf Wurmbrand genauer erforscht worden. „Dort finden sich — sagt dieser hochverdiente Forscher — alle Verbesserungen des bergmännischen sowie des Hüttenbetriebes nach einander vor. Es sind erst wenige Jahrhunderte her, daß noch die einzelnen Grundbesitzer und Höfler jeder bei seinem Hause am Erzberge kleine, 8—10 Fuß hohe Oefen besaßen, wo sie mit eigener Kohle die den alten Erzgängen geraubten Erze verhütteten. Noch primitiver haben die Römer wahrscheinlich durch keltische Kolonisten und Sklaven das Erz verhüttet. Es sind in die Berglehne eingegrabene Oefen, die nur von außen ummauert und etwas erhöht waren, und zu denen ein Luftkanal führte, um den Brand zu befördern." Aehnliche Schmelzöfen sind z. B. bei Zürich gefunden worden. Noch ältere Gruben waren nur einfach in den ebenen Thalboden gegraben, mit Lehm ausgeschlagen und ohne Luftkanal an der unteren Bodenfläche. Sehr wenig reducirter Eisenstein, Schlacken und rohe Topfscherben fanden sich in der Nähe dieser Gruben. (Archiv f. Anthropologie Vol. XI.)

Ähnliche Schmelzöfen haben wohl auch in längst vergessenen, vorgeschicht= lichen Zeiten auf der Altenburg gestanden. Es sind uns als Reste der vor= geschichtlichen Thätigkeit ihrer einstigen Bewohner die Eisenschlacken zurück= geblieben, welche uns noch jetzt im Verein mit den Überresten ihrer Töpferkunst Kunde geben von ihrer gewerblichen Thätigkeit.

Erwähnen will ich hier noch einiger, zusammen etwa 20 Gramm wiegender, Bronceschlacken sowie eines ohngefähr 3 1/2 Centimeter langen und 2 Centimeter breiten, wie ein Gefäßrand gebogenen Broncestückes, welches in der Nähe der Altenburg gefunden wurde. Die Bronceschlacke liefert uns vielleicht den Beweis, daß man auch Bronce hier verarbeitet hat.

Ich wende mich nun zu dem gegen 1/2 Stunde von Pößneck westlich gelegenen Cpitzer Berg, auf dessen unbewaldetem Plateau, besonders aber an dem steilen Abhang der Süd= und Südostseite man ebenfalls reichlich kleine Topfscherben findet, welche denselben Charakter, wie die auf der Altenburg gefundenen tragen. Vielleicht ist es kein Zufall, daß die eine Ansiedlung auf dem Südwestabhang der Altenburg, die andere dagegen auf dem Südost= abhang des Cpitzer Berges, also beide einander gegenüber liegen, so daß die Bewohner sich durch Zeichen leicht verständlich machen konnten. Ebenso ist die Lage nach Süden wohl keine zufällige, da die erwärmenden Strahlen der Mittagssonne das Leben zu einem behaglicheren machen mußten, als eine Lage auf jeder anderen Seite der aller Witterungsunbill ausgesetzten Berg= kegel. Von Verzierungen habe ich nur an kleinen Bruchstückchen Parallel= streifen gesehen, welche wohl einer Reifenverzierung entsprechen. Mehrfach habe ich hier gebrannte Lehmstücke mit Abdrücken von Zweigen und Halmen gefunden, welche wohl noch dem Bewurf einstiger, durch Feuer zerstörter, Lehmhütten entstammen. Wie auf der Altenburg, so finden sich auf dem Cpitzer Berg häufig Knochen vom Pferd und Rind vor, welche ein hohes Alter besitzen und vermuthlich als Speiseabfälle denselben Zeiten, wie die Topf= scherben und der Lehmbewurf, entstammen.

Von hohem Interesse sind mir zwei Fundstätten von Feuersteinsplittern gewesen, von denen sich die eine auf der Südseite vor einer Höhle am Rande des Hochplateaus des Döbritzer Berges, etwa 3/4 Stunden südöstlich von Pößneck gelegen, die andere auf dem Plateau des Kamsenberges, welcher in etwa der gleichen Entfernung östlich von Pößneck nahe an der von hier nach Oppurg führenden Straße sich erhebt, befindet. Es finden sich am Döbritzer Berge, dicht vor der Höhle, welche bei geringer Tiefe eine Breite von ohngefähr 4 Metern besitzt, in ziemlicher Menge größere und kleinere

Feuersteinsplitter mit schöner weißer Patina vor, welche offenbar durch Regengüsse von hier aus den steilen Abhang heruntergespült wurden und so in der Breite der Höhle an dem ganzen Abhang gelagert sind. Es ist mir so gelungen, in einem Zeitraum von wenigen Stunden über hundert derartige Splitter zu erlangen. Nebenbei fanden sich sehr vereinzelt Scherben von sehr roh aus freier Hand gearbeiteten Töpfen vor. Trotz eifrigsten Suchens ist es mir nur gelungen, drei charakteristische Stücke zu finden. Ich erwähne dieses Umstandes ausdrücklich als Gegensatz zu der großen Menge von Scherben auf der Altenburg und dem Öpitzer Berge. Die Feuersteinsplitter sind von sehr verschiedener Größe. Neben größeren Knollen finden sich charakteristische messerförmige Splitter von 3 bis 4 Centimeter Länge und 1 Centimeter Breite mit muscheligem Bruch und dreieckigem Querschnitt vor. Andere haben eine pfeilartige Form, die meisten sind kleiner ohne charakteristische Formen. Knochen von hohem Alter finden sich als größere oder kleinere Bruchstücke in größerer Menge. Kurz erwähnen will ich noch eines an einer Seite eigenthümlich künstlich ausgezackten, gegen 6 Centimeter langen Geweihstückchens, dessen Deutung mir nicht möglich ist.

Ähnlich ist der Fund auf dem Kamsenberg. Auch hier finden sich wenig Topfscherben im Verein mit größeren Mengen roher Feuersteinsplitter mit weißer Patina vor. Es befindet sich auch hier eine Höhle, welche jedoch seit einer längeren Reihe von Jahren in einen Steinbruch umgewandelt worden ist. Letztere ist von Dr. Liebe in Gera im Jahre 1850 genau untersucht worden, und sind in derselben Knochenreste vom Höhlenbären (ursus spelaeus) gefunden worden, Spuren menschlicher Thätigkeit scheinen nicht entdeckt zu sein; s. Archiv f. Anthropologie Bd. IX. Daß diese beiden Stellen nicht als größere Ansiedelungen vorgeschichtlicher Zeiten anzusehen sind, das beweist die geringe Menge von Topfscherben. Es stellen dieselben vielmehr wahrscheinlich die Werkstätten einzelner Feuersteinschläger vor, welche die auf dem Handelswege hierher gebrachten Feuersteinknollen verarbeiteten und die fertigen Werkzeuge und Waffen von hier aus wieder in den Handel brachten.

Ich komme nun zu den Grabfunden, sowie zu den Funden, welche sonst gelegentlich in der Nähe von Pößneck gemacht worden sind. Ich muß mich hier auf die mir zu Gebote stehende Litteratur verlassen, sowie auf die Funde, welche ich in Sammlungen sah, oder von denen ich bei meinen Nachforschungen hörte.

Von größeren Steinwerkzeugen sind mir nur zwei bekannt geworden. Eins ist in einem Steingrabe unfern der Ranifer Ziegelhütte auf der Saibiche zusammen mit einem Skelett, einem eisernen Schwert, einem Armband und einer Fibel (von Bronce?) im Jahre 1827 von Dr. Abler in Saalfeld gefunden und beschrieben worden. Es war sechs Zoll lang und drei Zoll breit von keilförmiger Gestalt und bestand aus grünlichem, mit schwarzen Queradern versehenen Jaspiskiesel. Ein polirtes, durchbohrtes Steinbeil ist beim Ausschachten der Fundamente der neuen Schule zu Pößneck gefunden worden und, soviel ich weiß, nach Dresden gekommen. Gräber sind vielfach in der Umgegend von Pößneck, besonders in den Jahren 1825—1837 geöffnet worden. Es waren meist Steingräber mit Skeletten. Die gefundenen Waffen bestanden aus Eisen. Als weitere Beigaben dienten Thongefäße sowie Bronceschmuck. Eine große Anzahl befand sich im Schießhausgarten und dem Vereinsgarten bei Ranis, sowie auf der dortigen Ziegelei; ferner auf den Feldern bei Öpitz, auf dem sogenannten Galgenberg bei Jüdewein, sowie am Fuße der Altenburg. Auf den Dobigauer Bergen bei Ranis sind außer den gewöhnlichen Grabgegenständen römische Goldmünzen mehrfach gefunden worden, welche unter dem römischen Kaiser Augustus geschlagen sind. Genaueres über diese Grabfunde s. „Dr. Adler, die Grabhügel, Ustrinen und Opferplätze der Heiden im Orlagau und in den schaurigen Thälern des Sorbitzbaches." (Saalfeld. Constantin Riese, 1837). Nach einer Erzählung des Grundbesitzers wurde ferner gelegentlich des Ackerns ein Grab mit Broncebeigaben an der Südseite des großen Haselbergs, eine halbe Stunde südwestlich von Pößneck, aufgedeckt. Einen kleinen Theil der bei Pößneck gewonnenen Fundstücke sah ich in der Sammlung des Hennebergischen Vereins zu Meiningen. Der größte Theil befindet sich wohl in der Vereinsammlung zu Hohenleuben und ist in der Variscia abgebildet.

Nachdem ich somit möglichst vollständig das zusammengestellt habe, was ich aus der vorgeschichtlichen Zeit der Umgegend von Pößneck theils selbst gefunden, theils durch Nachforschungen habe in Erfahrung bringen können, bleibt mir noch die Erörterung der Frage übrig: welcher Zeit entstammen diese vorgeschichtlichen Überreste und welchem Volksstamme haben die damaligen Bewohner angehört? Ich glaube, die Beantwortung dieser Frage ist keine schwierige, wenn wir zunächst einmal die beiden genannten Feuersteinwerkstätten beiseite lassen und die Fundstücke noch einmal uns vergegenwärtigen. Bisher sind von größeren Steinwerkzeugen, so weit mir bekannt ist, nur ein Steinkeil und ein Steinbeil gefunden. Dagegen finden sich auf den Stellen der Ansiedlungen in großen Mengen gut gebrannte Bruchstücke von Thongefäßen, vorwiegend als Verzierung die Tupfenverzierung tragend. Es zeigen sich Spuren einer entwickelten Eisenindustrie, vielleicht auch einer Bronceindustrie. Die Gräber zeigen sämtlich bis auf den oben erwähnten Steinkeil eiserne Waffen und Bronceschmuck mit wenig Verzierung. In einigen Gräbern wurden römische Goldmünzen aus der Zeit des Kaisers Augustus gefunden. Wir haben es also mit einer Zeit zu thun, in welcher das Eisen zu Waffen verarbeitet wurde, Bronce als Schmuck in Verwendung war und Steinwerkzeuge nur sehr selten vorkamen. Slavischer oder orientalischer Einfluß, wie letzterer in den

Zeiten der Völkerwanderung und später bemerkbar wird, ist nicht zu erkennen. Es kann sich also wohl nur um die letzten Jahrhunderte vor Christi Geburt und die ersten Jahrhunderte nach Christi Geburt handeln. Die Bewohner gehörten wohl zweifellos einem germanischen Volksstamm an. Das zeigen schon allein die Überreste der Scherben mit ihren charakteristischen germanischen Verzierungen. Leider fehlen uns bei den gemachten Grabfunden Angaben über Messungen der Skelette und Schädel. Was nun die beiden Feuerstein-werkstätten anbelangt, so liegt die Vermuthung nahe, daß dieselben älteren Datums sind und vielleicht schon außer Gebrauch waren, als die gewerb-fleißigen Bewohner der Altenburg sowie des Spitzer Berges die Gegend besiedelten. Mir scheint es jedoch wahrscheinlich, daß auch diese Werk-stätten nicht mehr der sogenannten Steinzeit angehören, denn es wäre dann doch sehr auffallend, daß nur zwei größere Steinwerkzeuge in der Umgegend von Pößneck gefunden worden sind. Zur Steinzeit, also zu jener Zeit, in welcher die Bewohner die Bearbeitung und die Verwendung der Metalle, der Bronce und des Eisens, noch nicht kannten, scheint mir die Umgegend von Pößneck noch nicht bewohnt gewesen zu sein. Es liegt auch gar kein Grund vor, zu bezweifeln, daß die Bearbeitung des Feuersteins noch lange betrieben wurde, als die Herstellung der Bronce und des Eisens bereits bekannt war. Besonders kleinere, aus Feuer-stein bearbeitete Gegenstände, wie kleinere Werkzeuge, Pfeilspitzen u. s. w. sind offenbar noch lange im Gebrauch gewesen, als größere, wie Lanzenspitzen, Dolche und Schwerter bereits aus Eisen geschmiedet wurden. Erst allmählich, mit der größeren Ausbreitung des Eisens sind diese Werkstätten eingegangen und erlitten dasselbe Schicksal wie die Broncewerkstätten, während die Bearbeitung des Eisens ebenso wie die Töpferei sich immer mehr vervollkommneten und noch jetzt, nach bald zweitausend Jahren, in Pößneck sowie der Umgegend in hoher Blüthe stehen.

Rotemulte, Rotmulti (Römhild)

und

seine Nachbarorte Milz, Mendhausen, Sülzdorf

im Streiflicht der Geschichte und Vorgeschichte.

Von

Hofrath Dr. med. G. Jacob in Römhild.

Die erste Erwähnung Römhilds als villa Rotemulte findet sich in der Schenkungsurkunde der Äbtissin Emhild vom 3. Februar 800 n. Chr.

In dieser übergiebt dieselbe das von ihr am 25. März 783 in Milz nach der Ordensregel des heil. Benedict gegründete und mit 23 jedenfalls abligen Klosterjungfrauen besetzte Kloster, mit einem umfangreichen Grundbesitz, den von ihr erworbenen Reliquien, Kirchenschätzen, Kirchengeräthen, Gewändern und theologischen Werken, diese ihre eingebrachten Besitzungen und Gefälle dem Kloster Fulda, das damals unter der Leitung des Abtes Baugolf stand, jedoch mit der einschränkenden Bestimmung, daß die Stifterin, so lange sie am Leben bleibe, ihr Eigenthumsrecht und die Verwaltung des Klosters sich vorbehielt und Fulda erst nach ihrem Tode das Patronatsrecht ausüben durfte.

Das Kloster in Milz, ¼ Wegstunde von Römhild, war das älteste in unserer Gegend, hat jedoch nur kurze Zeit bestanden. Denn schon 22 Jahre nach der Gründung desselben wurde es auf den Raubzügen der damals in Franken häufig einfallenden Sorbenwenden 805 zerstört und Emhild mußte sich in das Nonnenkloster Bischofsheim a. d. Tauber, nicht Bischofsheim vor der Rhön, wo urkundlich ein Kloster nicht nachzuweisen ist, flüchten. Es wurde so gründlich zerstört, daß W. E. Tentzel in seinen „Erste Hennebergische Zehenden" S. 18, im Jahre 1701 berichtet, es sei „heute zu Tage weder Strumpff noch Stiel davon vorhanden", doch vermuthete er ganz richtig, daß es an der Stelle des von Berlichingischen Gutsschlosses stand, da dieses damals noch fuldaisches Lehn war. Die drei Berlichingischen Höfe, ein Schloßgut mit zwei Vorwerken, kamen 1578 in den Besitz der Berlichingen und schon die früheren Besitzer dieses großen, 614 Acker haltenden Klosterguts waren Lehnsträger von Fulda.

Das frühere Berlichingische Schloß, ein zweistöckiges Wohnhaus von ansehnlicher Breite und geräumiger Thorfahrt lag auf „der Specken", dicht links am „Speckenthor" von Milz, durch welches die alte Straße nach Königshofen i. Gr. führte. Es ist jetzt das Eigenthum des früheren Schultheißen W. Peter. Dieser hat vor einer längeren Reihe von Jahren in seinem anstoßenden Hausgarten ein altes Kellergewölbe geöffnet, aber wieder zugeschüttet

und noch jetzt ist im Frühjahr ein Theil der Klostermauer unter der Rasendecke zu erkennen, in deren Flucht das Gras weniger üppig und mit matterem
Grün wächst.

Von den zahlreichen und kostbaren Ausstattungsgegenständen des Klosters,
die in der erwähnten Schenkungsurkunde namentlich angeführt sind, ist keine
unserer Zeit erhalten geblieben, da vielleicht alle die willkommene Beute räube-
rischer Horden wurden. Nur ein Gegenstand von Stein, der an der Ostseite des
dem Landwirth Christian Peter zu Milz gehörenden Wohnhauses in geringer Höhe
vom Erdboden eingemauert war — das Einmauern von geweihten oder vom Volk
mit Zauberkräften ausgestatteten Gegenständen, z. B. von Steinwaffen, als
Donnerkeile gedacht, das Legen von Hufeisen unter die Thürschwelle, von Mühl-
steinen u. s. w. zum Schutz des Hauses und seiner Bewohner sind an vielen Orten
beobachtete Thatsachen — könnte aus der Milzer Klosterkirche stammen. Es ist
dieses ein noch 50 Centimeter langer vierseitiger Sandstein, in dessen Mitte
drei kelchförmige Vertiefungen in der Form eines Dreiecks eingeschnitten
sind. An jeder Ecke des Steins, wie in der Mitte jeder Seitenkante befand
sich ein Napf von gleicher Tiefe und Größe, vier jedoch sind abgeschlagen.
Im Ganzen waren es elf 6 Centimeter tiefe und 6 Centimeter im Durchmesser
haltende Steinnäpfe.

Es ist mir später gelungen, den Stein in meinen Besitz zu bringen, und
habe ich darüber schon in den Verhandlungen der Berliner Gesellschaft f. A., Ethn.
und Urgesch. 1879 S. 224—25 berichtet, da er die größte Ähnlichkeit
mit den ältesten bekannten Weihwassersteinen hat, die L. Nilsson in „Die
Ureinwohner des Scandinavischen Nordens, Nachtrag S. 48 und 49" abgebildet hat.

Nach der Urkunde von 800 schenkte Emhild und die Klosterschwestern in
38 bezeichneten Ortschaften dem Kloster Milz Ländereien mit den darauf
wohnenden Bauern und Leibeigenen, Wiesen, Weiden, Wälder, Gewässer mit
allem Zubehör, allein in keiner der urkundlich genannten Ortschaften hat sich
eine Überlieferung über ehemaliges Klosterbesitzthum fortgepflanzt. Nur in
Römhild, wo Emhild eine Schenkung machte, hat sich, obschon nur noch wenigen
bekannt, der Name „Frauenberge" erhalten. Sie liegen am nordöstlichen Abhang der Hartenburg bei Römhild und hatten einen Flächengehalt von 9 Ackern.
Im Besitz der auf der Hartenburg residirenden Grafen von Henneberg wurde
der Weinertrag derselben noch 1555 mit 30 Eimern in Anschlag gebracht
(J. A. v. Schultes histor. statist. Beschr. der Herrschaft Römhild S. 597).
Der Name „Frauenberge" könnte mit den Klosterfrauen von Milz in Beziehung stehen, da schon in frühmittelalterlicher Zeit die Nonnen und Mönche
kurz Frauen und Herren genannt wurden. Vorläufig genüge es, zu weiteren
Forschungen in dieser Richtung anzuregen.

Rotemulte schreibt J. F. Schannat, Rotermulte W. E. Tentzel, Rour-
multe J. M. Weinrich. In einer Urkunde von 815 wird später noch ein
Rootmulti und 867 Rotmulti genannt. Jenes bei einer Zusammenkunft
des Bischofs Wolfger von Würzburg und des Abts Rabger von Fulba in
Retzbach bei Karlstadt a. M., bei welcher die Zehntbefugniß beider Bisthümer
vertragsmäßig geordnet und der Zehnt von Rootmulti der Kirche in Bunaha
(Baunach) in Oberfranken) zugewiesen wurde, dieses bei Gelegenheit einer
Schenkung Abalolts, wahrscheinlich eines Grafen dieses Namens, an das
Kloster Fulba, wobei er eine Captur zwischen den Gleichbergen (inter Similes, qui
vocantur Bernberg et Steinberg in finibus villae Rotmulti) schenkt.

Das Rotemulte von 800 und Rotmulti von 867 ist unstreitig das Römhild
von heute. Denn die meisten Orte in der Schenkungsurkunde Emhilds liegen
in der Nähe von Milz und in der Urkunde Abalolts ist die Lage von Rotmulti, der Lage des jetzigen Römhild entsprechend, örtlich sicher gestellt. Gegen
den Namen Rootmulti mit doppeltem o haben sich jedoch schon vor Jahrhunderten berechtigte Zweifel erhoben. Besonders wegen der weiten Entfernung
Rootmultis für unser jetziges Römhild von Baunach. Denn selbst bei der Annahme, daß zur Zeit der Einführung des Christenthums in Franken die Kirch-
sprengel oft einen sehr großen Umfang hatten, gab es doch damals kirchliche
Mittelpunkte in weit geringerer Entfernung von Römhild. Ich erinnere an
die Schenkung Karlmanns, Königs von Austrasien und Sohn Karl Martels,
der dem Bisthum Würzburg 770 das Kloster Karlsburg und 25 Kirchen in
mehreren Rheingauen bis zu den Grenzen des späteren Bisthums Bamberg
schenkte. Von diesen erwähne ich nur als Römhild zunächstliegend die Kirchen
zu Königshofen i. Gr., zu Untereßfeld bei Königshofen, schon 742 errichtet,
sowie die zu Meilrichstadt und Brend-Lorenzen bei Neustadt a. S.

Um die Schwierigkeiten einer kirchlichen Naturalsteuer von Römhild nach
Baunach zu heben, hat man sich bemüht das alte Bunaha in der Nähe Römhilds zu suchen. Allein alle derartigen Versuche sind mißglückt. Man hat
an den Buchenhof, ein Domänengut bei Gleichamberg, gedacht (W. E. Tentzel,
J. A. v. Schultes u. A.), mehr aber noch an Mendhausen, eine starke Wegstunde von Römhild, unter der nicht ganz einwandfreien Annahme, daß Mendhausen seinen Namen verändert und früher Bunaha geheißen habe. Da Mendhausen die Mutterkirche von Römhild war, so hätte diese Annahme eine gewisse
Berechtigung. Denn die Einwohner Römhilds mußten im Mittelalter an hohen
Festtagen und an bestimmten Sonntagen dem Gottesdienst in Mendhausen bei-
wohnen, bis es dem Grafen Friedrich I. der Hartenburg-Römhilder Linie nach
vielen Bitten und persönlichen Opfern 1405 gelang, die Tochterkirche Römhild
von der Mutterkirche Mendhausen abzulösen und einen Pfarrer mit allen
priesterlichen Rechten in Römhild anstellen zu lassen. Geschichtlich ist das

Alter der Mendhäuser Kirche nicht bis zum Jahre 800 zu verfolgen und der Name Mendhausen (urk. Ment- und Mentehusen) ist wohl auf den Eigennamen Manto zurückzuführen, der schon im 8. Jahrhundert vorkommt, wie überhaupt die meisten Orte mit der Endung hausen mit einem Eigennamen verbunden sind.*)

Noch weniger ist etwas über eine Kirche in der jetzigen Wüstung Buna**) bei der Ruine Wilbberg in der Nähe von Sülzfeld i. Gr. bekannt und ist es daher höchst wahrscheinlich, daß das Rootmulti von 815 gar nicht das Rootmulti von 867 in der Nähe der Gleichberge, das jetzige Römhild war. Denn nach Schannats charta veteris Buchoniae gab es noch ein Rootmulti unter Hammelburg an der fränkischen Saale. Und wenn dieser Ort hier auch nicht zu berücksichtigen ist, so hieß das jetzige Römmelsdorf zwischen Lohr und Gemeinfeld auch villa Rootmulti. Sogar Rentweinsdorf im Baunachgrund (Rengelsdorf, Remmelsdorf) wollten Einige wegen seiner nahen Lage an Baunach für das Rootmulti von 815 ansehen, allein Rentweinsdorf kommt urkundlich nicht als villa Rootmulti vor.

---

*) Das Dorf Mendhausen ist eine alte Niederlassung, weil in dessen Nähe eine vorgeschichtliche durch Gräben befestigte Stelle vorkommt. An dem Südabhang des „Hübnerrückens", 15 Minuten von Mendhausen, über welchen die Straße nach Behrungen führt, ist dieselbe sichtbar. Am Rand der Anhöhe befindet sich ein 4 Meter hoher Schutthügel von Erde, 10—12 Schritte im Durchmesser ohne eine grubenförmige Vertiefung (Wohnung) auf der Oberfläche derselben, was zuweilen in unserer Gegend zur Beobachtung kommt, z. B. auf einem Schutthügel an den Ausläufern der Haßberge, südlich von Märkershausen bei Königshofen i. Gr. Hinter ihm ist ein tiefer halbringförmiger Graben, dessen Schenkel nach unten auseinander weichend bis zur Ebene laufen, so daß ein dreieckiger Raum durch Gräben befestigt ist, in dessen Spitze der Schutthügel liegt. Derselbe führt den Namen „Burgstadel" und wurde wohl mit Unrecht als das Duristobla in der Schenkungsurkunde der Emhild angesehen. Von der Ebene führt ein Fahrweg „der Burgweg" zu dieser Einfriedigung. Dicht an dem Schutthügel lag ein Brunnen und sollen auch Bausteine von demselben abgefahren worden sein. Ich selbst habe bei mehrmaligem Besuch des „Burgstadels" keine auffindbar können und nach vielem Suchen nur eine kleine Thonscherbe aufgehoben, die für die Zeitbestimmung werthlos war. Der Schutthügel ist viel zu klein für eine Burgstätte und hat keinen Ringgraben. Dieses, wie der Verlauf und die Ausdehnung der Schutzgräben, der Fundmangel u. A. lassen sie als ein befestigtes Viehgehege erscheinen, wie der Wallbezirk der Altenburg am großen Gleichberg (G. Jacob, Das Dorf Milz bei Römhild nebst einem Anhang Die Altenburg am großen Gleichberg bei Römhild). Seitlich von diesem Schutzbezirk, 5—600 Schritte entfernt, liegen in der „Salzlecke" vier große Hügelgräber, von denen eines von dem verstorbenen Schultheißen Seifert in Mendhausen, aber ohne Erfolg und nur theilweise abgegraben wurde. Die Gräber liegen jetzt zwar in der Mendhäuser Flurmark, können aber auch zu Eichelbrunn, ½ Stunde davon und zwischen 1260—1300 verwüstet, gehört haben. Ein näherer Zusammenhang der Gräber mit den Bewohnern des „Burgstadels" ist nicht nachweisbar.

**) G. A. Genßler in seiner Geschichte des fränk. Ganes Grabfeld hielt Buna für Bunaha, was schon aus sprachlichen Gründen unzulässig ist.

Die Bestimmung von Rootmulti und seiner Lage bleibt daher eine unsichere, um so mehr als in der betr. Urkunde jede nähere Ortsbezeichnung fehlt, während bei dem Rotmulti von 867 in provincia Grabfelde beigefügt ist.

Der Ortsname Rotemulte und Rotmulti hat mehrere Erklärungsversuche veranlaßt. Als rothe Erde erklärte Rotemulte W. E. Tentzel, worüber sich schon Schannat etwas spöttisch äußerte; als Rabmühle E. Rückert, gest. als Kirchenrath zu Schweina bei Bad Liebenstein (Meiningen), als gerottete Erde = Mullrott, der Name eines Flurbezirks bei Utendorf (Meiningen), G. Brückner in seiner Landeskunde des Herzogthums Meiningen. Anderer, künstlich gesuchten Erklärungen nicht zu gedenken.

Das alte Rotemulte, Rotmulti lag nicht an derselben Stelle, die das jetzige Römhild einnimmt, sondern 10 Minuten entfernt davon in nord-östlicher Richtung, da wo jetzt das Herzogliche Forstgebäude steht, früher aber ein Hospital mit einer kleinen Kirche, dem „Gotßhuse seind Peters-Kirche zu Alten-römhilt" (1401) stand, die erst im Jahr 1830 abgebrochen wurde, nachdem sie längere Zeit als Heu- und Strohmagazin gedient hatte. Der Name Altrömhild kommt erst in Urkunden des 12. Jahrhunderts vor und muß daher die Ortsveränderung Römhilds vor dieser Zeit stattgefunden haben. Die dieselbe veranlassenden Beweggründe sind nicht bekannt, mögen jedoch sehr dringender Natur gewesen sein und vermuthet man, da von einer Zerstörung Altrömhilds durch eine Fehde, oder durch Brand nichts bekannt ist, daß die Gründung des Hospitals, wie die excentrische Flurlage Altrömhilds mitbe-stimmend gewesen seien. Übrigens ist die Erinnerung an Altrömhild dem Volksgedächtniß jetzt fast gänzlich entschwunden und, wie an vielen anderen Orten, die eine Ortsveränderung vornahmen, erzählt man sagenhaft, Römhild sei früher viel größer gewesen und habe sich bis zum „Spital" und der darunter befindlichen „Spitalmühle" erstreckt.

Es scheint aber die Stelle, wo Altrömhild lag, schon in vorgeschichtlicher Zeit als Wohnstätte benutzt worden zu sein. Denn ein glücklicher Zufall führte mich auf die Spuren vorgeschichtlicher Niederlassungen. Ich fand nämlich vor 5 Jahren einen Feldweg in der Nähe der „Spitalmühle" mit einer großen Menge Eisenschlacken aufgefüllt. Unter diesen auch das Bruch-stück eines Mühlsteins (Handreibstein) von Sandstein. Die Eisenschlacken sowohl, wie der Mühlsteinrest zeigten eine so große Übereinstimmung mit derartigen Funden vom kleinen Gleichberg (Steinsburg) bei Römhild, daß ich Veranlassung nahm, über den Fundort der erwähnten Gegenstände Erkundi-gungen einzuziehen, und erfuhr ich durch den jetzigen Spitalmühlenbesitzer J. Both, daß diese Schlacken von dem Domänenpachter Muselmann in Römhild auf einem in der Nähe des Forstgebäudes liegenden Grundstück gesammelt und abgefahren worden seien, daß aber auf seinem anstoßenden Feld von fast

2*

1¹/₂ Morgen Flächengehalt Eisenschlacken in großer Menge theils zu Tage lägen, theils bei der alljährlichen Bodenbestellung ausgepflügt würden. Er fügte hinzu, es scheine ihm, daß nur Schmiede auf demselben gewohnt hätten.

Ohne den Zusammenfund eines Mühlsteinfragments hätte ich vielleicht den Eisenschlacken kein erhebliches Gewicht beigelegt, allein bei wiederholter Besichtigung der Fundstätte, wobei es mir gelang, gegen 100 Kilo Eisenschlacken zu sammeln, die alle noch einen sehr hohen Procentsatz Eisen enthielten und daher die Annahme eines sehr alten, einfachen Schmelzverfahrens gestatteten, war ich keinen Augenblick im Zweifel, daß es sich in diesem Fall um alte, vorgeschichtliche Schmelzstätten handelte, die ich auch für den kleinen Gleichberg während der La Tènezeit*) nachgewiesen habe (G. Jacob, Die Gleichberge bei Römhild als Culturstätten der La Tène Mittelbeutschlands, herausgegeben von der Histor. Commission der Provinz Sachsen, Heft V—VIII. Halle a. S. Verlag von O. Hendel.).

Die Schlacken kamen in haselnußgroßen, bis zu 10 Pfund schweren Bruchstücken vor. Die größeren haben eine ovale, etwas concave Oberfläche und eine convexe Bodenfläche, so daß man noch die Bodenwölbung des Schmelzgefäßes erkennen kann. Die Bewohner der La Tènezeit des kleinen Gleichbergs schmolzen die in der Umgebung der Gleichberge zu Tage liegenden Brauneisensteine in Graphitgefäßen, von denen Scherben gefunden wurden, und kam es mir zunächst darauf an, festzustellen, ob bei der Ausbeutung der eisenhaltigen Steine an der Stelle des alten Rotemulte Graphittiegel gebraucht wurden, oder ob man das Eisen in muldenförmigen Schmelzgruben förderte, die man auch in vorgeschichtlicher Zeit benutzte.**)

---

*) Eine Untiefe in der Nähe des kleinen Dorfs Marin am Nordende des Neuenburger Sees (Schweiz) wird in der dortigen Schiffersprache La Tène genannt. Diese Stelle, wo wahrscheinlich eine Militärstation der Helvetier stand, stellte sich als eine reiche Fundstätte vorrömischer Waffen und Eisengeräthe heraus; und wie die „Hallstattzeit" (s. über dieselbe die Anmerkung auf Seite 23) nach der Örtlichkeit benannt wurde, so wurde auch der Name La Tène auf die ganze daselbst aufgedeckte Culturgruppe, die von der Hallstattcultur wesentlich unterschieden und als die jüngere oder eigentliche Eisenzeit anzusehen ist, übertragen.

*) Das Schmelzverfahren der vorgeschichtlichen Zeit war ein sehr einfaches. Man legte, wenn man keine Graphittiegel in Anwendung brachte, eine mäßig tiefe, mehr oder weniger ovale Erdgrube an, die man mit einer 8—10 Centimeter dicken Lehmschicht ausstrich. Unter derselben war das Schürloch, das mit Zugröhren versehen war, um die Gluth des Feuers zu steigern. Die eisenhaltigen Steine wurden zuweilen schon mit dem Zusatz eines den Fluß befördernden Materials ausgeschmolzen. In vielen Fällen waren diese einfachen Schmelzöfen an Bergabhängen angelegt, wo die Einwirkung des Windes eine größere und gleichmäßigere war. Graf Wurmbrand und C. Mehlis haben solche vorgeschichtliche Schmelzen, jener in dem alten Noricum, dieser in den Rheingegenden aufgedeckt. Sie kommen an vielen Orten Deutschlands vor und dieses alte Schmelzverfahren läßt sich bis in das Mittelalter verfolgen. Wenn sich letztere Schmelzen nachweisen ließen, hätte man vielleicht aus

Als das Grundstück des J. Both im Herbst 1885 brach lag, erhielt ich von demselben in bereitwilligster Weise die Erlaubniß, auf demselben zu graben, und ließ ich durch vier Arbeiter gegen 30 Meter lange, 75 Centimeter tiefe und 60 Centimeter breite Gräben ziehen. Im Verhältniß zur Größe der auszubeutenden Fläche wurde durch diesen Versuch nur ein kleiner Theil derselben erforscht und blieb daher noch der größte Theil des Arbeitsfeldes unaufgeschlossen. Verlauf und Ergebnisse waren folgende. Nach Abräumung der Culturkrume fand man bis zu einer Tiefe von 50 Centimeter, worauf man auf festen Mutterboden stieß, einen kleinen Bronzenagel mit walzenförmigem Kopf, dessen Ende öhsenförmig umgebogen war, 105 Eisengegenstände, eine flache unverzierte Perle mit Mittelrand von weißem Thon (mittelalterlich), die nicht gebrannt war, 2,5 Centimeter im Durchmesser, eine große Menge Eisenschlacken, 3 Brauneisensteine, mittelalterliche, aber auch vorgeschichtliche Thonscherben, dicke, unregelmäßige, gebrannte Lehmstücken, Thierknochen, 5 Pferdezähne und 3 Zähne von jungen Ebern.

Die Mehrzahl der Eisenfunde sind Nägel, darunter 71 Hufnägel von alter und derselben Form, welche die Hufeisennägel vom kleinen Gleichberg haben, die übrigen sind: ein großer Rabnagel mit länglich rechteckiger Kopfplatte, der Schenkel eines Hufeisens mit Stollen und wellenförmigem Rand, an welchem 2 Löcher in der Nagelrinne kaum noch sichtbar sind, 20 Nägel, theils pfriemenförmig, theils in runder und vierkantiger Stiftform mit verschiedenartigen Köpfen, eine schwache Eisenklammer, 9,5 Centimeter lang, das Bruchstück einer solchen, zwei kleine Eisenklammern von Schwertscheiden (J. Undset, das erste Auftreten des Eisens in Nordeuropa, Taf. 15 Fig. 6), zwei stark durch Rost zerstörte Messerklingen, wovon nur eine eine vierkantige Griffzunge hat, und 6 unbestimmbare Eisenstücke in Stabform. Die Thierknochen stammen vom Rind, Kalb, Schaf, Schwein und vom Hund.

Vorläufig ist die Zahl dieser Funde noch zu gering für eine zutreffende Altersbestimmung derselben und ist noch die größte Vorsicht nöthig, um vergleichende Versuche mit anerkannt vorgeschichtlichen Funden, von denen die Gleichbergsfunde für unsere Gegend die wichtigsten sind, anzustellen. Es finden sich zwar in der Form ganz gleiche Nägel in alten Hufeisen vom kleinen Gleichberg, wie an anderen vorgeschichtlichen Stellen, allein das erwähnte Bruchstück von einem Hufeisen hat trotz seines wellenförmigen Randes einen viel breiteren

örtlichen Gründen neue Anhaltspunkte zur Erklärung des Namens Rotemulte finden können. Denn er hätte sich dann leicht als „rothe Mulden" erklären lassen, vorausgesetzt, daß multe dasselbe ist, wie unsere Mulde und dieses Wort überhaupt in unserem althochdeutschen Sprachschatz vorkommt, worüber ich mich als Nichtgermanist jedes entscheidenden Ausspruchs enthalte.

und massigeren Schenkel, als die Hufeisen vom kleinen Gleichberg u. a. O.,
es hat ferner eine Nagelrinne, die jene nicht haben.*)

Große Ähnlichkeit indessen mit einer Messerklinge vom kleinen Gleichberg
aus der jüngeren La Tènezeit hat das Messer mit Griffzunge.**)

Die kleinen, eisernen 4—5 Centimeter langen, aber schmalen Eisenklammern,
welche zur Verstärkung der eisernen Schwertscheiben dienten, sind von den auf
dem kleinen Gleichberg gefundenen nicht zu unterscheiden. Von den Fundstücken
Altrömhilds würden sich daher als geeignete Vergleichsgegenstände mit Gleich-
bergsfunden nur herausstellen: die Hufeisennägel, der oben beschriebene Rabnagel, einige längere Nägel, die Messerklinge mit Griffzunge und die Schwert-
scheidenklammern, wie auch die größere 9,½ Centimeter lange Eisenklammer.
Dagegen geben die Topfscherben keine zuverlässigen Beweise eines hohen Alters.
Man findet zwar unter denselben mehrere mit innerer und äußerer Brandhaut,
deren Zwischenschicht nicht durchgebrannt ist, doch fehlt jede für keramische
Perioden wesentliche Verzierung. Unter den Scherben befinden sich zwei Bruchstücke von Henkeln und ein Henkelknopf.

Nach diesen näher bezeichneten Funden ist nicht in Abrede zu stellen, daß
sie, wie das Bruchstück eines Handmühlsteins, mindestens in die Zeit Rotemultes
gehören und noch bedeutend älter sind, aber das, was mich am meisten bewog
zu graben, die Schmelzgruben, aus welchen die vielen Eisenschlacken stammen,
habe ich bis jetzt noch nicht aufdecken können. Ich fand zwar an manchen
Stellen, 50 Centimeter unter der Erdoberfläche, inselförmige Stellen von Lehm,
aber dieser war nicht durchgebrannt und einige dicke, ganz oder halbdurchgebrannte
Lehmbrocken, die ich sammelte, können ebensogut von einer verbrannten Wohnung,
als von einer Schmelzmulde herrühren. Auch Scherben von Graphittiegeln
kamen nicht vor und ist deshalb die Aufgabe, die ich mir stellte, noch nicht
gelöst und ihre Lösung erfordert noch weit eingehendere Versuche.

*) Die deutschen Archäologen sind überhaupt noch nicht über die Frage schlüssig geworden,
ob den Völkern der Vorgeschichte der Hufbeschlag bekannt war. Selbst die Frage, ob die
Römer den Hufbeschlag kannten, ist erst vor kurzer Zeit im bejahenden Sinn erledigt
worden. Dagegen sträubt man sich noch, den vorgermanischen Nationen die Kenntniß des
Hufbeschlags einzuräumen, doch wird auch in diesem Fall das immer mehr sich häufende
Fundmaterial bald die entscheidende Antwort geben. Ich verweise übrigens auf die treffliche
und erschöpfende Abhandlung über vorgeschichtlichen Hufbeschlag von Prof. H. Schaaffhausen
in Bonn „Hatten die Römer Hufeisen für ihre Pferde und Maulthiere?", Jahresbericht
des Vereins von Alterthumsfreunden im Rheinland, Heft LXXXIV 1887, worin die Beweise
erbracht sind, daß die Römer der späteren Zeit den Hufbeschlag kannten. Wahrscheinlich
sind die Hufeisen aber eine vorrömische, keltische Erfindung, wie es französische und Schweizer
Forscher z. B. Matthieu, Castan, Quiquerez u. A. nachgewiesen haben.

**) Ein Messer von dieser Form ist abgebildet in „Vorgeschichtliche Alterthümer aus
der Mark Brandenburg von A. Voß und G. Stimming 1887" aus dem Urnengräberfeld
bei Krielow, Weinberg.

Das Rotemulte von 800 ist jedoch nicht die älteste Niederlassung in der Nähe Römhilds, denn Spuren einer viel älteren Niederlassung fand man viel näher bei Römhild seitlich vom Schloßgarten (Herrengarten), den Herzog Heinrich (1676—1710) anlegte, am linken Ufer der Spreng, die ¾ Stunden von Römhild oberhalb Haina entspringt, auf einem Grundstück, dem „Kalkofen", das städtisches Eigenthum ist. An dieser Stelle wird schon seit 50 Jahren Mergelschutt abgefahren, wobei man zuweilen trichterförmige, dunkle Erdstellen bloslegte. Leider blieben dieselben unbeachtet, bis ich vor 7 Jahren die erste Nachricht hierüber erhielt. Es wurden mir zwei Stellen gezeigt, die ich ausgraben ließ. Die Gruben waren 1,5 Meter tief und ebenso breit im Randdurchmesser. Die dunklere Bodenfärbung im Inneren derselben war die Folge von der Herdasche, wie von vermoderten Pflanzen- und Thierresten. Die geringe Größe dieser Wohnungen ließ nicht den Schluß auf Familienwohnungen zu, jedoch wegen der tiefen Aschenschicht auf lange Benutzung durch Jäger oder Hirten. Denn die wenigen Fundstücke, welche die Gruben enthielten, stammen aus einer Zeit, in der man schon feste Wohnsitze, Hausthiere und Culturpflanzen hatte.

Da eine große Strecke des etwas über dem Wasserspiegel der Spreng liegenden Ackers schon abgegraben und abgefahren war, so läßt sich die Zahl der an dieser Stelle gewesenen Wohngruben nicht feststellen und kann man auch nicht angeben, wie weit dieselben noch in das Feld hineinreichen. Ich fand an den bezeichneten Stellen keine Herdsteine, aber eine 50 Centimeter starke Aschenschicht mit reichlichen Einschlüssen von kleineren und größeren Kohlen und in dieser vorgeschichtliche, halb durchgebrannte Thonscherben, Knochen, besonders Schwanzwirbel vom Kalb, einen Streichstein zum Glattstreichen der Töpfe in Stabform mit convexer Streichfläche oben und unten, und was das wichtigste Erkennungsmittel für die Altersbestimmung der Trichtergruben war, das Bruchstück eines hohlen Bronzerings mit gepreßter Verzierung. Das Innere desselben war mit einer schwärzlichen Harzmasse ausgefüllt, die sehr stark patinirte Bronze übrigens so verwittert, daß sie selbst bei leiser Berührung zerfiel. Doch ließ sich an der Arbeit und dem Styl der Verzierung so viel erkennen, daß der einstmalige Bronzering der Hallstattzeit (800 bis 400 v. Chr.)*) angehörte, während das Rotemulte, wie nach einigen Funden

*) Die Hallstattzeit entlehnte ihren Namen von einer Ortsbezeichnung, dem Marktflecken Hallstatt am Hallstätter See im Salzkammergut, in dessen Nähe man ein großes Gräberfeld entdeckte, auf welchem in den Jahren 1846—64 über tausend Gräber geöffnet wurden, die eine Ausbeute von mehr als 6000 Fundgegenständen ergaben. Die eigenartigen Formen der dortigen Culturgeräthe, unter welchen die ersten vorgeschichtlichen Eisengegenstände gefunden wurden, machten die Aufstellung einer neuen, abgeschlossenen Culturperiode, der Hallstattzeit, nothwendig, die auch als die erste und ältere Eisenzeit bezeichnet wird. In diese Zeit wurden später auch alle über einen großen Theil Oesterreichs und Deutschlands verbreiteten Culturfunde von gleichen Formen eingereiht.

angenommen werden kann, in eine jüngere Culturperiode, in die der Hallstattzeit folgende La Tèneperiode (400 v. Chr. bis zum Beginn unserer Zeit-
rechnung) zu verlegen ist.

Obschon in der Nähe Römhilds keine reinen Bronzegräber, wie bei Meiningen z. B. im Amt Sand, an dem Dolmar, bei Schwarza und in der
Umgebung der Ruine Henneberg vorkommen, so sind die Trichtergruben auf
dem „Kalkofen" doch ein Beweis einer sehr alten, wenn auch jüngeren vorgeschichtlichen Besiedlung, als dort. Trichtergruben wurden bis jetzt nur noch
einmal und wieder ganz zufällig in der Nähe Römhilds aufgedeckt. In
³/₄ stündiger Entfernung von Römhild nämlich, an einem schmalen Hohlweg,
der über einen kleinen Hügel zum Sülzdorfer Wiesgrund führt, wenn man
den Fußweg über die „alte Warte" von Römhild nach Sülzdorf geht und den
vorliegenden schmalen Wiesgrund überschritten hat, sah ich 1880 zwei ange-
schnittene Trichtergruben, die sich durch dunkle Bodenfarbe ersichtlich von dem
helleren Mutterboden abhoben. Ihre Bloslegung hatte folgende Veranlassung.
Die Gemeinde Sülzdorf baute eine neue Straße nach Haina und verwendete
die unfruchtbare Erde zu beiden Seiten des Hohlwegs zum Bau des Straßen-
körpers. Die links vom Weg befindliche Wohngrube wurde dadurch in der
Mitte durchschnitten, während die rechts nur angeschnitten wurde und deshalb
ein kleineres Profil zeigte. Beide Wohnplätze waren bis zu 2 Meter tief.
In der größeren fand man eine tiefe mit Kohlenstücken durchsetzte Aschenschicht,
mehrere rothgebrannte Herdsteine, einen platten Thonwirtel mit Eindrücken des
Fingernagels, einen kleinen 4 Centimeter hohen durchbohrten Thoncylinder, —
dieselben kommen auch auf dem kleinen Gleichberg vor, sind aber keine Wirtel —
viele Thierknochen, das Horn von einer jungen Ziege, ein abgebrochenes Eisen-
messer mit massivem glatten und patinirten Bronzegriff, dessen Ende mit einer
Bronzekugel von der Größe einer kleinen Perle verziert war. Außerdem enthielt
die Aschenschicht noch eine große Menge Thonscherben, theils halb, theils ganz
gebrannte Lehmstücke von unregelmäßiger Form, zuweilen mit eingekneteten
Grashalmen. Die Scherben stammten von Gefäßen, die nur mit der Hand
hergestellt waren, und waren, wie überall, wo in Gräbern oder Wohnstätten
vorgeschichtlicher Zeit Scherben gefunden werden, zweierlei Art. Ein Theil
war von geschlemmtem Thon, schwachwandig und im Rauchfeuer geschwärzt,
ein Theil von größeren und zum gewöhnlichen Gebrauch bestimmten Gefäßen, mit
einer Wandstärke bis zu 2 Centimeter, war im offenen Feuer röthlich gebrannt und
der dazu verwendete Thon war mit kleingeschlagenem Feldspath vermischt.

Die Verzierung der dicken Thonscherben bestand in eingeritzten Linien, die
sich unregelmäßig, zuweilen rautenförmig schnitten. Die platten Ränder der
Gefäße standen mit kaum bemerkbarer Halsrinne gerade nach oben und nur
zuweilen verlief unter dem Hals der Gefäße eine Ringleiste mit über Kreuz
gestellten Fingereindrücken. Auch Scherben von Topsdeckeln kamen vor.

Nachdem es mir gelungen war, die Erlaubniß zu erwirken, ließ ich am 21. Mai 1880 den noch unberührten Theil der größeren Wohngrube durch zwei Arbeiter ausgraben, habe aber nur geringe Ausbeute gemacht, da die oben angegebenen Funde derselben schon früher entnommen waren. Doch kam ich später noch in den Besitz einiger Gegenstände aus derselben Fundstätte, eines Gewichtsteins von Sandstein, 0,750 Kilo schwer mit kleinem Bronzehenkel, eines Glättesteins von Kiesel zum Glätten der Nähte, von denen Hunderte auf dem kleinen Gleichberg gefunden wurden, eines Bruchstücks von einem Handreibstein, des Henkelstücks eines tassenförmigen Gefäßes von geschwärztem Thon und einer Eisenschlacke.

Auch Sülzdorf hat, wie Römhild, seine Lage gewechselt, indem es noch in geschichtlicher Zeit mitten im Wiesgrund einer Thalmulde lag, die nach Westen geschlossen, auf jeder Seite von einem mäßig hohen Bergrücken begrenzt wird, bis es 1510 aus unbekannten Ursachen zerstört und erst 1715 wieder an seiner jetzigen Stelle aufgebaut wurde.

Von ungleich größerer Bedeutung aber sind die erwähnten vorgeschichtlichen Wohngruben, deren Alter sich leichter bestimmen lassen würde, wenn die in der Nähe Sülzdorfs liegenden Hügelgräber schon auf ihren Inhalt geprüft worden wären. Und zwar befinden sich auf dem rechten Höhenrücken, 15 Minuten von den Trichtergruben entfernt, ein großes Einzelgrab im „Mönchsholz", in welches vor unbekannter Zeit ein radialer Gang eingeschnitten wurde, um es seines Inhalts zu berauben, und eine unregelmäßige Gruppe von 7 Gräbern etwas nördlich von jenem am Rand des rechten Bergrückens. Aber auch auf dem Höhenzuge links von Sülzdorf im „rothen Hölzlein" auf dem „Rothberglein" liegen an einem Grenzweg zwischen der Hainaer und Sülzdorfer Flur in der Mitte kesselförmig ausgehobene Gräber. Der Zahl nach sind es noch 4, da eines von ihnen abgegraben wurde, um den Steinkern des Innern zum Straßenbau zu verwenden, wobei man jedoch, da es durch ungeübte Hände geschah, nur Scherben, Asche und Kohlen als Grabinhalt fand. Eine genauere Untersuchung der erwähnten Gräber jedoch würde uns durch Vergleichung der Grabfunde mit denen der vorgeschichtlichen Wohngruben Sülzdorfs Aufschluß geben, ob gegenseitige zeitliche Beziehungen nachzuweisen sind.

Vorgeschichtliche Gräber, die man mit einer alten Niederlassung Römhilds in Verbindung bringen könnte, sind bis jetzt noch nicht gefunden worden und es scheinen daher die Wohngruben auf dem „Kallofen" nicht für eine dauernd ansässig gewesene vorgeschichtliche Bevölkerung zu sprechen, die den Boden bewirthschaftete, Vieh züchtete und in Folge seiner landwirthschaftlichen Thätigkeit zu festen Wohnsitzen übergegangen war.

—→ o ←—

Saalfelder

Stiftungen und Vermächtnisse.

Ein Beitrag

zur

Geschichte der Stadt Saalfeld

von

Friedrich Trinks,
Amtsrichter in Saalfeld.

Erster Theil:
Die Alumneumsstiftung, die Andreäische, die Mansfeldische
und die Kelzische Stiftung.

Meiningen.

Verein für Meiningische Geschichte und Landeskunde.

1888.

Vorwort!

Die Veranlassung zu der gegenwärtigen Arbeit gab ein Beschluß des Saalfelder Gemeinderats, nach welchem der Magistrat hiesiger Stadt um Vorlage eines Verzeichnisses der hiesigen Stiftungen und Vermächtnisse ersucht wurde. Der Gemeinderat wollte dadurch in die Lage gesetzt sein, neben der Vollständigkeit der Stiftungs-Capitalien insbesondere auch deren stiftungsgemäße Verwendung zu prüfen. Die gewünschte Vorlage ließ auf sich warten und unterzog sich daher der Unterzeichnete selber der Arbeit, die freilich manches Hemmnis in äußeren und inneren Umständen fand. Zuvörderst ist hierbei die Verfassung, in der sich unser städtisches Archiv befindet, hervorzuheben. Die finanzielle Bedrängnis, welche dem städtischen Gemeinwesen seit alter Zeit anhaftet, ließ es nicht dazu kommen, auch nur vorübergehend mehr als das zur Führung der laufenden Geschäfte notwendige Personal anzustellen und so blieb die Sichtung und Ordnung des Archivs von jeher ein frommer Wunsch. Und doch würde bei der ereignisvollen Vergangenheit der Stadt diese Sichtung und Ordnung wohl reiche Ausbeute für die Geschichte unserer alten, ehrwürdigen Stadt gewähren.

Nicht vergessen darf man freilich dabei, daß im Drange schwerer Zeit gar manches wichtige Dokument auf immer abhanden gekommen und untergegangen ist. Ich erinnere hier besonders an zwei schwere Prüfungen unserer Stadt,

1*

nämlich einmal an den Brand vom Jahre 1517 und dann an die Plünderung der Stadt durch den Kaiserl. Obristen Lamboy im Jahre 1633. Dem gedachten Brandunglück fiel, wenn auch nicht das (alte) Rathaus selbst, so doch der aus dem Jahre 1426 stammende Anbau desselben nebst weiteren 175 Häusern zum Opfer, die Kaiserlichen aber plünderten am 25. September 1633 und die folgenden Tage Kirche, Rathaus und Bürgerhäuser, schlugen alle im Rathause befindlichen Schränke, Kisten und Kasten auf, schütteten die darin verwahrten Urkunden herum und nahmen belangvolle Dokumente an sich. Auch das Brandunglück vom 4. Mai 1727, welches 61 Häuser, darunter die des Stadtschreibers Francke und des Stadtrichters Moser, vernichtete, mag hier Erwähnung finden.

Weiter und hauptsächlich kommt aber in Betracht die erwähnte finanzielle Lage, in der sich die Stadt seit Jahrhunderten befunden. Stiftungen, der Stadt teils zu milden, teils zu gemeinnützigen Zwecken anvertraut, wurden, wie es früher hieß, in den „gemeinen Kasten" gezahlt. Die Stadt verwendete die Gelder zur Heimzahlung bestehender Schulden von ungefähr gleichem Betrage, wohl auch zu den laufenden Bedürfnissen, und wurde so nicht sowohl die Verwalterin, als im eigentlichen Sinne die Schuldnerin der Stiftungen. Was Wunder, wenn dann in drückender Zeit die Auszahlung der Zinsen unterblieb, zuweilen ganz und gar in Vergessenheit geriet und so die „für ewige Zeiten" bewirkten Vermächtnisse manchesmal kaum auf die dritte Generation kamen, wie es z. B. bei der Pfaler'schen Stiftung der Fall war. Und so auch noch in diesem Jahrhundert. Die an die Kämmerei eingezahlten Gelder wurden wohl so manchesmal in den städtischen Haushalt für laufende Ausgaben verwendet oder auch unsicher ausgeliehen, und Gelder samt Dokument kamen abhanden*). Wenn nun auch in neuerer Zeit viel zum Ersatz verloren gegangener Stiftungen geschehen ist, so doch bei Weitem nicht Alles. Und dies ist wiederum der Grund, warum sich auch bei der vorliegenden Arbeit

---

*) Ein Bericht des Magistrats vom 17. Juni 1834 an das Herzogliche Consistorium zu Hildburghausen hebt betreffs der kirchlichen Capitalien hervor, daß nur durch eine höchst mühsame Untersuchung die gegenwärtigen Schuldner ermittelt werden könnten und sogar die Interessen meistens seit 10, 12, 18, 20 und mehr Jahren rückständig seien!"

beren Vollständigkeit nicht behaupten läßt: es fehlt eben an der Vollständigkeit des Materials zur Controle.

Aber auch da, wo der gute Wille, den Bestimmungen der Altvorderen gerecht zu werden, vorhanden war und zum Ausdruck kam, mußte man sich in dem einen und anderen Fall daran genügen lassen, mehrere, in ihrem Bestande geschwächte Stiftungen zusammenzuwerfen. Die stiftungsgemäße Verwendung des Einzel-Capitals hörte freilich meist damit auf.

Nimmt man zu allebem hinzu, daß von einer sorgfältigen Aufhebung der einzelnen Akten kaum viel die Rede war, daß aber auch der Akteninhalt oft genug ein recht dürftiger ist und zuweilen nur Randbemerkungen und kurze Notizen Licht über die Sachlage geben, so erscheint es naheliegend, daß die gegenwärtige Arbeit nicht einen vollständigen, fertigen Bau, sondern nur Bausteine gibt und geben konnte und zwar um so mehr, als die Zeit des Unterzeichneten, durch mancherlei amtliche und außeramtliche Thätigkeit in Anspruch genommen, es nicht erlaubte, das städtische Archiv selbst nach allen Richtungen zu durchsuchen.

Sollte der eine oder andere Freund unserer Stadt und deren Geschichte, welchem mehr Zeit und bessere Kraft zu Gebote steht, aus dem gegenwärtigen Werkchen Anregung finden und daraus Veranlassung nehmen, auch seinerseits die Arbeit aufzunehmen und weiteres Material für die Geschichte unserer Stadt aufzusuchen, so würde dies dem Schreiber dieser Zeilen der beste Lohn für seine Arbeit sein, deren erste Abteilung hiermit der Oeffentlichkeit übergeben wird.

Will's Gott, so wird, falls das Werkchen günstige Aufnahme findet, die Fortsetzung in nicht zu ferner Zeit erscheinen.

Schließlich sei mir gestattet, meiner Freude darüber Ausdruck zu geben, daß es der Verein für Meiningische Geschichte und Landeskunde ist, der die Veröffentlichung der Arbeit übernommen hat. Ich habe den Gedanken meines alten Freundes und Schulkameraden, Herrn Professors Ernst Koch, unseres verehrten Herrn Vorsitzenden, einen geistigen Austausch aus und in den verschiedenen Teilen des Herzogtums herbeizuführen, sofort mit Freuden begrüßt und bin für die Verwirklichung dieses Gedankens gerne eingetreten, habe insbesondere auch gerne gerade diese Arbeit als Beitrag zugesagt, welche, dem Anscheine nach zum größten Teil rein örtlich, doch bei näherer Prüfung manche

Unterlage für die Erforschung und Beurteilung der Zeit- und Kulturgeschichte unseres engeren Vaterlandes bieten dürfte und somit ihren Teil zur Lösung der Aufgabe, welche sich der Verein gestellt hat, wenn auch in bescheidener Weise, beiträgt.

Möge der Verein für Meiningische Geschichte und Landeskunde wachsen, blühen und gedeihen!

Saalfeld, im November 1888.

Friedrich Trinks.

I.

Die Alumneums-Stiftungen

In den Urkunden des städtischen Archivs, soweit deren Durchsicht hat ermöglicht werden können, findet sich eine entscheidende Nachricht über den Umfang und die Begründung des ehemaligen Alumneums überhaupt nicht. Nach einem Bericht des Herzogl. Kirchen- und Schulenamts der Stadt vom 9. März 1849 ist aber bei den Konsistorialakten ein Schreiben des Friedrich Kretzschmar vom 25. November 1654, wonach schon damals eine — vielleicht von dem Genannten selbst ins Leben gerufene — "Speisung" von "Alumnis" der Saalfelder Lateinschule bestand. Die Alumni seien der Reihe nach von hiesigen Bürgern und zwar aus gutem Willen gespeist worden. Auch wird in dem obigen Bericht ein weiteres Schreiben desselben Kretzschmar erwähnt, worin es heiße: "Daß wir nunmehr eine mehr als gewünschte Speiseordnung vor die alumnos uf unserer Schule allhier heraus gebracht, — — also daß die alumni nun alle Tage 2 Mal zu essen bekommen und doch der Bürgerschaft propter hospitum crebritatem*), und weil es in 4 Wochen erst einmal herumkommt, auch ganz thunlich und erträglich ist."

Ferner ist Bezug zu nehmen auf ein Schreiben von Superintendent und Rat, b. d. Saalfeld, den 13. April 1668, wonach es nötig geworden war, einige säumige Bürger zu erinnern, daß sie auch ferner zur Speisung der Alumnen "ihr Contingent, was sie einmal versprochen," beitragen möchten. Und in einem Konsistorialrescript vom 27. Mai 1668 ist ausdrücklich hervorgehoben, "daß die Speisung und Unterhaltung derer alumnorum auf lauter Gutwilligkeit wohlthätiger Leute, so der Schulen-Aufnahme**) befördern zu helfen gemeinet, bestehet."

Aus einem Schreiben "Denen Ehrenvesten und Wohlgelahrten, auch Erbaren und Weisen, Unseren besonders guten Freunden, Johann Burckardt Rößlern, Fürstl. Sächß. Amtsverwesern, und dem Rathe zue Saalfeldt", datum Altenburgk, den 4. Februar 1678, unterzeichnet "Fürstl. Sächß. zue Cammer Verordneten Director und Räthe", geht hervor, daß "die Alumni zue Salfeld albereit 1675 eingekommen, und mit Beziehung ihrer dürfftigkeit wieder ümb Getraide angehalten, Ihnen auch darzumahl Fünff Scheffel Korn abgefolget worden, aber gnädigste Fürstl. Herrschafft mit dergleichen extraordinär Verwilligungen zue continuiren angestanden***), sich gleichwohl darneben erinnert,

---

*) d. i. wegen der großen Anzahl der gastlichen Einwohner.
**) d. i. Aufblühen.
***) d. i. fortzufahren Anstand genommen habe.

daß sonst unterschiedliche milde Stiftungen zue Saalfeld vorhanden, Vermittelst deren erwehnten Alumnis etwan Jährlich ein gewißes gemacht, und Ihnen also beständig geholffen werden könnte." Es wird daher verfügt, daß „Ambt und Stadt nebst dem Ministerio sich ohne weitere Verzögerung zusammen zuthuen, die Sache miteinander zue erwegen, gewiße practicirliche Vorschläge zue bedencken, ob durch angeregte Stiftungen oder auf andere Weise mehrerwehnten Alumnis ein beständiges verordnet werden könne". Am 1. März 1678 hat dann auch eine Sitzung des Superintendenten M. Theodor Schneider, des Bürgermeisters und Syndikus Schmidt und mehrerer Ratsglieder stattgehabt, in welcher vorgeschlagen wurde:

1) „Die Arnurische*) Stiftung, „welche zu der Schul allhie gewidmet und anitzo in 11 fl. jährlichen Intraden bestehet,“ dem Alumneum zuzuweisen.
2) „Will E. E. Rath denen vermögenden Bürgern zureden, damit an der Speisung ein mehreres erfolge".
3) „Will E. E. Rath von einem jeden Gebrau 1 Eimer Kleinbier geben, so jährlich 5 Eimer beträgt. Auch soll von jedem Gebrau Tischtrünck 1 Eimer ihnen abgefolget werden. Undt were Fürstliche gnädigste Herrschafft umb dergleichen unterthänigst anzulangen."
4) „Ob von denen Mansfeldischen Stiftungsgeldter, so jährlich ins Ampt gezahlt werden, etwas darzu zunehmen; Weil doch das Alumneum denen LandKinder meist zum nutzen gereichet."

Ein Schreiben des Herzogs Friedrich, dat. Friedenstein, den 23. April 1678, erklärt sich damit einverstanden, daß die Arnurische Stiftung und von der Mansfeldischen Stiftung 15 fl., die bis dahin zur Personal-Unterstützung eines Lehrers und einer Lehrers-Wittwe verwendet worden, zum Wiederaufhelf und Fortbringung des alumnei angewandt werden, „zumal da auch noch ein und ander vermögener Bürger zu dergleichen Beisteuer von dem Ministerio zu Saalfeld disponirt werden solle." „Zweifeln auch nicht — heißt es weiter — es werden unsers freundlich geliebten Bruders und Gevatters Herrn Albrechts liebden**) den geringen beytrag eines Eymer Kleinen biers von jedweden Gebräude willig verabfolgen laßen, weil zumahln der Rath dergleichen auch zuthun sich erbothen."

Nachdem von der Oberbehörde am 16. Juli 1678 Bericht erfordert worden, „was es mit des alumnei fundation und proventibus vor eine Gelegenheit habe, ob und wie dieselben bießhero abgestattet, in waß Zustand sich solches Alumneum gegenwertig befinde, wie viel Knaben darinnen unterhalten werden,

---

*) Ueber die Person des Stifters findet sich keinerlei Anhaltspunkt.
**) Herzog Albrecht, der zweite Sohn Herzogs Ernst des Frommen, hatte bis 1680 in Saalfeld sein Hoflager.

und ob sie deßen benöthigt oder nicht, auch wie sich berürte Alumni sowohl ihres Fleißes alß Lebens und wandels halber bißhero verhalten", berichtet Superintendent und Magistrat unterm 26. August 1678, „daß eigentlich hoc in passu keine fundation vorhanden, sondern es seien sobald nach geschehener Reformation und Vsrichtung hiesiges alumnei eine gewisse Anzahl dürftiger und zu denen studiis tauglicher Knaben zu desto besserer Vsuchmung der Schulen von denen Almosen und Liberalität hiesiger Bürgerschaft mit notbürftiger Kost und Speisung versehen, inmittelß auch noch von christlichen Herzen*) einige legata, so jährlich 25 fl. 4 gr. 4½ ₰ Zins betragen, gewidmet und geschaffet worden". Bemerkt ist dabei, daß „bey denen inzwischen eingetretenen schweren Tagen theilß hiebevorige wohlthäther seelig verstorben, theilß auch selbsten in solcher Dürftigkeit leben, daß sie kaum die bißherigen fast über alle Exempel voriger Zeiten vergrößerte Landeß-Bürden ertragen können, so daß freylich der sonst geschehene Beytrag guten theilß vermindert worden und das würckliche Einkommen zur Erhaltung beregter Schüler, derer regulariter zwölffe seyn sollen, aber sich wohl in die 16—18 biß 20 Personen befinden, ohnmöglichen hinlangen kann."

In der Beilage führt der Rektor Klage, daß die freiwillige Wohlthätigkeit der Bürgerschaft immer mehr abnehme und das alumneum endlich gar zu Grunde gehen müße, „welches doch fundamentum quoddam nostrae scholae et simul Chori musici**) sei."

Noch ist zu erwähnen ein Rescript vom 3. September 1678, wonach „nicht unbilliges bedencken getragen worden, indem es mit Stiftungen an sich selbst eine solche gelegenheit hat, daß man dieselben nicht gerne verändern oder eine causam piam in die andere werfen oder verändern läßet", daß es jedoch mit Rücksicht auf den armseligen Zustand des Alumneum „bei dem gnädigsten deciso sein bewenden behalten solle, es were denn, daß künftig nach Gottes-willen sich die Zeiten beßerten und die bisherigen Benefactores oder auch andere gutherzige Leuthe diesem christl. werck wieder aufhelffen sollten, welchenhalb dann die anitzo herbeygezogene Stiftungen billig ad pristinum usum adhibiret***) und angewendet würden."

Nach alledem ist daran festzuhalten, daß kürzere oder längere Zeit nach der Reformation hiesige Bürger zusammengetreten sind und versucht haben, der hiesigen Schule dadurch eine neue Stütze zu geben, daß von ihnen der Unterhalt einer bestimmten Anzahl bedürftiger und begabter Knaben teils durch Geld-Stiftung und deren Zins-Abwurf, teils direkt durch Gewährung der

---

*) Im Bericht vom 9. März 1849 steht dafür „Christian Herzer"!

**) d. i. gewissermaßen die Grundlage unserer Schule und zugleich des Singchores.

***) d. i. zu ihrem ursprünglichen Zweck herangezogen.

Kost bestritten wurde. Weiter aber kann ebenfalls als feststehend angenommen werden, daß diese Schüler gewissermaßen als Gegenleistung für die ihnen zugewandten Wohlthaten den hiesigen Singe-Chor bildeten bezw. mitbildeten.

Letzteres geht insbesondere aus den, in der Anlage 1, beigefügten „Gesetzen der Saalfeldischen Kloster-Schüler" hervor, wonach „in die Zahl der Alumnisten aufgenommen werden sollen solche, die in der Music erfahren" sind, wie denn auch ebendaselbst (Ziff. 13) gesagt ist, daß „vor allen andern der Gottesdienst ihre vorzügliche Sorge" sein und die Alumnisten diesen „vor das größte Gesez halten" sollen.

Wenn nun der Oberpfarrer Christian Wagner, der Verfasser einer Saal-felder Chronik, in einer Zuschrift an den Magistrat, d. d. Graba, den 3. Juli 1835, betreffs der Stiftungszeit und des Stiftungsanlasses sagt:

„des ehemaligen Rectoris Lochmann*) Schulprogramm „von dem Nutzen der Schulgestifte 1763" gebe die Auskunft: es habe der höchst-selige Herzog Johann Ernst von Saalfeld (1680—1729), nachdem er 1697 die Schule zu einer Stadt- und Landschule des Sachsen-Saalfeldischen Fürstenthums erhoben und den hohen Befehl, daß alle Landeskinder bei Verlust künftiger Beförderung im Vaterland, diese Schule bis zu ihrem Abzuge auf die Akademie benutzen sollen, erlassen gehabt, aus hochfürstlicher Fürsorge und mit Zuthun einiger frommen Gestifte Saal-feldischer Einwohner für 12 Lyceisten und eine Frauensperson, welche die Küche und Aufwartung zu besorgen haben sollte, einen Gnaden- und Freitisch unter dem Namen eines Schul-Alumneums gegründet; das Jahr, in welchem dies geschehen, sei unbekannt, doch sei es zwischen 1722—1729",

so kann dies nach dem Gesagten nur dahin verstanden werden, daß Herzog Johann Ernst das bereits und zwar wohl schon geraume Zeit bestandene, ur-sprünglich nur für Bürgersöhne bestimmte Alumneum nach Erhebung der Saalfelder Schule zur Landesschule anderweit organisirt und als einen festen Bestandteil der letzteren anerkannt und staatlich unterstützt hat.

Es geht dies auch weiter aus einem Erlaß Johann Ernsts, gegeben Coburg, zur Ehrenburg, den 13. Juli 1708**) hervor, wonach an den Rat der Stadt bereits unter dem 22. Mai desselben Jahres Befehl ergangen war, über den jetzigen Zustand der Schule und des Alumnaei zu Saalfeld, auch was vor legata vorhanden, wie und bey wem selbig stehen und Zithero administriret werden, genaue Erkundigung einzuziehen; alles von puncten zu puncten

---

*) Lochmann, Johann Melchior, war Rektor von 1758—1772, vergl. Wagner-Grobe, Chronik von Saalfeld, S. 550.

**) Der Erlaß befindet sich in einer wohl fehlerhaften Abschrift bei den städtischen Akten und ist als Anlage 2 beigefügt.

umständlich zu registriren, und binnen nechsten Vierwochen zu ferner weiter Verordnung anhero einzuschicken."

Das hierauf aufgesetzte Verzeichniß lautet:

Verzeichniß der Stiftungen

des Alumnaei, so von meinem Antecessore Herrn M. Cloßen seel.*) mir übergeben, auch Zeit meines Rectorats, durch Hochfürstl. Milde, oder erübrigtes Interesse vermehret worden.

	fl.	gr.	₰
25 Thlr. bei Mstr. Christoph Hepffen, dem Metzger, davon Interesse	1	15	—
12 Thlr. 12 gr. bey Julius Sondermann, dem Cärner in der Brudergaße	—	18	—
3 fl., davon 2 Herr Dr. Schlegel verehret, der dritte aber von Interesse darzu gekommen, beym Herrn ConRect.	—	3	9
75 fl. bey Hanß Webern zu Garnsdorff	4	10	6
12 fl. bey Mstr. Friedrich Müller, dem Schmiede	—	15	
8 fl. (ohngefähr; denn weil nichts drüber vorhanden, und ein Vermächtnüß ist, noch nie recht erfahren konn.) bey der alten Friedelin zu Wohlsdorff	—	8	—
25 fl. bey R. Martini, dem Schuhmacher	1	10	6
65 fl. bey Herrn Baccal. Webern	3	19	6
Mansfeldisch Legat, weiß nicht wie hoch, bey E. W. Rath, davon quartal. 3 fl. 15 gr. 9 ₰ macht Jährlich	15	—	—
alte Fürstl. Stifftung, davon Jährlich	4	—	—
11 fl. 3 gr. bei M. Hanß Trötzschels, Schuhmachers in der Obergaße seel. Witbe	—	14	6
30 fl. beym Schultzen zu Garnsdorff	1	16	6
50 Thlr. bey Hanß Günther zu Graba	3	9	—
25 fl. bey Hr. M. Gaudigin gewesenen Pfarrer zu Schmiedefeld (welches Capital in Gefahr stehet)	2	10	6
23 fl. bey M. Caspar Straußen, dem Tischler hinter der Mauer	1	7	9
8 fl. 7 gr. bey Mstr. Emanuel Bauern, dem Schwartzfärber in d. O. G.	—	10	6
19 fl. bey der alten Löschen, einer Kärnerin	1	2	9
bey dem sogenanten Wacht-Hansen	—	14	5

---

*) M. Georg Kloß aus Meißen war 1681—1691 Rektor, ihm folgte im Rektorat M. Christoph Wilhelm Schmier 1691—1736.

	fl.	gr.	₰
5 Thlr. bey dem Herrn von Biblitz	—	7	2
15 fl. beym Hoff-Schlößer	—	18	9
40 fl. beym H. Bürgemeister Langbeinen, da ich weder			
Consens, noch Interesse heraus bringen kan . . .	2	8	—
10 Thlr. bey Atterots Erben in d. Brudergasse	—	14	5
50 Thlr. bey H. Hoff-Kellner	3	9	—
9 fl. beym Herrn Paruckenmacher	—	11	3
bey der Fürstl. Steuer zu Altenburg, so H. Rent-			
meister Engelschall legiret	2	—	—
25 fl. bey M. Pabsten, dem Schmide	1	10	6
10 fl. bey H. Langbein	—	12	6
4 fl. bey Wolff Schobers nachgel. Witbe.	—	5	—
100 fl. bey E. W. Rathe	5	—	—
50 fl. bey Mstr. H. C. Henning dem Lohgerber . . .	3	—	—
15 fl. bey Hanß Weber zu Garnsdorff	—	18	9
25 fl. bey Mstr. C. Müller, dem Metzger	1	10	6
25 fl. bey Toffel Kühne zu Garnsdorff	1	7	6
10 fl. bey H. Dr. Kayern	—	12	6

125 fl. 12 gr. so hiebevor zerträußliche bey lauter unrichtig
Leuten gestanden, sind einer gewißen Person geg. ein
zuläugl. Pfand geliehen worden, und sollen binnen
Vierteljährl. Frist unfehlbar wieder erleget werden.

Betrag an Interesse . . . . 7 11 —

Hierzu kommen noch — so heißt es weiter —

Von Gnädigster Herrschafft jährlich 8 Scheffl. Korn

Von E. W. Rathe wöchentlich 14 gr. 4 ₰

Item jährlich 12 gr. zu Getraide

6 gr. zu Kiene

Zu Ostern und Weinacht iedemal 6 gr. zu Brodt

Zu Pfingsten 4 gr.

ohngefähr 52 fl.

Summa summarum 128 fl. 7 gr. worzu noch bißhero von den Hendrischen
(Hendrichschen) Legat gekommen 5 fl."

Hinzugefügt findet sich folgende Notiz:

„Von obbemelden Stifftungs Geldern ist zu wißen,

1) daß Sie mehrentheils bey denen Leuthen sehr feste stecken und
unrichtig eingeliefert werden, so daß man jährlich die größte Ver-
drüßlichkeit damit haben muß.

2) Daß ich diese Gelder bißhero administriret und gleichsam der Alumnorum ihr oeconomus gewesen. Wie wohl ich eine unsägliche Last bey solcher Verwaltung tragen müßen, denn ich von diesen wenig Geldern immer 14—15 membra mit der Schul-Frau durch Gottes sonderbaren und augenscheinlichen Seegen erhalten und zwar so, daß sie fast allezeit ihre 3 bis 4 halb Pfd. Fleisches oder doch zum wenigsten ein gutes Zugemüße genoßen, Welches umb so vielmehr zu verwundern, weil fast alle Benefactores, von welchen zu meiner Vorfahren Zeiten die Alumni täglich gespeiset worden, entweder mit Todte abgangen oder diese Wohlthat entzogen."

Aber auch nach dem Eingreifen Herzogs Johann Ernst dauerten die Klagen über den Zustand des Alumneums und dessen mangelhafte Fundirung fort. Zwar finden sich in den Akten weitere Stiftungen zu Gunsten der Anstalt aus jener Zeit vorgemerkt, nämlich das Siegfriedische Capital von 100 Gulden, ohne daß indeß über die Person des Stifters, sowie über den Wortlaut und Zeitpunkt der Stiftung etwas Näheres verlautet. Ferner eine Stiftung des Johann Ernst von Röniz auf Eyba vom Jahre 1742 zum Betrag von 50 Gulden Meißnisch „aus Christlichen und milden Trieb denen hiesigen Alumnis zum Besten, und daß die Interessen davon jedesmahl den 7. Oktober als deßen Geburths Tag gesagten Alumnis ausgetheilet und damit immerwährend auf solche Weise continuiret werden mögte." Sodann waren nach dem von „Jungfer Magdalenen Sybillen Engelschallin auf dem Alten-Markt" errichteten, am 21. Mai 1773 bei Herzogl. Sächs. Amt hier hinterlegten und nach deren Ableben am 23. September 1776 publicirten Testament „175 Rthlr. oder 200 fl. als ein Legat der alhiesigen Stadt- und LandSchule zu beßern Auskommen und Aufnahme derselben, und zwar, worzu es von denen Herrn Schul-Inspectores am Nutz- und Nöthigsten geachtet werden wird" vermacht worden, deren Zinsen nach einer Verhandlung vom 17. April 1777 wenigstens zur Hälfte mit 6 Mfl. dem Alumneum dann zufallen sollten, „wenn die dermaligen critischen Zeit-Umstände sich näher entwickeln würden," bis wohin die Zinsen ganz zur Aufbesserung der Lehrer-Gehalte zu verwenden seien.[*) Auch eine „Plößnerische Donation à 100 Thlr., die neulichst dem Schulalumneo zugefallen," wird in einer Eingabe des Lehrer-Collegiums vom 30. September 1783 erwähnt, ohne daß hierüber, sowie über eine, nur in Form einer Notiz vorgemerkte Stiftung von 55 Stück Dukaten zur Verbesserung des Freitisches

---

*) Es wird dabei Bezug genommen auf „die andern Engelschallischen Legate, die zu gleicher Vertheilung an Minist. reverend. gemacht worden," ohne daß indeß die städtischen Akten hierüber etwas weiteres ergeben.

aus dem Jahre 1781 irgend ein sonstiger Anhaltepunkt vorhanden wäre. Diese Beträge konnten aber selbstverständlich bei der zunehmenden Entwertung des Geldes nicht erheblich ins Gewicht fallen und so schreibt denn der damalige Rektor Wilhelm Schultes am 7. November 1796 an den „Hofprediger, Superintendenten und Oberaufseher der Kirchen und Schulen in den Saalfelder Landen" Christian Wilhelm Oettel zu Coburg:

„Unser Alumneum, die für dürftige Studirende so wohlthätige Anstalt aufrecht zu erhalten zu suchen, war und bleibt gewiß immer zur Erhaltung unserer vaterländischen Schule eine nothwendige Pflicht für jeden, der den Werth solcher Anstalten und ihren tiefwirkenden Einfluß aufs Ganze kennt und nach Verdienst schätzt. Aber gewiß war sie es wohl zu keiner Zeit mehr als jetzt bei dem so theuern Preise aller, auch der sonst wohlfeilsten Lebensmittel. Ich habe mich deshalb auch schon in tiefster Unterthänigkeit an unsern Durchlauchtigsten Herzog*) gewendet, aufgemuntert durch höchstdero huldvolle Aufmerksamkeit, welche höchstdieselben unserer Stadt- und Landschule während des fürstlichen Hoflagers allhier**) zu schenken, gnädigst geruheten, und ich schätze mich glücklich, von der Gnade unseres Fürsten wenigstens auf einige Zeit Unterstützung erhalten zu haben, und unsere Alumnen werden die Milde unseres gnädigsten Herzogs im Stillen segnen. Aber freilich ist das nur Unterstützung auf einige Zeit. Wie glücklich wäre unser Schul-Freitisch, wenn er einer, auch für die Zukunft fortdauernden Unterstützung genießen könnte. Das hiesige Alumneum genoß sonst eines herzogl. wöchentlichen Freitisches, wofür jährlich aus der hiesigen Rent-Einnahme 26 Mfl. gezahlt wurden. Nach einem höchsten Reskript vom Jahre 1742 verdankte der hiesige Freitisch diese Gnade dem Herzog Christian Ernst***) und Herzog Franz Josias confirmirte diese gnädige Unterstützung im Jahre 1745. Bis 1769 wurde das Quantum richtig ausgezahlt, von dieser Zeit aber blieb die Zahlung zurück. Der damalige Administrator Stadtrichter Zwabt bemühete sich, diese milde Unterstützung wieder zu erhalten, wurde aber von dem hochpreißlichen Cammer-Collegium in Coburg angewiesen, zu warten, bis die Lage der Sachen

*) Ernst Friedrich, 1764–1800.
**) Coburg war bereits 1699 mit Herzog Albrecht ausgestorben und an Saalfeld gefallen. Von den Söhnen Johann Ernsts († 1729) hatte Franz Josias seine Residenz nach Coburg verlegt, während dessen Mitregent Christian Ernst in Saalfeld verblieben war. Christian Ernst starb kinderlos am 4. September 1745 und hiermit hatte die (ständige) Hofhaltung in Saalfeld aufgehört.
***) Christian Ernst regierte gemeinschaftlich mit Franz Josias von 1729–1745, Letzterer von da an allein bis 1764.

eine günstigere Gestalt gewonnen hätte. Da nun seit jener Zeit mehrere Jahre verstrichen sind, und binnen dieser die ehemalige Lage sich merklich geändert und gebessert hat, so glaube ich, daß ich es jetzt wagen darf, gehorsamst zu bitten, daß Ew. Hochwohl= und Hochedelgeboren sich für diese Sache zur Wiedererlangung der ehemals ausgezahlten 26 Rfl. zum Besten des hiesigen Freitisches bei einem hochpreißlichen Cammercollegium in Coburg gütigst zu verwenden belieben möchten. Diese patriotische Unterstützung werde ich und mit mir unsere Alumnen stets rühmen!"

Auch die Schul-Inspektion zu Saalfeld wurde in einer Eingabe vom 3. Februar 1797 „Ad cameram Ducalem Saxo Coburgo Saalfeldiensem" vorstellig und betonte, daß „für 13 Personen, die an diesem Freytische gespeiset werden sollen, mehr gegenwärtig nicht als für 3 gr. Fleisch aufgetragen und 1 gr. 6 ₰ aufs Gemüse verwendet werden könne," so daß „bei dem dermaligen hohen Preiße aller nothwendigen Lebens-Bedürfnisse nichts als ein Schatten eines Freytisches seyn würde."

Ob und welche Entschließung hierauf ergangen ist, lassen die Akten nicht erkennen.

Dagegen wird durch Reskript des Herzogl. Consistoriums zu Coburg vom 4. Dezember 1809 der Kirchen-Inspection aufgegeben, „über den Zustand des zu Saalfeld bestehenden Alumneums, besonders auch in ökonomischer Hinsicht, ingleichen auch über ein daselbst zu errichtendes Seminarium, und über die Verbindung beyder Anstalten gutachtlich zu berichten."

In dem hierauf erstatteten Berichte heißt es:

1) Unser Alumneum hat zwölf Stellen, welche nach dem Sinne der Stiftung für dürftige Bürgersöhne, welche sich dem Studiren widmen wollen, bestimmt sind. Da aber ietzo wenige hiesige Stadtkinder studiren, so bestehen gegenwärtig die Alumnisten größtentheils aus Auswärtigen, doch Landeskindern, zwey ausgenommen.

2) Ietzo sind nur 10 Stellen besetzt.

3) Das Mittagsessen besteht täglich in etwas Zugemüse, Brod und Fleisch (letzteres à 3 gr.). Nach den ietzigen hohen Preisen aller Lebensbedürfnisse können die Portionen freylich nicht groß ausfallen, doch ist es etwas Bestimmtes und wird von der ietzigen Schulaufwärterin gut und schmackhaft zugerichtet.

4) Der Abendtisch besteht ietzo das ganze Jahr hindurch blos in Suppe und Brod.

5) Fond dazu. Von Durchlauchtigster Landesherrschaft iährlich 14 Scheffel

Korn, ½ Scheffel Erbsen*) und 8 Klaftern Holz. Das übrige wird von frommen Stiftungen aus der Stadt-Caße bestritten.

6) Die Alumnisten haben auf der Schule freye Wohnung.

7) Diejenigen, welche auf Kammern wohnen, zahlen nichts für das Logis, und haben im Winter noch außerdem in der Communstube frey Holz und Licht; diejenigen aber, welche auf Stuben wohnen, zahlen quartaliter 12 gr. und müßen im Winter für ihr Holz und Licht sorgen."

Als Anmerkung ist beigefügt:

„Ehemals bekamen die Alumni auch wöchentlich einmal, nämlich Mittwochs, Braten, Klöße und weises Beckerbrod, außerdem Sonntags zu Mittage einige Maas Bier, Sonntags und Mittwochs Abends Fleisch mit einer Brühe und die übrigen Tage der Woche abwechselnd bald Käse bald Butter. Das erstere ist schon lange, seit der schlechten Zwabdischen Administration der Alumnen-Gelder, und das übrige seit dem unter Kemnitzens Administration bewirkten Vorschuß von 120 Rthlr. weggefallen. Unser Alumneum ist also in einer weit schlechtren Lage, wie ehemals; denn seit Kemnitzens Abgang, also seit mehr als 7 Jahren, durften die wöchentlichen Rechnungen, eine in die andere gerechnet, nicht über ½ Rfl. steigen, statt daß sie, wie sonst, 1 Rfl. 15 gr. bis 2 Rfl. betrugen."

Zugleich wurde seiten der Stadtkasse die Auskunft beigefügt, daß die Einnahmen für das Alumneum beständen in

92 Rthlr. 23 gr. 9½ Φ bei der „Legaten-Caße", wovon das Fleisch, welches jährlich an 45 Rthlr. betrage, bezahlt, der Rest in wöchentlichen Raten von 12 gr. 11 Φ entrichtet werde, ferner in

7 Rthlr. 21 gr. Legat-Zinsen aus der Stadt-Caße und in 31 Rthlr. 1 gr. 4 Φ dergl. daher, welch letztere Summe in wöchentlichen Beträgen von 14 gr. 4 Φ abgewährt werde.

Ausdrücklich hervorgehoben wird in dem Berichte der Kirchen-Inspektion, daß die Alumneums-Schüler beim Singe-Chor angestellt seien, dagegen aber auch eines jährlichen Nutzens von dem Chor-Gelde sich zu erfreuen hätten.

Eine Besserung scheint indeß nicht eingetreten zu sein, denn es äußert sich unter dem 14. Dezember 1816 die Schul-Inspektion in folgender Weise:

„Unter den vielen armen Menschen, welche bey der gegenwärtigen enormen Theuerung der Lebensmittel Noth leiden, sind ganz vorzüglich die Alumnisten bei der hiesigen Stadt- und Landschule**) zu beklagen. — 14 junge Menschen von 14 bis 20 Jahren, welche täglich zweimal, also jährlich 730 mal, von nachstehendem Ertrag der der Anstalt des

---

*) Diese Getraidespenden scheinen zum Teil aus den Einkünften der 1806 eingezogenen, sogenannten Armen-Schule herzurühren.

**) Die Errichtung des Seminars scheint sich bis 1817 verzögert zu haben.

alumnei gewidmeten Stiftungen beköstigt werden sollen und zwar von 14 Scheffel Korn und ½ Scheffel Erbsen des Herzogl. Cammeramts, dann von 131 Rthlr. 8 gr. 3 Pf. jährlichem Betrag der Zinsen von den Stiftungs-Capitalien, 3 Rthlr. 19 gr. 10½ Pf. Abdition von Durchlauchtigster Landesherrschaft, 10 Rthlr. Antheil an der Besoldung des ehemaligen Armenschullehrers, in Sa. 145 Rthlr. 4 gr. 1½ Pf.

Hiervon werden 7 Rthlr. 14 gr. jährlich oder 3 gr. 6 Pf. wöchentlich für Lichte und Oel verwendet, bleiben also 137 Rthlr. 14 gr. 1½ Pf. zur Beköstigung, wovon 56 Rthlr. 20 gr. 8 Pf. zu Fleisch und 80 Rthlr. 17 gr. 5½ Pf. zu Gemüse, Butter ꝛc. anzuwenden sind.

Es kommen also, neben einem kleinen Stückchen Brod, bey jeder Mahlzeit täglich auf einen solchen jungen Menschen nicht volle 8 Pf., wovon er zweymal, nemlich Mittags und Abends gespeiset werden soll und wornach mithin bey jeder Mahlzeit auf einen solchen jungen Menschen nicht volle 4 Pf. verwendet werden können.

Wenn man erwägt, daß dermalen alle Lebensbedürfnisse fast das Doppelte des sonstigen Preises erreicht haben, so folgt mit trauriger Nothwendigkeit, daß jetzt die Bissen noch einmal so klein sind, die diesen jungen Menschen zum Zweck der Sättigung gereicht werden können und daß diese in den Jahren des Wachsthums und der cörperlichen und geistigen Ausbildung stehenden armen jungen Menschen die bitterste Noth leiden und cörperlich und geistig verkrüppeln müssen."

Auch über den Erfolg dieses, an den Herzog Ernst*) gerichteten Nothschreies ergeben die Akten nichts. Doch findet sich in einem späteren Bericht vom 6. Juni 1835 der Beitrag der herrschaftlichen Kasse erhöht, nämlich mit 17 Scheffel Korn, ½ Scheffel Erbsen, ½ Scheffel Weizen und 10 Klafter Holz, angegeben.

Dagegen tritt nunmehr insofern eine Aenderung in den äußeren Verhältnissen ein, als des Anteils des inzwischen errichteten Seminars am Alumneum erwähnt wird. Denn in einem Bericht der Schulinspektion vom 11. August 1818 wird der Zweck des Alumneums dahin mitgeteilt:

„a) Söhne armer Eltern oder arme elternlose Jünglinge, welche Talent zu einer wissenschaftlichen Bildung zeigen, zu unterstützen und ihnen diese Bildung durch Abnahme der drückendsten Nahrungssorgen möglich zu machen,

b) unter diesen jungen Leuten diejenigen zu Volksschullehrern zu erziehen, welche wegen ihrer sonstigen Verhältnisse auf den Besuch einer Academie verzichten müssen."

---

*) Herzog Ernst regierte in Coburg-Saalfeld 1807—1825, trat Saalfeld dann an Meiningen ab und starb 1844.

2*

Dann heißt es in demselben Bericht weiter:

„Ursprünglich war die Anstalt für 12 junge Leute, welche das 13. Lebensjahr überschritten haben und in der Stadt oder doch im Fürstenthume Saalfeld geboren waren, bestimmt. In der neuern Zeit hat man zwar die Wohlthat auf Eingeborne des Fürstenthums Saalfeld nicht immer beschränkt, man hat vielmehr Jünglinge aus andern Theilen des Landes, ja selbst Ausländer, jedoch nur in dem Falle angenommen, wenn keine dazu geeignete Subjekte aus dem Fürstenthume Saalfeld vorhanden waren. Namentlich mußte auch zuweilen, wegen der Verbindung des Singechors mit dem Alumneum die Aufnahme eines Ausländers dann geschehen, wenn dieser ein vorzüglicher Sänger in einer bey dem Singchor eben nicht gehörig besetzten Stimme war und für dieses nur durch Aufnahme in das Alumneum gewonnen werden konnte.

Als Vorteil der Anstalt für deren Angehörige wird auch hier der Anteil an den Chor- und Leichengeldern, welcher zusammen jährlich nach dem Grad der Brauchbarkeit im Singechor auf 4 bis 12 Rthlr. angegeben wird, bezeichnet.

Das Alumneum hat sich also hiernach den verschiedenen Stadien, die das Saalfelder Schulwesen durchgemacht hat, völlig angepaßt. Ursprünglich lediglich für die einfache städtische Schule, „zu deren besserer Aufnahme" bestimmt, wurde es später Bestandteil der 1697 errichteten Stadt- und Landschule und nunmehr für 12 „Lyceisten" eingerichtet. Nach Errichtung eines Seminariums um das Jahr 1816 oder 1817 wurde das Alumneum auch hierauf ausgedehnt. Als Berechtigte werden nicht mehr Saalfelder Bürgersöhne allein, sondern Angehörige des Fürstenthums Saalfeld überhaupt aufgeführt, jedenfalls als Folge der Organisation vom Jahre 1697, und nicht nur diese werden zu den Vorteilen der Anstalt zugelassen, sondern, freilich nur ausnahmsweise, auch Ausländer, diese zumal dann, wenn sie besonders für die Funktionen des Singchors geeignet waren.

Als einziger ausschließlicher Vorteil der städtischen Alumnisten findet sich aus dem Jahre 1818 nur erwähnt, daß diese 4 gr. weniger zu dem Unterrichtshonorar in jeder Classe beizutragen haben als die übrigen Angehörigen des Alumneums. Im Jahre 1820 finden sich bereits unter den „stiftungsgemäßen" 12 Stellen drei Seminaristenstellen am Alumneum vorgemerkt.

Noch zweimal hatte die Privatwohlthätigkeit nachweisbar unterstützend zu Gunsten des Alumneums eingegriffen. Nämlich durch Testament des Johann Friedrich Gruber und dessen Ehefrau Christiane Elisabethe geb. Francke hier vom 25. Februar 1802 waren dem „allhiesigen Schul-Alumneo 100 Rthlr. in Carolins zu 6⅓ Rthlr." ausgesetzt, „wovon die Zinsen zu einiger Verbesserung der Kost aufm Alumneo anzuwenden." Ferner findet sich in dem

Testament des Joh. Christoph Kühn und dessen Ehefrau Friederike Margarethe geb. Wagner hier, aufgesetzt am 7. Januar 1805, unter lit. K. die Bestimmung: „Setzen wir dem hiesigen Schul-Alumneo ein Kapital von 500 fl. Meißn. dergestalt aus, daß von den jährlichen Interessen der zeither bei den so theuren Lebensmitteln nicht eben gut bestellte Tisch der Alumnen in etwas verbessert werden kann. Diese 500 Mßl. sollen als eisernes Kapital bei meinem, des Ehemanns, Bruder, Hof-Commissär Kühn, dessen Nachkommen und Erben beständig bleiben und nur zu dem angegebenen Behufe die jährlichen Interessen von 25 fl. M. verwendet werden."

Die Auszahlung dieser Interessen erfolgte zum ersten Male 1830 und wird heute noch bewirkt mit jährlich 60 ℳ durch Kaufmann Ferdinand Günther und dessen Tochter Hulda Wagner hier als der Eigentümer eines Gartengrundstücks vor dem oberen Thor, welches hypothekarisch zur Sicherung erwähnten Kapitals nebst weitrer Stiftungen eingesetzt worden war.

Inzwischen aber hatte das Lyceum mehr und mehr an Zulauf abgenommen. An Stelle desselben trat 1836 eine mit einem Progymnasium verbundene Realschule. Hand in Hand mit der Auflösung des Lyceums ging die des Alumneums — vielleicht weniger wegen der verschiedenen Ziele der neuen Realschule gegenüber dem Lyceum als wegen der unzureichenden Mittel.

Durch Normativ-Restript vom 26. Mai 1837 wurde bestimmt, daß die von dem Stadt-Kirchen- und Schulenamt Saalfeld im Bericht vom 12. Oktober 1835 gemachten Vorschläge, wonach

a) vor der Hand vier Stipendien zur Unterstützung solcher Studirenden, welche ein Gymnasium besuchen, errichtet, der Betrag eines jeden dieser Stipendien vorläufig auf siebzig Gulden gesetzt, der Mehrbetrag aber zur Erhaltung des Progymnasiums verwendet werden,

b) auf diese Stipendien

α. die Söhne der Bürger der Stadt Saalfeld,

β. die Söhne der Einwohner der Stadt Saalfeld,

γ. die Söhne der Einwohner des Amtsbezirks Saalfeld und

δ. die Söhne der Bewohner des Fürstentums Saalfeld

Anspruch haben;

c) die Collatur dieser Stipendien den Mitgliedern des Stadt-Kirchen- und Schulenamts, jedoch unter Aufsicht der Landesschulbehörde, zustehen und bei der Vergleichung (?) Unser Regulativ vom 4. Februar 1834 beobachtet werden soll",

allenthalben genehmigt werden.

Am 14. Januar 1838 wurde dem „mit der Organisation der Schulanstalten Saalfelds beauftragten" Geheimen Assistenz-Rat Debertshäuser der Betrag der Stiftungskapitalien mit 3186 Gulden 43¼ kr. und der Zinsbetrag hieraus

mit 157 fl. 45³/₄ fr. bezeichnet, wozu weiter noch 51 fl. 14¹/₄ fr. „stiftungs=
gemäßer" jährlicher Beitrag der Stadtkasse zur Kirchkasse und 35 fl. Christoph
Kühnsche Legatzinsen hinzugerechnet sind. Leider findet sich das Verzeichnis
der Stiftungs=Capitalien, auf welches dabei Bezug genommen worden ist, nicht
bei den Akten. Zu den Capitalien trat dann noch der Anschlagswert für
17 Scheffel Korn, ¹/₂ Scheffel Erbsen und ¹/₂ Scheffel Weizen mit ca. 119 fl.
und der Abwurf des sog. „Andreäschen Legats"*) mit 25 Rthlr., so daß die
jährliche Einnahme anfangs der 1840er Jahre etwa 400 fl. betrug, ohne daß
indeß, nach einer Aktennotiz zu urteilen, der Ueberschuß dem Progymnasium
zu Gute gekommen ist.

Zu erwähnen ist weiter, daß durch Restript des Herzogl. Consistoriums,
d. d. Hildburghausen, den 29. März 1845, dem Magistrat eröffnet worden ist,
es sei bei der Collatur dieser Stipendien einmal nach dem unterm 14. Februar 1840
dem Herzogl. Kirchen= und Schulenamt abschriftlich mitgeteilten höchsten Restript
vom 6. desselben Monats u. Jahres zu verfahren, sodann in Gemäßheit des
weiteren Restriptes vom 17. Mai 1841 der Bedürftigere dem weniger Bedürf=
tigen vorzuziehen und endlich auch die Bestimmung des höchsten Restripts
vom 10. August 1837 zu berücksichtigen, nach welchem die Stipendien für
solche Studirende aus Saalfeld bestimmt seien, welche jetzt früher als sonst
das elterliche Haus verlassen müssen.

Die „auf höchsten besonderen Befehl" ergangene Verfügung vom 6. Fe=
bruar 1840 lautet dahin, „daß, da bei Verleihung dieser Stipendien die all=
gemeinen Grundsätze zur Anwendung kommen, nach diesen unter gleich Wür=
digen der Bedürftigere vorgeht, dabei auch unter übrigens gleichen Umständen
Schüler auf inländischen Schulen vorzugsweise zu berücksichtigen sind."

Und das Restript vom 17. Mai 1841 enthält wörtlich folgende Bestimmung:

„Durch das höchste Regulativ vom 4. Februar 1834, sowie durch
das höchste Restript vom 26. Mai 1837 sind die über die Verleihung
von Stipendien bestehenden allgemeinen gesetzlichen Bestimmungen nicht
aufgehoben, sondern beide stehen im Einklang mit den in der Alten=
burgischen Landesordnung S. 81 ff. gegebenen Bestimmungen**), wonach
ein Zeugniß „von der Obrigkeit desselben Ortes, da sie wohnhaftig,
ihrer Armuth und Unvermögens" dem Herzogl. Consistorio mit
dem Antrag auf die Collatur eines fürstlichen oder anderen Stipendii
vorgelegt werden soll. Wenn in dem höchsten Restripte vom 26. Mai
1837 die Bürgerssöhne von Saalfeld in die erste Klasse der Perceptions=
berechtigten gesetzt sind, so schließt dies die Voraussetzung, wie ihrer

---

*) S. weiter unten.
**) Die „Altenburgische Landesordnung" besteht noch heute im ehemaligen Fürstenthum
Saalfeld, soweit einzelne Punkte derselben nicht ausdrücklich aufgehoben worden sind, zu Kraft.

Würdigkeit, so auch ihrer Bedürftigkeit in sich, und wenn die unterzeichnete Behörde auf Vorlegung von Zeugnissen für beides dringt, so
ist sie damit weit entfernt, die Ansprüche und Rechte der Stadt Saalfeld zu verletzen, da im Gegentheil, wenn der Stipendienbetrag unver-
züglich bleiben sollte, derselbe zu anderweiten Schulzwecken im Interesse
der Stadt würde verwendet werden müssen. Es ist aber der Absicht,
welche bei Gründung jener Stipendien vorschwebte, nämlich den Bewohnern des Fürstenthums Saalfeld rücksichtlich der Gymnasialstudien
ihrer Söhne eine Erleichterung zu verschaffen, ganz zuwider, wenn dieselben an solche verliehen werden, die fremder und insbesondere öffentlicher
Unterstützung zur Betreibung ihrer Studien an einem fernen Gymna-
sialorte, im Besitz eigener, reichlicher Subsistenzmittel, nicht bedürfen."
Ferner ist Bezug zu nehmen auf ein Restript des H. Consistoriums vom
29. Mai 1845, wodurch bestimmt wurde, daß nach Maßgabe der Verfügung
vom 29. März 1845 unter den Competenten die bedürftigeren auszuwählen
und unter Umständen auch noch darauf zu sehen sei, ob ein Competent späterhin
noch für den diesmaligen Ausfall des Stipendiums zu entschädigen sein würde.
Sodann ist noch aus den Akten zu entnehmen, daß die Alumneums-
Stipendien nicht auf eine Person kumulirt werden dürfen.
Von Interesse dürfte auch ein Votum des F. G. Bulle vom 8. Dezember
1845 sein, dahin gehend, daß das Alumneum selbst regelmäßig den Land-
bewohnern und nur ausnahmsweise im Falle besonderer Dürftigkeit den Stadt-
bewohnern zu Gute gekommen sei, während das Normativ-Restript in erster
Linie die Bürgersöhne begünstige, so daß an Verleihung der Stipendien an Land-
bewohner-Söhne nicht mehr zu denken sei, was eine schreiende Ungerechtigkeit enthalte.
Endlich ist durch Restript vom 13. Dezember 1847 ausgesprochen worden,
daß „nach den wegen dieser Stipendien getroffenen höchsten Bestimmungen"
deren Verleihung an Andere als Gymnasiasten nicht zulässig sei. Zwar wandte
sich der Gemeinderat am 28. Oktober 1848 an Se. Hoheit den Herzog Bernhard
mit der Bitte, die Alumneums-Stipendien nicht allein Gymnasiasten, sondern
auch Schülern der Selekta (in Meiningen) zu verleihen, indeß antwortete das
H. Staatsministerium, Abteilung für Kirchen- und Schulensachen, am 25. April
1849, daß sich der Antrag des Gemeinderats von selbst erledige, indem inzwischen dem von der Herzogl. Schulinspektion gestellten Antrag gemäß gestattet
worden sei, daß bei der Saalfelder Realschule eine Selekta errichtet werde,
womit die Notwendigkeit für die Saalfelder Stadt-Kinder wegfalle, die Meininger Realschule zu besuchen*).
Soweit der Akten-Inhalt.

*) Die Saalfelder Realschule kam freilich erst fast 30 Jahre später zu der damals ver-
sprochenen Selekta!

Erwägt man, daß das Alumneum ins Leben gerufen wurde zum Besten der hiesigen Schule, erwägt man, daß die Stiftungen hiesiger Bürger und Schulfreunde nur den gleichen Zweck verfolgten, zum Teil auch unter ausdrücklichem Protest gegen irgend eine abweichende Verwendung, erwägt man ferner, daß Aenderungen in der Organisation des Alumneums und in den Bedingungen, unter welchen der Eintritt zugelassen wurde, stets Hand in Hand gingen mit den Äuderungen des Schulwesens selbst und sich diesen letzteren anpaßten und anschlossen, dergestalt, daß auch dem vormaligen hiesigen Seminar drei Stellen von zwölfen eingeräumt wurden, so wird kaum daraus, daß nach Aufhebung des Lyceums ein direkter Besuch von der hiesigen vormaligen Realschule zur Universität aufgehört hatte, ein Grund hergeleitet werden können, die Alumneums-Stipendien dem hiesigen nunmehrigen Realgymnasium vorzuenthalten und zwar um so weniger, als jetzt eine Vorbildung ermöglicht wird, die, wenn auch nur in beschränktem Umfange, immerhin den direkten Besuch der Universität gestattet. Mögen die Alumneums-Stipendien jetzt auch und zwar in erster Linie hiesigen Bürgers-Söhnen zu Gute kommen, den hiesigen Schulen kommen sie nicht mehr zu Gute, für diese aber war das Alumneum und die diesem zugewandten Stiftungen bestimmt.

Anlage 1.

Die Gesetze der Saalfeldischen Kloster-Schüler.

1. In die Zahl der Alumnisten sollen aufgenommen werden, solche die in der Music erfahren und in den Wißenschafften nicht gantz unwißend sind, und zwar wo sie nicht schon 16. 15. oder zum wenigsten 14 Jahre sind.

2. Diejenigen, die aufgenommen sind, sollen nicht der Faulheit, Spielereyen und Muthwillen nachfolgen, sondern Fleiß, Ehrfurcht und guten Sitten, Reinigkeit des Corpers und der Seele sollen sie lieben und vorzüglich verehren.

3. Vor die Aufnehmung und Einschreibung soll dem Herrn Rector ein ganzer Thaler gezahlet werden, wie auch den übrigen Lehrern dieser Schule Hochachtung, Ehrfurcht und Gehorsam zu leisten, vor die Aufnehmung aber 16 Groschen zu den brauchbaren Dingen, worauf man über Tische ißet, geben.

4. Leichtsinn und Verschwendung in Kleidung, Feder-Hüte und schändliche Veränderung derselben, und was nur einen Anstos bey Gönnern und Patronen erwecken könnte, sollen sie sehr suchen zu vermeiden.

5. Die aufgetragenen Speißen zu Mittag und Abends sollen sie nicht verachten; wer dieses thut, soll den ganzen Tag nicht an Tisch kommen, darnach wenn er noch einmal darwider sündiget, soll er ins carcer oder eine andere Strafe leiden, wenn er zum brittenmale dieses Laster begehet, so soll er gleichsam, als ein undanckbarer und unwürdiger aller Wohlthaten aus der Zahl der Alumnisten gestoßen werden.

6. Was aber überhaupt den Schülern dieser Schule befohlen ist, das sollen vorzüglich die Alumnisten glauben, daß es ihnen gesagt ist.

7. Das Thor, die Oefen, die Tafeln, die Fenster, die Bäncke, und andere die diesen gleich sind. Wer sie aus Muthwillen oder aus einer lieberlichen Nachläßigkeit beschädiget, soll den Verlust mit seinen eigenen Kosten wiederersetzen.

8. Im Winter soll das Thor um 7 Uhr und im Sommer um 8 Uhr zugemacht werden, wer nun nicht da ist, soll den ganzen Tag nicht an Tisch kommen, den 2ten Tag aber zwey Groschen, den 3ten Tag 4 Groschen, darnach 6 Groschen büßen.

Auf diese Strafe, wenn er weiter in diesem halben Jahre fehlet, so folget die öffentliche Castigation, auf die öffentliche Castigation folgt Verstoßung von dem Tische.

9. Ein jeder der wider die Erlaubniß des Herrn Rectors des Nachts aussteiget, soll gleich das erstemal aus der Zahl der Alumnisten verstoßen werden.

10. Die frey sind von der Aufwartung sollen sehen, daß der Erste davon beständig die Aufsicht über die ganze Anzahl hat, die übrigen zu einen be=beständigen Eifer antreibet und ihre Sitten soviel es nöthig ist bildet und verbeßert: Der 2te soll die Sorge über die Oeconomie über sich nehmen, und die Rechnung der erlangten Portiones sehr genau bezeichnen. Der 3te und 4te soll auf die Beobachtung der Geseze sehen und die Uebertretung der=selben genau anzeigen; der 5te soll die Sorge haben, das Feuer und die Lampen auszulöschen, er soll es auch dem Herrn Rector, wenn er eine Nach=läßigkeit bemercket, anzeigen; Der 6te soll die Kirche und Schule besorgen.

11. Vor den 14ten Jahr soll keiner leicht in die Anzahl der Alumnisten aufgenommen werden, und diejenigen, die noch famuliren müßen, davon soll der 1te zugleich mit den übrigen Famulis das Holz, und die übrigen bren=nenden Sachen in den Holzstall tragen, und zu rechter Zeit besorgen.

12. Wenn unter den Alumnisten einige Zwistigkeiten erregt werden sollten so soll es nicht an die Eltern, noch Bürger, noch Fremdlinge, sondern an den Herrn Rector als den darzu bestimmten Richter gebracht werden.

13. Vor allen andern soll der Gottesdienst ihre vorzügliche Sorge seyn, und das sollen die Alumnisten vor das größte Gesez halten. Wer ihn ohne Ursache entweder Sonntags, oder Freytags versäumet, der soll noch außer der Chor-Strafe den gantzen Tag der Speißen entbehren müßen. Endlich soll er jeden Tag früh um 6 Uhr und nach der Abendmalzeit um 8 Uhr bey den singen seyn.

14. Die Alumnisten sollen früh von 6 Uhren wohl angekleidet in der Commun-Stube bey dem Gebet seyn. Und nach den öffentlichen Arbeiten in der Schule die Stunden von 3 Uhren bis 6 Uhren nachmittage und nach Tische von 8 bis 10 Uhren sich auf die Erlernung der Sprachen zum wieder=holen und zu bereiten anwenden.

15. Von ihnen soll keiner das Gebet weder das öffentliche in Classen oder privat Gebet so wohl früh, als Abends, desgleichen vor und nach dem Abend und Mittag Eßen demüthig zu Gott zu thun unterlaßen, und ohne Geräusche mit Ehrfurcht anhören.

16. Von der Schule soll kein Alumniste als aus bringender Nothwen=digkeit wovon doch der Herr Rector Nachricht haben muß, noch einen andern, der auf der Schule wohnet, erlaubt seyn wegzubleiben.

17. Ein jeder soll sich ganz des Schwehrens, der Lügen, des unbändigen Lärmes, des Zanckens, des Tobacksrauchen, des Schlagens, des Spielens, des Bretspielens, und des unanständigen enthalten. In gegentheil aber soll er der Höflichkeit, Anständigkeit, mit einer anständigen Begebenheit ergeben seyn.

18. Diejenigen, welche die vorhergehenden Vier Geseze übertreten, sollen

einmal von dem Tische ausgestoßen werden, also, daß sie den ganzen Tag nicht an Tisch kommen.

19. Mit ungewaschenen Händen, oder Gesichte, oder unangekleidet, sollen sie nicht zum Gebet kommen, sondern wohlangekleidet, frey von aller Unreinigkeit und Schmuz, und ohne allen Verzug an seinen Ort und Ordnung, und zu rechter Zeit.

20. Alle Alumnisten sollen unter einander und vorzüglich aber über den Abend und Mittags Eßen lateinisch reden, noch der es vor sich thut, soll es ungestraft thun.

21. Die bestimmte Zeit zum Spaziren gehen, und Erholung des Gemüths soll seyn, nach Mittag und Abend Eßen, und die übrige Zeit sollen sie auf das Studiren und Wißenschafften wenden.

22. Die Nachmittag außer der Schule ausgehen wollen, sollen es den Herrn Rector anzeigen, wohin sie gehen wollen und sich nicht über die Erlaubniß des Herrn Rectors verweilen.

23. Wer sich untersteht eins von diesen nähesten vorhergehenden Vier Gesezen zu übertreten, diesen soll die Speiße entzogen werden.

24. Der ordinäre Famulus soll mit Fleiß und Sorgfalt seine Pflichten thun, welche sind:

1) Früh vor 6 Uhren aufzustehen, und die übrigen aus den Schlafe zu wecken, und um 6 Uhr mit dem Glöckgen ein Zeichen zum Gebet geben.
2) Den Tisch auf und abdecken.
3) Das Gebet nach der Vorschrifft andächtig hersagen mit dem Haupt-Gebete der Christlichen Lehre.
4) Zu rechter Zeit das Thor auföffnen und wieder zuschließen.
5) Denen, die es verlangen zu Mittag vor 12 Uhren und Abends vor 7 Uhren Bier und andere nothwendige und erlaubte Sachen zu holen.
6) Jede Woche in die erste und andere Classe Bacul, und in die übrigen sollen sie Ruthen tragen.

25. Die diesen Gesezen nicht gehorchen, sollen angezeiget und nach Art des Verbrechens von Herrn Rector bestrafft werden.

26. Wenn der Famulus zu bestimmter Zeit das Bette nicht verlaßen und aufgestanden und die übrigen nicht aufgeweckt, soll er den bevorstehenden Mittag sein Fleisch entberen, wenn er aber nach 7 Uhr wieder in Bette ergriffen wird, soll er diesen ganzen Tag an Speißen cariren, wenn er diesen Fehler noch einmal begeht, soll er ins Carcer geschloßen werden.

Anlage 2.

V. G. G. J. E. H. z. Sachßen.

Würdige, Hoch- und Wohlgelahrte Rath, Liebe Andächtige und Getreüe, Euch ist erinnerlich was gestalten untern 22. May c. a. an Eüch Befehl ergangen, über den ietzigen Zustand der Schule und des Alumnaei zu Saalfeld, auch was vor legata vorhanden, wie und bey wem selbig stehen, und zeithero administriret worden genaue Erkundigung einzuziehen; alles von puncten zu puncten umständlich zu registriren, und binnen nechsten Vierwochen von dermaligen dato an, zu ferner weiter Verordnung anhero einschicken. Obnunwohl von Eüch dem Ministerio zu gedachten Saalfeld wieder die dießfals auzuordnente Commission gebethen, und ohnvorgreifflich davor gehalten worden, nicht unbienlich zu seyn, wann in der Kürtze und vermittelst eines Machtspruches dieser Sache, aus mitangeführten Ursachen, ihre abhelffliche maße gegeben würde; Allbieweile aber aus angeregten Rescripts Inhalts Ihr abgenommen haben werdet, daß diese vorsagende Comissarische Untersuchung nicht nur auf dem zwischen dem Stadt Rathe und dem Rector der Schul entstandenen wiedrigen Vernehmen und hinc inde führender Beschwerung Fehlers und Mangel abzuhelffen, sondern auch von denen zur Schule und Alumnaeo und sonsten gewiedmeten beneficiis und legatis gründliche Nachricht zu erlangen angesehen seye; So hätten Wir Uns versehen, Ihr würdet nach mehrgedachten Rescripts Inhalt, alles binnen der gesetzten Vier Wöchentlichen Zeit gehörig colliciret, umbständlich registriret und nebst einen unterthänigsten Bericht gehorsamst anhero eingesendet haben. Nachdem aber solches gleichwohl auch bis hieher nicht erfolget; Als begehren Wir hiermit nochmals gnädigst, Ihr wollet sothane Dinge und allerseitige gravamina oder sonstige disideria, zumaln was Ihr selbsten zu Herstell- und Verbeßerung des SchulWeßens dien- und thunlich zu seyn erachten möget, schleunigst zusammentragen, und binnen nechsten Acht Tagen unfehlbar anhero zu ferner Verordnung einsenden. Daran geschieht Unsere Meynung und Wir seynd Euch mit gnaden gewogen. Dat. Coburg zur Ehrenburg d. 13. July 1708.

Johann Ernst H. z. Sachßen.

An
H. Lt. Johann Joachim Richshöffer, Rath und Amtmann, dann Ehrn Paul Sternbeck, Pfarrer Superintendenten und Hoffprediger, wie auch Ehrn M. Anton Mosern, Archidiacono, ferner Ehrn M. Erasmo Christoph Arnolden Diacono und dem Stadt Rath

sämtl. zu Saalfeld.

II.

Das sogen. Andreäsche Legat.

Da der Abwurf der sogenannten Andreä'schen Stiftung nach einer vom Magistrat erhaltenen Uebersicht zur Zahlung der Alumneums-Stipendien mit verwendet wird, so soll im unmittelbaren Anschluß an letztere der Akteninhalt über das „Andreäsche Dokument und Legat" nachstehend mitgeteilt werden.

Herzog Christian Ernst hatte ohngefähr 1740 an einen hiesigen Strumpf-Fabrikanten Andreä*), der später von hier nach Kahla verzog, ein Darlehn von 1800 Rthlr. geliehen. Andreä verfiel in Konkurs und der Herzog Georg Franz Josias als Erbe des Herzogs Christian Ernst cedirte die Summe, die aus der Konkurs-Masse noch herauskommen möchte, der hiesigen Schule als einen Ersatz für abgenommene Gnaden-Zulagen, die Christian Ernst an Ge-traide und Holz den hiesigen Schullehrern hatte angedeihen lassen. Der da-malige Schul-Rektor Ritz**) reiste selber nach Kahla zum Konkurs-Termin und brachte von der ganzen Summe noch 500 Rthlr. zurück, die sodann in die Herzogliche Cammer nach Coburg gegen 5% jährlich verliehen wurden.

Der Abwurf wurde unter die Lehrer der hiesigen Knabenschule gleich-heitlich verteilt. Die Cessions-Urkunde nebst dazu gehörigen Akten kam nach einer Mitteilung des M. Wilhelm Christian Oettel vom 21. Mai 1806 in den Besitz der Schule, woselbst sie auf der Bibliothek aufbewahrt wurde. Im Jahre 1802 „bei Eintritt unserer neuen Ordnung der Dinge"***) wurde die Vorlage der Urkunde bei der Landeshauptmannschaft seitens des Rektors

—

*) Im Dokument wird indeß von einer „Rath Andreäischen" Schuld gesprochen.
**) Ritz Georg Leonhard, war Rektor von 1741—1757, vgl. Wagner-Grobe, Chronik S. 549.
***) Es ist hiermit jedenfalls die Uebernahme der Landes-Verwaltung seitens des Mi-nisters von Kretschmann und die Entfernung der kaiserlichen Debitkommission gemeint Vgl. Wagner, Chronik S. 510.

M. Forberg gefordert und soll dieser das Original der Cessionsurkunde zu diesem Zweck aus den Akten, in denen sie eingeheftet, genommen und der Landeshauptmannschaft übergeben haben. Nach der Zeit behauptete die Landeshauptmannschaft, sie habe das Original dem Rektor Forberg zurückgegeben, was dieser indeß nicht zugeben wollte, „und so ist das Original von dieser Cessions-Urkunde verschwunden und unsichtbar geworden, daß niemand weiß, wo es hingekommen ist."

Doch hat sich noch eine beglaubigte Abschrift vorgefunden, welche, wie folgt, lautet:

„Von Gottes Gnaden Wir Franz Josias, Herzog zu Sachßen, Jülich, Cleve und Berg, auch Engern und Westphalen, Landgraf in Thüringen, Markgraf zu Meißen, gefürsteter Graf zu Henneberg, Graf zu der Mark und Ravensberg, Herr zu Ravenstein, Ritter des Königl. Pohlnischen weißen Adler-Ordens ꝛc. urkunden und bekennen hiermit:

Nachdem Wir die von Uns denen Saalfeldischen Schulcollegen cedirte Rath Andreäische Schuld von Fünfhundert Rthlr. als ein beständig stehen bleibendes Capital, davon angeregte Schulcollegen die jährlichen Zinßen zu genießen haben sollen, bey Unserer Fürstl. Rent-Cammer an- und in Empfang nehmen, auch zu Unsern Nutzen anwenden laßen; Als quittiren Wir nicht allein die Inspectores der Stadtschule zu Saalfeld über den Empfang solcher Fünfhundert Rthlr. Krafft dieses mit ausdrücklicher Renunciation und Begebung der Ausflucht nicht wirklich gezahlt oder empfangenen und nicht in Unsern Nutzen verwendeten Geldes, in beständigster Rechtsform, sondern geben auch denenselben die Versicherung hiermit, daß wir ermeldtes Capital der 500 Rthlr., solange es bey besagter Unserer Cammer ohnaufgehoben stehen bleiben wird, alljährlich auf Michaelis von gedachter Unserer Cammer mit 5 pro Cent ordentlich verinteresßiren und solches Interesße gegen ausgestellte richtige Quittung aus Unserm Fürstl. Amte Saalfeld auszahlen laßen wollen, getreulich ohne Gefährde. Zu Urkund deßen und mehrerer Versicherung haben Wir diese Obligation nicht nur eigenhändig unterschrieben, sondern auch mit Unserm Cammersiegel bedrucken laßen. So geschehen Coburg, den 28. September 1753.

(L. S.)   Franz Josias H. z. S."

„Daß obige 500 Rthlr. Capital in den diesjährigen F. Cammer hohen Mon. Fol. 41" in Einnahme befindlich, solches attestiret

J. C. Hain m. pr."

„Daß vorstehende Abschrift mit dem Originale genau übereinstimmt, bezeugt nach angestellter Vergleichung andurch pflichtmäßig Saalfeld, den 12. August 1801.

(L. S.)   Gottfried Heinrich Christian Diesel,
                 Kayserl. geschw. öffentl. Notar.“

„Daß vorstehende Abschriften mit der Urschrift gleichlautend befunden worden, wird andurch diligenti collatione der Wahrheit und Pflicht gemäß bezeugt. Saalfeld, den 3. Juni 1806.

                 Friedrich Christian Schortmann,
                 a. a. judicial. juratus.“

Im Guldenfuß wurde das Legat berechnet mit 868 fl. 25 kr.

Anstatt des verloren gegangenen, durch „Mortifikationsschein“ der Schul-inspektion vom 3. Juni 1806 als „tob, ungültig und unkräftig auf das rechts-verbindlichste“ erklärten Originals wurde der Schulinspektion mittelst Restripts der Herzoglichen S. Landes-Regierung, d. d. Coburg, den 17. Juli 1806, „ein neuausgefertigtes Schuldbokument über das Rath Andreäische Legat von 868 fl. 25 kr. zu ihrer Legitimation zugefertigt.“

Dies neue Dokument befindet sich indeß auch nicht bei den Akten und scheint ebenfalls verloren gegangen zu sein. Denn in einer Zuschrift des Magistrats vom 1. August 1835 an das Herzogliche Kreis- und Stadtgericht ist der Erlaß von Ediktalien und nach Befinden die Mortifikation sowohl des Dokuments über 1519 fl. 45 kr. der Kirchgasse gehörige Butlersche Legatgelder als auch der Urkunde über 868 fl. 25 kr. Andreäische Legatgelder mit dem Bemerken beantragt, daß die Dokumente hierüber in der Repositur abhanden gekommen seien. Dem Antrag ist auch durch Verfügung vom 17. August 1835 stattgegeben worden.

Aus einer Eingabe des Schulkasse-Renbanten David Voit vom 1. März 1836 geht hervor, daß, „ehe die hiesige Schulkasse realisirt worden, seit langer Zeit jeder der 6 Knaben-Lehrer an hiesiger Stadt- und Landesschule jährlich 22 fl. 36 kr. Zinsen vom Butlerschen und Andreäischen Legat erhalten hat.“ Von Zeit der Errichtung einer besonderen Schulkasse sind also diese Zinsen nicht mehr an die Lehrer abgewährt worden und wird der Abwurf jetzt, wie er-wähnt, als Teil der Alumneums-Stipendien verwendet.

Das Kapital ist als eisernes, unablösliches und unkündbares anerkannt und deshalb unter Beibehaltung des ursprünglichen Zinsfußes als ewige Rente auf Herzogliche Hauptkasse übernommen worden, wie dies aus Reskripten der Herzoglichen Staatsschulden-Tilgungs-Kommission vom 1. Dezember 1837 und 15. Dezember 1839 hervorgeht.

Betont soll noch werden, daß jedenfalls — mag nun die Veranlassung zu der Stiftung in der eingangs erwähnten Konkurssache zu suchen sein oder nicht — die Bezeichnung „Andreä'sches Legat" falsch ist, da es sich nach dem Dokument thatsächlich um eine Stiftung des Herzogs Franz Josias handelt.

III.
Die Mansfeldische Stiftung.

Ein Bericht des Saalfelder Magistrats vom 8. Mai 1737 an die Landes-Regierung, mittelst welchen der „gnädigst anbefohlene Plan sämbtlicher stipendiaten sambt einer Kurtzen Nachricht von denen allhier befindlichen beneficiorum, soviel man noch zur Zeit darvon erfahren können", vorgelegt wird, enthält über die Mansfeldische Stiftung Folgendes:

„Der fundator dieser beneficiorum ist weyland Herr Albrecht Graf und Herr zu Mannsfeld gewesen, welcher bey weyland dem durchlauchtigsten in Gott ruhenden Chur-Fürsten zu Sachßen Herrn Herrn Johannem constantem Christlöblichsten Andenckens als Rath gestanden, Allermaßen solches zwey zu Rath-Hauße in copia vorgefundene documenta*), nämlich der anderweitere fundations und Bestätigungs Brieff von höchst beregten Churfürsten sub dato Torgau am Pfingst Sonntage ao Domini 1532 und der zwischen den hiesigen Stadt Rath und Allmosen Kasten wie auch denen Städten Schlaiß, Saalburgk und Tanna unterm 12. August 1661 getroffene Vergleich besagen. Wiewohl Sylvester Liebe in seiner Salfeldographia [darvon das original manuscript d. ao 1625, welches der Stadt Rath deßen hinterlassenen Erben zu Naumburg, woselbst der Author, als sonst ein Saalfelder von Geburth, Raths Herr und Advokat gewesen ao 1653 mense Junij vor 23 fl. 10 gr. abgehandelt, allhier zu Rath Hauße noch befindlich] Lib. I cap. 16, da er de bonis publicis der Stadt Saalfeld handelt, den Grafen Albertum zu Mannsfeld zum Stiffter dieser fundation angiebet. Miethin müste es Graff Albertus VII von der sogen. Hinter Orthischen linie**) gewesen sein, welcher

---

*) Dieselben finden sich nicht mehr bei den Alten. Dagegen ist die Urkunde, wonach „Albrecht Graf rund Herr zu Mansfeld" der Stadt 300 fl. zum Unterhalt der Armen überläßt, S. 117 des Urkundenbuchs der Sächs. Cob. Saalf. Landesgeschichte v. Schultes (II. Abtl.) mitgeteilt und daraus als Anlage I der vorliegenden Untersuchung beigefügt.

**) Ueber die Grafen von Mansfeld berichtet E. E. Kneschke im „deutschen Adels-Lexikon" Bd. VI Seite 120 unter Anderem, daß im 16. Jahrh. der weitverzweigte Stamm dieses Geschlechts in eine vorderortsche, mittelortsche und hinterortsche Linie zerfiel. Jenes war die ältere, die zweite die mittlere und die dritte die jüngere Linie. Alle drei teilten sich 1533 in die Grafschaft so, daß die vorderortsche drei, die beiden andern Linien je ein Fünftel erhielten.

von ao 1480 biß 1560 zu des Churfürstens Johannis Constantis Zeiten gelebet und ao 1525 die evangelische religion angenommen und miteinge-
führet. Es allegirt aber gedachter Herr Liebe an einem andren Orthe seiner
Salfeldographia Lib. II cap. 20 bey Gelegenheit da er von des Graffen von
Mannsfeld beschehenen Verkauff und Abtretung des Stiffts Saalfeld oder
monasterii ordinis S. Benedicti ad montem divi Petri sambt deßen jährl.
Einkünfften [aus welchen obige beneficia, wie bald zu zeigen, erwachsen] an
höchstermeldeten Churfürsten Johannem und was hiernächst vor Veränderungen
darauf erfolget, handelt, ad annum 1540, wo Graff Albertus VII noch
gelebet, einen extract eines gewißen documenti, darvon die Worte unter
andern also lauten:

Aus Grund und Krafft des vorgeschriebenen hat mein Gnädiger Kurfürst und Herr den Stifft Saalfeld, als mein Gnädiger Herr Graf
Albrecht des sich wiederum entschlagen, zur Erhaltung seiner Churfürstlichen Gnaden Gerechtigkeiten einnehmen laßen 2c.

und weil also auch hierin, desgleichen in denen Uhralten und jüngeren Raths-
und Kasten Rechnungen nicht des Graffens Alberti, sondern des Graffens
Albrechts von Mannsfeld ausdrücklich Meldung gethan wird, so ist es wahrscheinlicher, daß der Graff, von welchem dieses Gestiffte herkommt, Albrecht
geheißen: Obgleich meines Wißens andere historische und genealogische Nachrichten seiner eben nicht, wohl aber des Grafens Alberti, der sich auch in
dem Bauern Kriege hervorgethan, gedencken, außer was in dem lexico universali
Part. I sub Tit. Alstädt, wo der Graff Albrecht von Mannsfeld expresse
erwehnt wird, und andern hierbey allegirten authoren darvon sich findet.
Und Kann es demnach vielleicht seyn, daß man damahls unter diesen Nahmen
eben keinen sonderlichen Unterschied gemachet, vielmehr beyde communi usu
loquendi promiscue gebrauchet worden*). Dem sey aber wie ihm wolle.
Graff Albrecht oder Albert zu Mannsfeld soll das Stifft Saalfeld oder mentionirtes
Kloster sambt deßen Jährlichen Einkünfften vermöge eines mit dem letzten
Abte Georgio von Thünau [welcher solchem von no 1497 biß ao 1525 vor-
gestanden] getroffenen contracts wie auch mit Genehmhaltung des Kayßers
und des Churfürstens Johannis constantis als Landes- und Schutz-Herrns
schon einige Jahre vorher, ehe ermelter Abt mit seinen conventualen und

*) In der That verhielt es sich so, wie der Stadtrat von Saalfeld mutmaßte: Die
Formen Albrecht und Albert wurden ehedem nur mit dem Unterschied gebraucht,
daß die Form Albrecht als die eigentlich deutsche, die Form Albert jedoch als
Verkürzung des latinifirten Namens Albertus galt. Der Stammvater der sächsischen
Albertiner z. B. hieß Albrecht, nach der latinifirten Form Albertus; erst die
spätere Zeit gab der hieraus entstandenen Form Albert den Vorzug vor Albrecht.

Mönnchen von hier ausgezuget worden, innegehabt haben*). Nachdem aber diese expulsion und Zerstreuung ao 1525 über Halß und Kopff geschehen, so daß der Abt hinten zum Kloster hinausgesprungen und mit dem kostbahresten Geräthe und Schätzen bey der Göritzer Mühle durch die Saale, über die Berge auf das Schloß zur Weißenburg, allwo er zwey Jahre verblieben seyn soll**), sich geflüchtet und darauf mangerley excess und Vergewaltigung erfolget seyn mögen, hat endlich beregter Graff zu Mannsfeld von des Stiffts Einkommen jährlich 300 Rfl. in den Gottes-Kasten allhier theils zur Verpflegung der Hauß-Armen theils zu Stipendien vor geschickte und doch nothburfftige studirende verordnet. Von welcher Zeit diese Fundation ihren Anfang genommen***), kann man zwar so eigentlich nicht berichten, weil man deßfals keine genaue Nachricht findet; doch muß es zwischen 1525, da die Pfaffen und Mönniche von hier ausgejaget, und den 1532 Jahre, biß solange der Graff zu Mannßfeld die Stiffts-Güther besessen, geschehen seyn.

Es sind aber allen Ansehen nach zu obigen 300 fl. unter andern 290 fl. jährlich wiederkäuffliche Zinßen von 5800 fl. Capital mit angewiesen

---

*) Davon ist nichts bekannt und es ist dies überhaupt ganz unwahrscheinlich.

Die Urkunde, wonach Abt Georg das Stift Saalfeld dem Grafen Albrecht übergibt, ist in Schultes, Cob. Saalf. Landesgeschichte, Bd. 1, 2. Abteilung, S. 110 des Urkundenbuchs unter CX mitgeteilt und lautet auszugweise, wie folgt: „Wir Georgius von Gotis Gnaden Abpt, Thomas Prior, Christoforus Custos, Laurentius Cantor und die ganze Sampnus des Stifts sant Petersberg Benedictiner Ordens zu Salveld, bekennen und thun kuntb, das wir in unsern gewohnlichen Capitelhaus sunderlich versamelt und Capitel haltend pen einander gewest, vnd die sweren ferlichen Lauft, so vergangener Zeit zugestanden vnd noch jtzo beuer Zeit teglich fürfallen, pen uns merzglich bewogen vnd davon geratslaget, vnd in rat funden, das wir vnser Stift mit seinen Regalien, Leben, Weltlicheiten, Nutzen vnd Zugeborungen, darzu allen andern Freyheiten, Privilegien, Gnaden vnd Briven zc. lenger Zeit nit mochten vnd konten handhaben vnd bebalten zc. Derobalben so baben wir einmutiglich ganz wilkürlich, frey, vnbenotigt, bedechtig vnd auß rechter Wissenschaft vnser Stift, desselben Regalien privilegen, guter vnd Gerechtigkeit, wie oben angezeigt, keinerley zuvorbehalten vnd ausgeschlossen, dem wohlgebornen Edelen Grauen vnd Herrn, Herrn Albrechten Grauen vnd Herrn zcu Mansfeld vnsern guedigen Herrn, der vns vil woltat bezeiget vnd vnser lebenslang mit aller Noturft, in Ansehung vnser Traugseligkeit, damit der aufrürischen vnd empörligen Lauft balb wir befestiget, zcu vnterhalten globt, vnd vergewissirt, erblich vereygent, verlassen, zeugestellet, abgetreten vnd gegeben haben, als ein Gab unter den Lebendigen zc. Gescheen Dinstag nach Elizabeth nach Gotis gepurt Tausent fünfhundert und im sechs vnd zwainzigsten ihare."

**) v. Schultes, Cob. Saalf. Landesgeschichte, Bd. 1, S. 146 gibt Erfurt als den Ort an, wohin Abt Georg und seine Mönche geflohen.

***) Am Sonntag Palmarum (10. April) 1530, vergl. die Anlage I.

worben, welche die alten Aebte des Stiffts zu St. Peters-Berg Benedictiner
Ordens hieselbst Besage dreyer Verschreibungen, deren die erste auf 2000 fl.
am St. Ulrichs-Tage ao 1493, die andere auf 2000 fl. am Montage nach
Pauli conversionis ao 1495 und die dritte auf 1800 fl. am Montage nach
Laetare ao 1521 gelautet, zuerst, hernach Graff Albrecht zu Maunsfeld und
letzlich der Rath zu Saalfeld wegen des Almosen-Kastens Krafft beregter
fundation und anderer nachhero erfolgten Versicherungen, sonderlich eines Con-
sensus von Churfürst Johann Friedrichen zu Sachßen, bey den Städten und
Gemeinden Schlaitz, Saalburgk und Thanna zu fordern gehabt, wie solches
der zwischen Saalfeld und nur ermeldeten Städten ao 1661 den 12. August
errichtete Vergleich nicht undeutlich zu erkennen giebet,

Die Ursache warum Graff Albrecht zu dieser milden Stifftung bewogen,
zeiget Liebius cit. loco (I, 16) folgender Gestalt an:

Fundationis hujus causam, sive occasionem scire desideras? de
hac ergo sic habeto: Cum praedictus comes Albertus [sive Albrechtus]
Monasterium cum omnibus pertinentiis ac reditibus plenarie jam
possideret, et eodem ut et redituum annuorum obventione non tam uteretur,
quam plane abuteretur, atque adeo quidem abuteretur, ut a sacrarum rerum
profanatione atque ablatione non abstineret [Campanas enim pro libitu
partim alio transferebat, partim in tormenta bellica redigebat, quae
tamen cum iisdem in Belgium ad promovendam victoriam cogitaret,
in itinere cum navibus ac magno hominum numero aquis hausta ac
plane submersa fuere] hace itaque atque alia similia inquam cum
Albertus [vel Albrechtus] enim iter committeret, multorum Theologorum
reprehensionem passim incurrebat. Inter caeteros vero Caspar Aquila*)
verbis ac scriptis acerrime in eum invehebatur, allegans, res esse
sacras ac bona ecclesiastica, divinis a devota antiquitate deputata
cultibus, quae sine crimine sacrilegii vel poenae divinae metu profanari
atque aufferi nullo modo possent, et nihil aliud esse, quam Aquilarum
pennas, seque monere fideliter, ut aut ablata restituat, aut alibi
recompenset. Quibus objurgationibus antedictus Comes eo fuit com-
pulsus, ut certam quandam pecuniae summam hunc ipsum in finem
Senatui traderet et tali fundatione pia supra dicta damna ecclesiastica
resarciret ac quodammodo recompensaret.**)

---

*) Caspar Aquila (Adler), geboren den 7. August 1488 zu Augsburg, wurde 1527
auf Luthers Empfehlung zum Predigtamt in Saalfeld berufen und war der erste
evangelische Superintendent hierselbst.

**) Der eben angeführte Abschnitt aus Liebes Saalfeldographia enthält offenbar einige ver-
derbte Stellen, welche sich indes nicht richtig stellen ließen. Der Inhalt lautet im
Allgemeinen zu deutsch, wie folgt:

Man laßet diese tradition und Erzehlung, da sie gegenwärtig das Haupt-
werk nicht concernirt, an ihren Orth gestellet seyn, da sonst wohl verschiedenes
darwieder zu erinnern stünde. Gestalten es von ao 1525 biß 1532 in denen
Niederlanden nicht sonderliches zu thun gegeben, weswegen Graff Albrecht oder
Albertus von Mannsfeld weder mit Volck und denen aus den Stiffts Glocken
gegossenen Stücken dahin schiffen und verreisen dürffen noch große Siege sich
vorbilden und erwerben können, von des Aquilae diesfallsigen Straff-Schrifften
und Vermahnungen auch nichts vorhanden und der hiernächst anzuführende
Inhalt der fundation einen gantz anderen Bewegungs Grund zu erkennen
geben wird. Inzwischen aber und wofern gedachter Graf nach Liebens Meinung erst durch die angezeigten Straff-Predigten und Schrifften der Theologorum zu der mentionirten fundation gebracht seyn sollte, so müßte deren
Anfang zwischen das 1527 und 1532 Jahr gesetzet werden, denn an jenem
ist Aquila von Wittenberg zum Pastorat anher beruffen

  vid. Christ. Schlegelii ausführlicher Bericht von dem Leben und Tod
  Caspari Aquilae cap 20, pag. 166.
  Joh. Gottlieb Hillingers Leben Casp. Aquilae §. 12, pag. 19
und in diesem hat Graff Albrecht von Mannsfeld dem Churfürsten Johanni
Constanti das Stifft Saalfeld gegen 30 000 fl., davor ihm das Ambt Alstädt
zur Versicherung eingeräumet und in Lehn gereichet worden, Käufflich über-

---

  „Du möchtest die Ursache oder den Anlaß zu dieser Stiftung wissen? Hierüber
sollst Du folgendes erfahren: Als der genannte Graf Albert (oder Albrecht) das
Kloster mit allem Zubehör und allen Einkünften bereits völlig besaß und zwar
so, daß er die jährlichen Einkünfte nicht sowohl brauchte als vielmehr mißbrauchte
und zwar in dem Grade mißbrauchte, daß er sich nicht enthielt, geweihte Gegenstände zu unheiligem Gebrauche zu verwenden und sogar mit weg zu führen
(denn die Glocken ließ er nach Willkür teils anderswohin bringen, theils zu
Geschützen umgießen, welche jedoch, als er dieselben nach Belgien zur Beschleuni-
gung des Sieges überführen wollte, unterwegs mit den Schiffen und einer großen
Menge Menschen vom Wasser verschlungen wurden und gänzlich untergingen),
als daher, sage ich, Albert (oder Albrecht) dies und ähnliches begieng, stieß er
allenthalben auf den Tadel vieler Geistlichen. Besonders aber griff Kaspar
Aquila ihn aufs heftigste mit Worten und Schriften an, indem er geltend machte,
es seien geweihte Gegenstände und Kirchengut, das von den frommen Altvordern
für den Gottesdienst bestimmt worden sei und durchaus nicht entweiht und entfernt werden könne, ohne daß man einen Tempelraub begehe oder die göttliche
Strafe auf sich lade, und er mahne treulich, daß er das Weggeführte entweder
zurückerstatte oder in anderer Weise ersetze. Durch diese Vorwürfe wurde der
genannte Graf bewogen, dem Stadtrathe eine gewisse Summe Geld zu dem
genannten Zwecke zu übergeben, und durch solche oben genannte fromme Stiftung
den der Kirche zugefügten Schaden wieder gut zu machen, und gewissermaßen
auszugleichen."

laßen und abgetreten.*) Bey solhanen Handel nun wurde bedungen, daß die
von Graff Albrechten dem Gottes Kasten allhier gewittneten 300 fl. der
Churfürst Johannes auf das neue versichern und ihm (dem Grafen) sein darüber ausgestelleter Brieff und Siegel werden zurückgegeben mögten, wie dieses
der nachherige fundations Brieff von höchstermeldeten Churfürsten sub dato
Torgau am Pfingst Sonntage 1532 in folgenden Worten:

> „Nachdem der wohlgebohrne, Unser Rath und Lieber getreuer, Albrecht,
> Graff und Herr zu Mannsfeld den Stift Saalfeld Uns, als dem Landes
> Fürsten und Schutz Herrn, nach Vermöge und Inhalt eines bewilligten
> und besiegelten contracts hat zukommen laßen ꝛc.

sobann unter andern Begriffen:

> „Nachdem gedachter Graff von des Stiffts Einkommen Jährlich 300 fl.
> in den gotsKasten zu Saalfeld verordnet, die sollenn durch Uns und
> Unser Erben, Immaßen durch Graf Albrecht bescheen, Jherlich auch ent-
> richt und Ime dem Grafen sein Brieff und Sigill, (so) Er derhalbenn
> vonn sich gegebenn, wiederum zugestellet und der gemein gots Kasten
> mit ainer andernn Graf Albrechts vungenerlich gleichformig Vorschreibung
> vonn Unns vorsehen werdenn"

ausdrücklich besaget, welches denn auch würcklich also erfüllet und sind die in
Churfürst Johannis Fundation angeführte motiven [daraus zugleich die vorher gehegte Absicht des nurgedachten Grafen und daß sie einen ganz anderen
Zweck und Grund, als Liebius loco cit. referirt, gehabt, nicht undeutlich wahr-
zunehmen) so nachdrücklich und merckwürdig, daß sie wohl meritirten, bey
itziger Allmosen-Einrichtung allen und jeden, sonderlich denen trägen, wider-
spenstigen, tadelsüchtigen, super Klügelnden und lieblosen contribuenten vor
Augen geleget und mit allen Ernst eingeschärffet zu werden. Sie lauten aber also:

> „Demnach haben Wir, zur Folge Unserer Bewilligung, die Ursach,
> so in des Grafen Verschreibung begriffen, auch bewogen, Als nemlich:
> daß solche und dergleichen Güther von den Stiftern vnzweiflich keiner
> anderen Meinung, denn zu den rechten warhaftigen Gotsdinst gegeben
> und gestiftet sint**) und doch, aus Verhängnuß Gottes, durch die un-
> christliche und verdammliche Menschen Lehre dahin, daß Kloster, Meß-
> und Vigilien-Stifftung, auch unter anderen selbst erdachte Menschen
> Werck, der rechte Gotsdienst were, bered und verführet sey. Wir aber,
> durch die Gnade Gottes, sovil bericht, daß, nach Vermöge der Gebothen
> Gottes, der recht warhafftige Gotsdinst und alles Christliche Wesen

---

*) Vgl. Urkunde, d. d. „Torgau, Dinstag nach Inuocauit nach Christi unsers lieben
Herrn geburt Tausent funfhundert vnnd vnn zweinnddreißigsten Jahre," abgedruckt
bei von Schultes a. a. O. S. 120.
**) Der folgende Passus findet sich bei v. Schultes nicht wiedergegeben.

allein in einen rechten Vertrauen und Glauben gegen Gott und Brüder=
licher Liebe, Hülffe und Handreichung gegen den Nechsten stehet, und
daß nach Anzeigung des Heiligen Evangelii ein jeder Christen Mensch am
jüngsten Tage solcher Wercke halben der christlichen Liebe, neulich: Ob
er um Christi willen sein Nechsten, dürfftigen Armen, Notleidenten ge=
liebet? Sie gespeiset, geetzet, geträncket, gekleidet, heimgesuchet und Ihnen
andere notdürfftige Hülffe und handreichung erzeiget? Und nicht ob er
vil Messen gestifftet, Kirchen oder Klöster gebauet und dergleichen von
Christo ungebetene Wercke geübet habe, Rechenschafft geben müße. Dero=
wegen denn auch ein jeder, der ein Christ seyn will, all sein Leben,
Thun und Laßen, an diesen und Gott beständiglich zuvertrauen und
denselben seinen Glauben gegen seinen Nechsten mit aller brüderlichen
Liebe, Hülff und Gütter, umb Christi Willen, zu beweisen, richten soll
und muß. *) Derohalben, damit die Intention und Meinung der ersten
stifter erfüllet und rektificiret werde, haben wir solches alles zu Gemüthe
gezogen und dieweyl vnzwenßlich in der Stat Saluelt, auch in denen
Dorffernn und Orten, dem Stiest alhir zu Saluelt zustenndigk, viel
dorfftiger Hawsarmer und notlenbender menschenn sein, die zu Jrer und
Jrer kinder und verwannten leiblicher vnterhaltung aus not gedrungen
offentlich vf den gassenn und strassenn zu betteln und das Almosenn
zu haischenn, welches denn vnnserm Christlichenn glanbenn daß also vnter
vnns Christen offentlich gedulbet vnd zugesehen werden soll, das die,
so mit vnns in aynem glauben und ayner christlichenn gemainschaft ver=
samlet, vnns mit allenn Dingenn fur got gleich und von Christo so
losparlich und tewer als wir Erkanst, darumb sie dan auch neben vns
gleiche gelider und miterbenn Christi seyn, Not, armut, Hunger und
komer leiden und offenntlich vf den gassenn und in den heusern ver=
schmachtenn sollen, nicht wenigk verletzlich, ergerlich und schimpflich ist,
auch nichts schamblooses vnter den Cristen magk befundenn werdenn,
aus Cristlicher gutter und trewer Wolmaynung Gott dem allmechtigen
zu lobe und den Armen zu nutz und Unterhaltung vnnd domit das
offentlich betteln abgestellet, von den Jerlichenn Renten und Einkomen
des Stiests Saluelt den Ersamen weysen vnsern lieben besondern
Burgermaistern und Rath der stat Saluelt und allen Jren nachkomen
am Rath dreyhundert fl., neulich vf Jder quartal funf und siebenzig fl.
in den gemainen kasten verordent, geeignet und gegebenn.‟

___

*) Die hier folgenden Säge sind bei v. Schultes enthalten und da die Wiedergabe
im Magistrats Bericht teils lückenhaft teils inkorrekt, aus der Urkunde vom 10. April 1530,
wie sie bei von Schultes abgedruckt ist, hier eingefügt.

Aus einer solchen höchst rühmlichen und Liebreichen Quelle ist also dieses Christmildeste Gestiffte anfänglich wenigstens in Ansehung des Churfürsten Johannis constantis recht huld und Gnaden ergiebig geflossen. Die angezogene passage sowohl als der übrige gantze Inhalt der fundation lehret zur Genüge, daß diese 300 fl. fürnemlich zu Unterhaltung der Hauß-Armen und Dürfftigen, die sich, wie die Worte ausdrücklich heißen, in der Stadt Saalfeld, auf dem alten Marckt oder sonsten in allen Dörffern, dem Stifft Saalfeld zustänbig, befinden würden, verordnet. Welches zu der Zeit um so nöthiger gewesen: Weil das Armuth in der Stadt durch den einige Jahre vorher, nemlich ao 1517*) erlittenen großen Brand, worzu Hanß Schönbach, den ein gewißer von Abel bar zu angestellet, und welcher hier nächst zu Annaberg der justiß in die Hände gerathen, anhero ausgelieffert und um des willen zur wohlverdienten Straffe gezogen worden, das Feuer angeleget, welches binnen Kurßer Zeit 176 Häußer verzehret, nicht nur gar sehr sich gehäuffet hatte, sondern auch überhaupt der gemein in superstition und Aberglauben verstricket und verblendete Mann von den vielen müssigen Pfaffen mit ihrer Gauckeley und der indulgentz-Krahmerey**) fast bis auf das Blut ausgesogen war. Alle andere, fremde Auswärtige und Müßiggänger wurden von diesem beneficio ausgeschlossen und solches lediglich vor die bekante Hauß Arme und dürfftige, in obermelbeten Oertern, die sich sonsten das Almosen zu suchen schämeten und doch darben eines erbaren Wesens und Wandels waren, gewittmet. Maßen darvon die Worte abermahl also lauten:

„Sie sollen auch sonderlich daraufsehen, dieweil sich vielleicht etwa viel auswärtiger Personen unterstanden haben, das Almosen auch ohne rechte Noth und Ehehafft zu nehmen, ihre Handarbeit zu verlaßen und alleine das Betteln zu behelffen, auch solche eingenommene Almosen mit Müssiggehen und andern Leichtfertigkeiten zu verzehren, da durch den andern dürfftigen Personen und haußarmen, die sich sonst mit ihren Kindern mit Ehren gern hinbracht hätten, ihre Nahrung entziehen, das Brod vor dem Munde abschneiden und den unwürdigen gereichet, daß solche Almosen nicht auswärdigen, sondern alleine denen haußarmen, Bekannten und dürfftigen, die sich sonsten das Almosen zu suchen schämen und eines erbaren Wesens und Wandels sind, so vil müglichen, gereichet und ausgetheilet werden."

Gleichwie demnach hierbey die principaleste Absicht die Versorgung der Hauß-Armen gewesen; Also ist ferner bloß auf den Fall, wenn nemlich die Armen in berührten Oertern nach obbemelbter Anzeigung versetzet und versehen,

---

*) Am Fronleichnamsfest, den 18. Juni, vgl. Wagner, Chronik S. 310.
**) D. i. mit dem Ablaßhandel.

bewilliget und verordnet*), daß 100 fl. Fünff Knaben, die guthes Wandels und Wesens und zu dem studio geneigt und geschickt, in der Universitaet zu Wittenberg, zu Vollziehung ihrer Lehre Jährlich 20 Mfl. auf fünff Jahrlang fürgestrecket, dieselben hingegen eines ziemlichen Alters, vorhin in der Grammatica wohl unterrichtet, deren drey aus der Stadt und Zweene vom Lande des Stiffts Saalfeld Unterthanen seyn, im Fall aber Keiner auf dem Lande vorhanden, als dann die andern Zweene auch in der Stadt genommen werden solten. Worbey man unberührt nicht lassen Kann, daß vor die Saalfeldischen Stiffts-Orter und Dorffschaften gemeiniglich folgende, als Schaba, Reichenbach, Ober Catharinau, Unterkatharinau, Reblitz, Garnsdorff, Hütten, Friedebach, Kollmen, Oberpreylipp, Unterpreylipp, Jübewein, Schweinitz**), Wirbach, Göritzrein, und die alte Freiheit gehalten, und in der Fundation Kein Unterschied der studien, ob nemlich einer auf die Theologie, Rechts Gelahrtheit oder Medicin sich appliciren würde, gemachet worden. Dahingegen aber findet sich, daß in Erwählung solcher studirenden Knaben nicht nach Gunst, sondern, wie vorbeschrieben, verfahren, auch nicht eher anders, als biß sich die fünff Jahre endigten, angenommen werden und der Stadt-Rath bey Rectoribus, Doctoribus und Magistris der Universitaet Wittenberg: Ob die fünff von ihm hineingefertigte studenten die beneficia wohl angewendet, und bey welchen seiner studien Hoffnung sey oder nicht, sich fleißig erkundigen solte, damit solche Allmosen Gott zu Lobe, nicht vergeblich und zu Unehren angeleget und an der untüchtigen und unfleißigen statt andere tüchtige und Ehrhaffte gesetzet werden mögten. Ingleichen daß der Stadt-Rath allewege höchst beregter Ihro Churfürstl. Durchlauchtigkeit Christmildesten Andenckens, dero Erben und Nachkommen, wie solche 300 fl. durch die verordneten Vorsteher und Kastenmeister von einem Quartal zum andern unter die Armen ausgetheilet werden, bescheid geben und Anzeigung thun, auch dasjenige, was Höchstdieselben sodann zur Unterhaltung der Armen, soweit sich die Gabe erstrecket, am bequemsten befinden würden, befolgen solle. Woferne aber sothane Gabe zu Unterhaltung der Armen und der studirenden Knaben, als dem rechten Gottes-Dienst, nicht, sondern in andere Wege gebrauchet werden mögte, wolten höchstgedachte Ihro Churfürstl. Durchlaucht, dero Erben und Nachkommen hinfüro solchen Zinß zu reichen nicht verpflichtet seyn, biß solange derselbe in Krafft der donation

---

*) In der Urkunde vom 10. April 1530 kommt hiervon nichts vor. Vielleicht daß die Erneuerungs-Urkunde Kurfürst Johanns vom Pfingst-Sonntage 1532, die nicht bei v. Schultes abgedruckt ist, die fragliche Bestimmung mit aufgenommen hat.

**) Schweinitz wurde mit Eßelbach, Gräfendorf, Langenorla, Saalthal, Klein Bucha, Oberbasel, Kolkwitz, Ammelstädt, Tienstädt und Mötzelbach lt. Rezeß vom 4. Mai 1805 an Gotha abgetreten, wogegen den Hoheitsrechten auf das Fürstentum Saalfeld, die zufolge des sog. nexus Gothanus bestanden, entsagt wurde.

und mit dero Bewust, zu dem rechten Gottesdienst obberührter Maßen gebrauchet und ausgetheilet würde. Worüber denn zur der Zeit der Stadt-
Rath einen unterthänigsten revers, daß er dem allen so nach Kommen wolle,
von sich gestellet.

Dieses ist nun der eigentliche Sinn und wahre Inhalt der Christmildesten
Fundation und Schenckung.

Es hat nach der Zeit dieselbe verschiedene Fatalitaeten und Veränderungen
erfahren müssen, so daß sie dem völligen Untergange sehr nahe gewesen und
gegenwärtig bey weitem in einem solchen Stande nicht ist, darin man sie anfänglich gesehen. Denn ob zwar die Städte Schlaitz, Saalburgk und Thanna
die 290 fl. wiederkäuffliche Zinßen, deren oben Meldung geschehen, alljährlich biß 1633 richtig abgetragen und solche gehöriger Maßen angewendet
worden, so sind doch selbige von daran biß 1661 durch folgende begebenheit
gäntzlich ins stocken gerathen.

Es war nemlich der Kayserl. Obrister Lamboy in den damahligen Krieges
Läufften schon ao 1633 mit etzlichen 2000 commendirten Reutern in die
Voigt- und andere benachbarte Lande feindlich eingefallen und hatte allenthalben sehr übel gehauset. Welche calamitaet denn auch die hiesige guthe
Stadt Saalfeld mit betroffen*), als woselbst er sambt seynen Soldaten
mangerley Vergewaltigungen ausgeübet, drey Tage nacheinander geplündert,
alle zu Rath-Hauße befindliche Kisten und Kasten aufgeschlagen und die darin
verwahrten brieffl. Uhr Kunden herumgeschüttet; darunter sich denn der Consens,
mittelst deßen sich ferner der weyland durchlauchtigste, nunmehro in Gott
ruhende Churfürst und Herr, Herr Johann Friedrich, Hertzog zu Sachßen
Christlöblichsten Gedächtnußes, die 5800 fl. Capital der mentionirten annuorum redituum dem Stadt-Rath und Allmosen-Kasten versichert, befunden,
welchen er (Lamboy) demnach nebst deme selbiger Zeit regirenden Bürgermeister Johann Reinholden von hier mit sich weg nach Schlaitz genommen,
allwo er nicht eher nachgelaßen, biß er auf sothanen consens 1400 thlr.
herausgepreßet und dargegen der Stadt Schlaitz solchen eingeantwortet. Wiewohl diese beständig vorgegeben, daß sie ihm, um die Stadt Saalfeld und
ermeldeten Bürger Meister von den angedroheten Mord, Brannd und Ge-
fängnüß zu retten, auch sich selbst von der harten militärischen execution
zu befreyen, anfänglich ao 1633 in der Michaelis Nacht 1747 thlr. 12 gr.
als 1400 thlr. vor den Obristen selbst und 347 thlr. 12 gr. vor seine Offi-
ciers bezahlen und Kurtz darnach noch 1500 thlr., darüber sie einesweilen
eine obligation ausgestellet, vergnügen müßen, daß andere aber, so derogestalt
von dem Capital der Wiederkäuffl. Zinßen nicht aufgangen, sey vor das in
der Stadt und Herrschaft Schlaitz von gedachtem Obristen mit mehr denn

*) Sieh Wagners Chronik S. 435.

3000 Pferden auf Zwey Tag und Nacht genommenes quartier und in dem Dorffe Oschitz an einem Adeligen und eilff Bauer-Höffen gethanen Brandschaden zu rechnen. Solchem nach um und weil der Bürger Meister Johann Reinhold eine cession und revers unterm 29. September 1633 ausstellen und sich darin an Eydesstatt verpflichten müssen, daß er nicht allein des gantzen Raths zu Saalfeld vor sich, alle seine Bürgerschafft und deren Nachkommen besiegelte ratification dieser cession benebst denen über das Capital der Wiederkäuffl. Zinßen sprechenden documenten und Uhrkunden längstens binnen Monaths-Frist treulich und ehrbar beybringen und ausantworten, sondern auch, da es ferner begehrt würde, den Landesherrlichen Consens darüber extrahiren und auswürcken wolle, haben zwar die Städte Schlaitz, Saalburgk und Tauna eine compensationem in Ansehung der 5800 Mfl. Capital praetendiren, der Rath zu Saalfeld hingegen ihnen solche nicht einräumen und obiges Vorgeben nicht zugestehen wollen, vielmehr gleich Anfangs allen und jeden, was mit besagten Burger Meister und der cession wegen vorgegangen, so bald er darvon Nachricht erlanget, wiedersprochen und unter andern, daß die cession von diesem mit Gewalt erzwungen, also zu Recht unkräfftig wäre, vorgeschützet, der Allmosen-Kasten aber in dieses Werck sich nicht ziehen laßen wollen, sondern auf die, zu der Zeit über die wiederkäuffliche Post annoch in Gewahrsam gehabte original-documenta veste bestanden, weßhalb denn unterscheidliche processus und schwere Rechtfertigungen sich ereignet, die auf Seiten der Stadt Saalfeld theils vor der Fürstl. Sächßischen Landes Regierung zu Altenburg, theils vor dem Hoffgerichte zu Jena, theils vor einer anhero gelegt gewesenen Commission, und von Seiten der Stadt Schlaitz und Consorten theils vor des Heyl. Römischen Reichs-Cammer-Gerichte zu Speyer, theils der Gräffl. Reuß-Plauischen Regierung zu Gera ventiliret und viele Jahre mit großen spesen und Unkosten fortgeführet worden, biß endlich beyde Theile und deren Gevollmächtigte, als von Saalfeld Johann Christoph Reinmann, Burger Meister und Syndicus, Johann Christian Müller, Steuer Einnehmer und Raths Cämmerer, Michael Vollmar, Kasten Vorsteher, und von Schlaitz Johann Friedrich und Johann Engelschall, beyde Burger Meistere, Johann Zimmermann, Syndicus und Stadtschreiber, sambt ihren beyständen am 22. July 1661 zu Neustadt an der Orla gütlich zusammen getreten und von der Zeit an dieser Sache wegen einen Vergleich unter sich zutreffen bemühet gewesen, welcher denn auch am 12. August 1661 zum völligen Stande kommen, so daß krafft deßen dem Rath allhir von wegen des Allmosen Kastens, vor alle und jede praetendirte Forderungen an Capital und rückständig gebliebenen Wiederkauffs Zinßen noch 2500 fl. binnen den nächstfolgenden fünff Jahren bezahlt und mit dem ersten termin Ostern 1662 der Anfang gemachet, auch

die Gelber jedes Mahls auf Kosten der Stabt Schlaitz und Consorten anhero
geliesfert werden müßen.

So viel ist also von dieser fundation, da sie dermaßen auf dem totalen
ruin befunden, noch übrig geblieben, welches nunmehro Jährl. aus des Raths
Cämmercy verinteressiret wird.

Balb nach der Bezahlung solcher verglichenen 2500 fl., und da nunmehro
eine ganz andere Ordnung gemachet werden müßen, sind solcherhalb abermahl
Irrungen zwischen dem Stabt Rath und denen Saalfelbischen Stiffts Dorffschafften entstanden, welche ao 1674 ben 15. September von dem Hochfürstl.
Consistorio zu Altenburg besage der Uns gnäbigst communicirten Nachricht,
die sich nach der Zeit auch zu Rath Haußze gefunden*), entschieden, mithin
folgende Einrichtung getroffen worden: daß nemlich die Stifftische Dorffschafften von dem fallenden interesse jährl. 25 Mfl. zugewarten, barvon
10 Mfl. dem Schul-Meister zu Graba gereichet und 15 fl. mit VorBewust
des Ambts und jeden Orths Pfarrers unter das Armuth ermelbeter Dorffschafften vertheilet, 25 Mfl. dem Conrectori zu allen Künfftigen Zeiten gegeben, 50 fl. zu stipendien, als 30 fl. auf studirende Stabt Kinder und
20 fl. denen studirenden Land Kindern des Ambts Saalfelb, wenn deren
vorhanden, sonst aber auch jenen zum besten angewendet und von dem Stabt-
Rath conferiret werden, die übrigen 25 Mfl. aber der Allmosen Casse verbleiben solten.

Darbey es denn auch sein bewenden behalten, biß hiernächst Krafft eines
ergangenen Hochfürstl. Consistorial Befehls diejenigen 15 fl., welche sonst
dem Armuth der Stifftsdorffschafften ausgetheilet, dem Alumnaeo allhier
assignirt und die dem Conrectori destinirten 25 Mfl. nicht alle Mahl zu
diesem Zweck angewendet, bargegen aber auch die 20 fl. Zulage von dem
Stabt Rathe vermuthlich continuirt worden.

Uebrigens werden diese Mannsfelbische stipendia sonst auch wegen der
obgemelbeten Wiederläuffl. Zienßzen und des solcherhalb errichteten Vergleichs
die Schlaitzer stipendin genennet."

Dieser Bericht vom Jahre 1737 über die Mansfelbischen Stipenbien und
die vorher und nachher barüber ergangenen Akten scheinen aber bei der Ober-
behörbe verloren gegangen zu sein. Denn unter dem 14. August 1792 schreibt
der „Fürstl. Sächß. zum Consistorium verordnete Präsident" Gottlob Graf
und Herr von Beust an den Stabtrat, es sei in einem Berichte besselben angeführt, „daß Eures Orts einige Mannsfelbische Stipenbien vorhanden wären,
von welchen sich allhier keine Nachricht findet." Es sei dieserhalb „des För-
berfamsten anzuzeigen, woher diese Stipenbien rühren, worin ihre Fonds bestehen und wie sie zeithero verwaltet werden."

*) Sieh Anlage 3.

Die — als „unterthäniges Inserat" bezeichnete — Antwort datirt vom
26. November 1792 und lautet (im Auszug) dahin:

„Was die Mannsfeldischen Stipendia anlanget, so sind deren Vier und
jedes bestehet in 20 Rfl. — zusammen also in 80 Rfl.

Der Ursprung derselben rührt von den Zeiten der Reformation her und
zwar von einem gewissen Grafen Albrecht zu Mannsfeld. Dieser hatte von
dem zuletzt hier gewesenen Abt Georg von Thuenau und seinen Conventualen
mit Genehmigung des damaligen Landesherrn, Herrn Churfürsten Johannsen,
das hiesige Kloster mit allen Zugehörungen gegen eine jährliche Pension erhalten und zugleich 300 fl. jährlichen Zinß von 6000 fl. Capital vor die hiesige
studierende Jugend und das Armuth dem hiesigen gemeinen Kasten und der
Kirche erblich und ewiglich verschrieben und verschafft, wovon jährlich 80 fl.
zum Besten der studierenden Jugend, 220 fl. aber zum Besten des Armuths
verwendet wurden.

Es hatten sich aber verschiedene Auswärtige, denen dieses Kloster und Zugehörungen sehr in die Augen fallen mochten, bei Römisch Kayßerl. Majestät
allerunterthänigst um solches beworben*) und dieserwegen haben höchstermeldete
Churfürstl. Durchl. dasselbe selbst vor 30000 fl. an sich gebracht, zugleich
aber auch die von hochermeldten Herrn Grafen ad pias causas verschafften
6000 fl. übernommen**), auch die hievon verschriebenen 300 fl. jährlich ab-
tragen laßen.

Nach dem erfolgten tödtlichen Hintritt Höchstermeldet Sr. Churfürstl.
Durchl. haben höchstbeßen durchlauchtigste Regimentsnachfolger, Herr Chur-

---

*) vgl. v. Schultes, Bd 1 S. 86. 88. Kaiser Carl V. ignorirte die 1526 erfolgte
Uebergabe des Stifts an Albrecht von Mansfeld, erklärte nach dem Tode des Abts Georg
von Thünau im Jahre 1527 das Stift für erledigt und verlieh es dem Probst Balthasar
von Waldkirch, Coadjutor von Constanz. Da es diesem nicht gelang, in den Besitz des
Stifts zu kommen, die Grafen von Mansfeld aber wohl auch ihres Besitzes nicht recht
sicher waren, so kam zwischen dem nunmehrigen Bischof Balthasar von Waltban und Graf
Caspar, Sohn des Grafen Albrecht von Mansfeld, ein Vertrag zu Stande, wonach Balthasar das Stift auf 96 Jahr gegen 16000 Goldgulden unter der Bedingung der Wieder-
einlösung, falls inzwischen das Stift wieder hergestellt und mit einem Abt und Convente
versehen werden würde, verkaufte. Diese Bedingung kam dem Kurfürsten Johann von
Sachsen bedenklich vor, weshalb er selber das Stift an sich brachte. Kaiser Carl kehrte sich
auch hieran nichts, sondern belieh 1533 nach dem Tode Balthasars den Bischof Johann
von Lunden mit der Abtei, der sich indeß mit Zahlung einer lebenslänglichen Jahrespension
von 1000 fl. abfinden ließ.

**) vgl. Urk. v. 19. Febr. 1532 in v. Schultes, Urkundenb., II. Abtl. S. 122: „Nachdem
auch graf Albrecht, vonn des Stifts einkomen, Iherliche dreyhundert guldenn in denn
gotskasten zu Saluelt verordnet, die sollenn durch vnns, vnnd vnnser erben, Jnnmaßen
durch graf Albrechten beschееn, Iherlich auch entricht werdenn"

Verein für Meiningische Geschichte
und Landeskunde. Heft 3.

4

fürst Johann Friedrich*) und Herr Johann Ernst, Gebrübere, Herzoge zu Sachsen, christfürstlichen Andenckens das zu diesem Kloster gehörige Vorwerck Graba**) mit zugehörigen Feldern und Wiesen sub dato Schneeberg!, Mittwoch nach Michaelis 1539 an unsere Vorfahren erblich um und für 6000 fl. Kauffsumme verkaufet, welche zugleich in gedachte jährliche Zinnßgelber berer 300 fl. getreten. Und von der Zeit an wurde wegen berer für das Armuth bestimmten 220 fl. in diesem Vorwerck Graba ein Armenhauß errichtet und barin 12 Arme und Dürfftige aus ben hiesigen Innwohnern erhalten und täglich zweymal gespeiset. Ja es hatten sogar unsere Vorfahren zu mehrerer Dauer bieser Stifftung zu biesem Vorwerck noch einige vormals nicht bazu gehörig gewesene Felder und Wiesen geschlagen.

In dieser Maase ist nun auch bieses Vorwerck bis zum Jahr 1680 der Stifftung gemäs von unsern Vorfahren benutzet und verwaltet worden.

Alß eben um diese Zeit weyl. Herr Herzog Johann Ernst Herzogl. Durchl. gloriosissimae memoriae hiesige Stadt zu Höchstbero Residenz erwehleten, so wurde (bemselben) das Vorwerck Graba mit dem bazu gehörigen Armen Hauß und sämtlichen Pertinenzien gegen erbliche Ueberlaßung der bis baher nur wiederkäuflich gehabten hohen Gerichte an den Stadtrath überlaßen***),

*) Kurfürst Johann (der Beständige) † am 16. Aug. 1532. Nach bessen Testament vom 6. August 1529 sollten seine 2 Söhne, Johann Friedrich (der Großmütige) und Johann Ernst die Regierung — mit Ausnahme der Kurlande — gemeinschaftlich führen. Johann Ernst wurde indeß 1542 mit der Pflege Coburg abgefunden.

**) S. v. Schultes, Urkundenbuch Nr. CXXI: . . „so haben wir uuß mit dem Rathe zu Saalfeld der Güther halber, so vormals zu obgemeltes Closter Forwergk Grabe gehört haben, eines Erblichen ewigen unwiederruflichen Kaufs für Sechs Tausend Gulden Heinrich Hauptsumma vereiniget und verglichen, vereinigen und vergleichen hiermit und verkauffen Ihnen solche Güter vor berichte summa in Kraft dieses briefs, bergestalt, daß gedachter Rath und Gemeinde unßerer Stadt bürgerschaft zu Saalfeld berührte Aecker und Wiesen hinfürter alß ihr eigen Erbgut inne haben, genißen besitzen und gebrauchen sollen und mogen, dagegen und davon sollen sie Jährlichen brey Hundert Gulden ewiges Zinßes in ben Gemeinen Casten bei Ihnen zu Saalfeldt biß zu Ablösung gemelter Hauptsumme reichen und geben und also damit die brey hundert Gülden, Welche bißher auß unßern ambt Saalfeldt in ben Gemeinen Casten selbst Jährlich haben geben laßen, hinfürter gänzlich erledigen. — — So haben wir auch genannten Rath zu Saalfeldt die gebeüde viel genanntes Forwergks Grabe mit demselben umbfange auß Gnaden in obberürten Kauf gnäbiglich geschlagen vnd kommen laßen, bergestalt daß sie brauß zum forderlichsten ein Gemein Spital vor Arme Schwache gebrechliche, unvermögende Leute machen und das vorige Spital zur Nutzung deß Gemeinen Castens anßthuen sollen. —.“

***) S. v. Schultes, Fünfter Abschnitt S. 12. Die Nachbarschaft des Hospitals war dem Herzog selbstverständlich unerwünscht. „Er habe bei vorhabender Einrichtung seines Hofstaats wahrgenommen, daß keine Cammergüter, so doch eine Hofhaltung erfordre, vorhanden wären, und daß der Rath zu Saalfeld sich des, nächst an der neuen Residenz gelegenen Vorwerts zu Graba, welches zum Unterhalt zwölf armer Personen gewidmet sei, gebrauche. Er (der Herzog) sei baher gemeinet, dieses Vorwerk an sich zu nehmen, zumal doch so, daß dieser dennoch die Anzahlung dieser 80 Mfl. Stipendien-Gelder für hiesig studirende Jugend über sich behielte. Und diese sind denn auch alljährlich im beysein und Zufriedenheit des jedesmaligen Herrn Superintendentens assigniret worden.

Zwar sind hierüber niemals besondere Akten geführet worden, wir legen aber aus dem deßhalbigen Stipendien-Buch einen Extract auf 10 Jahr hierbey."

Aus den beiden Berichten und auf Grund des bereits angezogenen Urkunden-Materials wird man zu folgenden Ergebnissen gelangen:

Laut der Stiftungs-Urkunde vom Sonntage Palmarum (10. April) 1530 hat Graf Albrecht zu Mansfeld als Inhaber des Stifts zu Saalfeld der Stadt zum Besten ihrer Armen und der Armen in den zum Stift gehörig gewesenen Ortschaften aus dem Einkommen des Stifts eine jährliche Rente von 300 Gulden ausgesetzt. Das Stift gelangte durch Kauf laut Urkunde vom 19. Februar 1532 an Kurfürst Johann den Beständigen. Hierbei erkannte derselbe ausdrücklich für sich und seine Nachkommen die Verpflichtung zur Fortentrichtung der 300 Gulden an und erneuerte auch kurz darauf lt. Urkunde, d. d. Torgau am Pfingstsonntage 1532, die Stiftung ihrem ganzen Inhalte nach. Nach dem (am 16. August 1532) erfolgten Tode Johanns des Beständigen ließ sein Nachfolger Kurfürst Johann Friedrich der Großmütige die 300 fl. "ewigen Zinses auß unsern Ambt Saalfeld in den Gemeinen Casten" der Stadt jährlich zahlen. Am 1. Oktober 1539 verkaufte Kurfürst Johann Friedrich dem Rate zu Saalfeld die Güter, so vormals zu "obgemeltes Closter Forwergk Grabe gehört haben", um die Summe von 6000 fl. rhn. gegen die Verpflichtung, "dagegen und darvon biß zu Ablösung gemelter Summe Jährlichen drei Hundert Gulden zu reichen und also damit die 300 fl., Welche wir bißher selbst Jährlich haben zahlen laßen, hinfürder gänzlich zu erledigen." Dabei sind die Gebäude des Vorwerks "in obberürten Kauf gnädiglich geschlagen, dergestalt daß drauß zum forderlichsten ein Gemein Spital vor Arme Schwache gebrechliche, unvermögende Leute gemacht und das vorige Spitall zur Nutzung des Gemeinen Castens außgethan werden sollte." Hieraus geht hervor, daß nicht etwa das neu zu errichtende Spital ganz oder teilweise an die Stelle der Stiftung treten sollte. Die Gebäude des Vorwerks waren gar nicht im Kaufe inbegriffen*), wurden nur aus

es einen besonderen Uebelstand abgebe, wenn er so nahe an der Residenz ein Siechhaus vor Augen haben sollte und man, sonderlich tempore infectionis, nicht außer Gefahr leben könne." — Für die Armen wurde vom Herzog 1695 ein neues Haus mit derselben Einrichtung, wie das frühere, neben der Schule in den Pfarrgarten gebaut. Vergl. Wagner-Grobe. S. 210.

*) Nach Wagner-Grobes Chroik S. 206 gehörten zum Vorwerk Graba 250½ Acker Feld und 51 Acker Wiese. Außerdem scheinen Erbzinsen und Lehengelder, Zinsgetreide und Braurecht zu zwei Gebäuden in Frage gekommen zu sein.

4*

Gnaden hinzugeben, jedoch unter der Auflage, dieselben als Spital zu ver-
wenden, wogegen das städtische Hospital*) (am Saalthore?) eingehen sollte.
Als Zweck der Stiftung wird in der Urkunde vom 1. Oktober 1539 erwähnt,
daß sie dem „Gemeinen Casten und der Kirchen unßer Stadt Saalfeldt, dem
Allmächtigen zu Lobe und zu erhaltung der Kirchendiener und also zu einen
Nothwendigen und rechten milden Werk" errichtet sei. Der ursprüngliche
Zweck, den Armen zu dienen, tritt hier nicht hervor. Von Stipendien ist bis
dahin nicht die Rede, falls nicht die Erneuerungsurkunde von 1532 darüber
verfügt. Wahrscheinlich ist nun, nachdem die Stadt Schuldnerin der Stiftung
geworden, daß zur Deckung der Rente die im Berichte vom 8. Mai 1737 erwähnte Forderung von 5800 fl. an die Städte Schleiz, Saalburg und Tanna
mitverwendet wurde, die in Folge der Kriegs-Ereignisse vom Jahre 1633 und
durch den zu Neustadt an der Orla abgeschlossenen Vergleich eine so erhebliche
Kürzung (auf 2500 fl.) erfuhr. Hieraus ergibt sich denn auch, warum das
in der Anlage beigefügte Uebereinkommen vom 15. September 1674 eine
Summe von 125 fl. zur Verteilung zwischen der Stadt und den früher zum
Stifte gehörigen Dorfschaften brachte: es handelte sich eben nur noch um die
Verteilung des Zinsabwurfs der als Stiftungsfonds übriggebliebenen 2500 fl.
Aber auch bei dem Uebereinkommen vom 15. September 1674 blieb es nicht
allenthalben. Die hiernach dem Schulmeister zu Graba verwilligten 10 fl. Meißn.
wurden zwar fortgewährt und sind meines Wissens erst im Jahre 1879 oder
1880 bei Trennung des Vermögens der Stadt und der Kirche zur Ablösung
gekommen, wohl ohne daß man wußte, woher die Abgabe stammte; die für die
Armut in den Stiftsdorfschaften zugebilligten 15 fl. wurden dagegen bereits
unter dem 3. September 1678 dem Alumneum mit Rücksicht auf dessen arm-
selige Verhältnisse zugesprochen. Im Uebrigen ist die Vereinbarung vom
15. September 1674 wohl überhaupt bald in Vergessenheit gekommen**).
Der Abwurf der Stiftung nach Abzug ebenerwähnter 10 und 15 fl. wurde
zu fünf Stipendien mit je 20 Mfl., bald aber, jedenfalls bei weiterer Min-
derung des Stocks, nur noch zu 4 Stipendien mit je 20 Mfl. verwendet.

---

*) Wagner-Grobe spricht S. 206 von Wegräumung des „vorigen Spitals im
Vorwert". Allein die Einrichtung eines Spitals aus den Gebäuden des Vorwerks
war ja die Kaufbedingung. Wäre bereits ein Spital im Vorwerk vorhanden gewesen,
so könnte unmöglich in der Urkunde vom 1. Oktober 1539 die Rede sein von dem „Spital,
so aus den Forwergts Gebäuden gemacht würde." Ebenso wäre der Zusatz: „und
das vorige Spitall zur Nutzung deß Gemeinen Castens anstohun sollen" ohne
Sinn, da ein bereits vorhandenes Spital im Vorwerk mit dem „Gemeinen Casten" der
Stadt bis zum Erwerb des Vorwerks durch letztere gar nichts zu thun hatte.

**) In einem Restript des Herzogs Christian Ernst vom 2. März 1737 wird sie als
eine „bei weiterm Nachsuchen aufgefundene alte Nachricht" bezeichnet.

Da hiernach nur noch 80 Rfl. — anstatt der früheren 300 Rfl. — zur Verteilung kamen, so folgerte man offenbar, die übrigen 220 Rfl. seien durch die Errichtung des Hospitals Graba festgelegt, was gar nicht der Fall war. Aber auch bei den 80 Rfl. sollte es sein Bewenden nicht behalten. In einem Restript des Herzogs Christian Ernst vom 7. Juni 1737 ist von den „drei ersten" Mansfeldischen Stipendien die Rede, von denen das erste und andere nur auf 15 fl. „gesetzet" sei. Es wird deshalb vorgeschlagen, das Zweyblersche Stipendium mit jährlich 30 fl. Abwurf und die „drei ersten" Mansfeldischen stipendia, welche jährlich zusammen ein quantum von 80 fl. austragen, „in eine massam zu controliren und davon 4 Stipendiaten, wie auch bisher geschehen, zu versorgen, nur mit dem Unterschied, daß sodann die distribution aequis partibus geschehe und ein jeder percipiert jährlich 20 fl. als eine zulängliche Beyhülffe zu Fortsetzung derer academischen Studiorum zu erheben." Von dem 4. Mansfeldischen Stipendium ist keine Rede. Der Rath der Stadt zog den Vorschlag in „genaue Ueberlegung", fand natürlich daran „nichts Bedenkliches" und zwar um so weniger, als „denen Mannsfeldischen stipendiis dergestalt kein Abbruch geschehe, wohl aber das erste und andere daher einigen Zuwachs zu hoffen habe." Daß damit das Zweyblersche Stipendium überhaupt aufhörte, scheint nicht in Betracht gezogen worden zu sein.

Das hierauf am 6. September 1737 ergangene Restript lautet:

„Von Gottes Gnaden Christian Ernst und Franz Josias, Gebrüdere, Herzoge zu Sachßen ꝛc.

Würdiger und Wohlgelahrter, liebe andächtigen und getreue! Wir haben den von Euch erforderten und unter den 16. nuperi mensis anhero erstatteten gutachtlichen Bericht beym Vortrag mit mehrern vorlesen hören, und weiln daraus zu ersehen gewesen, daß sich kein bedencken gefunden, das sogenannte Zweyblerische Gestiffte nebst denen dreyen Manßfeldischen Stipendien in eine massam zu werffen und solche unter 4. Studirende respective Stadt und Land Kinder aequis partibus und dergestalt zu vertheilen, daß ein jeder davon alljährlich, solange er das beneficium zu genießen hat, zwantzig Rfl. gülden percipiren solle; So ist hiermit Unser respective gnädigstes Begehren, Ihr wollet Euch hinkünftig bey auszahlung der stipendiengelder nach solcher neuen Verfaßung achten. — — Daran geschiehet Unsere Meynung und Wir verbleiben Euch respective in Gnaden gewogen

Christian Ernst, H. z. S."

Auch hier ist weder von dem früheren 4. Mansfeldischen Stipendium noch von dem ursprünglichen Zweck der Stiftung die Rede. Von Interesse ist weiter, aus den Akten zu konstatiren, daß, als die Herzogl. Landesregierung unterm 3. Mai 1804 dem Magistrat mitteilte, es sei das 2. Manßfeldische Stipendium dem Aug. Friedr. Wilh. Korn von Lehesten verliehen, der

Magistrat hiergegen am 18. Oktober 1804 vorstellig wurde, indem er hervorhob, daß die erwähnten Stipendien verfassungsmäßig von der Stadt mit beitritt des jedesmaligen Ephorus gegeben worden und der Magistrat noch nie in der Ausübung dieser Amtsgerechtsame gehindert worden sei.

Hierauf erging am 29. Oktober 1804 folgendes Reskript:

„Wir Franz von Gottes Gnaden 2c.

Auf Euren an Uns erstatteten Bericht haben Wir den Entschluß gefaßt, daß es für diesesmal zwar bey der von Uns bereits geschehenen Assignation des zweyten Mannsfeldischen Stipendii an den Studiosus Korn zu Leipzig um so mehr sein Verbleiben behalten soll, als zuvor die Ephorie von Saalfeld mit ihrem Bericht gehört und von Euch selbst weiter keine Ausstellung gegen die Würdigkeit des Percipienten gemacht worden ist. Es wird Euch aber auch hiermit die Versicherung ertheilt, daß dieses Euern in Ansehung der Mannsfeldischen Stipendien habenden Gerechtsamen nicht nachtheilig seyn und künftig die Supplicanten darum jedesmal an Euch gewiesen werden sollen.

Uebrigens erfordert es aber die Nothwendigkeit, daß Ihr dann immer bey Uns als Oberaufsicht Anzeige von der geschehenen Assignation dieser Stipendien machet."

Nicht verwundern wird es, wenn ferner mitgetheilt wird, daß zu all den Kürzungen und Schmälerungen der Stiftung, wie solche seither angegeben, neue kommen sollten. Aus einem Reskript des Herzogl. Consistoriums vom 18. Februar 1833 geht nämlich hervor, daß anstatt 80 Mfl. nur noch 64 Mfl. an die Stipendiaten gezahlt wurden, indem der Zinsfuß aller städtischen Schulden, wozu auch der Mansfeldische Stipendienfonds*) gehöre, von 5 auf 4% herabgesetzt sei. Das H. Consistorium „versieht sich (nach dem erwähnten Reskripte) bei dem jetzt bessern Stand der Stadtkasse zum Magistrate, daß derselbe keinen Anstand nehmen werde, die stiftungsmäßigen 5% Zinsen in die Stipendien-Casse zahlen zu lassen."

Der Magistrat kam aber damit bei dem „Gemeindevorsteher-Collegium" nicht gut an. Dasselbe faßte in seiner Sitzung vom 12. März 1833 den Beschluß: „Der in dem Reskripte ausgesprochene Wunsch des Consistoriums gründet sich auf einen von der hiesigen Ephorie erstatteten unrichtigen Vortrag, indem vorausgesetzt wird, daß sich die Stadtkasse jetzt in einem besseren Zustande befinde. Dies ist nicht der Fall. Die Stadtkasse befindet sich jetzt kein Haarbreit besser, als zeither. Es ist solches auch nicht möglich, wenn man bedenkt, wieviel ihr der Bau der neuen Töchterschule gekostet hat und daß dazu weder Auflagen angelegt noch Schulden gemacht sind. Wir können

*) Ein solcher war offenbar gar nicht vorhanden.

daher schlechterdings jene Stiftungskapitalien nicht höher als andere verzinsen lassen. Indeß sind wir bereit, statt 4°₀ Zinsen etwas mehr und jedesmal freiwillig und ohne Schuldigkeit zu geben, wenn die Stipendien hiesige Stadtkinder erhalten. Hierbei müssen wir auch noch den Wunsch aussprechen, daß sich die Herzogl. Ephorie nicht mehr um uns und unsere Stadtkasse bekümmere."

Das Herzogl. Consistorium ließ sich aber selbstverständlich hiermit nicht abweisen, denn es eröffnete dem Magistrat unter dem 16. März 1833, daß weder die Weigerung des Gemeindevorsteher-Collegiums, das 5te procent zu entrichten, als zulässig erkannt noch das Erbieten, etwas mehr als 4°₀ freiwillig „unter der der Stiftung völlig entgegenstehenden Bedingung" zu zahlen angenommen werden könne, da nicht nur 1539 der Magistrat beim Kauf des zum Kloster gehörigen Vorwerks in Graba, sondern auch 1680 beim Verkauf des Vorwerks an Herzog Johann Ernst die Bezahlung der Zinsgelder an die Studirenden (?) mit 80 fl. Meißn. ausdrücklich übernommen habe, daher auch das Consistorium erwarte, es werde der Nothwendigkeit überhoben werden, die Ansprüche des Stipendien-Kastens auf dem Rechtswege zu verfolgen.

Darauf erkannte das Gemeindevorsteher-Collegium am 2. April 1833 die Verbindlichkeit, das Stipendium mit 5°₀ zu verzinsen, „unter den vorliegenden Umständen" an, wurde aber bald wieder anderen Sinnes.

Am 15. Oktober 1834 berichtete nämlich der Magistrat, daß im Jahre 1680 der Stadtrath dem Herzog Johann Ernst das Vorwerk Graba gegen Ueberlassung der hohen und niederen Gerichte käuflich mit der Verpflichtung abgetreten habe, daß die Stadt die fragl. 300 Mfl. Zinsgelder fortzuentrichten habe. Es habe seitdem die Stadt diese Gerichtsbarkeit durch ihre eigenen städtischen Beamten verwalten lassen. Durch das Edikt vom 21. Januar 1829 Num. 4 sei der Stadt die käuflich erworbene Gerichtsbarkeit einseitig entzogen, das Vorwerk Graba aber nebst Zubehörungen nicht zurückgegeben worden. Es sei daher der Gemeinderat der Ansicht, daß die Stadt nicht mehr verbunden sei, fragliche 300 Mfl., unter denen auch 80 Mfl. Mansfeldische Stipendien befindlich, auszuzahlen, weshalb der Beschluß gefaßt worden sei, die Auszahlung der 300 Mfl. zu verweigern und der Erhebung rechtlicher Klage entgegenzusehen.

Hier, wo es sich um Verweigerung der Zahlung handelt, kommt zum ersten Male wieder der volle Betrag von 300 Mfl. vor. Die 80 fl. Stipendiengelder werden als Teil derselben benannt, während thatsächlich seither an Zahlung der vollen 300 Mfl. Niemand gedacht hatte.

Das Consistorium bezeichnete den erwähnten Beschluß unter dem 1. April 1835 als „ebenso befremdend wie unstatthaft", erachtete ihn aber zugleich als thatsächlich zurückgenommen, da der Magistrat unter dem 26. Oktober 1834

Anzeige von inzwischen stattgehabten Verleihungen des Stipendiums gemacht hatte.

Zu erwähnen ist noch ein Restript vom 21. März 1839, worin es heißt,
daß nach den vorhandenen älteren Akten das Mansfeldische Stipendium zunächst für Bürgerskinder in Saalfeld, sodann für Kinder von Einwohnern der
Stiftsortschaften und endlich für Kinder der Einwohner der Amtsorte bestimmt sei.

Dies kann als zutreffend nicht bezeichnet werden. Denn abgesehen von
den Stiftungsurkunden vom Jahre 1530 und 1539, in denen von Stipendien
überhaupt nicht die Rede ist, kommt urkundlich nur das Abkommen vom
15. September 1674 in Frage, wonach der noch vorhandene Rest der Stiftungsgelder dergestalt im Abwurfe vertheilt werden sollte, daß 10 fl. dem
Schulmeister in Graba, 15 fl. der Armut in den Stiftsdorfschaften bezw.
später dem Alumneum zufallen und 100 fl. bei dem Gotteskasten in Saalfeld
verbleiben sollten. Von diesen letzteren 100 fl. sollten wiederum 25 fl. der
Almosenkasse zu Gute kommen, 25 fl. dem Conrector „zu allen künftigen
Zeiten" gewährt und 50 fl. zu Stipendien verwendet werden. An diesen
50 fl. Stipendien endlich sollten die Stadtkinder mit 30 fl., die Landkinder
mit 20 fl. partizipiren. Letzteres Stipendium wurde, wie beiläufig erwähnt
werden soll, auch das „Grabaische" oder (seitdem durch den Verfasser der Saalfeldischen Chronik, Kirchenrath Chr. Wagner in Graba, die falsche Bezeichnung
„Stift Graba" für „Graba" ausgebracht worden war) „Stift Grabaische
Stipendium" genannt.

Freilich hat man sich, wie bereits hervorgehoben ist, nicht lange an dies
Uebereinkommen gebunden und so ist dasselbe bald in Vergessenheit gekommen.

Gegenwärtig beträgt der Capitalstock 3960 M. und der Abwurf 158,4 M.,
während, wenn man die zur Ablösung gekommenen 10 fl. für den Schulmeister
in Graba und die dem Alumneum zugefallenen 15 fl. auf das Zweibler'sche
Stipendium verrechnet, eigentlich 6000 Mfl. = 16 200 M.*) vorhanden sein
müßten. Der noch vorhandene Capitalstock ist übrigens meines Wissens erst
im vorigen Jahrzehnt bei Aufnahme der städischen Anleihe aus dem Invaliden-
fonds wiedergeschafft worden.

*) Der Meißnische Gulden   21 ggr. à 4½ kr. — 1 fl. 34½ kr. rheinisch.

Graf Albrecht zu Mansfeld, als Inhaber des Stifts Saalfeld,
überläßt dem dortigen Stadtrath von den jährlichen Einkünften
des Stifts 300 Gulden zum Unterhalt der Armen in der Stadt
und auf dem Lande.

(Aus Joh. Adolph v. Schultes, Urkundenbuch zur Sachsen-Coburg-Saalfeldischen Landesgeschichte, Zweiter Abtheilung. Coburg, 1820, Seite 117—120).

Wir Albrecht Graf vnnd Herr zu Mansfeld gegen menniglich, so dieser
vnser Brief furkompt den sehenn Horenn aber lesenn, Bekennen vnd thunn
kunt, Als vnnd nachdem weylannt der Erwirbige Herr Georg etwann apt
zu Saluelt solcher gebedchtnus sampt dem gantzen Conuent bemelts stiefts
mit Zeitlichem Furgehabtem Rath vnd gutter Furbetrachtung, vnns den stieft
Saluelt mit aller seiner Jerechtigkeit, eynn vnd Zugehörung, aus dem das sie
Jnn vergangener entporung durch die aufrurischenn paweren daraus vertrieben
vnnd das solcher stieft bernnaß zerissen, verterbt vnnd verwustet, Auch Juen
all Jr vorratt vnnd sonst alles anders genohmenn, daburch sie nach wider-
erlangung besselbenn stiefts verinnennnt, das Jnenn vnmuglich solchs bermaßenn
sie Röm. Kays. Maj. vnnsers allergnedigstenn Herrnn vnd dem Hayligenn
Reich auch benn andern Jren fursten Jr geburliche pflicht vnnd binst barann
thuen mochtenn, auszurichtenn vnd zuerhaltenn, furnehmlich auch der vrsachenn,
das sie aus dem Hayligenn Evangelio, welchs vnns gott der Almechtigt
ipunt zu dieser letztenn zeitt aus sonnbern genadenn wiberumb clar vnd hell
an benn tagt gegebenn, so viel berichtet, das solch Jr Closter lebenn vnd
wesenn, Jn welchs sie durch verfurliche Menschen irre gefuret, vncristlich, ver-
bamblich vnd offentlich wider gott vnnd sein Hayliges wort were, vnnd das
gott durch solchenn Jrrigen falschen vnnd selbest ertichtenn gottes Dinst mehr
zu Zorn beweget dann verföret wurde, in ainmutiger Versamblung bis vf
Hochgebedachter kays. Maj. Ratificationn vnnd bestetigung aygenthumlich vnnd
Erblich vbergebenn vnd Zugestellet, vnns auch mit den lehenn an Jre Maj.,
souil der vonn Jrer Maj. vnnd benn Hayligenn Reich zu lehenn ruret, vnns
geweist haben, Wie dan Jre brief, so sie vnter Jrer ebten vnd Conuents
Jnsigelnn vnns barüber gegebenn, solchs alles clerlich vnnd weitter ausbrucken.
Wiewol aber Hochgebedachte kays. Maj. vnnser aller genedigster Herr zuuor
vnnd eher wir bey Jrer Maj. vmb die Ratificationn vnnd bestettigung solcher

geschehener Donation vnd vbergabung ansuchung gethann aber die erlanget, Denn hochwirdigen Fursten Herrn Baltzarn bischovenn zu Walten vnnd postulirtenn zu Hildenshaym, Coadjutorn des Stifts Constanz, Jrer Maj. vice Canzlern, Oratoren, General vnd Commißarien im heiligen Reiche, vnsern liben Herrn vnd Freündt, mit obgedachten Stift sampt aller Oberkeit, Lehnschaft, ehren vnd Gerechtigkeit, so vil Jrer Maj. vnd dem heiligen R. Reiche daran zuständig vnd zu Lehen ruret, aus sundern Gnaden begabet vnd belohnet, daburch wir dann dazumal aus Jrer Maj. Bevehl denselben Stift abgetreten vnd widerumb verlaßen, so hat sich doch durch schickung Gottes zugetragen, das wir vns mit obgedachten vnsern Freünd den Bischoff zu Malthon, vf gnebige Vnterhandlung des hochwürdigsten durchl. hochgebornen Fürsten vnd Herrn Herrn Albrechts, der Röm. Kirchen des Titel Sancti Petri ad vincula Priester, Cardinals, zu Magdeburg vnd Mainz Erzbischoff ꝛc., vmb denielbigen Stift vereiniget vnd vertragen haben laßen, dergestalt vnd also, das mit Bewilligung vnd Nachlaßung hochgedachter Röm. kayserl. Maj. denselben Stift Saluelb dem wohlgebornen vnsern lieben Sone Casparn, vnd allen seinen Brubern, mit aller Nutzung, einkommen vnd Gerechtigkeit zugestellt, eingerümbt vnd Inhalts der Brieb, so berhalben vollzogen vnd vns, anstatt vnsers Sones, vnter seinen Insigel vnd Handschrift zugestellet sint.

Nachdem wir denn bey vns bewogen, daß solche vnd dergleichen Güter von den Stiftern vnzweislich keiner andern Meinung, denn zu den rechten warhaftigen Gotsdinst gegeben vnd gestiftet sint ꝛc. Derohalben, damit die Intention vnd Meinung der ersten stifter erfüllet vnd rectificiret werde, haben wir solches alles zu Gemüthe gezogen vnnd biewehl vnzwehslich in der Stat Saluelt, auch in denn Dorffernn vnnd orten, dem Stieft alhir zu Saluelt zustenndig, viel borftiger Hawsarmer vnd notlehbender menschenn sein, bie zu Jrer vnnd Jrer kinder vnnd verwantenn lehblichenn Hinbringung vnnd vnterhaltung aus not gebrungen, offentlich vf denn gassenn vnnd straßenn zu bettelnn vnnd das Almosenn zu haischenn, welchs dann vnnserm Christlichenn glaubenn, daß also vnter vnns Christen offentlich gebuldet vnd zugesehen werden soll, das bie, so mit vnns in aynem glauben vnnd ayner Christlichenn gemainschaft versamlet, vnns mit allenn Dingenn sur got gleich vnnd von Christo so kosparlich vnnd tewer als wir Erkauft, darumb sie ban auch neben vns gleiche geliber vnd miterbenn Christi senn, Not, armutt, Hunger vnnd komer leiden vnd offenntlich vf den gassenn vnnd in den heußern verschmachtenn sollen, nicht wenigt verletzlich, ergerlich vnd schimpflich ist, auch nichts schambloses vnter den Cristen magk befunden werdenn, aus Cristlicher gutter vnd trewer Wolmaynung Gott dem almechtigen zu lobe vnnd den Armen zu nutz vnd Vnterhaltung vnnd domit das offentlich betteln abgestellet, vonn den Jerlichenn Renten vnd Einkomen des Stiefts Saluelt den Ersamen, weysen, vnfern lieben befonbernn, Burgermciftern vnb Rath ber ftat Saluelt vnb allen Jren nachkomen am Rath treihundert Gulben, nemlich vf Jber quartal funf vnb fiebenzig fl., in ben gemaynen kaften verorbent, geeignet vnnb gegebenn, verorbnen, aigenn vnb geben Jnen bie hirmit vnb in Craft bes Briefs, Nemlich bergeftalt vnb alfo, es fol ber Rath folche breihunbert Gulben zu vnterhaltung ber armen vnb borftigen, fo got in ber Stat Sal- uelt, vf bem alten Margk vnnb funft in allenn borffernn, bem ftieft bofelbft zuftenbigt,*) gebenn vnnb verlehheun werben, vnb funft nie borthin auszugebenn vnnb zu gebrauchenn verfchaffenn**), vnnb fonberlich barauf fehen, biewehl fich etwo viel auswerbiger perfonen vnnterftanbenn habenn, bas Almofenn ohne Rechte not vnnb ehehaft zu nehmenn, Ire Hantarbeit zu verlaffenn vnnb allayn bes Bettels zu behelfenn, auch folche eingenohmene Almofenn mit muffig gehenn vnb anberer Leichtferikeit zu verzeheren, barburch ban ben armenn burftigenn Perfonenn vnb Hawsarmenn, bie fich fampt Jren kinbernn mit Ehren gern hinbracht hetten, Jre narung entzogenn, bas brot vonn bem maul abgefchnitten vnnb ben vnwirbigenn geraicht ift, bas folche Almofen nicht follen auswerbigen Betlern ober funft Leichtfertigenn perfonenn, Sonbern allaynn ben Hawsarmenn bekantenn vnnb borftigenn, bie fich funften bas Almofen zu fuchen fchemen, vnnb aynes erbarn wefens vnb wanbels fehnn, fo uil muglich geraicht vnnb aufgetailet werbenn, vnnb folche brehhunbert gulben follenn Jerlich halb, als hunbert vnnb funfzig gulben, ben armen in ber ftat Saluelt, vnnb bie anbere helft, als hunbert funfzig gulben, benn armen vfm altenn margk vnb in ben Dorfferun, bem ftieft bofelbeft zuftenbigt, obberurter maffenn ausgegebenn werbenn. Es foll auch allwegenn aynn Rath ber Stat Saluelt vnns vnb, fo wir nimmer am lebenn, volgennt vnfern Erben vnnb nachkomen, wie folche brehhunbert gulben burch bie verorbennten Furfteher ober Kaftenmaifter von aynem quartal zum anbernn vnnter bie armen ausge- tailt habenn, erbarn anzaige thuen; wes alsbann wir ober vnnfere nach- komen in berfelbigen mangel befinbenn wurbenn, fol folchem mit vnterhaltung ber armen gebrauch volche gelobet werben. Zu welcher Zeitt aber folche gabe nit zu vnnterhaltung ber armenn, als bes Rechten gottesbinft, fonnber in anbere wege gebraucht, fo behaltenn wir vnns, für vnns, vnfern erben vnnb nachkomen bevor, folche Zins, bis fo lanng biefelbenn in craft vnnfer Do- nationn mit vnnferu, vnnferer erbenn vnnb nachkomen bewuft zu bem Rechtenn gottesbinft, Als zu vnnterhaltung ber armen burftigenn gebraucht vnnb aus-

*) Hier fehlt offenbar etwas in bem Sinne von „werben läßt".
**) Die Stelle von „gebenn" bis „verfchaffenn" ift bei Schultes offenbar fehlerhaft gebruckt. Leiber konnte bie Urfchrift nicht verglichen werben.

getailt, zu raichen nicht verpflicht sein. Forder ist abgerebt, das wir so oft, als vnns, vnnsern nachsomenn gesellig, gelibet oder gelegenn sein will, wie es mit denn Armen gehaltenn werde, befraguug zu thuenn, dasselbig zu er= kunden, ann Erbar Rath zu Jder Zeitt kayne verhinderung, sundern gut= willige Foderung dartzu ertzaigenn, sollenn vnd wollen; zu welcher Zeitt aber wir oder vnsere nachkommenn das stieft Saluelt nach dem Willenn gottes nicht erhaltenn werdenn, sunderun desselbenn durch gewaltsam oder Rechtlich Furnehmenn, wie die nahmen haben mochten, abtrettenn mustenn, In dem fahl so Wir oder vnnsere erbenn des stiefts abtrettenn oder sunst in manglung stunden, so sol in dem fahl vnns, vnsern erben vnd nachkomen solche milde gabe alsdann, dergleichen auch aynn Erbarnn Rath ir gegebenn Revers nichtes bindenn sondern aufgehoben sein, gesehrde vnnd argelist hirinne gentzlich ausgeschlossenn, vnnd des alles zu stetter Haltung vnnd Warem bekenntnus haben Wir vnnser Jnsigil vnten an diesen brief Wissenntlich henngen lassen. Der gegebenn ist nach Cristi vnsers lieben Herrnn geburt Im Funftzehenn= hundert vnnd dreissigsten Jharenn am Sonntag Palmarum.

Anlage 2.
(v. Schultes a. a. O., Seite 129 und 130.)

Von Gottes Gnaden wir Johanns Friederich, deß heiligen Römischen Reichs Erz Marschalch vnd Churfürst ꝛc. Johann, Gebrüder, Herzogen zu Sachsen ꝛc. Bekennen vor vnß vnd vnsere Erben, vnd thuen Kund gegen männlich: Nachdeme vnd also die heilwertige erscheinung der Reinen Lehre deß Heiligen Evangelii vnd Gottes Worttes, Welches viel hundert Jhar, durch allerley vnrechten Mißverstand verdunkelt gewesen, das Closterwesen ꝛc. gefallen, Also daß etwann derhalben der Ehrwürdige Herr Georg, deß letztern Abt vnßers Closters Saalfeld, samt seinen Convents-Brüdern, gegen einer Jährlichen pension, berührt Closter mit allen seinen zugehörungen, durch Gnädige Bewilligung vnd Zulasung Weyland deß Hochgebohrenen Fürsten, Herrn Johannßen, Herzogen zu Sachsen ꝛc. Churfürsten, vnßers Gnädigen Lieben Herrn vnd Vatern, alß deß Landeß Fürsten, Patronen vnd Abvocaten, dem wohlgebohrenen vnßern Rath vnd lieben Getreüen, Alberechten, Graffen vnd Herr zu Mannßfeld, uf einen Vertrag, so sie derentwegen mit einander getroffen vnd aufgerichtet, freywillig vbergeben vnd aufgelassen ꝛc. ꝛc. derhalben, vnd damit gemelte Abtey mit ihren zugehörigen Gülthern vnd Gerechtigkeiten mit der Zeit nicht von Lande in fremde Hände gezogen werden möchte, hat obgedachter vnßer Herr Vater seell. dieselbigen durch einen Vertrag von Graff Albrecht wieder an sich gebracht vnd sich verschrieben, genanten Grafen dreyßig Tausent Gülden dargegen zu entrichten, Welche wir, Herzog Johanns Friederich, Churfürst, nach seiner Lieb absterben genanten Grafen mit der abtretung vnßers Ambts Alstedt Anno Tausend Fünf Hundert vnd in Zwey vnd Dreyßichsten, durch unterhandlung der Hochgebohrenen Fürsten, vnßerer Freundlichen Lieben, Oheim Herrn Philipsen, Herzogen zu Braunschweig vnd Herr Wolfgangen, Fürsten zu Anhald ꝛc. vnd Hannsen von Minkwiz, Ritters seligen, an der Zeit vnsers Hoffmeisters, vergnügt, vnd obergemelter Graff Albrecht zu Mannßfeldt zuvorn vnd die Weil die Abtey noch in seiner Hand gewest, dem gemeinen Casten vnser Stadt Saalfeldt vnd der Kirchen daselbst ewiglichen vnd erblichen Dreyhundert Gülden Landes Wehrung Jährlich davon zu richten, sich verschrieben, die wir dem Gemeinen Casten vnd Kirchen daselbst dem Allmächtigen zu Lobe, vnd zu erhaltung Ihrer Kirchendiner vnd also zu einen Nothwendigen vnd rechten milden Werk, Jährlichen vnd ewiglich folgen zu lassen in berührter Handlung auch gewilligt, vnd auf daß nun solche dreyhundert Gülden beregter Kirchen vor vnß vnd vnßere Erben vnd Nachkommen beständiglich verweist vnd sie derselben vnwiderruflich vnd ewiglichen versichert werden, auch vnßere

Bürgerschaft daselbst, so in vergangenen Jahre durch Feuer wirkliche Schaden erlitten vnd in verarmung kommen ist, zu ihren gedeyen vnd vfnehmen wiederum zu Ackere, Wiesen vnd liegenden Gründen kommen mögen, so haben wir vnß mit dem Rathe zu Saalfeld der Güter halber, so vormahls zu obgemeltes Closter Forwergk Grabe gehört haben, eines Erblichen, ewigen, vnwiederruflichen Kaufs für Sechs Tausend Gülden Reinisch Hauptsumma vereiniget vnd verglichen, vereinigen vnd vergleichen hiermit vnd verkauffen Ihnen solche Güter vor berichte summa in Kraft dießes Briefs dergestalbt, daß gedachter Rath und Gemeinde vnßerer Stadt Bürgerschaft zu Saalfeldt berührte Aecker und Wiesen hinfürter alß ihr eigen Erbgut inne haben, besitzen, genisen vnd gebrauchen solen vnd mogen, dagegen vnd davon sollen sie Jährlichen Drey Hundert Gülden ewiges Zinßes in den Gemeinen Casten bey Ihnen zu Saalfeldt biß zu Ablösung gemelter Hauptsumme reichen und geben vnd also damit die Drey Hundert Gülden, Welche wir bißher auß vnsern Ambt Saalfeldt in den Gemeinen Casten selbst Jährlich haben geben laßen, hinfürber gänzlich erledigen rc. So haben wir auch genanten Rath zu Saalfeldt die gebeüde viel genanntes Forwergks Grabe mit demselben umbfange auß Gnaden in obberürten Kauf gnädiglich geschlagen vnd kommen laßen, dergestalbt daß sie brauß zum forderlichsten ein Gemein Spital vor Arme, Schwache, gebrechliche, vnvermögende Leüte machen vnd das vorige Spitall zur Nutzung deß Gemeinen Castens außthuen sollen; Doch haben wir vnß vnd vnßern Erben, auch vnßern Ambt Saalfeldt uf vnd von obgemelten Aeckern vnd Wiesen, auch dem Spital, so auß des Forwergks Gebäuden gemacht würdet, Lehengelbt, alß von 15 fl. Einen Gulben zu geben, darzu wir die Folge, Gerichte, Obrigkeit vnd Bottmäßigkeit für vns behalten rc. Daß zu Uhrkund vnd mit vnßeren deß Churfürsten hier angehangenen Insiegel, des wir, Herzog Johanns Ernst, mit gebrauchen, wissendlich besiegeln vnd geben aufm Schneeberge Mittewochen nach Michaelis nach Christi vnßers lieben Herrn vnd seeligmachers Geburth, Tausend Fünf-Hundert vnd in den Neun und Dreyßichsten Jahr.

Anlage 3.

Copia Von der gefundenen Nachricht.

Unsere freundliche Tienste und günstigen Willen zuvor, Ehrwürdiger und Wohlgelahrter, auch Erbare und Weise, besonders günstiger und gute Freunde und Gönner.

Ihr habt Euch zu erinnern, was der Mannsfeldischen Stiftung halber zwischen Euch dem Rathe zu Saalfeld und denen Stiftsdorffschafften unter-schieblich fürgegangen, und wie in dem am 28. Octobris Vorigen Jahres ge-haltenen Termine einige Fürschläge geschehen, darauff auch von Euch, dem Rathe, in einem und andern Behörige Erklärung erfolget. Nachdeme denn nun des quanti halber, so die Dorffschafften an besagter Mannsfeldischen Stiftung participiren sollen, eine fast geringe discrepanz, gleichwohl aber an Richtigkeit der Sache Viel gelegen: So laßen wir gestalten Umständen nach, Bey euren des Raths gethanen Erklärung insoweit bewenden, daß mehr besagte Stiftische Dorffschafften bey der nächsten seither dem gehaltenen Termine sich zutragenden Verledigung eines Stipendii, 25 fl. jährl. zu gewarten haben, davon benn 10 fl. dem Schulmeister zu Graba gereicht, hingegen der Gottes-Kasten daselbst mit der bisher bewilligten Zulage Verschonet, die übrigen 15 fl. aber mit Vorbewust des Ambts und ieden ortsPfarrers, der Stiftung gemäs, unter das Armuth der Stiftischen Dorffschafften vortheilet werden solle, iedoch daß dessen Helffte des Vorigen Schulmeisters, Johann Rembdens hinterlaßene Wittibe*) so lange Sie lebet, als eine Ergötzlichkeit wegen ihres Mannes, um dieser zurückgebliebenen Einkunfft willen, gehabten großen Einbuße, zu ge-nießen, inzwischen bis zu ihren erfolgenden Todesfall, nur die Helffte obge-dachter 15 fl. zu dem Armuthsbesten zu gebrauchen. Und weil dann diesem nach Einhundert Gülden bey dem Gottes Kasten zu Saalfeld befindlich, sollen hiervon 25 fl. bey der Allmosen-Casso verbleiben. So laßen wir auch

---

*) Johann Rembde starb am 26. März 1671 zu Graba, nachdem er ein Alter von 86 Jahren und 29 Wochen erreicht und 65 Jahre Schulmeister gewesen war. Er hatte sich, nachdem im November 1651 seine erste Gattin Dorothea, geb. Friedrich aus Saalfeld, gestorben, am 23. November 1652 im Alter von 68 Jahren mit Jungfrau Marie Rostin aus Hütten verheirathet, welche damals 24 Jahre zählte und ihrem Gatten noch zwei Töchter gebar. Sie ist jedenfalls mit der oben genannten Wittibe ge-meint. (Mitgetheilt von Professor Koch in Meiningen.)

geschehen, daß 25 fl. dem Conrectori zu allen Künfftigen Zeiten gerechnet und dargegen die von Euch, dem Rath, verwilligte 20 fl. Zulage wiederum zurückfallen möge.

Die übrigen 50 fl. aber sind an Stipendia dergestalt anzulegen, daß 30 fl. auf Stadt-Kinder und die übrigen 20 fl. denen Studirenden LandesKindern des Ambts Saalfeld zum Besten angewendet und Von Euch, dem Stadt Rath conferiret, auch imfall keine Land Kinder vorhanden, solche an die Stadt Kinder gewendet werden sollen. Und weil denn auf solche Maße die bis-herigen dieser Stifftung halber entstandenen Mißhelligkeiten gäntzlich hin-geleget; Alß begehren anstatt des durchlauchtigsten Fürsten und Herrn 2c. Unsers gnädigsten Herrn, Wir hiermit, Ihr wollet Euch allerseits darnach achten, auch Ihr, die Beamten, diese Unsere resolution und Meynung denen Dorffschafften oder wer sonst neben ihnen darbey interessiret seyn mag, er-öffnen. Daran 2c. Und 2c. Datum Altenburg, den 15. Septembris 1674.

F. S. Verordnete Praesident und Assessores des Consistorii das.

Hanß Dietrich von Schönberg.

———————

IV.

Die Keltzischen Stiftungen.

Verein für Meiningische Geschichte
und Landeskunde. Heft 3.

5

A.

Das Original des Keltzischen Testaments befindet sich im städtischen Archiv und gehört zu den besterhaltenen städtischen Urkunden. Lediglich auf dem Umschlage, der den Eröffnungs-Vormerk enthält, sind einige Worte verwischt und unlesbar geworden. Das Testament selbst ist in sauberer, deutlicher, schöner Handschrift geschrieben und mit den in Wachs abgedrückten Petschaften des Testators, Notars, der Testaments-Zeugen und der Stadt noch heute versehen.

Ueber die Persönlichkeit des Kelz, auch Kelz, Kelcz, Kölz geschrieben, wird auf Wagner-Grobes Chronik S. 352 verwiesen.

Das beste Lebensbild gibt indeß das Testament selbst.

Der Umschlag desselben trägt die Aufschrift, soweit dieselbe noch lesbar, wie folgt:

IACOB KELCZEN TESTAMENT
d. d. 17. Januarii 1555.

Das dieses des weiland Erbaren und wolgeachten Herrn Jakob Kelzen Bürgermeisters in Got seligen Testament auf der E . . . . . und Ge-strengen Erbaren Namhafftigen und weißen . . . . . Herrn Bürgermeisters seligen hinterlassenen Wittben, Kinder und Erben Verordneten und ehelichen Vormunden, auch derselben selbst ansuchen Unnd bitten heute Freitags nach Chiliani den Zehenden tagk Julij Anno domini 1556 durch Uns Bürgermeister Und Rathmanns alhier zu Salfeld eröffned, verlesen und dan Volgend den . . .
. . . theilt davon abschrifft zu geben zugesaget worden, deshalb Wir ehege-melter Rath, zu glaubwürdiger Urkunde Unser kleines Stadt signum neben der hirinnen benannten Testamentarien gebräuchlichen petschafft hierunden an dieß testament heugen lassen.

Actum Anno ut supra.

5*

Das Testament*) lautet:

In dem Namen des Herren amen, Sey hiermit zu wüſſen allermänniglich, das als man zelte, nach der geburt Unseres lieben Herren und Heylandes Jesu Christi Tausent, fünffhundert, fünffundfünffzigt Jar, der dreizehenden Römer Zins Zall, (Indiction) zu Latein genant**), Kayſerthumbs Und Herſchung des allerdurchlauchtigsten Und Großmächtigsten fürsten und Herren, Herrn Caroli, dieses Namens des fünfften, erwellten Uunnd gekrönten Römischen Kayſers, zu allen Zeitten ein merer des Reichs, zu Hunngarn, Dalmacien, Croacien Königl, Erz Herzogen zu Oesterreich, Herzogen zu Burgundt Und Brabandt, Graffen zu Habspurgl, Flandern Und Thyroll, Unsers aller gene-bigsten Herren, Seiner kaiserlichen maiestat, deßselben Römischen Reichs regirung Im Sechsundbreiſſigsten Jarr, Donnerstags nach Marcelli, welches do war der Sibenzehende Tagk des monats Januarij, zwischen Siben und acht hora ungeverlich Vormittags oder nahen dabei, hat der Erbare Uunnd wolgeachte Her Jakob kelz, Bürgermaiſter alhier zu Salfeld, Mich hierunden zu ende benantten, offenbaren Notarium zu Sich in seiner Behausung in der Blanken-berger Gaſſen, zwiſchen der auch Erbaren Georg Pfalers Uunnd Heinzen Oß-waldes Behauſungen gelegen***) in das ober kleines Stublein kegen der Gaſſen durch seinen Diener Nikolaum Mönnich erfordern laſſen, Uund als ich dahin kommen, Hat genanter Her Bürgermeiſter, als der Zeit vermögendes Leibes zu kirchen und ſtraſſen zu gehenn, auch guther Vernunfft, Sinn und wutzs habhafftigk, Mir ehegedachten Notario Vermeldet Uunnd angezeigt, Wie das er aus Verleihung Gottlicher Gnaden zu Herzen gefurth, hoch bewogen und be-tracht, Wie das alle menſchen ſterblich, Uunnd gleich den Blumen des Feldes Vergenglich, Also, das nichts gewiſſers dan der zeitlich Todt, Nichts Ungewiſſers aber dann die Stunde deſſelben, Uunnd in welcher Gott der Allmächtige einen ieden Menſchen aus dieſer argenn welbt zu seinen gnaden Uunnd ſeligen ruhe fordernn wolle. Wie Sich dann offtmals zu trüge, das der Menſch plötzlich

---

*) Von den gemeinnützigen Stiftungen handeln zwar bloß die Artikel 4—10 des Testaments. Bei der Bedeutung, die der Stifter für Saalfeld hat, erscheint es indeß sicher gerechtfertigt, das Testament ganz zum Abdruck zu bringen.

**) In den Zeiten, wo noch verschiedene Jahrzählweiſen im Gange waren, gab man zur Hebung von Zweifeln bei wichtigen Datirungen außer der Stelle, welche ein Jahr im (28jährigen) Sonnen- und im (19jährigen) Mondzirkel einnahm, vielfach auch die Stellung des Jahres im Indictions-Cirkel an. So nannte man nämlich die 15jährige Periode, nach deren Ablauf die Römer ihre Steuerunterlagen revidirten, weshalb die Stellenzahl eines Jahres in dieſem Cirkel auch Römer Zinszahl genannt wurde. Hierüber und über das Verhältnis des „Indictions-Cirkels" zur ſogenannten Julianiſchen Periode und die Berechnungsweiſe vergl. Fleiſchbauer, Kalender-Compendium der chriſtlichen Zeitrechnungs-weiſe (Gotha, bei Perthes, 1884) S. 12 und 240 ff.

***) Das jetzige Richard krochſche Haus ſoll das obige Kelziſche Wohnhaus geweſen ſein.

Unnd Unversehens dermassen mit Leibes schwachheit Unnd schmertzen Vberfils, das er nicht allein der zeitlichten güther kein gedechtnuß habenn, Sundern auch derwegen keine Verschaffung thun kondt, deme dan Vilmals Volgete, das nach dem thodes Fall zwischenn den Erben der hinderbleibenden Güther halben Zanck, widerwillenn Unnd andere Unrichtigkeit zu endstehen pflegt, wie dan solches die erfahrung zeugete, Dasselbe aber bey den seinen, So vill müglich Unnd durch Götliche Verleihung geschehen mochte, zu Vorkommen, Unnd damit auch er, So Vonn Gott dem Allmächtigenn mit zeitlichen güthernn Reichlich begnadet, Unnd doch nichts minder dan andere Menschen sterblich, nicht ohne Testament Unnd Verordnung seines letztenn willens, sein Leben enden Unnd aus diesem Jammerthall scheyden möchte, So hatt er in solchr Betrachtung, aus freiem guthenn willenn, Ungenött, Unnd Ungezwungen Ihme fürgesezt Unnd genzlich beschlossenn Sein Testament, geschefft, ordnung, Erbliche teillung unnd letztenn willenn zu machen und auffzurichtenn, Mich auch berowegen damals meines tragenden Notariatambts erinnert, angeruffen Unnd gebethen, Ihm dasselbe darinnen zu administriren, Und dieweill er nicht schreiben noch lesen kondt, berufen, sein Testament, geschefft, ordnung, erbliche teillung Unnd letzten willen, welches er, wie unterschiedlich hiernach volget, in der aller besten und beständigsten weise, form uund mase, als es nach kayserlichen, Gemeinen, beschriebenen unnd lanbläufftigen Sechsischen rechtenn, auch sonsten nach gewonheit eines ydenn Gerichts, am beständigsten unnd kräfftigsten thun sollte, kondte oder möchte, gemacht, gesezt unnd geordnet haben wollte, aus seinem munde eigentlich unnd fleissig zu schreybenn, zu instrumentirenn, und dessen, neben anderen Siebenn gezeugen, So er nach Beschliessung desselben zu erfordern unnd zu beruffenn willens, ein treuer Zeuge zu sein: das ich ihm aus schuldiger pflicht Solches meines tragenden Notariat Ambts nicht abzuschlahenn gewust, Demnach und darauff machts und Sagts der obgenante Her Burgermeister Jacob Kelz, beruft sein Testament, Geschefft, ordnung, erbliche theillung und letztenn willenn, welches ich auch auff angezeigte seine Beruffung Und bitte aus seinem munde geschriebenn, wie von wortten zu wortten volget, Also sagende:

Zum Ersten, wan das stündlein, So mir der Almächtige barmhertzige Gott Unnd Vater aller genaden verordnet hat, in welchem Ich mein zeitlich Leben enden Unnd aus diesem Jammerthall scheyden soll, herbeikumbt, Will Ich meine arme Sehle, durch das Verdinst, bitter leiden, sterben Unnd frohliche aufferstehung seines eingebornenn Sohns, Unsers lieben Herren Unnd Heylandes Jesu Christi, der Sie dadurch aus lautter genaden Unnd Barmhertzigkeit ohne alle mein Verdinst Unnd wirdigkeit, Von Gottes Zorn, Sünden, todt, Teufell Unnd Helle erlöset Unnd Gott dem Vater Versühnet, ewige gerechtigkeit Unnd seligkeit erworben hat, in desselben meines lieben Herren Gottes Hende beuthenn.

Unnd hiermit Verordnet habenn, Wann also die Sehle Bonn dem verweßlichen Leibe in die ewige ruhe der außerwelteun abgeschieden ist, das man als dan denselben meinen todten Leib nach chriftlichen gebrauch zur erden bestadten soll, Albo Ich der Zukunfft Unsers lieben Herren Und Heylandes Jesu Christi Unnd froliche wider aufferstehung in ein neues Unvergengklliches Lebenn mit allenn gleubigen Unnd in Christo entschlaffenen gewartten will, dartzu helffe mir Got Vater Gott Sohnn Gott heiliger Geyst Amen.

Zum andern So vill belanget meine zeitlichen güther, So mir der Almechtige ewige Gott, aus genabenn durch seinen reichenn segen Vorlihenn Unnd gegebenn hat, Will Ich, das der Vertragk, So zur Zeit Uff fürstlicher Durchlauchtigkeit zu Sachsenn, meiner genedigen fürstenn Und Herren, Bevelch, durch einen Erbarnn Rath alhier zu Salfeldt zwuschen mir Unnd meinen erben auffgericht, auch mein itziges liebes ehewemb mit betreffende ist, das Datum Freitags nach Valentini Anno Domini Im Neun Unnd Viertzigsten meldet, welcher dan auch durch gemelten einen Erbarn Rath, als Unsere ordentliche obrigkeit, nach Vleissiger Und nothdürfftiger erwegung Vor gleich Und rechtmessigk erkanth, approbirt, bestetiget Unnd in ihr Handelbuch Verleibet wordenn, Inn allen stücken, punctenn Unnd artickelnn bey krefteun Und wirdenn bleibenn soll, So vill aber denn andern Vertragk, So mit meinenn beiden Töchternn Margarethenn Unnd Barbaren, in Beisein Unnd mit Verwilligung ihrer ehemenner Berlt kalbenn Unnd wolfenn Anherren, zu Blanckenbergk Unnd Schleiß burger, deßgleichenn ihrer Unnd ihrer kinder krigischen (?) Unnd Verordnetenn Vormunden auffgericht, Unnd in eines Erbarnn Raths alhier zu Salfeldt Unmündiger kinder handelbuch Verleibet, das Datum Mitwoch nach dem Suntage Invocavit Anno dni funffzehnhundert Und Vierundfunffzigk meldet, anlangen thut, Will ich, das derselbe auch Unnd nichts minder dan der nechst gemelte bey wirden Unnd kreftenn bleibenn soll, Weill aber gleichwoll sieder desselben auffrichtung der Margarethenn Berlt kalbenn Ehewebes, meiner Tochter kinder eins, So sie mit ihrem forigenn liebenn eheman Georgen hebenstreit seligenn erzeuget, nach deme willen des Allmechtigen Verstorben, So legire Schaffe Unnd will ich, do dieselbe meine tochter Margareth Berlt kalbenn ehewemb meinen tobt erlebenn wirdet, das ihr, Ueber den in berürten Vertragk angezogenenn Unnd ihr Vermachtenn achten teill meiner hinderbliebenenn guther So ihr sonsten Uff ihren anparth hettenn geburen mügen, durch ihrer kinder, do deren zur selben Zeit am leben sein werden, welche dann, Von wegen berürter ihrer mutter prodigalitet, an ihrer stadt, zu den andern Sibenn acht theillenn solcher guther, meine erben sein sollen, Jerlichen weill Sie leben Unnd lenger nicht, funffzigk gulden am gelde Uff zwo fristenn, als iedes halb jar funffundzwanzigk guldenn, sollen gereicht, gegebenn Unnd das erste halb jar, wann sich die Vier wochenn nach meinen tobtlichen abscheidt endenn, zu rechenen angefangen werdenn.

Zum britten, Nachdem meine Kinder unnd ihre erben durch den Vor gemeltenn erften Vertragl So Anno dni Im Neununbvierhigftenn freitags nach Valentini durch einen Erbarn Rath zu Salfeldt auffgerichtet, Ungeachtet, obwoll ihre felige liebe mutter mein foriges ehewenb Unnd Ich an allen Unfern guthern Ueber funffhundert gulden werth nicht zufammenbracht, Mit einen ftabtlichenn Voraus Unnd reichlich Verfehenn, Meinem yhigenn geliebten ehewenbe Barbaren aber, welche mir doch eine guthe Summa ihres eigenen geldes Unnd guthes Zubracht, nicht mehr dan das Steinern haus am marckte So fieder der Baftian Trollern Umb Vier hundert gulden Vorkaufft, zum Voraus Vermacht, Sie aber Sich ben mir in der Haußhaltung, Sunderlich aber auch mit vleiffiger wartt Unnd pflege meines leibes treulich, ehrlich Unnd dermaffenn erheigt, auch hinforder thun foll Unnd will, das Ich ihr darumb billich danckbar, Als thu Ich ihr, Von wegen folcher ihrer mir geleiftenn ehe- lichen treue Und wohlthatenn, hiermit Sechshundert gulden Reinifcher landes- wehrunge, beßgleichen den Garthenn Vor dem Blankenberger Thore, hinder Haus Langen Haufe, So ich von kotfchreuthern erkauft, legiren Verfchaffen Unnd will, das ihr diefelbenn zufambt den Vierhundert gulbenn des Verkaufften Steinern Haufes, So ihr, wie obberürt, zum Voraus Vermacht, Unnd alfo in Summa Ein Taufent gulden Reinifcher landeßwehrung fambt dem nächft gemeltenn Garttenn, ahne menniglichs widerfprechen Irrung oder einhalt, aus meinen guthern gevolgen Unnd Vor aller theillung gereicht werden follenn.

Zum Vierden legire Unnd verfchaffe Ich funffhundert gulden Haubt- Suma Oder funff Und Zwanzigl gulden Jerlichen Zinß in denn Gemeinen kirchenn kaften alhier zu Salfeldt, die follenn zu der kirchenn Und Schulen Diener Befoldung Und fonftenn zu anderer nothdurfft, dem Almechtigen Gott zu ehrenn, angewendet werdenn.

Zum funfften legire Unnd fchaffe Ich Zwen hundert gulden haubt- fuma oder zehen guldenn Jerlichen Zins in den nächft gemelten Gemeinen kaften.

Von denfelbenn zehen guldenn Soll man Jerlichen armen Unvermögenden fchulern zur nothdurfft Unnd furderung ihrer ftudia bucher kauffen. Unnd was man darhu nicht bedarff, die Uebermas von Jarenn zu Jarenn, an anderer Bucher zu auffrichtung einer bibliotheck der Schulenn Unnd denen So darinnen ftudirenn zu guth Unnd befferung wendenn.

Zum Sechften legire Unnd fchaffe Ich ein Taufent gulden Haubtfumma oder funfftzigl gulden Jerlichen Zinß in den reichenn Almofenkaften. Danon foll man Jerlichen fünff armen ehrlichen Und frommen Jungkfrauen, Burgers Tochternn alhier, yber zehen gulden zu ehelicher aufteuer, wan Sie zu ehren greiffen, raichen. Und bo derenn in einem Jar nicht fünffe, Sundern weniger, das andere ober britte Jar nächft barnach aber beren mehr dan fünffe, Sich verehelichen werdenn, Soll das Ihrnige, So das eine Jar erübriget, Uff das andere oder dritte volgende Jar, Unnd so fortahnn, wie das furfallen magk, doch allewege mit Vorwissen Rath Unnd bedenckenn des Herren pharhers Unnd eines Erbarnn Raths alhier zu Salfelt, angezeigter massen, angewendet werdenn.

Jedoch will ich, do Unter meiner Bluth Verwanthenn freundschafft Solche arme erliche Unnd fromme Jungkfrauen alhier zu Salfelt oder anderßwo seinn, Unnd solcher steuer begeren wurdenn, das ihnenn dieselbige als einer Zehenn gulden Vor andern geraicht werden sollenn.

Zum Sibenden Testire Unnd schaffe Ich drei hundert gulbenn Haubt=suma oder fünffzehen gulden Jerlicher Zinß in ehegedachteun Reichen Almosen=kasten, dauon soll man Jerlich auff die drei hohenn fest, Als weyhnachten, Ostern Und Pfingsten Uff ydes funff gulden, mit Vorwissenn Unnd Be=dencken des Herren Pfarhers Unnd eines Erbarnn Raths alhier zu Salfelt hausarmen leuthen außteilenn Unnd in ihre Wohnungen schickenn, dasselbe zu ihrer notturft zu gebrauchen.

Zum Achten legire und schaffe ich in denn nechst gemelten reichen Almosenkasten Ein hundert gulden haubtsuma oder funff gulden Jerlichen Zinß. Vonn denndelben Zins soll man jerlichen durchs Jar aus denn armen leuthenn Im Spitall Unter der Bruckenn Labsall kauffen Unnd außteillenn.

Darüber Sollenn auch meine erbenn, wan Sie nach meinem absterbenn zur teillung meiner hinderbliebenen gutther greiffen wollenn, Noch fünffzigk gulbenn in das gemelte hospitall gebenn, dauor sollenn mit eines Erbarnn Raths alhier Vorwissen Unnd bedenckenn federbett und gewandt Vor dieselben armen leuthe gekaufft werdenn.

Zum Neunden legire Unnd schaffe Ich zwenhundert gulden haubtsuma zu des Schuster handtwergs alhier gemeinen Vorrabt, darfür Sollen deßselben verordnete Handtwergsmeister oder von derselben wegen ymandes Verstendiges auff alle und izliche bequeme haubtmerckte, ydoch allewege mit Rath Uud Vor=wissen eins Erbarn Raths alhier, leder kauffen, dasselbige den armen meisternn wiederumb verkauffen, Aber doch uff ein leder nit mehr dan Sechs pfenning gewinst Ueber das, So es itzt, schlahen, Und das kauffgelt sambt dem Ge=win allewege von einem marckt zum andernn wider ein bringen, dasselbe forder, wie gemelt, ahn zu legen, damit der arme Man, zu seinem Und seiner kinder=lein Unterhalt, auch gefördert werde, Unnd Soll Ueber solches alles Jerlich vor einen Erbarn Rath, zur Zeit So man unmündiger kinder Rechnungen gehort hat, guths Unnd ordentliche Rechnung beschehen.

Zum Zehenden legire und schaffe Ich in denselben reichen Almosen=kasten Zwey hundert gulden Haubtsuma oder Zehen gulden Jerlicher Zinß, dieselben sollen Jerlich zu auffrichtung Und beförderung einer Apotheckenn Und eines erffarnen physici angewendet Unb Gemeine Stadt zu derselbenn Besten damit versehen werdenn.

Zum Eilfften legire Unb schaffe Ich meinen Unb meines erstenn lieben weybes Catharinen seligen Schwestern Unb derselben eheleiblichen kindern Söhnen Unb Töchtern Unb itzlichen sunderlich, So Will deren meinen töbt= lichen abschiedt erlebenn werben, Zehen gulben. Aber meines itzigen lieben eheweibes Schwester Kunigunden Christoffen Bohners eheweybe Zwanzigk gulben Unb will, bas ihnen dieselben, wan meine erben zur teillung greiffen werden, auch Unuorßuglich gereicht Unb gegebenn werbten sollen. Unb bie= weill sich solche legata obgemelt Uber basiehenige, so meinen kindern Unb itzigen lieben eheweybe Vormuge des Vertrags, davon hirneben Im andern Artickell melbung geschehen, bas barin Anno domini Neunundvierzigk melbet, Ittem Uber bie Sechs hundert gulben, So vermuge des britten Artickels ehe= gebachten meinem lieben weybe testirt, Ittem bie fünfftzigk gulben, so vermuge des Achten Artickels zu Betten Ins Hospitall, Ittem bie Zweyhundert gulben, So bem schuster Handtwerge inhalls des Neunden Artickels, Unnb ban bas ihenige, So Ich meinen, auch meines Verstorbenen seligen Unb yßo noch leben den liebenn eheweyber Schwesternn Unb derselben kindern Vermuge des nechst gemelten Eilfftenn Artickels legirt Unnb verschafft, welches ban ihnen Unnb itzlichen sunderlichenn Vor aller theillung aus meinen hinderbleibenden gutheru gereicht werben soll, Sich in Zwey Tausent Unnb drei hundert gulben Haubt= suma Ober ein hundert Unnb funfftzehn gulben Jerlicher Zinß erstreckenn thun, So will Ich, bas dieselben inwendigk Sechs wochenn nach meinem tobt= lichenn abschibt an So Will Haubtsuma ober Jerliche Zinß bei benn Wol= gebornen Unnb Ebelenn Herren Herrn Hans Georgeun Unnd Herrn Haus Albrechtenn gebrübern Graffen Unnd Herrenn zu Mansfelt Unnb Ebelen Herren zu Helbrungenn, meinen genebigenn Herren, Von ben Haubtsummen ober Jerlichen Zinsen, So Ihre Gnaben mir Verschribenn, zu empfahenn, Von meinen Erbeun angeweist werden solleun, dieselbige Haubtsuma nach empfahung wiberumb mit ihnen, Sunderlichen aber eines Erbarnn Raths al= hier zu Salfelbt Vor wyssen, an gewisse enbe Ulff geburliche penston auß zu leihenn.

Zum Zwoelfften thue Ich zu allen andern meinen guthern, beweglichenn Unnb unbeweglichen, Vharenben Unnb ligenben, Schulben Unb gulben, wie die Nahmen haben mögen, So Uber alle obgezelte Voraus, legata Unb Ver= schaffungen Aus meinem Munbe Verlebiget befunben werdenn, bie nach= benautenn, Als Nemlichen meine Tochter Margarethenn, yßo Berlt kalbenn zu Blanckenbergk eheweyb Unnb ihre eheleibliche Kinder Ulff masse, wie oben ge= meldet, an einem, Ittem meine Tochter Barbara, yßo Wolffen Auherrenn zu Schlewiß Eheweyb Unnb ihre eheleibliche Kinder, Auch off masse, wie in dem

obangezogenen Vertrage verleibet, am andernn, Ittem meiner Tochter Marga=
rethen seligenn, mit dem Erbarnn Niklas Zeysenn, Burgermaister zu wenda,
eheleibliche erzeugete kinder am drittenn, Ittem meuner Tochter Annen seligenn,
Mit Albrechten Fischer, Burgermaister zu Blanckenbergk, eheleibliche erzeugete
kinder am Vierdenn, Ittem meiner Tochter Ursulenn seligen, mit Wolffen
Caplan alhier zu Salfelt ehelich erzeugete kinder am funfftenn, Unnd die
obgenante Barbara, mein yhige gelibte eheliche Hausfrau, am Sechsten teill,
zu meinen rechten Unrb warhafftigenn erben benennen, Instituiren, einsehen
Unnd will, das Sie allerseits derselbenn uff berurte Sechs part vnd anteill
vehigt vnd empfengtlich sein sollenn. Sehe vnd ordene auch derwegen der
nechst gemelten Barbara, meiner gelibten ehefrauen, die Ehrenvhestenn Und
Gestrengen, Erbarn vnd weyhen, Heinrichen Mönnich zu Mennichbernhdorff
Fürstlichen Sechsischenn Hoffrath, Nicolnn Fuchs zu Zwickau vnd Heinrichen
Dentsch denn Jungern, burger alhier zu Salfelt, meinen günstigen Herren,
Schwager Vnd guthen freundt, zu rechten Vormunden Und Tutoren, Welche
Sie bei Solchen vnd allen andernn oberzelten, So ihr von mir legirt, ver=
schafft, geeigent vnd gegeben, neben nachgemeltten meinen Testamentarien
durch mittell der obrigkeit schuhen vnd handthaben sollen, Wie dan sein Ge=
strenglen vnd Sie solche Vormundschafft auff angewandte meine vnd meines
weybes vleissige bitte willigt vnnd gerne auff sich genommen, Wie ich auch
nicht Zweiuell, derselben treulich vnd vleissig fur zu sein, Die andern meiner
Erben obgedacht eheliche, angeborene vnd verordente Vormunden nichts weniger
zuthun, auch gleichermassen ob ihren mundelein treulich zu haltten Und darob
zu sein, das alle das ienige, So sie von mir ererben werdenn, zu ihren nuh
vnd besten angewendet vnd gebraucht werden muge, bei ihnen keinen vleis
erwinden lassen werdenn.

Zum dreihehenden Sehe vnnd ordene Ich dieses meines Testaments,
Geschefits, ordenung, Erblichen teillung vnd lehten willens zu Testamentarienn,
treuhendern Vnnd executoren die Erwürdigen, Erbarnn, Namhafftigenn vnd
weyhenn Hern Jacob Sigeln, predicanten, Günther Weyhenn Und Clausen
Glaser burgere vnd des Raths alhier zu Salfelt, Ubergebe Ihnen sembtlichen
vnd sunderlichen hiermit gantze Vollkomene macht vnd gewalt, dasselbe Vnd
alles oberzelte nach meinem tödtlichen abscheidt aus diesem Jammerthall treu=
lich, Vleissigt Vnd dermassen auffzurichten vnd zu exequiren, wie mein Ver=
trauen zu ihnen stehet, Sie auch off meine, bey Ihnen angewandte bitt zu=
thun Verheissen, zugesagt vnd solches vor Gott vnd der weltlichen obrigkeit
verantworten wollen, Legire vnd verschaffe auch ihn ihlichen funff gulden
Vnnd will, das ihnen dieselben alsbalde nach meinem tode bey eröffnung
dieses Testaments gereicht werden sollen. Und Im Vhall einer unter den ob=
genanten Testamentarien ober kurh ober langt mit thode abgehenn wurde,

Soll alsbalde ein ander tüchtiger an besselben stabt durch einen Erbarn Rath alhier zu Salfelt gewehlet Vnd Verordent werden. Ich will auch dieselben meine ytzo benannte Vnd noch kommende treuhender vnd exekutores angezeigtes meines Testaments vnd letzten willens aller burden, Sunderlichen Satisdacion rem pupilli salvam fore endtnemen vnd hiermit bestenbigßter vnd kreftigster weise aller rechte entnommen habenn.

Zum Viertzehenden Schaffe, Verordene Vnd will Ich, do meine Erben oder freunde, einer oder mehr, oder sonsten yemandes, wer der oder die auch wehren, dieses meines Testaments, geschefts, ordenung, erbliche teillung Vnd letzenn willens geburliche volntzihung zu widersprechen, antzu-fechten, zu Vorhindern oder sonsten darwider zu thun Sich vnderstehenn, Auch ihres Vormachten Voraus, erbteils Vnd legata nicht begnugigt sein, Vnd Sich des etwas Vornemen lasseun wurden, das der oder dieselbenn desselb gentzlich priuiret, beraubet Vnd solches den andern meines Testaments, Geschefts, ordenung, erblichen teillung vnd letzten willens gehorssamen zu-gestellet werden, auch erblich volgen vnd bleiben Soll.

Hiruber will die durchlauchtige Hochgeborne Fürsten Vnd Herren, Herrn Johan fridrichen den mitlern, Hern Johan wilhelmen Vnd Hern Johann friderichen den Jungern gebrudere Hertzogen zu Sachßen, landtgraffen in Thoringen, Marggraffen zu meyßen, meine genedige fürsten vnd Herren, Vnd an derselben Irer Fürstl. Gnd. stabt einen Erbaren Vnd wolweißen Rath al-hier zu Salfelt Ich gantz vnderthenig vnd dinstlich gebethenn habenn, do Ihr Fürstl. Gnd. vnd Erbar weißhcitten vmb schutz, handthabung vnd Hulffe, do-mit biß mein Testament, geschefft vnd letzter wille geburlichen exequirt vnd volntzogen werden möchte, Vnderthenigtlich vnd dienstlich bittende angelanget wurden, Ihr, fürstl. Gb. Vnd gunsten wollen ihnen dorinnen genedigen vnd gonstigen schutz, schirm vnd hulffe mitteillen, Auch Ernstlich verschaffen lassenn, Das demselben allen Vnd wie hirinnen begriffen vnd vermeldet, ohne einichen abbruch gelebt Vnd furderlich nachgesetzt werden muge.

Zu letzt wil ich hiermit auffs allerherlichst protestiret, auch in der aller-besten vnd bestenbigsten weytze, form vnd masse aller rechte bedingt haben, do diß mein Testament, geschefft, ordenung, erbliche teillung vnd letzter wille, So Ich, als der nit schreiben noch lesen khan, den Erbarn Friderichen Tauer, sonst Volinhaus genant, als offenbaren Notarium, der Zeit burgern vnd Stadtschreibern alhier zu Salfelt, wie oben gemelt, von worten zu wortten, von Artickeln zu Artickeln aus meinem munde Und eingebung vff Jegenwertige Siben gantze vnd Zwey halbe Charten oder bergamenen bletter habe schreyben vnd Instrumentiren lassen, Einnicher Solenniteten, die ein recht bestendig vnd loblich Testament haben soll, mangelte, Vnd der wegen als ein solch Testa-ment nit genugsam Krafft Und macht haben möchte, das Ich vff den vhall

hirmit Verordent vnd haben will, das es doch als ein Codicill vnd letzter
wille In vnd zu recht stabt haben vnd behalten, auch alles das, So dorinnen
begriffen, Vnuermindert gehaltten, exquiret vnd volntzogen werden soll.
Dorauff Ich dan auch vff die Zeit, wan mich der Almechtige Gott aus diesem
elenden Jammerthall zu seiner ewigen vnd seligen ruhe fordern wirdet, mein
ende beschliessen vnd mich denselben mit seell vnd leib in gnaden ergeben vnd
benohlen haben will.

Das alles zu wahrer Urkunt habe ich den nechst genanten Notarium
gebethen, das er sich zu merer Beglaubigung diser dinge alhier zu ende dieses
meines Testaments, geschefts vnd letzten willens geburlichenn Vnderschreiben
Vnd dan dasselbe, wie vor augen, in meiner Jegenwarth Verschlossen, mit
meinem, auch seinem darneben anhangenden petschafft verwarth, Vnd nach be-
schehung desselben, So habe ich auch solches den hir nach gemelten, den Erbarnn Vnnd wetzen Florian Hoffman, Nicoln Bernhard, Jacob Birnstiln,
Jacob Laugen, Georgen Monnich, Hansen ketzer vnd Merten Rentschen burgern
alhier zu Salfelt geweist vnd vermeldet, das dorinnen mein Testament, geschefft vnd letzer wille begriffl. geschriben vnd aufgedruckt sey, Sie auch angeruffen vnd gebetten, dessen meine Zeugen zu sein, Vnd zu merer beglaubigung
desselben Sich hirneben vff das eusser ledige blath mit eigener handt zu
vnderschreibenn, Auch ihre gebreuchliche petschafften neben das meine vnd des
Notarien, ehegemelt, hiran hengenn zu lassenn, das dan also geschehenn Im
Jare, Jndiction, kauserthumbs, Monat, tag vnnd stelle wie obenn gemelt.

Vnd Ich Friederichus Tauer sonst Polymhaus genant, von kaiserlicher maiestat autoritet macht vnd gewalt offenbarer Notarius, burger
Vnd dertzeit Stadtschreiber zu Salfelt, Wann ich auff erfordern vnd
bitten des obgenannten Herren Burgermeisters Jacob ketzen bey auffrichtung, Setzung vnd Verordenung dieses obvorleibten seines Testaments, geschefts, ordenung, erblichen teillung vnd letztenn willens selbst
eigener Person gewesen, das alles vnd iedes selbst gesehen, gehort, auch
aus seinem munde Vnd eingeben vff Jegenwertige Siben gantze vnd
zwei halbe Charten oder bergamenen bletter von wortten zu wortten,
von Puncten zu puncten, von Articeln zu Articeln, ein solches alles
vor augen mit eigener handt geschriben, darumb So habe ich auch mich
zu merer beglaubigung befelben alhier zu ende mit meinem tauf vnd
zu nahmen sambt gewonlichen Notariat Zeichen Vnderschriben Vnd
vertzeichent. Auch volgend dasselbe vor des nechst gedachten Herren
Burgermaisters vnd Testatoris augen, vnd vff desselben gehais, Mit
dieser schwartz vnd gelb gefarbten schnur durchzogen, Verschlossen, vnd wie
zu sehen, Verwarth, als dortzu ich sunderlicherman requirirt Vnnd erfordert.

Weitter So habe auch ich obgenanter Notarius vff ferner bit des

Herrenn Testatoris Vorgedacht nebenn desselben Vnnd der nach ge=
melltenn, erforderten Vnd erbethenen Gezeugen Vnd in ihrem beisein
main gebreuchlich Petschaft hierunden angehangenn, zu merer glaub=
wirdigkeit aller dieser Dinge Geschehenn, wie hieroben gemelt." —

Es folgen hierauf die Erllärungen der Testamentszeugen. Dieselben sind,
obwohl übereinstimmend, im Original zu jedem Namen besonders wiederholt
und lauten:

Das ich | Georg Monich burger alhier zu Salfeldt |

Das ich | Nikol Bernhartt burger alhir zu Saluelt |

Das ich | Jacob Birnstil, Burger alhier zu Salfeldt |

Das ich | florian Hoffman burger alh zu Saluelth |

Das ich | hans Hans laisser purger alhir zu salvelt |

Das ich | Jacoff lauge burger vnd gastgeber alhier zu Saluelbt |

Das ich | merten Rentzsch burger alhier zu Salfelt |

neben den vor und nachbenanten notario und mit gezeugen eygener person
daben geweft, gesehen vnd gehort, das der her Burgermeister Jacob kölz
Jakow telz | Jakob Kelz | Jacob kelzs | Jacob Kelz | diese pergamenen charten
geweist vnd gesagt, das dorinnen sein Testament, erbliche teylung vnd lezter wille
ausgedruckt, auch off sein angeben vnd bitt durch den Notarium fricżen Volim=
haus beschriben sey, vnd dessen neben ihnen von dem gedachten Herrn Burger=
meistern zu Zeugen erfordert worden, das habe ich zu vrkunt mich alhier mit eygener
handt vnderschrieben vnd mein gebreuchlich peczschafft hirunden anhengen lassen,
act. anno ut. di uts."

Von den Kelßischen Stiftungen besteht selbständig wohl nur noch die Ehe=
stiftung. Was aus den „zu der Kirchen= und Schulendiener Besoldung und
sonsten zu Andrer Notdurft" legirten 500 Gulden geworden ist, ergeben die
Akten, soweit solche zur Verfügung gestanden, nicht. Ebenso wenig erhellt
das Schicksal der „in den Almosenkasten zum Ankauf von Labsal für die Hospitaliten"
gestifteten 100 Gulden und der „zur Aufrichtung und Beförderung einer
Apotheke und eines erfahrenen Physikus" legirten 200 Gulden. Auch die
„zur Verteilung des Zinses mit je 5 Gulden an Weihnachten, Ostern und
Pfingsten an hiesige Hausarme" verordneten 300 Gulden sind nicht mehr vor=
handen. Wenigstens ist von einer Oster= und einer Pfingstipende überhaupt
nichts mehr bekannt und die Verzeichnisse über die Einnahmen zur Weihnachts=
Bescherung enthalten über einen Abwurf aus der Kelßischen Stiftung nichts.

Auch die bei hiesiger Schuhmacher=Innung eingezogenen Erkundigungen
haben nicht ergeben, was aus den „für das Schusterhandwerk zum Ankauf
von Leder für arme Meister" gestifteten 200 Gulden geworden ist.*)

---

*) Das mir freundlichst von Herrn Schuhmachermeister Carl Hickethier hier als ber-

Nur betreffs des Legats „zur Notdurft armer unvermögender Schüler und Förderung ihrer Studien durch Bücherkauf" läßt sich nachweisen, daß noch 1835 der Abwurf mit 11 fl. 33 kr. zum Ankauf von Schulbüchern für die dürftigsten Kinder in der Classe und zur Ergänzung des fehlenden Lehrapparats verwendet worden ist.*)

Vom Jahr 1837—1854 enthalten die Akten hierüber nichts, indem seit 1836 die Position nicht mehr namentlich und ausdrücklich in den Etats und Schulkassen-Rechnungen aufgeführt, sondern in der Etatsposition „für Bibliothek und Apparate" (75 fl. 41 kr.) mitenthalten ist.

Unter dem 28. Juli 1854 beantragte Rektor Richter: „Es wolle im Ausgabe-Etat der Bürgerschulkasse die Position „11 fl. 33 kr. Kelzisches Legat" wieder errichtet und dem Rektorat zur stiftungsgemäßen Verwendung und jährlicher Rechnungs-Ablage zur Verfügung gestellt werden, damit einesteils dem unabweislichen Bedürfnisse, anderenteils auch der Pietät gegen den ehrwürdigen Jakob Kelz und dessen letzten Willen Rechnung getragen werde."

In Anlehnung an einen Beschluß der Kirchen- und Schulenamts-Inspektion vom 25. August 1854 verfügte darauf der Magistrat: „Die Kölzische Disposition ist genau zu befolgen!" — Ist dies aber geschehen? — Die Akten enthalten darüber nichts. Wohl aber ist aus der Alumneums-Stiftungs-Rechnung zu entnehmen, daß der Abwurf aus 200 fl. für die letztgedachten Stipendien verwendet wird, ohne daß der Grund hierfür ersichtlich ist.

Gehen wir über zu dem Ehelegat, so interessirt zuvörderst ein Bericht an die Landeshauptmannschaft vom 22. Januar 1803, der dahin lautet:

„Die Collatur ist mit Vorwissen, Rath und Bedenken des hiesigen Super-

---

zeitigem Obermeister der (alten) Schuhmacher-Innung zur Einsicht überlassene Urkunden-Material ergibt, daß die alten Urkunden durch den Brand von 1517 vernichtet worden sind. Die im Jahre 1625 neu „begnadete und konfirmirte" Handwerks-Ordnung enthält in Artikel 8 die Bestimmung: „Wenn das Handwergk durch Göttliche gnädige Verleibung von denselbigen Vermögen, immaßen dasselbige künftig bessern bosset, durch die Handwergsmeister mit wißen und willen des Handwergs uff den Leipzigschen und Naumburgischen Märckten für das gemeine Handwergk Leder einlauffen, soll solch Leder einen ieden Meister, dem armen sowohl als den reichen zu seiner arbeit, doch denen, die es zu bezahlen haben oder verbürgen, umb ziemlich geldt nf tagzeiten gelaßen und dasselbige nicht gefährlichen ausgeschoßen, einem das gute und dem andern das geringe, nach gunst, liebe oder freundtschafft gegeben, und darauf über den uncosten kein übermäßiger sondern leidlicher gewin geschlagen, damit das Handtwergk ben würden magk erhalten werden." — Nach dem Wortlaut möchte fast scheinen, als ob schon damals die Kelzische Stiftung nicht mehr zum Vollzug gebracht bez. in Kraft gewesen sei.

*) Gefordert waren 1835 aus dem Legat 74 Tintengläser, Anbringung eines Fußtritts für den Lehrer, eine Karte von Meiningen und Palästina, endlich die „nöthige Kreide und Tinte"!

intendenten dem Stadtrat übertragen und dabei bestimmt worden, daß, wofern sich Kölßische Verwandte dazu melden würden, diese — wenn arm — das Ge- stift vor anderen armen Bürgerstöchtern erhalten sollen.

Ehedem wurde dieses Stiftungs=Capital, welches an gnädigste Landesherr= schaft ausgeliehen ist, mit fünf vom hundert verzinset. Beim Eintritt der Kaiserl. Debit=Commission*) wurde auch dieses, noch immer bei Fürstlicher Cammer gestandene Kölßische Stiftungs=Capital in Absicht der Zinsen der Reduktion unterworfen, woher es kam, daß statt der sonst in 10 Rfl. be- standenen Portion solche auf 6 fl. 14 gr. herabgesetzt werden mußte. Neuer- lich haben gnädigste Landesherrschaft von den bei hiesigem Stadtrate von älteren Zeiten her stehenden und aus Stiftungsgeldern bestehenden Capitalien eine Verzinsung von 4 vom Hundert angeboten, und wir haben solche, obschon dieselben freilich mit des Fundatoris Kölßens Bestimmung, daß 5 pro Cent Zinsen entrichtet werden sollten, nicht harmonirt, doch aus bewegenden Gründen in der Erwägung einiger Verbeßerung und in der Erwartung, daß entweder hochfürstliche Landesherrschaft bei verbesserten Finanzen selbst nach der Inten- tion des milden Stifters die Verzinsung wieder auf 5 vom Hundert zu er- höhen oder das Capital selbst heimzuzahlen und uns damit in Stand zu setzen, die ganze Verzinsung von fünf vom Hundert den Perzipienten gewähren zu können, annehmen zu müssen geglaubt.

Assignation geschieht von uns nach vorheriger Berathung mit dem hiesigen Oberpfarrer."

Der Bericht betont am Schlusse, daß es fraglich sei, ob zum Wohle des Staates von Seiten der Regierung die Ehen ganz dürftiger Personen, welchen mit geringen und nicht auf Ausdauer berechneten Unterstützungen fast nie ge- holfen sei, nicht eher zu erschweren als zu begünstigen sein möchten. Jedenfalls sei die möglichste Erleichterung des Erwerbes und die möglichste Entfernung aller Belästigung der Gewerbe immer ungleich zweckmäßiger als jede Heiratslasse.

Die Benachrichtigung des Stadtpfarramts von den Verteilungen hörte seit 1845 auf.

Im Uebrigen ist aus den Akten mitzuteilen, daß bis zum Jahre 1837 das Kölßische Ehelegat in Ermangelung von Anmeldungen meist auf einige Jahre zurück verfüglich war. Durch Beschluß der Schulinspektion vom Jahre 1837 wurde indeß völlig ungerechtfertigt das Legat auf 1833/35 mit 100 Rfl. zur Verbesserung der Volksschule verwendet und seit dieser Zeit übersteigen die Anmeldungen die verfüglichen Raten.

---

*) S. Wagner-Grobe, Chronik S. 504.

Zu rügen ist auch, daß wiederholt Gesuchsteller unter Hinweis auf die Stiftungsbestimmungen abfällig beschieden worden sind, weil sie ihr elterliches Haus nie verlassen, ein Dienstbotenbuch nie gelöst und Beiträge zum Krankenhaus nie entrichtet hätten. Von all dergleichen Bedingungen steht im Testament nichts.

Auch der „stiftungsmäßige" frühere Abzug von 33 kr. Gebühren „zur Kasse" ist sehr wenig stiftungsgemäß.

Erwähnt soll schließlich noch werden, daß durch Magistratsbeschluß vom 14. Dezember 1871 festgesetzt worden ist, es solle künftig vorwiegend entscheiden:

1) Die Zeit der Trauung. Demzufolge seien diejenigen Petenten, welche sich früher haben trauen lassen, den später Getrauten vorzuziehen und sei die Zeit der Meldung weniger maßgebend.

2) Der Grad der Bedürftigkeit und Würdigkeit.

3) Vorzug der hierorts verheiratheten Petenten bei sonst gleicher Berechtigung.

4) Berücksichtigung der Descendenten an erster Stelle im Falle des Vorhandenseins der statutarischen Erfordernisse.

In der Anlage ist endlich, soweit dies aus den Akten zu entnehmen gewesen, ein Teil des Keltzischen Stammbaums*), sowie die in den Jahren 1697 bis 1735 aus der Keltzischen „Freundschaft" bedachten Personen mitgeteilt.

---

*) Ueber die Identität des im Stammbaum auf Grund mehrerer pfarramtlichen Zeugnisse als „Wolf Albert" bezeichneten Ehemanns der 2. Tochter des Keltz (Barbara) mit dem im Testament benannten Ehemann Wolf Anherr kann eine Aufklärung nicht gegeben werden. Desgleichen läßt sich der Widerspruch, welcher zwischen „Margarethe, verheirathet an den Baccalaureus und Organist Johann Friedr. Preuß in Pößneck" (s. Beilage zu Seite 80) und „Esther, verheirathet mit Joh. Friedr. Preuß, Organist und Baccal. zu Pößneck" (s. Seite 81) liegt, nicht heben, wenn man nicht annehmen will, daß der genannte Preuß zwei Schwestern nach einander zu Gattinnen hatte.

In den Schneideweinschen Akten befindet sich dagegen folgender, ebenfalls beglaubigter Stammbaum:

Christoph Schön,
Bürger und Rathsverwandter in Pößneck, verm. mit Christiane Margarethe
Albert von Schleiz.

N. N. (Elisabeth) Schön,
verm. um 1600 mit Hans Richzenhan, Schöffer zu Leuchtenburg und
Orlamünde, später juris practicus in Pößneck.

Esther,
geb. 26. Juli 1602, verm. am 13. Nov. 1626 mit Joh. Friedr. Preuß,
Organist und Baccal. zu Pößneck.

Susanna,
geb. 12. März 1630, verm. 25. Nov. 1650 mit Wolfgang Trautmann,
Lohgerber in Pößneck.

Susanna,
geb. 17. Nov. 1651, verm. 4. Juni 1672 mit Hans Nikol Wölfel,
Weißbäcker in Pößneck.

Johann Nikolaus Wölfel,
geb. 6. Jan. 1678, verm. 16. Nov. 1697 mit Anna Elisabeth Neubert.

Johann Nikolaus Wölfel,
geb. 29. Mai 1702, verm. 19. Febr. 1726 mit Katharina Barbara Vogt.

Johann Friedr. Wölfel,
geb. 22. Juni 1731, verm. 15 Januar 1756 mit Rosine Agnes Leibiger
aus Kahla.

Marie Christiane Rosine,
geb. 13. Febr. 1770, verm. 9. Juli 1793 mit Anton Heinrich Neser, Gasthofsbesitzer in Crölpa.

Wilhelmine Rosine Friderike,
geb. 12. Januar 1774, verm. 9. Juli 1779 mit Joh. Joachim v. Roda, Lohgerber.

Henriette Christiane Dorothea,
geb. 1812, verm. 26. Febr. 1838 mit Joh. Christian Friedr. Helbing von Orlamünde.

Joh. Friedr. Heinr. v. Roda, geb. 3. Okt. 1803, † 1837 in London.

Johanne Christiane Wilhelmine, geb. 6. Febr. 1807, verm. 2. Nov. 1837 mit Karl Gg. Wilhelm Köhr, Lohgerber.

Christiane Rosine Friderike, geb. 29. Juli 1813, verm. 28. Januar 1836 mit Johann Daniel Martin Schäller, Schlosser.

Verein für Meiningische Geschichte
und Landeskunde. Heft 3.

6

Verzeichnis

der mit dem Heltzischen Legat in den Jahren 1697—1735 bedachten Personen

aus der Nachkommenschaft des Stifters.

1697. Elisab. Marie, Schulmeistersfrau zu Magdala.
Dorothea, des Hoftöpfers Hanß Blechschmidts zu Römhild Ehefrau.
1699. Elisab. Barbara, des Seilers Johann Adam Gernhardt hier Ehefrau, geb. Häuselhanin (verh. 25. April 1699).
1700. Hannßwelchens zu Haufeld Eheweib Christina.
Hanß Jopst Pfeiffers Ehefrau Elisabeth.
Johann Andreas Günßlers, gerbner zu Leidenberg, Ehefrau Anna Elisabeth.
Hannß Matthes Brückners zu Coburg Eheweib Susanna.
1707. Marie Barbara Hopff.
Sabine Magdalene Friedrich von Ellersleben.
1710. Elisabeth Tholmin.
Justina Elisab. Fischerin.
1711. Marie Sybilla Hackin in Kochberg.
Conrad Zettels Eheweib in Rahnis.
1712. Elisab. Catharina des Accis-Einnehmers Christian Lehmann zu Rahnis Ehefrau, geb. Pfrotschner, bezeichnet den Testator als Ur-Großvater.
Elisab., Jacob Horns Frau das. (vgl. unter 1726).
1713. Justina Kappelin.
Johanna Sophia Scheinhardin.
Anna Rosine Kayßerin.
Dorothea Maria Laugenhahnin.
Anna Catharina Gruberin.

1714. Cappels Tochter in Blankenhain.

Hanß Andreas Enders Weib.

1715. Sophie Elisabeth Martini, Tochter der Elisabeth geb. Hartmann aus „dem uhralten Kölzischen Geschlecht albertinischer untersteigender geraden Linie", vermählt 1707 mit Posament. Friedr. Wilh. Callenus zu Pößneck (sieh unter 1721).

Anna Christina Kirchner, Tochter des Metzgers Jörg Kirchner zu Blankenburg und Ehefr. Anna Dorothea geb. Kämpfer, einer Tochter des M. Michael Kämpfer, Diakonus zu Stadtremda, und Ehefrau Susanna Maria, des Pfarrers Jakob Fischer zu Großen-Hettstedt eheleibliche Tochter.

Joh. Gg. Kiesewetters zu Breitenbach Töchter:

a) Elisab. Katharine, Ehefr. des Fuhrmanns Jakob Kiesewetter das.

b) Anna Barbara, Ehefr. des Handelsmanns Nikolaus Kister das. aus dem Fischers Stamm.

Catharina Martha Mennigin von Stadtilm.

1716. Martha Elisab. Stößner geb. Heningin.

Anna Christina Ganning geb. Kirchnerin.

1717. Anna Magdalene Bock.

Anna Maria Werner von Oberweymar.

Margarethe, des Hutmanns Hauß Köhler in Sülßenbrücken Ehefrau als „Schillingsche Erben" und deren Schwester Elisabeth.

1718. Sabina Catharina Kleinerin geb. Bachin.

Anna Sabina Fischer von Rahnis.

Anna Dorothea Fischerin von Eisenach.

1719. Maria Regina Schmidin geb. Büchelin.

Dorothea Margaretha, Tochter des Georg Haselich und Ehefrau Margarethe, „aus des Fischers Geschlechte", verheiratet an Hannß Wiegand zu Kochdorf am 7. August 1701.

Georg Francke aus Weißbach, geb. 25. Sept. 1683, verheiratet 26. Okt. 1705 mit Brigitta geb. Leibin aus Breitenbach, aus dem „Fischers-stamm".

Deren Tochter: Maria Elisabeth, Ehefrau des Gemeindevorstehers Jakob Bock zu Oberweißbach.

1720. Anna Catharina Sachße geb. Haselich, Hanß Ernst Sachßens Eheweib zu Blankenhain.

Eva Margarethe Schmeißerin aus Freyen-Orla (sieh 1731).

Anna Barbara, Joh. Heinr. Cönitzers Ehefrau zu Pößneck.

Deren Tochter Sybilla Catharina Saurin zu Römhild.

6*

1721. Catharina Maria, des Töpfermeisters Christian Georg Müller zu Pößneck Ehefrau geb. Martinin (verheiratet 1709). — Deren Mutter: Elisabeth geb. Hartmann, Tochter des Cantors Hartmann, „aus dem uhralten Kölzischen Geschlecht albertinischer untersteigender geraben Linie".

Anna Sophie Nußberger, geb. 4. Juli 1653, Tochter des Cantors Christoph Brötzeln hier.

1722. Sybilla Magdalene, Johann Branßners geb. Fischer zu Rahnis.

Barbara Agnesia, des Anspänners Johann Ernst Sachse zu Blankenhain Tochter, verheiratet den 21. April 1722 mit Bäcker Gg. Christoph Ketschau zu Berca.

1723. Anna Maria, Joh. Christoph Siegels, Tuchmachers zu Pößneck Ehefrau, deren „seelige Mutter Susanna Margaretha, Wolf Christoph Sengen Hausfrau, eine leibliche Tochter Nikol Rothens des Aelteren, Bürgers und Tuchmachers zu Pößneck gewesen".

1724. Meister Gottlieb Neumann aus Magdala und Bürger und Hutmacher Salomo Krafft aus Weimar, deren Frauen „aus der Wernerischen Familie aus Magdala gewesen".

Diese Wernerische Familie leitet sich her von

Hanß Georg Werner,
Kürschner zu Magdala, verm. mit Dorothea Berger.

Johann Heinrich Werner,
Kastenvorsteher und Kürschner in Magdala, verm. mit Margarethe, geb. Ottin.

Maria Elisabeth,
verm. mit Steuer-Einnehmer Hieronymus Zapff in Oberweimar.

Anna Katharina,
verm. 1. Nov. 1700 mit Braumeister Hanß Nikol Eylenstein zu Oberweimar.

Katharina Maria,
verm. 22. Nov. 1669 mit Georg Sebastian Michel, Cantor und Organist zu Magdala, † 1691.

Anna Margarethe,
verm. mit Rektor Labiß.

Susanna Katharina,
geb. 11. Okt. 1670, verm. mit Johann Michel, Bürgermeister zu Magdala.

1724. Marie Dorothea, des Pastors Jo. Nicolaus Hecker zu Achelstädt und Barchfeld Ehefrau geb. Pfripkner, Meister Wolf Friedr. Pfripkners, Tuchmachers zu Pößneck andere Tochter.

1726. Ambrosius Bickel, Bürger und Böhrlschmidt hier.
Dessen Tochter: Christiane Katharina, des hies. Stadt-Musikanten Theuerkorn Ehefrau.
Elisab. Catharine, des Schuhmachers Hanß Georg Jobst zu Rahnis Ehefrau, geb. Horn.

1731. Dorothea Elisabeth Trötzschin geb. Mackelbeyin hier.
Marie Margarethe Rathsfeld geb. Schmeißer „von der Schönischen Linie", verheiratet 1715 mit Schänkwirt Niklaus Rathsfeld (j. 1720).
Marie Margarethe, des Hoffattlers Schmidt zu Lobenstein Ehefrau, geb. Pfröschner aus Pößneck (j. 1712).

1734. Anna Dorothea Höhuin, auf väterl. Seite eine geborne Märtin, auf mütterl. eine geb. Fischerin, des gewesenen Schuldieners zu Treppendorf Tochter.
Martha Barbara, des Hanß Abolarius Geßner zu Döllstädt, später zu Alt-Remda Ehefrau, Tochter des Hans Martini von Thälendorf, Enkelin des Christoph Martinus — mütterlicherseits Tochter der Barbara Margarethe geb. Fischer, Enkelin des Hanß Caspar Fischer, gewes. Schuldieners zu Treppendorf.

Ferner ist zu erwähnen ein Schreiben der Elisabeth Agnesa Haselichin (sieh unter 1719 u. 1720), des Amtsschultheiß Just Pfeiffers Wwe., datum Hauffeldt, den 14. Novbr. 1721, worin es heißt:
„Das uhralte Haseliche Geschlecht zu Hauffeldt hat die hohe Gnade (!), E. E. hochweisen Rat bei Ehelichen Ausstattungen der Kinder zur Hochzeit zu invitiren. Solche hohe Ehre gereicht Gott zu Ehren (!), denen neuen Eheleuten aber zu sondern hohen Ruhm." — Angezeigt wird darin, daß die Tochter Anna Margarethe mit Bürger Johann Heinrich Feuerstein zu Blankenhain am 24. November Hochzeit mache. (Die älteste Tochter Margarethe Magbalene Pfeiffer hat 1718 am 8. Novbr. den Johann Michael Jäckisch zu Zeitsch geheirathet.)

Endlich soll noch erwähnt werden Marie Katharine, des Perrüquenmachers Carl Weigel (Weichelt) zu Plauen Ehefrau geb. Kopp und deren Töchter a) Johanna Eleonora, verheir. 1804 mit Leineweber Gottlieb Honhold (Hanolbt) und b) Wilhelmine Rahel, verh. 1807 mit Schornsteinfeger Michael Voigt, beide zu Plauen, und schließlich noch als empfangsberechtigt die Familie

Labes (s. die Familie Werner) mit nachfolgenden Generationen angeführt werden.

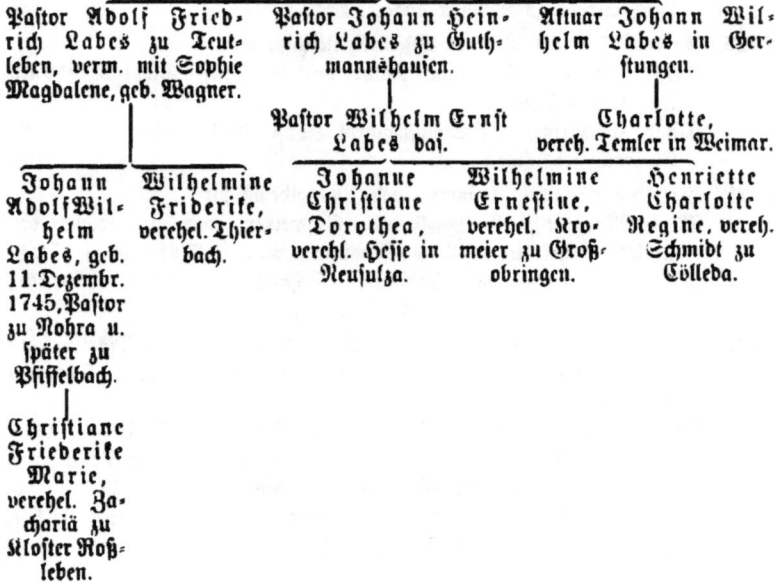

Pastor Adolf Friedrich Labes zu Teutleben, verm. mit Sophie Magdalene, geb. Wagner.

Pastor Johann Heinrich Labes zu Guthmannshausen.

Aktuar Johann Wilhelm Labes in Gerstungen.

Pastor Wilhelm Ernst Labes das.

Charlotte, verehl. Temler in Weimar.

Johann Adolf Wilhelm Labes, geb. 11. Dezembr. 1745, Pastor zu Nohra u. später zu Pfiffelbach.

Christiane Friederike Marie, verehel. Zachariä zu Kloster Roßleben.

Wilhelmine Friderike, verehel. Thierbach.

Johanne Christiane Dorothea, verehl. Hesse in Neusulza.

Wilhelmine Ernestine, verehel. Kromeier zu Großobringen.

Henriette Charlotte Regine, verehl. Schmidt zu Cölleda.

B.

Als der vorstehende Aufsatz fertig gestellt war, hatte der Schreiber dieser Zeilen Veranlassung genommen, in einer anderen Stiftungssache das städtische Archiv nochmals nach allen Seiten zu durchsuchen. Hierbei fand sich eine Urkunde über eine anderweite Keltzische Stiftung vor.

Diese Urkunde — Papier-Urkunde — trägt auf der Rückseite die Aufschrift: „Schuldt Vorschreibung Vber 2000 fl. gestifftes Almosenn B. Ja. Kölz." Sie rührt von der Hand des Stadtschreibers Fritz Volimhaus her, trägt zwei Zusätze und Einschiebsel einer dritten, fremden Hand und ist teilweise korrigirt und durchstrichen, so daß, wie auch aus dem Schlusse der Urkunde zu entnehmen ist, nur das Conzept für die eigentliche Reinschrift in Frage zu stehen scheint.

Die Urkunde lautet:

Wir Burgermeister Vnd geschworne Rathmänner des Itzo regirenden oder Sitzenden Raths, Vnd neben Jhnen, Wir die andern zwene Räthe, sambt den geordneten Von der Gemeine der Stadt Salfelt, Vor Vns, alle Vnsere nachkommende Rethe Vnd Gemeinen Jn Vnd mit diesen Vnsern offen briefe, Vor aller menniglich, denen er zu sehen, horen oder lesen furkumbt, Bekennen Vnd thun kunth: Das der Erbare Vnd wolgeachte Er Jacob keltz Vnser Burgermeister Vorschinner tagen, hat an Vns gelangen, Auch heut dato hierunden zu ende gemelt, Vngeferlich Vmb Vier hora nachmittage oder nahen dabei, aus Vnserm mittell, die Erbaren vnd Namhafftigen, Bonaventuren Hopfener Vnsern Burgermeister Vnd Fritzen Volimhaus Stadtschrb., zu sich in seine Behausung alhier in der Blankenberger gassen zwischen des auch Erbarn Vnd Namhafftigen Georgen pfalers Vnd dan Heintzen oswalds des eltern Behausung gelegen, in die grosse Vndere wohnstube do er off einem Bette schwaches Leibes aber doch guther Vornunfft, Sin Vnd witze habhafftigk, gelegen, erfordern lassen, Jhnen damals in Jegenwart Vnd Beisein der Erbarn Vnd Ehrentugenthafftigen Frauen Barbara, seiner hertzgelibten Hausfrauen, deßgleichen der wirdigen, Erbarn, wohlgeachten Vnd Erhafftigen Herrn Jacob Sigels predicanten, Micheln Nebelnthaus Fürstlichen Zehners Vnd Nicoln Mönnichs seines Dieners, So derwegen Vnd dartzu auch sunderlich beruffen gewesen, Vormelbet Vnd angetzeigt: Wiewoll er aus genediger Vorleihung Vnd eingebung des Almechtigen ewigen Vnd gutigen Gottes [des Vaters, des

Sohnes Vnd des Heiligenn Geistes*)], Vorruckter weile, Sein Testament, ge-
schefft, ordenung, Erbliche theillung Vnd setzen willen, wie es nach seinem
Zeitlichen abscheidt aus diesem Jammerthall mit seiner Hinderbleibenden Haab
vnd guthern, So Ihme der Almechtige Got durch seinen reichen segen miltiglich
Vnd Väterlich vorlihen, gehalten werden solle, Aus Vilen dorinnen angetzeigten
Vrsachen, ordentlicher Vnd Rechtmessiger weise auffgericht Vnd Volntzogen,
welches auch gantz Vnuorruckt bei wirben Vnd trefften bleiben, Auch zu seiner
Zeit geburlich exequirt werden soll, [So hett er doch Sieder des seiner Göt-
lichen Almechtigkeit, Segen vnd gebeien seiner nahrung, auch weitter, augenscheinlich gespurt, befunden Vnd derwegen, nicht alleine Itzo in seines Leibes
schwacheit, Sundern auch Zuuorn bey Zeit seiner gesundheit, Ihm fuhr gesetzt
Vnd gentzlich beschlossen, desselben vnsers lieben Gottes wort Vnd beuelch
nach zu seinem Göttlichen Lob Vnd Beförderung etzlicher armen Leuthe, ein
stedtes, bestendiges Vnd Immerwehrendes wöchentlich Almosen Ppf Nachuol-
gende masse zu Vorordenen, Nemlichen**] das aupf den nechst kunfftigen Sanct
Bartholmes tagk angefangen, Vnd furber zu ewigen Zeitten, so lange die
welt stehet, allerwege auff den Sunabend in ieder woche 23 Hausarmen leuthen,
Vnd itzlichen sunderlich, Vor einen groschen fleisch, Vor brei pfenning Broth,
Vnd dritthalb ₰ zu Vier, deßgleichen den armen Schulern auff der schullen
alhir ingesambt Sechs gr. vnd 5 ₰ zu Fleisch und Brot gegeben werden
solle, Mit angehffter Vleissig Bit, Weill er ohne das in obberürt seinem
Testament Vnter andern Vns Vmb Handthabung desselben bittlich angeruffen,
Vnd guther Hoffenung stunde, doran nichts erwinden lassen wurden, das wir
auch in deme, Got dem Almechtigen zu ehren Vnd dem armut zu guthe, Vns
Von ambts Vnd Raths wegen mit der mühe beladen, solche zwey Tausent
gulden Reinischer Landeswehrung, guther grober muntze haubtsuma, Von
Ihme auffnehmen, dieselben nach Vnserm willen Vnd gefallen, zu Gemeiner
stadt besten anwenden, Vnd dorbey Jerlichen aus Vnserm Gemeinen aerario
Vnd Vorrath ein hundert gülden Landeswehrung, an stadt einer gebreuchlichen
pension, Vsf zwo halbe Jarsfristen heraus raichen, Vnd die zu auffrichtung
Vorberürtes wochentlichen almosen gebrauchen, Auch die aufftheillung desselben
Jeder Zeit nach Vnserm erwegen vnd bedencken, alleine auff die frommen
nothburfftigen Vnnd nicht die mutwillige armen richten, Vns dorinnen der
massen, wie sein Vortrauen zu Vns stunde, dißfals ertzaigen Vnd hierumb die
Belohnung Von Got dem Almechtigen gewartten wollte. [Mit Bitt, dazu
seiner freunbtschaft in absteigender oder beseiten linea, menlichs oder weiblichs
geschlechts, nach seinem tobe, Arme Leuth, die nitt schlemmer oder Verprasser

---

*) Diese Worte sind eingeschaltet, s. oben.
**) Dieser durch [ ] gekennzeichnete Passus ist im Original durchstrichen.

vnb dieſes Almoſen nottürftig ſein würben, das dieſelben vor eym andern
einen vorteil baran haben möchten]*).

Wan wir ban ſchuldigk vnb ganz willigk, Mit vorleihung Göttlicher genaben,
Solche oberzelte des Herren Burgermeiſters Jakob Keltzen Chriſtliche vnb lob-
liche milbe Vororbenung Vnb alles anbere, So zu ehrerbiethung des Almechtigen ewigen Gottes Vnb wolfarth bes Gemeinen armuts geraichen ſoll, khan
Vnb magk, nach Vuſerm höchſten Vormugen zu beförbern, Vnb berwegen berürte des Hern burgermeiſters Jacob Keltz angewandte bit Vor Chriſtlich, ehrlich vnb billich erachtet, Als haben wir Jhme berſelben nicht abzuſchlachen ge-
wuſt, Sundern borauff die oberwentheun 2000 fl. Reiniſcher lanbeswehrung,
So er bomals an eiteln gautzen thalern ober gulben an ſeinem lager bette
gehabt Vnb neben oberzelten ſeinen rebl. Vormahnen Vnb bitten ben Vor-
gebachten Vnſern Burgermeiſter Vnb Stabtſchreiber Bonauenturen Hopfener
Vnb Fritz Volimhaus Vns zu behenbigen burch mittell vnb hülffe Vorgemeltes
ſeines ehrentugenthafftigen hertzgelibten eheweibes, In beiſein ber obgebachten
Herrn Jakob Sigels Micheln Rebelthaus Vnb Nicoln Mönnichs alsbalb zu
hanben geſtelt, Vbergeben Vnb ſich berſelben geeuſſert, Alzo von Jhnen
empfangen, ein vnb ahn genommen, Auch zu Gemeiner ſtabt beſtem nutz angewanbt Vnb barauff Vns zu obberürter Jerlicher erlegung der ein hunbert
gulben, Mit genebiger gunſt Vnb Vorwilligung ber burchlauchtigen vnb hochgebornen Furſten Vnb Herren, Herrn Johans Friberichs bes mittern, Hern
Johans Wilhelms Vnb Herrn Johans Friberichs bes Jungeren gebrübern
Hertzogen zu Sachſſen, Lanbgraffen In Thoringen Vnb Marggraff zu Meiſſen,
Vnſerer genebigen Furſten Vnb Herren, lauts Jhrer Fürſtl. Gnb. baruber
gegebenen genebigen gunſt Vnb Vorwilligungbrieff, eingelaſſen, obligirt Vnb
Vorpflichtet, Einlaſſen, obligiren Vnb Verpflichten Vns zu ſolchem hiermit
Jegenwertiglich In Vnb mit Crafft bitz brieffs, Bereben Vnb zuſagen Vor
Vns, alle Vnſere nachkomenbe Räthe Vnb Gemeinben bey Vniern wahren
worrten, guthen trauen Vnb glauben, Von wegen ſolcher von bem Hern
Burgerm. Jacob Keltz entpf. 2000 fl. Haubtſuma, angezeigte ein hunbert gulben, an ſtabt einer gebreuchlichen penſion, hinfurber Vnaufhorlich, Jerlich
Vff zwo friſten, als die eine auff ben tagk S. Bartholomei Vnb die anbere
auff ben Suntagk letar aus Vnſern gemeinen aerario Vnnb Vorrath zu raichen, zu erlegen Vnb bieſelben, des Villgenantten Hern Burgermeiſters Jacob
Keltzen angewandte bit, Auch Vniern barauff gethanen erbiethen Vnb zuſag
nach, wochentlich zu treulicher aufftheilung bes obberurten Almoſen Vff die
23 hausarme leuthe Vnb arme ſchuler auff ben Schulen ahn zu wenden, Vnb
mit der erſtenn halben Jarsfriſt erlegung auff Bartholomei nechſtkünfftigk an-

---

*) Eingeſchaltet burch britte Hanb.

zusahen, Vnd so fort ahn, Vns mit Vorleihung Götlicher genaden In deme
allen dermassen zu halten Vnd zu erzaigen, wie wir es tegen Got deme Al=
mechtigen am Jungsten tage Vnnd mitler weile tegen hochgedachten Vnsern
genedigen landesfürsten Vnd Herren, desßgleichen tegen des Herren Burger=
meisters Jacob telßen hertzgelibten weybe, kindern Erben vnd sonsten Jder=
menniglich do sichs geburt, zu vorantthwortten wissen wollen. Vor welches
alles vnd itzlichs besondern Vns keinerlei Tag, fürst= noch ander geboth oder
Vorboth, priuil. genad . . . .*) noch befreiung der rechte, alter vnd neuer
. . . .*) wie die geheissen Itzo sein oder vff kunfftige Zeit erdacht werden
mochten, schutzen noch schirmen sollen, Sundern wollen vns deren aller vnd
itzlicher besondern hirmit wissentlich vnd freiwillig vortziehen vnd begeben haben
treulich vnd ahne geferde, Des zu wahrer Vrkunde haben Wir Vnser grosses
stabt Insigell hierunnden an diesen vnsern offen brieff wissentlich angehangen
Vnd denselben nebst der ebangetzogenen Frstl. gunst vnd vor=
willigung dem mehr gemelb. Hern Burgerm. Jacob teltz zu han=
den gestelt, Der Geben ist Donnerstags nach dem Suntage Reminiscere Ao
dni 1556.“

Aus den im Druck, gleichwie im Original selbst, hervorgehobenen Worten
geht hervor, daß die ausgefertigte Urkunde dem Stifter des Almosens zu=
gestellt worden ist.

Endlich ist noch der Bestätigungs-Brief für die Keltzischen Stiftungen —
wenigstens in beglaubigter Abschrift — nachfolgenden Wortlauts aufgefunden
worden:

„Vonn Gots gnadenn Wier Johansfriederich der Mitler Hertzog zu
Sachßenn Lanndgraff In Thüringen vnd Marggraue zu Meissenn, Bekennen
vor Vnns vnnd die hochgeborene fürsten, Herrenn Johans Wilhelmenn, vnnd
Herrenn Johansfriederichen den Jüngern, Herzogenn zu Sachßenn vnnsere
abwesende freundliche liebe brübere, Jrer Libbenn, vnd vunsere Erbenn, Vnd
thun kund gegen Menniglich Das Vnns Jacob Kelzenn Bürgermeisters zu
Salueld seligen nachgelassene Testamentarii, wittwen vnnd erben, vnderthenniglich
fürbracht, wie das genannter Kelz, vber die vorigen Zweytausent gulden, die
er mit vnnser bewilligung zu einem wochentlichen Almüß Jnn die Stadt
Salueldt Hauß Armen leutenn verordennt, noch zweytausent guldenn vnd drey
hundert guldenn Haubtsumma zu nachuolgendenn gutigenn vnnd milden sachenn,
Nemlichen fünffhundert gulden Haubtsuma oder fünff vnd zwantzig gulden
Jerlicher Zins dauon zu der Kirchenn vnnd Schulen diener vnderhalt, Item
zwey hundert gulden Haubtsuma oder zehen gulben Jerlichs Zinnß dauon
Bücher vor Arme schüler zu kauffenn, Item Ein tausent gulden Haubtsuma

*) Nicht zu entziffern.

oder funffzigk gulденn Jerlicher Zinß dauon zu ehelicher außstattung fünf
armer Jungfrauen, Item Dreihundert gulденn Haubtsumma oder funffzehen
gulden Jherlicher Zinß dauon, den Armen leuten auf die drey Hohenfest aus-
zuteilen, Item ein Hundert gulденn Haubtsuma oder fünff gulden Jherlicher
Zinß dauon, Armen leuten Ins Hospital zu Jherlicher Labsall vnnd er-
quickunge, Vnnd dan zwey hundert gulденn Haubtsuma oder zehen gulденn
Jherlicher Zinß dauon zu Aufrichtung vnnd stifftunge einer Apoteken testirt,
legirt vnnd verschafft hatte Vnnd derowegen vnderthenigklich gebetenn,
das wir solch Testament bestetigen vnnd auff die zehntaussent gulденn Haubtsuma, welche er In vnnser Cammer stehen hat, verweissen zu laßen, bewilligen
wolten, das wir demnach Jr vnderthenigs vnd demutiges bitenn Vnnd Insonderheit gemelts Kelzenn wolgemeints vnnd christlichs fürhabenn vnnd das
es alles zu milden gütigen sachen von Ime verordnet angesehen vnnd solch
sein Testament confirmirt vnnd bestetiget, auch darzu unser gunst vnnd Bewilligung vor vnns vnnd gedachte vnnsere freundliche liebe brnedere gethan
vnnd geben, Confirmiren vnnd bestetigen solch sein Testament, Thun vnnd
geben auch darzu vnnser vnnd vnnserer lieben brneder gunst vnd Bewilligung
hiermit vnnd Jnn crafft diß Briffs vnnd bekennen den kirchen vnd Schulen-
dienern vnnd vnvermugenden Jungfrauen, auch den Armen leuten Im Hospital vnnd dem Rath zu Salueld zu anrichtung einer Apotekenn zweytausent
dreyhundert gulden haubtsuma vnnd Jherlichen ein hundert gulden vnnd
funffzehen gulden Zinses dauon an vnnd auff dem Gelde, das wir vnnd
vnnsere freundliche liebe Brnedere gemeltenn Kelzenn schuldigt, habend vnnd
gewertigt zu sein, Alles vermug vnnd Inhalts mehr genannts Kelzens Testaments oder lezten Willens, doch vnschedlich der versicherung, welche der
Kelze vnnserm Hofmeister Wolffenn Mühlichenn drithalbtausient gulденn
halben auf solchem gelte, das er vnns geliehen, gemacht hat.

Do aber vnnsere freundliche liebe Bruedere vnnd wir die haubtsuma,
welche wir Kelzens Erben vber berurte drithalbtausient gulden pleiben, ablegen wörden, So sollen die Testamentarii vnnd der Rath zu Salueldt diese
zweytausend drey hundert gulden wiederum mit vnnsern vorwissen Also der-
massenn anlegen, auf das Ein hundert funffzehen gulденn Jherlicher Zinß zu
obberurtenn vnderschiedlichen milden vnd gutigenn sachen vermuge des Kelzen
Testaments Jherlich kommen, gereicht vnd gegeben werdenn, Woltenn aber
vnnsere freundliche liebe Brueder vnd wir dieselbe Hauptsuma bey vnns behalten, So sollen vnd wollen wir dauon Jherlich dem Rath vnnd Testamen-
tariis die Einhundert vnd funffzehen gulden Zins raichenn vnnd geben, auff
das sie dieselben waiter raichen vnnd gebenn mngen, denen sie verordnet vnd
testiret sein, Alles treulich vnnd vngeuerlich zu Vrkund mit vnnserm zu Ruck
aufgedruckten Secret besiegelt vnnd gegeben zu Reinhardsbornn Sonntags

nach Jacobi Apostoli Nach Christi vnnsers seligmachers geburt Funffzehen Hundert vnnd im Sechsvnndfunffzigsten Jahre."

Beglaubigt ist die — in der Schreibweise jedenfalls nicht durchweg korrekte — Abschrift von dem Fürstl. Sächs. Ober-Steuer-Sekretär Christian Friedrich Schulze mit dem Bemerken, daß das Original bei der Michaelis 1721 beschlossenen Haupt-Steuer-Rechnung als Beleg „inducirt" sei.

Das Keltzische Capital von 2000 Mfl. für wöchentliche Almosen besteht nicht mehr. Dagegen sind für gleiche Zwecke im städtischen Haushalt auf das Jahr 1889 6900 ℳ eingesetzt. Die Wiederherstellung der Keltzischen Stiftung — eine Pflicht und Ehrensache der Stadt — würde daher sich als eine Maßregel darstellen, durch welche der Stadt thatsächlich keine besondere neue Last aufgebürdet würde.

Kapitel X

Vorwort!

Wenn der Verein für Meiningische Geschichte und Landeskunde die Reihe von Lebensbeschreibungen verdienter Meininger, welche er sich als eine seiner Aufgaben gestellt, mit dem Lebensbilde eines heute fast vergessenen Mannes, des einstigen Saalfelder Lehrers David Voit, eröffnet, so bedarf dies nur denen gegenüber, welche von Voit vielleicht erst durch vorliegendes Schriftchen Kenntnis erhalten, einer näheren Begründung, während jeder, dem Voits Bedeutung bekannt ist, dem Verein es Dank wissen wird, daß er jenem Manne ein, wenn auch noch so schlichtes Denkmal setzt.

David Voit gehört zu denjenigen, deren Ruf durch die Leistungen Späterer in den Schatten gestellt zu werden pflegt. Sein im December 1843 vollendetes und 1844 herausgegebenes Buch „Das Herzogthum Sachsen Meiningen, historisch, statistisch, geographisch und topographisch dargestellt für Schule und Haus" wurde nicht bloß dem Umfang, sondern auch dem Inhalte nach weit überholt durch Georg Brückners noch heutigen Tags berühmtes Werk „Landeskunde des Herzogthums Meiningen", deren erster Theil 1851 und deren zweiter Theil 1853 erschien, und seitdem gewöhnte man sich daran, über Brückners Landeskunde das bescheidene Werk David Voits zu vergessen. Soviel aber steht fest, daß Voits „Herzogthum Sachsen Meiningen" noch jetzt ein vielgelesenes und vielbegehrtes Buch sein würde, wenn es nicht durch Brückners Arbeit überflüssig geworden wäre. Denn wie bescheiden auch Voit selbst von seinem Werke dachte, welches — wie er in der Vorrede zu dem Buche sagt — „schlechterdings nicht für eine gelehrte Arbeit gelten soll, sondern nur für einen Schul- und Hausbedarf", so erweist sich das unter Aufgebot eines umfassenden, ehrlichen und dabei verständnisvollen Fleißes ausgearbeitete Buch bei näherer Prüfung als eine so verdienstliche Arbeit, daß wir dem Verfasser für seine der heimischen Geschichte und Landeskunde dargebrachte Gabe noch heute dankbar sein und außerdem noch die größte Anerkennung dafür zollen müssen, daß Voit ein solches Buch zu Stande brachte, ohne die sogenannte höhere wissenschaftliche Bildung zu besitzen.

Der Unterzeichnete hielt es darum für eine Pflicht unseres Vereins für Meiningische Geschichte und Landeskunde, das Andenken an Voits Verdienst wieder wachzurufen, und deshalb wandte er sich zunächst an das Vereins- mitglied Herrn Pfarrer Hugo Voit in Catharinau bei Rudolstadt, einen Enkel David Voits, mit der Bitte, auf Grund der ihm leicht zugänglichen Nachrichten die Erfüllung dieser Pflicht zu übernehmen. Herr Pfarrer Voit war denn auch sofort hierzu bereit, überließ die Ausführung aber seinem Vater, dem Herrn Pastor emer. Albin Voit, früher Pfarrer zu Weitersrod und zu Probst= zella, jetzt in Rudolstadt wohnhaft, welcher als ältester Sohn David Voits allerdings auch das nächste Anrecht darauf besaß, den Lebensgang seines Vaters zu schildern.

Schlicht und einfach, wie David Voit selbst es war, gibt sich auch die vorliegende kurze Lebensbeschreibung des Mannes. Was aber der selbst schon greise Sohn David Voits hier bietet, erscheint um so werthvoller, als eben alles Prunkende und Gesuchte diesem von Kindesliebe treu gezeichneten Bilde fern geblieben ist.

Das der vorliegenden Schrift beigegebene Bildnis Voits ist nach der einzigen in der Familie vorhandenen, sehr verblaßten Photographie, von welcher zunächst durch Herrn Hofphotograph Bachner hier eine Vergrößerung gewonnen wurde, in der Meisenbach'schen Kunstanstalt zu München autotypisch hergestellt worden. Möge es, wie die folgenden Blätter, dazu beitragen, das Gedächtnis eines braven und verdienstvollen Mannes bei Allen in Ehren zu halten.

Meiningen, 27. Juni 1889.

Ernst Koch.

Johann David Voit*), zweiter Sohn des Tischlermeisters und Landwirts Georg Voit und dessen Gattin Katharina geb. Eberlein zu Ummerstadt bei Heldburg, wurde daselbst am 12. Januar 1797 (an demselben Monatstage wie Pestalozzi) geboren und besuchte von seinem fünften bis zum fünfzehnten Lebensjahre die dortige Schule. Während seine beiden Brüder, Friedrich und Heinrich, den Beruf ihres Vaters erwählten, wurde David nach seiner Confirmation auf den Eintritt ins Schullehrerseminar durch seinen Lehrer Schilling vorbereitet und erhielt daneben durch Diakonus Wagner einige Jahre lang Unterricht in der lateinischen Sprache. So verlebte er die Kriegsjahre bis 1815, wie auch die Jahre der Theuerung 1816 und 1817 noch im Elternhause, von seinem Lehrer zugleich als Schulgehülfe benutzt.

Zu Michaelis 1817 trat er ins Herzogl. Schullehrerseminar zu Hildburghausen ein, dessen Director, der nachherige Oberconsistorialrat Dr. Nonne, ihn liebgewann und als Hülfslehrer einigen Familien dort empfahl. Unter Anderen ertheilte Voit als Seminarist den drei Töchtern des Herrn Geheimerates von Schwarzkopf zu Hildburghausen Unterricht. In der dreijährigen Seminarzeit hat Voit nur eine Unterrichtsstunde versäumt. Bei seiner Abgangsprüfung zu Michaelis 1820 hatte er die Zusammenstellung der verschiedenen Leselehrarten, eine Darstellung der Bell-Lancasterschen Lehrmethode zu liefern und eine Katechisation zu halten.

Nach dem Abgange vom Seminar trat Voit als Hauslehrer in dem Hause des vorgedachten Herrn Geheimerates von Schwarzkopf ein und verwaltete dieses Amt bis 1825, welcher Zeit er in seinen eigenhändigen „chronologischen Bemerkungen" mit den Worten gedenkt: „bei dieser sehr verehrten, mir unvergeßlichen und lieben Familie lebte ich wie ein Familienglied." In der Gesellschaft des einzigen Sohnes, stud. jur. Moritz von Schwarzkopf, machte er mehrere Reisen durch Baiern, welchen Voit eine große Bedeutung für sein Leben zugeschrieben hat, weil er auf denselben nähere Bekanntschaft mit namhaften Pädagogen anknüpfte.

*) Sprich Vöt mit langem ö!

So lernte er 1824 bei seinem zweiwöchentlichen Aufenthalte zu Gunzen-
hausen den Kirchenrat Dr. Stephani kennen, welcher täglich mit Voit
zusammen Spaziergänge machte, ihn zu Dr. Pöhlmann führte und sich
erbot, ihn in der von ihm erfundnen Lautmethode zu unterrichten. Mit
Stephani wechselte er bis zum Jahre 1842 Briefe und Schriften — Stephani
war damals ein hochbetagter Greis. Auf seiner zweiten Reise desselbigen
Jahres (1824) lernte Voit den Pädagogen und Regierungsrat Graser zu
Baireuth kennen, welcher ihn durch den Lehrer Pohland mit seiner Methode
und dem Taubstummenunterricht bekannt machen ließ. Voit selbst erzählt
hiervon: „ein Taubstummer von elf Jahren war so weit vorgeschritten, daß
ich ihn Anfangs — ich examinirte selbst — nicht für einen solchen hielt,“
und das Ergebniß jener Reisen faßte er in die Worte zusammen: „So habe
ich in dem Jahre 1824 die drei vorzüglichsten bairischen Pädagogen damaliger
Zeit kennen gelernt: Stephani, Pöhlmann und Graser, die zwar in ihren
Methoden ganz verschieden waren, jedoch durch ihre rastlose Thätigkeit die
größte Anerkennung fanden und durch ihre Schriften in ihren Jüngern
fortleben.“

Durch Stephani wurde Voit eine Lehrerstelle in Frankfurt a. M. angeboten,
sowie durch den Prinzen Georg von Hildburghausen eine andere in
Nürnberg, jedoch blieb er auf Zureden der Frau Geheimrätin von
Schwarzkopf, deren Gemahl bereits 1822 am Nervenfieber verstorben, gern
noch in dieser Familie, bis er eine definitive Anstellung im engeren Vaterlande
erhielt. Und wirklich erhielt er schon am 8. April 1825 durch Herzogl.
Consistorium zu Hildburghausen den Antrag zur Schullehrerstelle in Heubach
bei Eisfeld. Nachdem er am 17. April seine Probe zu Heubach abgehalten,
schritt er zu seiner Verheiratung mit Jungfrau Johanne Rosine, Tochter des
Gerichtschirurgs Fischer in Gera. Diese war nämlich nach dem frühen Hinscheiden der Eltern von ihrem Verwandten, dem Hofrat und Herzoglichen
Leibarzte Dr. Knopf als Pflegetochter angenommen und bei seinem Umzuge
von Gera nach Hildburghausen mit dahin genommen worden. Mit seiner am
28. April ihm angetrauten Gattin zog nun Voit am darauffolgenden Tage
nach Heubach, dessen Gemeindevorsteher mit der Schuljugend, auch derjenigen
von Fehrenbach, über eine Stunde weit ihm entgegenzogen, und, nachdem der
neue Lehrer mit Tüchern und Blumen besteckt worden war, schritt ein langer
Zug unter Musik und Schießen dem Schulhause zu Heubach zu. Am 2. Mai
trat Voit sein Lehramt daselbst an. Aber sogleich im ersten Jahre desselben
fand er Gelegenheit, auch den Erwachsenen Gutes zu thun, woran alsdann
sein Leben überhaupt reich werden sollte. Für drei Familien, deren Väter
als Glasmacher nach Holstein gereist waren und, als sie zu Weihnachten mit
ihrem Verdienste ihre Familien besuchen wollten, bei der Fahrt über die Elbe

bei Hamburg verunglückten, brachte Voit durch Fürbitten bei fürstlichen Personen und durch Aufrufe in der "Dorfzeitung" (unter dem voranstehenden Bilde: "Der Herr am Gotteskasten") gegen tausend Gulden an Unterstützungen zusammen. Der Wittwe des bei Ausübung seines Berufes verunglückten Maurers Heß zu Heubach verhalf er zu einer jährlichen Pension, den Glasmachern zu Fehrenbach zu den früheren billigen Holzpreisen, dabei wirkte er durch Vorstellungen und Collecten mit zum Bau einer Schule in Fehrenbach, und trat durch öffentliche Rügen und Aufsätze in den Zeitungen manchem auf dem Walde eingerissenen Verderbnis entgegen.

Eine Anzahl seiner Schüler, welche durch einen Betrüger unter dem Vorgeben, sie in Seidenwebereien gut unterzubringen, nach Berlin verkauft worden waren, von wo sie keine Nachricht nach Hause geben durften, brachte er mit großer Mühe in ihre Heimat zurück; und als er das im Jahre 1831 in Folge einer Ruhr-Epidemie in den Waldorten entstandne Elend an die Redaction der "Dorfzeitung" berichtet hatte, worauf Hofrat Dr. Hohnbaum in höherem Auftrage dahin reiste, gingen 1160 Gulden an Collectengeldern ein, so daß Suppenanstalten errichtet werden konnten. In den sieben Jahren seines dortigen Lehramtes hat Voit selbst den Armen gegen 300 Gulden an Schulgeld geschenkt.

Nach der Abschulung Fehrenbachs von Heubach — die Schülerzahl war auf 228 angewachsen — wurde Voit von Hoher Behörde aufgefordert, sich eine der erledigten Landes-Stellen auszuwählen. Wegen seiner drei ältesten in Heubach geborenen Söhne entschied er sich für Saalfeld, wo das Lyceum damals noch bestand, und auf Empfehlung des Herzogl. Consistoriums wurde er vom dortigen Gemeinderat am 16. Nov. 1831 für die zweite Mädchenclasse präsentirt.

Nach am 9. Januar 1832 in der Stadtkirche zu Saalfeld erfolgter Einweisung und Verpflichtung als "Lehrer und Schulcasserendant" kehrte er über den Wald nach Heubach zurück, um nun mit seiner Familie den beschwerlichen Umzug anzustellen, dessen er also gedenkt: "1832, den 14. Januar: Abzug "von meinem lieben Heubach, wo mir's nur wohlging und wo ich nie einen "Verdruß mit den Nachbarn hatte, die mir, so lang ich bliebe, ersetzen wollten, "was ich durch Fehrenbach verlieren würde. Mein Umzug über den Renn-"steig mit drei kleinen Kindern bei tiefem Schnee und heftiger Kälte war "äußerst gefährlich."

Weil die ihm zugedachte Mädchenclasse zu Saalfeld den Herren Predigtamtscandidaten Müller und Meß bis zu deren anderweitigen Anstellung anvertraut war, so mußte Voit noch bis zum October 1835 die Elementarclasse daselbst verwalten. Dagegen wurde ihm sogleich die Verwaltung der Schulcasse, dann 1833 die Verwaltung der Unterstützungscasse für die Landschullehrer des Fürstenthums Saalfeld und 1838 die Verwaltung der Pfarrwittwencaffe daselbst durch Herzogl. Kirchen- und Schulenamt übertragen. — Ungeachtet seiner vielseitigen amtlichen Beschäftigung und sorgfältigen täglichen Vorbereitung auf den Schulunterricht fand aber Voit doch noch Zeit zu litterarischen Arbeiten.

Bereits 1835 erschien seine Tabelle: „Palästina sonst und jetzt, historisch, statistisch und geographisch bearbeitet," über welche sich Herzogl. Consistorium so günstig aussprach, daß in Kürze 500 Exemplare derselben abgesetzt waren. Ferner gab er 1839 die „historisch-statistisch-geographische Tabelle des Herzogthums S. Meiningen" heraus, welche auf höchsten Befehl durch Herzogl. Consistorium den Schulen des Landes empfohlen wurde, mit der Anweisung, dieselbe aus Mitteln der Ortsschulcassen anzukaufen. Dieses Werkchen ist die Veranlassung zu dem größeren Werke Voit's geworden. Als nämlich Se. Hoheit der Herzog Bernhard am 23. Juni desselbigen Jahres die Schulen zu Saalfeld besuchte, forderte Höchstderselbe den Verfasser obiger Tabelle in dessen Wohnung auf, ein Handbuch zu derselben herauszugeben, und nach solch ehrenvoller Anregung machte sich der bereits so vielfach beschäftigte Lehrer auch an diese Arbeit. Zur Sammlung der erforderlichen Notizen bereiste er in den Sommerferien einen Theil des Landes, und nachdem er all seine freie Zeit zu diesem Unternehmen benutzt hatte, war er im Stande, nach dreijähriger, durchaus selbständiger Arbeit, Sr. Hoheit dem Herzog bei dessen nächster Anwesenheit zu Saalfeld das Manuscript vorzulegen; das Buch selbst erschien 1844 zu Gotha mit dem Titel: „Das Herzogthum S. Meiningen „historisch, statistisch, geographisch und typographisch dar- „gestellt für Schule und Haus von David Voit." — In einem eigenhändig geschriebenen Briefe sicherte Se. Hoheit der gnädigste Landesvater dem Verfasser die volle Anerkennung zu und durch Herzogl. Ministerium wurde das Buch den Schulen und Volksbibliotheken empfohlen.

Über die Bedingungen, unter welchen die Verlagshandlung das Buch übernahm, ist leider nichts bekannt. Da jedoch eine stattliche Reihe von Subscriptionen auf dasselbe schon vor dem Druck vorhanden war, so läßt sich schließen, daß der Verfasser bei der Herausgabe seines Werkes wenigstens keine Einbuße erlitten hat. Von seinem Landesherrn erhielt er zudem die für jene Zeiten stattliche Summe von 25 Gulden.

Außerdem erschien von Voit noch „Der kleine Geograph oder Handatlas für Elementarschulen des Herzogthums Sachsen Meiningen (8 colorirte Karten und 32 Seiten Text), welcher einige Auflagen erlebte.

In Saalfeld hatte sich Voit die allgemeine Liebe in dem Maße erworben, daß er im Jahre 1842 mit dem Ehrenbürgerrechte beschenkt wurde.

Zwei Jahre darauf ward ihm vom Hennebergischen Alterthumsforschenden Vereine zu Meiningen das Diplom eines correspondirenden Mitgliedes zugeschickt. Bei der Feier seines fünfundzwanzigjährigen Amtsjubiläums am 2. Mai 1850 legte sich die Achtung und Liebe seiner Schülerinnen, sowie seiner Collegen und Vorgesetzten deutlich an den Tag, und wie geachtet Voit auch von seinem Fürsten bis zuletzt war, dies zeigte sich bei der Feier seines fünfundzwanzigjährigen Saalfelder Lehrer- und Rechnungsführer-Amtes am 19. November 1856. An diesem Tage wurden ihm vormittags 11 Uhr in seinem Schulzimmer überreicht:

1. vom Herrn Rector Richter in Auftrage des Herzogs Bernhard die silberne Verdienstmedaille des Herzogl.-S.-Ernestinischen Hausordens,
2. von den beiden Herren Bürgermeistern und dem Deputirten des Gemeinderates ein Dankschreiben der Herzogl. Schulinspection sowie des Magistrates,
3. durch Professor Dr. Reimann als Vertreter der Realschule der Dr. Sohr'sche Atlas als Geschenk sämmtlicher Lehrer zu Saalfeld.

Besondere Freude bereiteten ihm die schriftlichen Glückwünsche seiner früheren Vorgesetzten, des Herrn Dr. Kühner, damal. Directors der Musterschule zu Frankfurt a. M., und des Herrn Schulrates, jetzigen Geheimerates Dr. Weidemann, wie auch des Herrn Oberlehrers Richard Müller in Sonneberg, welcher fünfundzwanzig Jahre zuvor der Primus seiner Schüler gewesen war.

Wie Voit in allen seinen Ämtern gewissenhaft und unermüdlich gewesen, so blieb er auch der sorgsamste Hausvater; hat er ja die Last der Nebenämter und Arbeiten auch zum Besten seiner Familie auf sich genommen und mit seiner ebenso fleißigen und sparsamen Gattin ein zurückgezognes Leben geführt, um den Söhnen eine gediegene Schulbildung angedeihen lassen zu können. Denn von Haus aus war Voit nicht vermögend, und wegen der für seine Heranbildung zum Lehrerberufe aufgewendeten Kosten wurde er bei Teilung des elterlichen Nachlasses nur mit einem sehr geringen Betrage abgefunden. Die Verhältnisse der damaligen Lehrer waren aber auch derart, daß nur unter Aufgebot der größten Sparsamkeit und unter den bescheidensten Anforderungen an das Leben die Unterhaltung der Söhne auf höheren Lehranstalten ermöglicht werden konnte. Voit's Ehe war gesegnet mit sieben Kindern. Die drei ältesten waren in Heubach geboren: Albin am 24. August 1826, Heinrich am 11. December 1827, Gustav am 10. April 1830; in Saalfeld wurden geboren am 26. Januar 1832 Emil, welcher nach einem Jahr wieder starb, weshalb der am 4. December 1833 geborene fünfte Sohn ebenfalls den Namen Emil erhielt, ferner als sechstes Kind am 4. Juli 1836 Moritz, ein mit herrlichen Anlagen begabter Knabe, der jedoch schon im fünften Lebensjahre starb und durch seinen Tod Eltern und Geschwister in schmerzlichste Trauer versetzte; endlich als einzige Tochter Minna, geboren am 24. Mai 1840, welche nach des Vaters Tode sich an den Lehrer Albert Vorläufer zu Saalfeld verheiratete. Die zwei ältesten Söhne unterrichtete Voit selbst in den Elementen der lateinischen Sprache und übergab sie nach gehöriger Vorbereitung auf dem Progymnasium und der Realschule zu Saalfeld zu Ostern 1842 dem Gymnasium zu Hildburghausen; ebenso besuchten Beide gleichzeitig zu Ostern 1848 die Universität Jena, wo der Ältere sich dem geistlichen, der Jüngere sich dem ärztlichen Berufe widmete. Dem Letzteren verschaffte er aber auch noch die Mittel zum Besuche der Universitäten Leipzig, Prag und Wien, und er erntete schon 1853 den Lohn seiner großen Opfer, indem dieser sein zweiter Sohn sich als Arzt zu Saalfeld niederließ. Die beiden jüngsten Söhne brachte er bei tüchtigen Lehrmeistern unter. Gustav erlernte das Drechslergeschäft und die Elfenbeinschnitzerei, und Emil widmete sich dem Kaufmannstande. Aber auch allen Bedrängten Saalfeld's, welche ihn aufsuchten, war Voit ein freundlicher Berater und Helfer bis an sein Ende.

Trotz seiner vielseitigen und unermüdlichen Thätigkeit fühlte er sich dennoch in seinem 61. Lebensjahre so rüstig, daß er in dem Jahr 1857, welches sein Todesjahr werden sollte, seine Ferienzeit noch zu zwei Fußreisen benutzte; nämlich zu Pfingsten besuchte er zum letzten Male seine zwei Brüder in seiner Vaterstadt (sein Vater war bereits am 25. November 1827, seine Mutter am 8. August 1843 gestorben) und seine alten Freunde in Hildburghausen, und dann reiste er über Weitersroda, wo sein ältester Sohn als Pfarrer wohnte, nach Saalfeld zurück. Im Pfarrhause zu Weitersroda hatte es ihm so wohl gefallen, daß er zu Michaelis desselben Jahres den Weg dahin abermals zu Fuß zurücklegte mit gewohnter Rüstigkeit.

Allein bereits acht Wochen darauf sollte er seinen Heimgang zu Gott antreten. Bei einer öffentlichen Beerdigung hatte er sich eine Erkältung zugezogen und als er nach nächtlichem Schweiße des andern Tags trotz Abraten der Seinigen dennoch den Unterricht in seiner Classe erteilt hatte, ward er von einer so heftigen Lungenentzündung befallen, daß er bereits am fünften Tage, den 8. December Nachmittags 6 Uhr verschied. Sein Lebensalter hatte er auf 60 Jahre 10 Monate gebracht.

Voit hatte sich so sehr in seinen Lehrerberuf hineingelebt, daß er sich noch auf seinem kurzen Krankenlager mit dem Erteilen von Aufgaben für seine Schüler beschäftigte. Gleichwie auf Erden sich an ihm, der allezeit zum Beistand mit Rat und That bereit gewesen, das Wort erfüllt hat: „Das Gedächtnis der Gerechten bleibt im Segen," — so wird ihn auch unser Herr mit dem Gruße empfangen haben: „Gehe ein zu Deines Herrn Freude!"

Herzog

Karl von Sachsen Meiningen

und

A. L. Schlözer.

~~~~~~

Von

Friedrich Motz,

Professor am Gymnasium Bernhardinum

in Meiningen.

Meiningen.

Verein für Meiningische Geschichte und Landeskunde.

1889.

Herzog Karl von Meiningen und
A. L. Schlözer.

Wiewohl die geistigen Bestrebungen des fürstlichen Brüderpaares Karl und Georg I. von Sachsen Meiningen schon der Gegenstand eingehenderer Betrachtung namentlich seitens Ludwig Bechsteins*) und Georg Karl Fr. Emmrichs**) gewesen sind, so haben doch die höchst interessanten Beziehungen, in welchen jene beiden Herzöge zu einem der hervorragendsten deutschen Publizisten des 18. Jahrhunderts gestanden haben, bis jetzt kaum eine Erwähnung gefunden. Namentlich in den Schriften, welche sich die Erforschung der Spezialgeschichte unseres engeren Vaterlandes zur Aufgabe gemacht haben, sucht man nach einer Darlegung dieser so bemerkenswerten Seite des geistigen Lebens jener beiden Herzöge vergebens. Und doch dürfte es kaum etwas geben, was diesen Fürsten zu höherer Ehre gereicht, als die enge, beeinflussende Verbindung, in der sie mit demjenigen litterarischen Unternehmen gestanden haben, welches für die politische Bildung Teutschlands in der damaligen Zeit am bedeutsamsten war. Die Förderung, welche dieses durch Herzog Karl erfuhr, im einzelnen, so weit es nach den erhaltenen Nachrichten möglich ist,***) darzulegen, ist der Zweck der folgenden Abhandlung.

---

*) „Aus dem Reisetagebuche des jungen Herzogs Karl August zu Sachsen Meiningen" in „Mitteilungen aus dem Leben der Herzöge zu Sachsen Meiningen und deren Beziehung zu Männern der Wissenschaft. Herausgegeben von Ludwig Bechstein. Halle 1856."

**) „Herzogl. S. Coburg-Meiningisches jährliches gemeinnütziges Taschenbuch, welches die Lebensgeschichte Herzog Georg's, des Unvergeßlichen, enthält. Meiningen 1805."

***) Benutzt wurden außer den oben erwähnten Schriften hauptsächlich folgende Werke:

1*

Das dritte Viertel des 18. Jahrhunderts zeigt uns die verheißungsvollen Anfänge des litterarischen Aufschwungs unserer Nation. Klopstock, Lessing, Herder, Goethe eröffneten der geistigen Bewegung neue, ungeahnte Bahnen, und alle Gebildeten folgten ihnen auf denselben mit einer jetzt kaum denkbaren Teilnahme, Hingebung und Begeisterung. Ganz anders stand es auf dem politischen Gebiete. Das Interesse für öffentliche Angelegenheiten hatte noch nicht jenen gewaltigen Impuls erfahren, welchen es erst noch später durch die französische Revolution erhalten sollte. Wurde auch durch die Staunen und Bewunderung erregenden Thaten Friedrichs des Großen der Patriotismus der Teutschen geweckt, so war doch von einer politischen Freiheit in dem Sinne der Jetztzeit, von einer freimütigen Besprechung von Staatsangelegenheiten in der Presse keine Rede, da ja Zeitschriften politischen Charakters, welchen nennenswertes Material über öffentliche Dinge zur Verfügung stand oder die in jener Zeit der Zensur sie einer offenen Besprechung unterzogen hätten, überhaupt nicht vorhanden waren.*) Einseitig den eben erst geweckten litterarischen Interessen hingegeben, vermied man ängstlich jede Kritik der bestehenden Verhältnisse, scheute man auch schon den Verdacht, in die als Geheimnisse behandelten Staatsangelegenheiten eindringen zu wollen. Eine öffentliche Meinung im heutigen Sinne gab es nicht, selbst die schreiendsten Mißstände erfuhren fast nur in den Kreisen der Nächstbeteiligten ängstliche Erwähnung. Fortgeschrittenere Geister erkannten in dieser Flucht der Wahrheit vor der Öffentlichkeit einen schweren Mangel, beklagten das Vergraben einer Menge schätzbaren Materials in den Archiven der Behörden als eine Schädigung des allgemeinen Wohls, und endlich fand sich ein Mann, welcher den Mut besaß,

---

A. L. von Schlözers „Briefwechsel" und „Statsanzeigen";

„A. L. von Schlözers öffentliches und Privatleben aus Originalurkunden . . . beschrieben von dessen ältestem Sohne Christian von Schlözer", Leipzig 1828, 2 Bde.

„Die Begründung der neueren deutschen Geschichtschreibung durch Gatterer und Schlözer . . . von Dr. Hermann Wesendonck. Eine von der philosophischen Fakultät der Universität Leipzig gekrönte Preisschrift", Leipzig 1876;

„August Ludwig Schlözer, ein Publizist im alten Reich. Von Theodor Zermelo", Berlin 1875.

„Geschichte des achtzehnten Jahrhunderts und des neunzehnten bis zum Sturz des französischen Kaiserreichs . . . Von F. C. Schlosser", Heidelberg 1836 ff., 8 Bde.

„Chronik der Stadt Meiningen";

„Archiv für die Herzogl. S. Meiningischen Lande . . . herausgegeben von G. C. F. Emmrich", 1. Band, 1832.

*) Die bekannteren Zeitschriften dieser Art, das Patriotische Archiv von L. F. von Moser und das Göttingensche Historische Magazin von Meiners und Spittler, erschienen erst seit 1784, bezw. 1787.

der Geheimniskrämerei in Staatsangelegenheiten, der Scheu, weitere Kreise bei
der so nötigen Beseitigung schlimmster Zustände zu beteiligen, ein Ende zu
machen.

Dieser Mann war August Ludwig Schlözer. 1735 zu Jaggstadt, einem
Dorfe im Hohenlohe-Kirchbergischen, als Sohn eines Geistlichen geboren,
erwarb er, durch treffliche Begabung unterstützt, auf verschiedenen Schulen
tüchtige Kenntnisse. Anfangs sich der Theologie und Philosophie widmend,
hatte er dann durch Michaelis' Vorbild angespornt auf der Universität
Göttingen sich allgemeineren Studien, namentlich der Geschichte zugewandt, war
hierauf als Erzieher und Lehrer in Stockholm und Upsala thätig, wo er,
schon vorher mit dem Französischen, Lateinischen, Griechischen, Hebräischen und
Arabischen vertraut, die schwedische Sprache kennen lernte, und trat später als
Korrespondent in ein kaufmännisches Geschäft ein, welche Thätigkeit ihm einen
genaueren Einblick in Handel und Gewerbe verschaffte, ohne ihn jedoch den
Wissenschaften zu entfremden, indem er damals besonders die schwedische
Geschichte betrieb, sowie er auch die Gelegenheit benutzte, sich in die gothische,
isländische, lappische, finnische und polnische Sprache einführen zu lassen.
Mehrere Schriften entwuchsen dieser vielfachen Thätigkeit. Daneben galt seine
eindringliche Beobachtung besonders auch den politischen Begebenheiten der
Gegenwart, so daß er sich auch auf diesem Gebiete Kenntnisse erwarb, welche
ihm namentlich bei seiner späteren schriftstellerischen Thätigkeit zu gute
gekommen sind. Nach Deutschland zurückgekehrt, verwertete er zunächst das
in Schweden gewonnene reiche Wissen als Schriftsteller, gab sich dann aber
in Göttingen, wohin er sich nach vierjähriger Abwesenheit wieder gewandt
hatte, den mannigfaltigsten Studien hin, indem er sich besonders auch in der
Medizin, Natur- und Rechtswissenschaft eingehendere Kenntnis zu erwerben
suchte. Allein auch selbst war er als Lehrer besonders in mehreren Sprachen
thätig, sowie er für einige Zeitschriften arbeitete und mit vielen, auch
ausländischen Größen der Wissenschaft in lebhaftem Briefwechsel stand. Doch
seine Wanderlust ließ ihn nicht lange in Deutschland weilen, sondern 1761 in
eine Hauslehrerstelle in Petersburg bei dem russischen Reichshistoriographen
Gerhard Friedrich Müller eintreten. Auch dieser achtjährige Aufenthalt in
Rußland, während dessen er verschiedene Stellungen bekleidete, wurde für ihn
außerordentlich fruchtbar, indem er sich nicht nur mit bewundernswerter
Schnelligkeit die Kenntnis der russischen und verwandter Sprachen aneignete,
sondern auch über die Geschichte des russischen Reiches die sorgfältigsten Untersuchungen anstellte. Aber trotzdem er zuletzt in das ehrenvolle Amt eines
ordentlichen Professors der kaiserlichen Akademie der Wissenschaft eingerückt
war, obgleich seinem umfassenden Geiste die großartigen Verhältnisse des ausgedehnten Kaisertums die reichste Nahrung boten, so folgte er doch, des bisher

von ihm geführten unstäten Lebens überdrüssig, abgestoßen durch die despotische Art der Regierung, durch erlittene Verfolgungen und die unwürdige Stellung der Unterthanen in dem Zarenreiche, im Jahre 1769 bereitwillig einem an ihn ergehenden Rufe als ordentlicher Professor der Geschichte nach Göttingen. Hier hat er nun, besonders durch sein eigenthümliches Wanderleben zum Universalhistoriker und Polyhistor geworden, durch die auf seinen zahlreichen Reisen und infolge des vielseitigsten Studiums gewonnene ungewöhnliche Bildung weit über seinen Zeitgenossen stehend, bis zu seinem Tode 1809 als Lehrer der Geschichte, unermüdlich thätig, gelebt.

Allein so wichtig Schlözers Vorlesungen besonders auch dadurch geworden sind, daß eine große Zahl der Männer, welche in der napoleonischen Zeit zu den wichtigsten Stellungen namentlich in den norddeutschen Staaten berufen worden sind, als Studenten in Göttingen seine Anschauungen sich aneigneten und in das praktische Staatsleben übertrugen, so ist doch viel gewaltiger der Einfluß, welchen er durch seine Zeitschriften geübt hat. Diese haben eine geraume Zeit hindurch auf die gebildeten Kreise und namentlich auf die Regierungen nicht nur Deutschlands, sondern Europas eine wohl bemerkbare Wirkung hervorgebracht.

Will man sich ein Bild von den damals in Deutschland bestehenden Zuständen machen, so muß man von der Menge der kleineren Länder und Ländchen durchaus Staaten wie Preußen und Oesterreich unterscheiden, wo einsichtige Regenten, wie Friedrich Wilhelm I., Friedrich II., Maria Theresia und Joseph II., die Unhaltbarkeit der bisherigen Verhältnisse erkennend, eine neue, mittelalterliche Mißbräuche möglichst beseitigende Ordnung der Dinge begründet hatten, bez. eben begründeten. Ganz anders sah es in den meisten anderen Ländern aus. Auch wo die Fürsten selbst bessere Absichten hegten, sorgten oft mächtige Minister und privilegierte Klassen getreu der Ansicht vieler Staatsleiter jener Zeit dafür, daß an erster Stelle der Glanz der Hofhaltung, nur als Vorbedingung für diesen auch das Wohlbefinden des Volkes in Anschlag kam. Daher wurden die Unterthanen bisweilen mit großer Härte ausgebeutet, um die Mittel für eine vielfach selbst in lächerlicher Weise das französische Vorbild nachäffende Verschwendung zu liefern. Während für Förderung der Verkehrsmittel und Hebung des Wohlstandes nichts geschah, gab man für Errichtung von Luxusbauten in den Residenzen, für üppige Hoffeste, für glänzend auftretende Gesandtschaften unglaubliche Summen aus. Arg war die Plage, welche das Jagdvergnügen nicht der Fürsten allein, sondern auch des Adels den Unterthanen verursachte. Massen von Wild verheerten die Saaten und beraubten den Landmann der Früchte seines Schweißes; harte Strafen trafen die gegen die Jagdgesetze Verstoßenden; die lästigsten Frohnden waren bei dem Vortreiben des Wildes zu leisten. Und bei alledem handelte es sich nicht um fürstliche Familien allein, sondern in gleich üppiger und verschwenderischer Weise lebten auch viele höhere Regierungs- und Hofbeamte; die Zahl des trägen Hofgesindes aber, der Schmarotzer war in manchen Residenzen eine überaus große. Daher erschien oft als die unerläßlichste Eigenschaft des Ministers Erfindsamkeit in neuen Geldauflagen, war eine geordnete Finanzwirtschaft undurchführbar. Wie häufig veranlaßte aber auch der übertriebene Aufwand des Adels zu einem völligen Ruin herbei- führenden Schuldenmachen! Und dabei war noch ein Land glücklich zu preisen, welches nicht unter der so weit verbreiteten Mätressenwirtschaft litt, denn die Miß- bräuche, welche sie hervorrief, waren für die Unterthanen die demütigendsten, die durch sie herbeigeführten Aussaugungen wurden von den Betroffenen am herbsten empfunden. Getreu dem Vorbild eines Ludwig XIV. umgaben sich nicht wenige Regenten mit dem peinlichsten Ceremoniell, die Etikette beherrschte alles; der Fürst war dann für den gewöhnlichen Mann oft kaum zugänglich. Überhaupt sah sich der Gelehrte, der Bürger, der Bauer vielfach von den Fürsten und dem oft rohen Adel wegwerfend behandelt und mißachtet, während sich jeder Franzose an den Höfen mit kriechender Unterwürfigkeit umschmeichelt sah. Für das deutsche Land, für das deutsche Volk hatten durchaus nicht alle Machthaber ein Herz, und so sehr sie französische Sitte und Sprache verehrten, so sehr verachteten sie den heimischen Brauch. Über große Mißstände war rücksichtlich der Justiz zu klagen. Bei der Menge der selbstständigen Staaten war die Zahl der Rechtsgelehrten eine große. Trotz- dem war es schwer, Recht zu finden. Schon die despotischen Gelüste der Beamten hatten vielfach diese Wirkung. Nur zu häufig kam es aber auch vor, daß die Juristen ihren Scharfsinn dazu verwandten, um den Wünschen und Launen ihrer Gebieter den Schein des Berechtigten zu verleihen; wenn der Landesherr oder eine einflußreiche Persönlichkeit bei einem Prozesse ein Interesse hatte, waltete oft Willkür, mitunter schon in Bestellung des Gerichtes, indem manche Fürsten ihrem Kabinet die Stellung der obersten Instanz vor- behielten. Aber auch wo guter Wille vorhanden war, und wo nicht etwa Unwissenheit und Unfähigkeit ihre Folgen äußerten, wurde prompte Justiz durch den schrecklichen Wust veralteten Formelkrams, durch die leidige Gewohnheit, sich in den breitesten, weitläuftigsten Deduktionen zu ergehen, durch oft sich widersprechende Verordnungen, welche ein Ausfluß des ewigen Dekretirens und der Vielschreiberei der Behörden war, gehindert; die Urteile waren in einer dem Mittelalter entstammenden, für Laien unverständlichen Kanzleisprache abgefaßt. Die Rechtsanschauungen, von denen man ausging, waren oft die unaufgeklärtesten, noch nicht lange hatte das Hexenverbrennen ein Ende genommen. Die Strafen waren hart, und in manchen Ländern wurde noch die Folter angewandt. Der Geschäftsgang war bei den Behörden ein höchst schleppender, so daß oft die Sachen im Sande verliefen. Die Stände waren ohne erheblichen Einfluß; wo man sie überhaupt noch berief, mußte man es meist zu vermeiden, in seinen Maßnahmen durch sie gestört zu werden. Dazu gab zu vielen Unbilden und Verfolgungen die Religion Veranlassung, und zwar erwiesen sich nicht nur die Katholiken oft höchst unduldsam, sondern auch die protestantischen Geistlichen waren vielfach herrschsüchtig und intolerant. Wie häufig wandten sich Bedrückte an das Corpus Evangelicorum, die Reichskommission der Protestanten, und wie häufig thaten sie dies, ohne etwas zu erreichen! Das Mönchswesen führte zu einem die Länder schwer schädigenden Müßiggange, das Cölibat zu unwürdigen Verhältnissen und Begünstigungen, die Sorge für Erhaltung bei dem herrschenden Glauben zu peinlichem Verfolgen und Ausschließen jedes fremden Gedankens, wovon die Folge Stillstand und Versumpfung war.

Dies waren nach allgemeinen Zügen, von denen sich natürlich vielfach und zwar nicht blos in den erwähnten größten Staaten Deutschlands lobenswerte Abweichungen zeigten, die Zustände, durch welche Schlözers selbstbewußter, von einem lebhaften Rechtsgefühle durchdrungener Geist sich zur schärfsten Opposition herausgefordert fühlte. Die ihm eigene hohe Meinung von der Menschenwürde und der lebhafte Abscheu vor jeder Vergewaltigung und jedem Unrechte, wie er sie namentlich in dem Russenreiche nur zu genau selbst beobachtet und kennen gelernt, hatte noch eine kräftige Nahrung durch die nähere Berührung erhalten, in der damals Hannover, welches durch Personalunion mit dem britischen Staate verbunden war, mit England stand. Die in diesem herrschende größere Freiheit, der der einzelnen Persönlichkeit dort verfassungsmäßig gewährleistete Schutz, das den Engländer beseelende stolze Selbstgefühl blieben nicht ohne Rückwirkung auf die Anschauungen der unter demselben König — damals Georg III. — stehenden Hannoveraner. Wie auch die Haltung der hannöverischen Behörden Schlözers publizistische Thätigkeit durch Unbehelligtlassen und Gewähren einer damals ungewöhnlichen Freiheit der Erörterung förderten, geht z. B. aus folgenden dankbaren Worten des Gelehrten in dem „allgemeinen Vorbericht" seiner „Staatsanzeigen" (1782) hervor: „... solange der Altar stehet, den die GEORGe, und Ihre gleich unsterbliche Stats Beamte, der noch hie und da im Gedränge befindlichen Freiheit und Warheit, hier in Göttingen errichtet, und bisher, unter lautem Dank und Segen der Zeitgenossen (gewißlich auch der Nachwelt), mächtig geschützt haben: so lange — aber auch länger nicht — soll dieser Briefwechsel, oder wie er sei: Ostern heißt, sollen diese Stats Anzeigen, ununterbrochen fortgesetzt werden." Die Absicht, welche Schlözer bei Herausgabe seiner Zeitschriften*)

---

*) 1775 „Briefwechsel meist statistischen Inhalts," 1777—1782 in 10 Bänden oder

verfolgte, war, eine einflußreiche öffentliche Meinung in Deutschland hervor-
zurufen und den unter verjährten und verrotteten Mißständen und durch
brutale Ungerechtigkeit Leidenden die Möglichkeit zu verschaffen, ihre Klagen
zur allgemeinen Kenntnis zu bringen. Bei der herrschenden Ängstlichkeit des
Publikums, der streng aufrecht erhaltenen Geheimniskrämerei in allem den
Staat Betreffenden, der rücksichtslosen Vergewaltigung des Schwächeren seitens
der Mächtigen, der skrupellosen Fortübung feudaler Vorrechte war dieser Plan
ein ebenso schwieriges Unternehmen, wie dringendes Bedürfnis. „Er schuf
ein Tribunal, vor dessen Aussprüchen bald alle Finsterlinge Deutschlands, alle
die zahlreichen kleinen Tyrannen, ihre despotischen Beamten und Schergen
erblaßten, wenigstens diejenigen unter ihnen, die noch so viel Ehre und
Scham übrig hatten, daß sie erröthen und erblassen konnten."*) Anfangs
sein Unternehmen unter dem unschuldigen Gewande der Sammlung hauptsächlich statistischer Zusammenstellungen, wie sie eben jenesmal zuerst aufkamen,
verbergend, erweiterte er dasselbe bald zu einem Organ für Staatsverwaltung
und Zeitgeschichte. Die Ziele aber, welche er dabei im Auge hatte, waren
hauptsächlich Aufhebung der Leibeigenschaft, Beseitigung der Mißbräuche in
der Justiz, namentlich vollständige Aufhebung der Tortur, Bekämpfung der
Zensur, Veröffentlichung von Beschwerden über erlittenen Druck und geübte
Intoleranz, über Fortdauer sich überlebt habender feudaler Zustände. Anderer-
seits machte er es sich zur Aufgabe, solche obrigkeitliche Anordnungen, welche
Mißstände beseitigten, namentlich die Josephinischen Edikte und Reformen
möglichst rasch zu allgemeiner Kenntnis zu bringen.

Daß trotz dieser vielen Regierungen höchst unbequemen Tendenzen der
Schlözerschen Zeitschriften dieselben nicht unterdrückt wurden, erklärt sich
zunächst daraus, daß den polemischen Artikeln eine Menge Aufsätze rein
belehrender Art gegenüber standen, deren Wichtigkeit bei dem fast gänzlichen
Mangel ähnlicher Zusammenstellungen dem Politiker, dem Verwaltungsbeamten,
dem Statistiker, jedem mit wissenschaftlichen Dingen sich Beschäftigenden oder
für sie sich Interessirenden in die Augen springen mußte. Sie waren eine
wahre Fundgrube alles Wissenswerten auf dem Gebiete der Zeitgeschichte, der
Wissenschaft, namentlich der Staatswissenschaft, des Handels, der Gewerbe,
aller öffentlichen Einrichtungen. Besonders zahlreich sind die Zusammenstellungen über Bevölkerung, namentlich über Volkszählungen, denen sich solche
über Eheschließung, Erziehung u. s. w. anschließen; ebenso häufig finden sich
statistische Artikel über den Handel, sowie viele über Manufaktur, Bergwerke,

---

60 Heften „Briefwechsel meist historischen und politischen Inhalts", 1782—1793 in
18 Bänden oder 72 Heften „Stats Anzeigen".
*) F. C. Schlosser, Geschichte des achtzehnten Jahrhunderts, 3. Bd., S. 254.

Fischerei, Bienenzucht, Seidenbau. Die Landwirtschaft ist in den Aufsätzen stark vertreten, speziell Flachs-, Tabak-, Kartoffelbau, Wollproduktion, Viehhandel beachtet. Dem Gerichtswesen wird besondere Aufmerksamkeit zugewandt; Kreditwesen, Armenanstalten, Wegeverbesserung, Auswanderung, Leibeigenschaft, werden mehrfach behandelt; ebenso Staatseinkünfte, Staatsschuldenwesen, Papiergeld, Lotto, Stärke der Armeen. Die Verhältnisse des Adels, Mönchswesen, Klöster, Jesuiten, Juden werden besprochen. Auch über Bibliotheken, Universitäten, Sprachen finden sich vielfach Nachrichten. Für Sammlung aller derartigen Zusammenstellungen und Auseinandersetzungen hatte bis dahin ein Organ fast ganz gefehlt, und da dieselbe außerdem einen vorzüglichen Wert dadurch erhielt, daß die Mitteilungen Quellen entstammten, welche für die meisten unzugänglich waren, von fast durchgängig zuverlässigsten Gewährsmännern herrührten und der Sichtung und Prüfung eines mit damals seltenen Kenntnissen ausgerüsteten Mannes unterzogen waren, so entsprachen diese Veröffentlichungen in so gelungener Weise einem dringenden Bedürfnisse, daß eine ungewöhnliche Rücksichtslosigkeit dazu gehört hätte, ihnen ein Ende zu machen. Wenn aber Schlözer in einem damals besonders auffallenden Grade Preßfreiheit gegönnt wurde, so erklärt sich dies auch aus der Vorsicht, mit welcher er den größeren deutschen Staaten, namentlich Hannover gegenüber verfuhr, und besonders einesteils aus der Bewunderung, welche er den Josephinischen Einrichtungen entgegenbringt, andernteils aus der Abneigung, welche er revolutionären Bewegungen gegenüber kund gab. Von der Überzeugung geleitet, daß Fortschritte der Menschheit nicht von unten anzubahnen seien, sondern daß glücklichere Verhältnisse für dieselbe nur von den höheren, einsichtigeren Kreisen, also namentlich den Regierungen, ausgehen könnten, kurz an der damals allgemein verbreiteten Theorie von dem Segen des aufgeklärten Despotismus festhaltend, erklärte er sich gegen jeden Versuch des Volkes, sich selbst zu helfen, aus eigener Kraft eine Besserung seiner Lage herbeizuführen; daher rührt die Abneigung, mit welcher er dem eben entstehenden nordamerikanischen Freistaate, den holländischen Unruhen entgegentritt. Endlich aber ließ man ihm von Regierungsseite freieren Spielraum, weil er mit der größten Gewissenhaftigkeit nur durchaus verbürgte Nachrichten zu bringen sich bemühte, ja mit kluger Selbstbeschränkung die Regel in Anwendung brachte, daß auch das Wahre durchaus nicht immer ausgesprochen werden dürfte.

So war es Schlözer möglich, einen bisher seitens eines Privatmannes unerhörten Einfluß auf die öffentlichen Angelegenheiten zu gewinnen, indem die von ihm gewünschte und geförderte öffentliche Meinung sich mehr und mehr geltend machte. Seine Zeitschrift erregte in den weitesten Kreisen das größte Aufsehen, bei den Vaterlandsfreunden begeisterte Zustimmung, bei den Angegriffenen und Bloßgestellten grimmigen Haß und wütende Verfolgung.

Während die einen nicht anstanden, seine Wirksamkeit auf politischem Gebiete mit der Luthers auf religiösem zu vergleichen, war er den andern eine „bête noire". Selbst die allerhöchsten Kreise Europas sahen mit größter Spannung seinen Veröffentlichungen entgegen, suchten mit ängstlicher Scheu seinen Tadel zu vermeiden. Der große Kaiser Joseph rief seinem Buchbinder, als diesem eine Anzahl Bücher übergeben wurde, die Worte zu: „Aber vor allem anderen den Schlözer, den Schlözer bringe er mir bald zurück." Maria Theresia aber gab ihrem Staatsrate gegenüber ihren Bedenken in betreff der Teilung Polens in den bezeichnenden Worten Ausdruck: „Nein, das geht nicht, was würde Schlözer dazu sagen?"

Eine so ganz hervorragende Bedeutung konnte „der Briefwechsel" und „die Staatsanzeigen" nur durch die hingebende Förderung erreichen, welche denselben seitens einer erlesenen Schar edeler und mutvoller, zum Teil den höchsten Kreisen angehöriger Männer wurde. Daß zu diesen auch Herzog Karl von Sachsen Meiningen gehörte, spricht Schlözer selbst in dem „Allgemeinen Vorbericht" zu dem ersten Heft seiner „Staatsanzeigen" (Göttingen 1782) ausdrücklich in folgenden, für ihn und sein Unternehmen, wie für seine Mitarbeiter charakteristischen Worten aus: „Aber schon seit merern Jaren ist sie" (diese periodische Schrift, seither „Briefwechsel" genannt) „nicht mein Werk mer: ich bin blos Sammler, Herausgeber, Handlanger bei Andrer ihren Dienstleistungen, Ausspender fremder Woltaten. Die meisten — und ich übertreibe nichts, wenn ich sage, die allerwichtigsten — Aufsätze, kommen mir ungebeten, so gar portofrei bis vor meine Türe, zu: ich habe weder Mühe, noch Kosten, dabei. Was ich indeß, bei dieser Gelegenheit, für seltene Züge von deutscher Großmut, und deutschem Patriotism erlebt habe! Wie ehrwürdig mir dadurch meine deutsche Nation, von Seiten, von denen ich sie vorhin nicht genug kannte, geworden ist! Und wie es mich schmerzt, daß ich nicht umständlicher davon sprechen darf! — Gewiß nicht Eitelkeit macht mir dieses Stillschweigen schwer: aber die Glaubwürdigkeit, und die Eindringlichkeit unzäliger Aufsätze, verliert durch diese pflichtmäßige Zurückhaltung. — Nur zween der größten Woltäter dieser Schrift, darf ich, leider! nennen (da ich keinen Grund zu haben vermeine, sie auch nicht einmal nach ihrem Tode zu nennen): den regierenden Herzog von Sachsen Meiningen, und den Grafen Firmian in Meiland.*) Spät, oder nie, komme die Zeit, wo ich auch andre änliche Woltäter nennen

*) Graf Firmian war der kaiserliche Gouverneur von Mailand, ein Mann, welcher sich in gleicher Weise durch Thätigkeit wie durch Bildung auszeichnete. Sein Briefwechsel mit Schlözer betraf besonders die Statistik. Auf seiner italienischen Reise (1781) besuchte ihn dieser und sah sich von ihm mit der größten Zuvorkommenheit aufgenommen, so daß sich für Schlözer die Aussicht zu eröffnen schien, durch des Grafen Vermittelung in Kaiser Josephs Dienst zu gelangen.

bürfte!" Auch am Ende des vierten Heftes der „Staatsanzeigen" nennt ihn Schlözer „einen der allergrößten Woltäter dieses Journals." Auf Herzog Karl sind ferner offenbar die Worte des Sohnes von Schlözer (a. a. O. S. 375) zu beziehen: „Unterdeß besaß Schlözer auch unter Deutschlands Großen einen bedeutenden Anhang. Insonderheit hatte ihm sein Ludwig Ernst*) eine Menge derselben gewonnen. Mit einer großen Anzahl derselben pflegte er Briefe zu wechseln; so z. B. früher mit einem Herzoge von Sachsen Meiningen."

Herzog Karl war der Sohn des hochbegabten Herzogs Anton Ulrich, des gelehrtesten Fürsten seiner Zeit, welcher mit spielender Leichtigkeit Gedichte auf das Papier warf, eine Menge verwickelter juristischer Fragen persönlich bearbeitete, ein so lebhaftes Interesse für alles Neue auf dem Gebiete der Politik und Litteratur besaß, daß er sich einen besonderen Berichterstatter in Wien hielt. Eine Schwester Herzog Karls war die hochgebildete Prinzessin Wilhelmine. Geboren 1754 stand er nach seines Vaters Tode (1763) zunächst noch unter der Vormundschaft seiner Mutter Charlotte Amalie, einer trefflichen Fürstin. Von Natur für alles Edele und Gute begeistert und dem regsten Interesse für die damals in Deutschland sich geltend machende geistige Bewegung erfüllt, hatte er seine von tüchtigen Lehrern geförderte Bildung durch seinen Aufenthalt in der Universitätsstadt Straßburg und an diesen sich knüpfende Reisen zum Abschluß gebracht. Ludwig Bechstein hat durch die Auszüge, welche er aus des Prinzen Reiseberichten an seine Schwester Wilhelmine gegeben hat, uns einen Einblick in das reiche geistige Leben des Fürsten verschafft, der auf seiner Reise mit zahlreichen Vertretern der Wissenschaft und Kunst in Berührung trat und den Eindruck, welchen er von ihnen empfing, mit ebenso gesundem Urteil wie seltener Herzensgüte schildert. Eine würdige Lebensgefährtin fand er (1780) in der durch ausgezeichnete Eigenschaften des Geistes wie des Gemütes gleich anziehenden Luise, Prinzessin von Stolberg-Gedern. Als er 1775 selbst die Regierung übernahm, trat bei ihm in unzweideutigster Weise das Bestreben hervor, durch Heranziehen von Vertretern des Volkes dies selbst bei der Ordnung seiner Angelegenheiten zu beteiligen, durch Hebung des Unterrichtes die Bildung zu befördern, durch Beseitigung der zwecklos gewordenen alten Stadtbefestigung seine Residenz zu verschönern und zu freierer Entwickelung zu befähigen, auf welche letzteren Bestrebungen ja der Name Karlsallee noch hindeutet. Die Grundsätze, welchen seine Regierungsmaßregeln entwuchsen, weisen auf den begeisternden Einfluß des damaligen Kaisers Joseph II. hin, dessen edlem Vorbilde er vor allem in der Hochschätzung einer aufgeklärten Religiosität folgte. Zu diesem trat ja auch unser Fürstenhaus zu

---

*) Es ist A. L. Schlözers 1786 erschienene Schutzschrift für Herzog Ludwig Ernst von Braunschweig gemeint (a. a. O. S. 341).

der Zeit in engere Beziehung, wo noch der Plan bestand, Prinz Georg die
militärische Laufbahn einschlagen zu lassen, um eine Alleinregierung seines
Bruders in gemeinschaftlichem Namen herbeizuführen. Im Januar 1781
stellte sich Prinz Georg vor seinem Eintritt in das in Böhmen garnisonierende
Regiment „Prinz Friedrich von S. Coburg Dragoner" Kaiser Joseph II. in
Wien vor und wurde von ihm, wie berichtet wird, in freundlicher Liebe
empfangen. Auch die in einem Briefe Herzogs Karl enthaltene Wendung:
„Was wird der gute Kaiser Joseph dazu gesagt haben?" beweist, wie der
Gedanke an diesen ihn stets begleitet, wie großes Gewicht dem Urteile des
Kaisers von ihm beigelegt wird.

Schon kurz vor dem Regierungsantritt Herzogs Karl (1775), aber gewiß
nicht ohne sein Gutheißen, wenn nicht auf seine Mitanregung, wurde in feier-
licher Weise ein Landtag eröffnet, welchem bei Ordnung der besonders infolge
der früheren Teilung der Regierung unter mehrere Fürsten und infolge der
Kriegslasten arg zerrütteten Staatsfinanzen eine selbstthätige Mitwirkung zuge-
dacht war. Es wurden demselben die alten Landschaftsrechnungen von 1723
an vorgelegt und durchgegangen. Ausschüsse bereiteten die Angelegenheiten zur
Beschlußfassung vor. Beschwerden der Stände wurden entgegengenommen. In
Anschluß an diese Verhandlungen erfolgte die Aufhebung der bisherigen Landschaftlichen Steuerkommission und Errichtung einer neuen Steuer- und Kasse-
Deputation. Durch Aufnahme größerer Kapitalien setzte man sich in den
Stand, Verpflichtungen zu genügen und einen geordneten Staatshaushalt
anzubahnen. Die Errichtung einer inländischen Brandassekuranz wurde vorbereitet, Summen für Regulierung des Armenwesens ausgeworfen. Diese Verhandlungen sind für die Wohlfahrt des Landes nicht nur insofern von Bedeutung, als durch sie der Grund zu einem geordneten Finanzwesen gelegt
wurde, sondern namentlich auch deshalb, weil in einer damals bemerkenswerten
Weise den Ständen Gelegenheit zur Mitwirkung bei Erledigung öffentlicher
Angelegenheiten geboten wurde.

Allein auch eine höchst dankenswerte Sorge für Hebung der Bildung trat
zu Tage. Vor etwas länger als einem Jahrzehnt hatte Rousseau durch seine
Schriften, besonders seinen Emilo (1762), der Pädagogik einen folgenreichen
Anstoß gegeben, indem er, wie überhaupt das Gezwungene und Erkünstelte im
Leben der höheren Kreise, so die ganze bisherige Erziehung angriff. „Thut
nur das Gegenteil des Herkömmlichen, und ihr werdet fast immer das Rechte
thun," ist einer seiner Hauptsätze. Aus der Erziehung, für die eine Leitung
genüge, welche die naturgemäße Entwickelung des Kindes nicht störe, soll der
Zwang, aus dem Unterricht Anstrengung und Arbeit schwinden; an Stelle des
qualvollen Erlernens aus Büchern muß müheloses, spielendes Aneignen der
nötigen Kenntnisse und Fertigkeiten treten. Dabei soll man sich namentlich

von folgenden Erwägungen leiten lassen: „Das große Geheimnis der Erziehung ist: es so einzurichten, daß Leibes- und Geistesübungen einander zur Erholung dienen." „Die Welt, Thatsachen, nicht Bücher müssen die Lehrer sein, es müssen nicht bloße Worte gelernt werden. Der Zögling wisse nichts, weil ihr es ihm gesagt, sondern weil er es begriffen hat; er erlerne die Wissenschaft nicht, er erfinde sie." Diese Ansichten fanden in Deutschland vielseitig begeisterte Aufnahme, und namentlich Basedow und seine Anhänger waren es, welche mit ungestümem Eifer an eine Verbesserung der Jugenderziehung gingen, der bisherigen Schuldogmatik, der harten Zucht und der pedantischen Unterrichtsweise den Krieg erklärten und durch eine vollständige Veränderung der Erziehung und des öffentlichen Unterrichts eine Reform des aufzuklärenden Menschengeschlechts herbeizuführen hofften. Basedows Musterschule, das Philanthropin zu Dessau (1774 begründet), welches dem einseitigen Betreiben des Studiums der alten Sprachen, dem Verwerfen der Realien, dem Pedantischen der seitherigen Richtung in der entschiedensten Weise entgegentrat, richtete aller Blicke auf sich. Der tiefe Verfall des Schulwesens, wie ihn nur die schreckliche Periode des dreißigjährigen Krieges erklärt, verschaffte Basedows großartigen Entwürfen eine begeisterte Aufnahme in den höheren Kreisen. Unter den Anhängern der neuen Ansichten über Erziehungswesen trat Eberhard Friedrich von Rochow hervor, und zwar war es das Volksschulwesen, dem er seine besondere Aufmerksamkeit widmete; denn nach seiner Ansicht lag die Ursache sehr vieler Übel in der vernachlässigten Erziehung der ländlichen Jugend. In gleichem Sinne wirkte Abt Felbiger, welcher eine Zeit lang Generaldirektor des österreichischen Schulwesens war, für die katholischen Schulen Schlesiens. Verbesserung der Methode, vor allem Beseitigung des Mechanischen aus dem Unterricht, Anregung des Selbstdenkens der Schüler waren Hauptziele der angestrebten Änderung. War auch in Meiningen namentlich infolge des heilsamen Einflusses des auf Befehl Herzog Ernst des Frommen von Sachsen verfaßten Schulmethodus der Unterricht auf einer gewissen Höhe erhalten worden, so verschloß man sich doch gegen das viele Berechtigte, welches die neue Richtung neben manchem Verkehrten und Charlatanistischen bot, keineswegs; dies beweisen einmal die uns erhaltenen Nachrichten über die Erziehung Herzog Georgs. Diese, von dem Oberhofmeister von Dürkheim beaufsichtigt, von dem Instruktor Johann Ludwig Heim geleitet, setzte es sich zum Ziele, den Prinzen zur Einfachheit der Lebensweise anzuhalten, ihn körperlich zu kräftigen, durch Handarbeit geschickt zu machen und zum Beobachten hinzuleiten, es so einzurichten, daß er „spielend lerne." Sodann aber suchte man die auf dem Gebiete der Pädagogik herrschende frische Bewegung auch für die Volksschulen des Landes nutzbar zu machen. Im Jahre 1776 wurde das „Schullehrerseminarium," eine für das Volkswohl hochbedeutsame Anstalt, hervor-

gerufen.*) Der Kandidat Ernst Julius Walch wurde mit der Aufgabe
betraut, Lehrer auszubilden, welche in fruchtbarerer Weise den Unterricht zu
erteilen verständen; zu diesem Zweck wurde derselbe nach Orten geschickt, an
welchen nach einer neueren, zweckmäßigeren Methode gelehrt wurde. Nach
seiner Rückkehr brachte er nicht nur die gewonnenen Beobachtungen in einer
aus elf Kindern der ersten Familien der Stadt gebildeten Schule zur Verwertung, sondern eröffnete auch das Seminar, dessen Mitglieder sich praktisch
in einer mit demselben verbundenen sog. Armenschule in Anwendung des
verbesserten Unterrichts zu üben hatten. Das ganze Unternehmen wurde der
Leitung einer neu begründeten Schulkommission unterstellt, durch öffentliche
Prüfungen und Katechesen die gewonnenen Resultate weiteren Kreisen vorgeführt. Die Wichtigkeit der getroffenen Einrichtungen für Hebung der Volksbildung wurde auch außerhalb der Grenzen des Landes gebührend gewürdigt,
denn ähnliche Anstalten hatte Deutschland in jener Zeit nur ganz vereinzelt aufzuweisen. Auswärtige Fürsten widmeten dem Meininger Lehrerseminar ihr Interesse:
Herzog Ferdinand von Braunschweig-Lüneburg besichtigte die Anstalt und
wandte ihr eine Reihe von Jahren eine jährliche Beisteuer von hundert
Reichsthalern zu; auch Prinz Karl von Hessen, Statthalter zu Schleswig und
Holstein, beschenkte dasselbe bei einem Besuche reichlich; [beiläufig bemerkt, ist
die in jenen Jahren mehrfach berichtete Anwesenheit fürstlicher Personen in
Meiningen (auch Karl Augusts von Weimar) wohl in Verbindung mit dem
regen Geistesleben zu bringen, von welchem auch ein an dem Herzoglichen
Hofe bestehendes Theater Zeugnis ablegt, auf dem eine Liebhabergesellschaft
Vorstellungen gab. Waren auch zunächst die Mittel für die Begründung des
Seminars u. s. w. von der hiesigen Freimaurerloge Charlotte zu den drei
Nelken aufgebracht worden, so entsprach doch das Unternehmen ganz den
eigenen Gedanken des Herzogs — er war Protektor der Loge — und fand
es seine lebhafteste Unterstützung und Förderung. Dahin ist zu rechnen seine
Einsetzung einer Schulkommission, die auf die Erhaltung des Instituts
hinzielende Anstellung Walchs als Waisenhausprediger, die Begründung einer
Schulbibliothek seitens des Herzogs, die Erteilung der Erlaubnis an die
Seminaristen, den wöchentlichen Hofkonzerten beizuwohnen. Die engen Beziehungen, welche jene Bestrebungen für Hebung des Bildungswesens mit
Schlözers Unternehmen verbanden, traten besonders darin zu Tage, daß derselbe in seinem „Briefwechsel" Heft 45 (1781) an erster Stelle einen „Meiningen,
im Jänner 1781" unterzeichneten Artikel mit der Ueberschrift: „Kurze [aber
authentische] Nachricht von dem Schulmeister Seminar zu Meiningen" bringt.
Dieser Aufsatz scheint es in doppelter Hinsicht beanspruchen zu dürfen, wieder

*) S. „Chronik der Stadt Meiningen."

abgedruckt zu werden.*) Denn einmal haben wir offenbar in ihm einen der Beiträge zu Schlözers Briefwechsel zu sehen, auf welche die in Herzog Karls Briefe vom 23. Brachmond (Junius) 1781 sich findenden Worte zu beziehen sind: „Schon mehrmals haben Sie (Schlözer) durch mich, ohne daß Sie es wußten, Beiträge zu Ihrem interessanten Briefwechsel erhalten." Es ist namentlich die jedes Lobes sich enthaltende Art der Erwähnung der Person des Herzogs, welche es nahe legt, mit ihm die Entstehung des Artikels in Verbindung zu bringen. Sodann dürfte dieser jetzt schwerer zugängliche Aufsatz in weiteren Kreisen durch die Aufschlüsse über die pädagogische Methode der damaligen Zeit im allgemeinen und über einen wichtigen Vorgang auf dem Gebiete des Unterrichtswesens unseres engeren Vaterlandes Interesse erwecken.

Erschien es inbetreff der Nachrichten über das Lehrerseminar in Meiningen höchst wahrscheinlich, daß Schlözer ihre Mitteilung dem Herzoge verdankte, so wird die Einsendung weiterer Berichte an jenen durch folgenden Brief zur Gewißheit. Dieser ist in „A. L. von Schlözers Leben von dessen Sohne" II p. 209 abgedruckt und offenbar, obgleich nicht unmittelbar an den Herausgeber des „Briefwechsels" gerichtet, doch in dessen Hände gelangt.

„Meiningen, d. 1. Heumond**) 1781.

Die drei Briefe, Mosern betreffend, schienen mir interessant, und der Aufmerksamkeit eines Mannes, wie Schlözer ist, sehr würdig. Wenn deren Bekanntmachung Schwierigkeiten unterworfen ist, so ist es besser, daß sie nicht gedruckt werden — ohnerachtet dieselben Mosern und dem Baron von Dahlberg***) gleichviel Ehre bringen, und auch sogar die Antwort des Landgrafen beweist, daß er billiger und nicht so übertrieben aufgebracht dachte und schrieb, als sein Ministerium — sein Styl ist wenigstens höflicher und gemäßigter. Ich überlasse es ganz der Klugheit des Herrn Professors, welchen Gebrauch er davon machen will. Er wird am besten wissen, ob er Mosern und Dahl-

---

*) S. Beilage I.
**) D. i. Julius.
***) Es ist hier offenbar Karl Theodor von Dalberg gemeint, welcher später Coadjutor und letzter Kurfürst von Mainz, endlich Fürstprimas des rheinischen Bunds und Großherzog von Frankfurt wurde. Seine Kenntnisse in der Staatsverwaltung verdankte er u. a. dem oben erwähnten Grafen Firmian. Zu der hier in Betracht kommenden Zeit war er Statthalter des Kurfürsten von Mainz in Erfurt, in welcher Stellung er sich, von aufgeklärten Grundsätzen ausgehend, durch eine höchst segensreiche Thätigkeit auszeichnete, so daß er sich der besonderen Hochschätzung Kaiser Josephs und König Friedrich des Zweiten erfreute. Bei seiner gewissenhaften Übung der Gerechtigkeit erscheint es natürlich, wenn er dem v. Moserschen Handel seine besondere Aufmerksamkeit zuwandte. Wie die „Chronik von Meiningen" berichtet, machte „der Statthalter von Erfurt" am 23. September 1780 dem Meininger Hofe einen Besuch.

bergen um die Erlaubniß fragen soll, ihre Briefe drucken zu laſſen — wenigſtens
ſind ſchon ſehr viele Kopien davon gemacht, welche im Publikum herumgehen,
alſo bekannt genug und ſo gut wie gedruckt. Dies, lieber Fleiſchmann, wollte
ich Ihnen zur Antwort auf Ihre Kommunikation geben, und Sie bitten,
mein Billet nach Göttingen zu ſchicken.

Carl,
Herzog zu Sachſen Meiningen."

Was zunächſt Fleiſchmann anlangt, an welchen dieſer Brief gerichtet iſt,
und welcher dadurch als der anfängliche Vermittler der Beziehungen zwiſchen
dem Herzog und Schlözer erſcheint, ſo gibt das „Archiv für die Herzoglich
S. Meiningiſchen Lande . . . herausgegeben von G. C. F. Emmrich" im
1. Band, 3. H. (1833) S. 225—232 über ihn genauere Auskunft in der
„Biographie des Herzogl. S. Meiningiſchen Hofraths und vormaligen Königl.
Großbritanniſchen Sekretairs, Johann Chriſtian Fleiſchmann; vom Profeſſor
Dr. Ihling." Ihr entnehmen wir folgendes über den wechſelvollen Lebensgang dieſes genialen Mannes, den man in mancher Beziehung mit keinem
Geringeren als Schiller verglichen hat. Geboren 1758 in Meiningen erhielt
er ſeine Bildung auf der Volksſchule und dem Lyceum dieſer Stadt und
ſtudierte dann in Göttingen eben zu der Zeit, wo Schlözer an dieſer Univerſität lehrte, Theologie und Philologie. Durch des berühmten Heyne
Empfehlung wurde er Sekretär an der dortigen Univerſitätsbibliothek und
legte in übereifriger, ſeine Geſundheit ſchädigender Arbeit den Grund zu dem
Katalog jener großartigen Bücherſammlung. Da ſein Wunſch, eine Stellung
als akademiſcher Lehrer zu Göttingen zu finden, ſich trotz ſeiner reichen und
vielſeitigen Kenntniſſe nicht erfüllte, er ſich zugleich vielleicht*) auch der Hoffnung hingab, von Herzog Karl an der Bibliothek zu Meiningen beſchäftigt
zu werden, nahm er 1782 ſeine Entlaſſung. Sollte er ſolche Erwartungen
gehegt haben, ſo wurden dieſelben durch den noch in demſelben Jahre erfolgten
Tod Herzog Karls zu nichte, und nun wandte er ſich im folgenden Jahre
nach Jena, um noch Jura zu ſtudieren. Erkrankt verließ er dieſe Univerſität
und weilte nun einige Zeit bei ſeinem Schwager, dem Pfarrer Götz in
Sülzfeld. Plötzlich faßte er den Entſchluß, ſich in Coburg für den preußiſchen
Soldatendienſt anwerben zu laſſen, diente mehrere Jahre als Bombardier, gab
aber dann dieſe Carriere, trotzdem er ſich der Anerkennung ſeiner Vorgeſetzten
erfreute, auf, indem ihn Herzog Georg 1791 loskaufte. Nun hielt er ſich
wieder eine Zeitlang in Sülzfeld auf, wo er ſich der Ökonomie widmete,
dabei aber ſeine Vorliebe für die Schriftſteller des Altertums, in denen er

---

*) Dieſe von Ihling ausgeſprochene Vermutung gewinnt noch an Wahrſcheinlichkeit durch
den oben mitgeteilten Brief Herzog Karls

Verein für Meiningiſche Geſchichte
und Landeskunde. Heft 5.

2

wohl bewandert war, wie für die neuere Litteratur keineswegs erkalten ließ. Auch der Cameralwissenschaft, wie den politischen Vorgängen seiner Zeit brachte er ein lebhaftes Interesse entgegen. Endlich sah er auch seinen dringenden Wunsch, eine feste Anstellung zu finden, insofern befriedigt, als ihm Herzog Georg „die Aufsicht über die Meierei und sämmtliche ökonomische Anlagen zu Meiningen" übertrug. Allein bald ließ ihn Mißbehagen an dieser Thätigkeit, die seiner idealen Richtung wenig entsprach, dieselbe aufgeben, und durch Unterstützung des Präsidenten von Kalw sah er sich in die Lage versetzt, mehrere Reisen zu unternehmen, von denen er jedoch tief verstimmt und geistig leidend zurückkehrte, so daß ihn Herzog Georg, welcher sich seiner in edelster Weise annahm, erst in Würzburg, dann, nachdem er kurze Zeit mit Ordnung des Wasunger Archivs beschäftigt gewesen war, in Rudolstadt ärztlicher Behandlung übergab. Endlich wieder nach Meiningen zurückgekehrt, verwertete Fleischmann praktisch seine juristischen Kenntnisse als Anwalt und erwarb sich dadurch bei der Bürgerschaft der Stadt Anerkennung und Dank. Nachdem er sich trotz seines höheren Alters noch verheiratet hatte, gelangte er zu größerer Ruhe und Zufriedenheit. Nicht lange vor seinem 1832 erfolgten Tode ernannte ihn Herzog Bernhard zum Hofrat. Seinem Charakter, namentlich seinem uneigennützigen Eintreten für Recht und Wahrheit, sowie seiner Biederkeit, spendet sein Biograph hohes Lob.

Fleischmann also war es, welcher 1781 mit Herzog Karl in „Kommunikation" wegen der Veröffentlichung der drei Moserschen Briefe durch Schlözers Zeitschrift stand und den Auftrag erhielt, dieselben nebst des Herzogs Billet nach Göttingen zu schicken. Durchsuchen wir nun die Zeitschriften Schlözers, so finden wir erst in dem 6. Heft der „Staatsanzeigen" (p. 223—225) vom Jahre 1782 einen „den Freiherrn von Moser betreffenden" Artikel, nämlich einen Abdruck der kaiserlichen Entscheidung in dessen Angelegenheit.

Freiherr Friedrich Karl von Moser, welcher als Klopstocks Nachahmer und Verfasser eines Epos „Daniel in der Löwengrube" auch in der Geschichte der deutschen Poesie zu nennen ist, hauptsächlich sich aber als Publicist und Staatsmann einen Namen gemacht hat, war von 1770 bis 1780 erster Staatsminister und Kanzler in Hessen-Darmstadt. Trotzdem der Landgraf teils in Schreiben an ihn selbst, teils in Resolutionen an sein Geheime-Rats-Collegium u. s. w. die treu und ersprießlich von ihm geleisteten Dienste lobend anerkannte, sah sich doch v. Moser plötzlich seines Dienstes entlassen und bot, dadurch in Verlegenheit gebracht, dem Landgrafen sein Haus zum Kauf an (Oktober 1780). Das Geheime-Rats-Collegium sah hierin ein Verbrechen, eine Hintansetzung der dem Landgrafen gebührenden Ehrfurcht und gab dieser Anschauung, ohne die Angelegenheit gerichtlich behandeln zu lassen, in einer Resolution (Dezember 1780) Ausdruck, von welcher von Moser annahm, daß sie für ihn ehrverletzend sei und ihm erschwere, eine anderweitige Stellung zu erlangen, indem sie in weiteren Kreisen bekannt geworden sei. Als derselbe daher um Wiederherstellung seiner Ehre bat, eventuell die Sache vor das Tribunal des Kaisers zu bringen drohte (Dezember 1781, Januar 1782), wurde er vom Geheime-Rats-Collegium des Landes verwiesen (6. Mai 1782), so daß er sich genötigt sah, sein Gut mit Schaden zu verkaufen und „Darmstadt mit dem Rücken anzusehen," ja es wurde sogar seiner Familie der Umgang und die Correspondenz mit ihm untersagt. Als jetzt v. Moser wirklich seine Beschwerden dem Kaiser unterbreitete, wurde von dieser Seite dahin entschieden, daß der Landgraf dem Freiherrn von Moser wegen dessen verletzter Ehre Genugthuung zu leisten und ihm allen erwachsenen Schaden zu vergüten habe. Allein erst des Landgrafen Nachfolger schlug das Verfahren gegen v. Moser nieder und bot ihm wenigstens teilweise Entschädigung für die erlittenen Verluste.

Diese Angelegenheit betreffen offenbar die in Herzog Karls Schreiben an Fleischmann erwähnten Briefe; wenn auch entweder die Hauptbeteiligten (Moser, Dalberg) oder Schlözer die Publikation derselben nicht wünschten, so läßt doch des Herzogs Stellungnahme in dieser Sache sein lebhaftes Billigkeitsgefühl, sein mannhaftes Vertreten des Rechts ohne Ansehen der Person, die Unbefangenheit seines Urteils, seine Anschauungen über die Aufgabe der Presse in dem günstigsten Lichte erscheinen.

Das nächste Schreiben des Fürsten, welches ebenfalls in „A. L. v. Schlözers Biographie von seinem Sohne"[*]) mitgeteilt ist, gibt so genauen Aufschluß über die bedeutsamen Beziehungen desselben zu dem „Briefwechsel" und setzt des Herzogs Charakter, wie seine Stellung zu den bewegenden Ideen der Zeit in so helles Licht, daß der Brief als eines der wichtigsten Documente für die Beurteilung der Persönlichkeit des Fürsten zu betrachten und seine Erhaltung als eine besondere Gunst des Geschickes anzusehen ist. Das Schreiben verdient umsomehr hier seinem Wortlaute nach abgedruckt zu werden, als seine Existenz den Forschern auf dem Gebiete unserer Spezialgeschichte ganz entgangen zu sein scheint.

„Meiningen, den 23. Brachmond[**]) 1781.

Mein werthester Herr Professor!

Schon mehrmals haben Sie durch mich, ohne daß Sie es wußten, Beiträge zu Ihrem interessanten Briefwechsel erhalten. Die Güte und Diskrezion, mit der Sie es jedesmal aufnahmen, und die nähere Kenntniß, die ich nur von Ihnen und Ihren wohlthätigen Absichten habe, ermuntert mich Ihnen hiermit zu versprechen, daß ich alles, was in meinen Kräften steht, beitragen werde, Ihnen wichtige und lesenswürdige Nachrichten mitzutheilen, um dadurch Auf-

---

[*]) Teil 2 S. 209—210.
[**]) Junius.

klärung und Duldungsgeist zu befördern, und Bosheit und Dummheit zu ent-
larven und zu unterdrücken. Eine Folge des letztern ist der Aufsatz, den ich
hier zu Ihrer Beurtheilung und zu Ihrem Gebrauch beilege. Die Geschichte
hat bei uns in Franken äußerst viel Aufsehen erregt, und die Behandlung des
Fürsten gegen seine Unterthanen ist unerhört und recht ohne Kopf. Was wird
der gute Kaiser Josef dazu gesagt haben? Denn es ist sogleich einer von denen
Grafen von Löwenstein-Wertheim*) nach Brüssel zu dem Kaiser gereist, um
ihm die Sache zu erläutern und unterthänigst Vorstellung zu thun und um
Hülfe und Beistand zu bitten. Anspach und Hanau haben sich auch der Grafen
angenommen. Bekanntlich ist der regierende Fürst katholisch, ein sehr schwacher
Herr, der beständig auf einem Lustschlosse lebt; seine Gemahlin ist äußerst
bigott katholisch, und wird durch einen Kapuziner regiert. Die Grafen sind
protestantisch, und halten es mit der Stadt Wertheim. Alles, was man bisher
in den Zeitungen darüber gelesen hat, ist falsch, und von dem Ministerio des
Fürsten zum Einrücken geschickt worden. Der Vorfall selbst ist noch gar nicht
recht bekannt, und die Sache verdiente doch einer näheren Untersuchung und
Bekanntmachung. Sollten Sie, würdiger Mann, dieses nicht zur Ehre Deutschlands bewerkstelligen können? Ihr Briefwechsel wird überall gelesen, und ist
jetzt das einzige Buch seiner Art, das so allgemeinen Nutzen stiftet, und so
manche gute Idee in dem Herzen eines wohldenkenden Regenten erweckt. Die
Chronologen waren so was ähnliches, aber die haben schon wieder aufgehört.
O bester Mann, fahren Sie doch ja fort, uns so viel Gutes und Nützliches
bekannt zu machen, und lassen Sie sich nie durch etwas abschrecken, Ihr Journal
fortzusetzen. — Es wird ein wichtiges Dokument für die Nachkommenschaft
werden. Diese Ideen und noch mehrere dergleichen brachte der Aufsatz:
Publicität und Preßfreiheit in Europa 1781, im 50. Hefte Ihres Briefwechsels,
in mir hervor. Ich hoffe, daß sie mich richtig beurtheilen, und die Freiheit
und Offenheit entschuldigen werden, mit welchen ich Ihnen dies schreibe. Ihre
Verschwiegenheit in dergleichen Fällen läßt mich hoffen, daß Sie auch mich
nicht nennen werden, und so werde ich mich im Stande sehen, Ihnen noch
viele große und wichtige Dinge in der Folge mitzutheilen, welche es Ihnen
nicht werden gereuen machen, mit mir bekannt zu seyn. Ich bin von ganzem
Herzen Ihr Freund und schätze Sie sehr hoch.

Ihr ergebenster Diener
Carl, Herzog zu Sachsen-Meiningen."

Zunächst muß es von hohem Interesse für uns sein, den Aufsatz über
Publizität und Preßfreiheit kennen zu lernen, welcher des Herzogs Aufmerksamkeit in so besonderem Grade erregte. Dieser ist durch die namentlich für
die jenesmalige Zeit freisinnigen Ideen, welche in demselben ausgesprochen sind,

*) Mit „Prinzen von Löwenstein-Wertheim" hatte Herzog Karl einst zu Straßburg in
Verkehr gestanden. Bechstein a. a. O S. 88.

so bemerkenswert, daß ihm zum Teil wenigstens in den Beilagen*) eine Stelle angewiesen werden mag.

Was sodann die wertheimische Sache anlangt, so hat dieser Herzog Karl, wie auch der unten angeschlossene Brief desselben vom 10. Oktober 1781 beweist, dauernd besondere Aufmerksamkeit geschenkt. Daß Schlözer die Ange-legenheit in gleicher Weise wie der Herzog beurteilte, ebenfalls sie der öffent-lichen Besprechung unterbreiten und die allgemeine Aufmerksamkeit auf sie lenken zu müssen meinte, geht schon aus dem Umstande hervor, daß der 9. Teil des Briefwechsels in Heft 53 und 54 S. 273—283 und 330—357 zwei längere Veröffentlichungen unter den Überschriften „P. Hinkelbei" und „Wallfarer in Wertheim" bringt. Der erstere Artikel enthält die Beschwerdeschrift der Bürger Wertheims (Juli 1781); der zweite bringt unter I. eine allgemeine Ankündigung des Inhalts der folgenden Abschnitte, unter II. eine „Geschichts-Erzählung" d. h. eine kurze Darstellung der Rechtsfrage und des Verlaufs der ganzen Angelegenheit, unter III. „drei Reichs-Gräfl. Wertheimische Schreiben, an den Löbl. Fränkischen Kreis-Konvent zu Nürnberg." Wenn der erste Artikel als aus Wertheim, die letzteren als aus Regensburg eingesandt bezeichnet werden, so ist dies vielleicht nur geschehen, um die eigentliche Quelle der Veröffent-lichung zu verdecken. So wertvoll auch diese Artikel für die Beurteilung der Anschauungen beider Parteien, wie für Charakterisierung der Verhältnisse in Deutschland vor hundert Jahren sind, so muß doch hier wegen ihres größeren Umfangs von einer vollständigen Wiedergabe abgesehen werden; die folgende kurze, in Anschluß an dieselben gegebene Darstellung der betreffenden Ereignisse wird hinreichen, um erkennen zu lassen, welcher Art die Vorkommnisse waren, wodurch Herzog Karl veranlaßt wurde, sie an die Öffentlichkeit zu bringen.

Stadt und Grafschaft Wertheim standen unter der gemeinschaftlichen Regierung des katholischen Fürsten Karl von Löwenstein-Wertheim und dessen protestantischen „Condominis", den evangelischen Grafen von Löwenstein-Wertheim. Land und Stadt waren im Normaljahr 1624 rein evangelisch. Zu Gunsten der späterhin in der letzteren befindlichen Katholiken, welche hauptsächlich die fürstliche Diener-schaft bildeten, suchte man 1666 einen Interims-Vertrag zu Stande zu bringen, welcher aber nicht zum Abschlusse kam. Zu Anfang des vorletzten Jahrzehnts des 18. Jahrhunderts stand an der Spitze der fürstlichen Beamtenschaft der Präsident von Hinkelbey**), dessen Sohn Fürstl. Hofrat war. Obgleich diese

---

*) S. Beilage II.

**) Bemerkt sei hier, daß die „Chronik der Stadt Meiningen" unter dem Jahre 1775 anführt, daß bei dem Landtagsabschied (21. Febr.) des Kanzlers von Eyben Anrede an die Stände von dem Fürstl. Wertheimischen Geheimerat von Hinkelben namens derselben beantwortet wurde. Dieser gehörte den Landständen offenbar als Rittergutsbesitzer an, da dieselben bis 1824 nur aus Rittergutsbesitzern und Abgeordneten der Städte bestanden. Es war damals die Familie von Hinkelbey im Besitz des Gutes Sinnershausen. Brückner, Landeskunde II S. 97.

sich zur evangelischen Lehre bekannten, stellten sie sich doch, wie es scheint, namentlich infolge von Zwistigkeiten, welche sich zwischen ihnen und den Grafen von Wertheim entsponnen hatten, durchaus auf die Seite der Katholiken. Diese, welche niemals das Recht gehabt hatten, „actus parochiales auszuüben", versuchten bisweilen, öffentliche Prozessionen zu halten, allein von gräflich-evangelischer Seite protestierte man nicht nur dagegen, sondern zwang auch die Prozessionen mit Gewalt auseinanderzugehen oder Kreuz und Fahnen zu senken, und so ohne Gesang und in der Stille in das fürstliche Schloß zu ziehen. Trotzdem wollte die fürstliche Dienerschaft am Fronleichnamsfest 1781 in Prozession durch die Stadt ziehen. Die Grafen von Wertheim machten daraufhin an den Fürsten und dessen Regierung Vorstellungen gegen diese Absicht. Dennoch wurde beschlossen, bei der Rückkehr von der üblichen Prozession nach Waldthüren das Vorhaben durchzusetzen. Um erforderlichen Falls Gewalt anwenden zu können, wurden fünfzig bis sechzig Kloster-Brumbachische Unterthanen aufgeboten. Diese stießen zu Waldenhausen, einem ¾ Stunden von Wertheim entfernten wertheimischen Dorfe, zu dem diesen Ort passierenden Zuge, nachdem sie „sich, wie mehrere der Wallfahrenden selbst, statt der Rosenkränze, mit Knitteln bewarer, und die Säcke mit Steinen angefüllt hatten." Die von zwei gräflichen Beamten zu Waldenhausen und eine Viertelstunde von Wertheim erhobenen Protestationen und Warnungen blieben nicht nur völlig unbeachtet, sondern der Landamtmann Birkenstock wurde mit Hohn und Stößen auf sein Pferd gewaltsam zurückgetrieben und die Prozession fortgesetzt.

Hiervon benachrichtigt ritten drei der jüngeren, zum Teil mitregierenden Grafen der Prozession bis auf eine Viertelstunde entgegen. Sie waren von mehreren ihrer Diener begleitet, von denen nur einige ihr Seitengewehr trugen, während die übrigen unbewaffnet waren; alle aber hatten strengen Befehl erhalten, keine Thätlichkeiten zu veranlassen. Die Grafen wiederholten, zu den Wallfahrern gekommen, ihren Protest und ihre Vorstellungen, ohne irgend einen Erfolg zu erzielen. Als man darauf das von einem fürstlichen Läufer getragene Kreuz niederdrücken und, da er sich dem widersetzte, ihm abnehmen wollte, überschütteten die Wallfahrer ihre Gegner mit einem Steinhagel und schlugen auf dieselben, sogar auch auf die Grafen selbst, los. Die gräfliche Dienerschaft, welche sich rasch mit „Hecken Stickeln und Bonen Stecken" bewaffnet hatte, verteidigte ihre Herrschaft, unterstützt durch einige von einem Spaziergange kommende Bürger und Bürgersöhne, so daß es ihnen gelang, die Prozession und die brumbachische Verstärkung derselben zu zerstreuen. Die Verwundungen, welche bei diesem nur einige Minuten dauernden Zusammenstoß vorkamen, waren durchgängig leichter Art und die Ruhe in und um Wertheim in kürzester Zeit wiederhergestellt.

Diese Vorfälle wurden nun, stark aufgebauscht, bei dem eben zu Nürnberg versammelten fränkischen Kreis-Konvent und in Würzburg gemeldet, und Präsident von Hinkelbey wußte es dahin zu bringen, daß am 21. Juni etwa

600 Mann der Truppen des Hochstifts Würzburg mit vier Kanonen, Sturm-
leitern, Pechkränzen und einigen Munitionswagen von Würzburg auszogen,
um noch am Abend desselben Tages unter dem Namen Fürstl. Löwensteinischer
Auxiliartruppen in Wertheim einzurücken. Wiewohl sie daselbst den voll-
kommensten Frieden und nicht die geringste Neigung zum Widerstande fanden,
behandelten sie auf Betrieb der Fürstl. Wertheimischen Regierung doch die
Stadt als eine aufrührerische, wie namentlich die Vorgänge am 24. Juni,
einem Sonntage, bewiesen. Schon mit Tagesanbruch machte sich eine ungewöhnliche Bewegung unter den auf dem Markte versammelten Truppen bemerkbar.
Es wurden, während der Frühgottesdienst seinen Anfang nahm, die Thore
geschlossen, die Musketen und Kanonen, zum Teil gegen die Kirche gerichtet,
geladen, während die Kanoniere mit brennenden Lunten daneben standen.
Darauf rückte eine Abteilung Grenadiere mit dem Adjutanten vor die Wohnung
des gemeinschaftlichen Stadtamtmanns und kündigte ihm, sowie zwei gräflichen
Beamten, welche sich gerade bei ihm befanden, Arrest an. Als sich in der
Kirche die Nachricht von den auf dem Markte getroffenen Anstalten und den
letzterwähnten Vorkommnissen verbreiteten, verließen alle dieselbe, um sich in
Sicherheit zu bringen, so daß das in Aussicht genommene Abendmahl nicht
stattfinden konnte. Auch der Nachmittagsgottesdienst fiel aus, da sich niemand
aus dem Hause wagte, auch die Thüren zu Kirche und Türmen eine Zeitlang
besetzt gehalten worden waren. Unterdes wurden die Bürger von den Soldaten
nach dem fürstlichen Schlosse geführt, damit sie einen neuen Huldigungseid
ablegten. „Viele Weiber und Kinder, selbst Männer, fielen bei diesen Gewalt-
thätigkeiten in Ohnmachten und Gichter, und lagen vor Angst und Schrecken
betäubt darnieder." Ja „eine in Herrschaftl. Diensten gestandene Gouvernantin"
starb infolge des Schrecks plötzlich. Die Bürger, welche annahmen, daß sie
durch den neuen Huldigungseid das Eingeständnis einer Schuld ablegen sollten,
damit der Einmarsch der Truppen gerechtfertigt erscheine, verweigerten jenen
entschieden. Auch an den folgenden Tagen bewahrten sie, nach dem mit
Soldaten besetzten Rathause zusammengerufen, dieselbe Haltung. Auch die für
manche sehr lästige Einquartierung ertrugen sie geduldig.*)

Endlich nach sieben Tagen erfolgte auf Verwendung mehrerer Stände des
fränkischen Kreises der Abmarsch der würzburgischen Truppen. Während der
fränkische Kreis an die Grafen von Wertheim ein Dehortatorium hatte ergehen

---

*) Als Beispiel dafür, wie Schlözer solche Angelegenheiten betrachtete, mögen folgende
Worte desselben dienen: „Diese Standhaftigkeit einer deutschen Bürgerschaft, wovon man
sonst nur Beispiele aus dem Mittel Alter, vor der Erfindung des Pulvers, hat, — aber
eine Standhaftigkeit ohne Frechheit, ohne Verletzung der Pflichten gegen den Landesherrn,
eine Standhaftigkeit mit dem Anstande und der Würde, die unser Jahrhundert vor dem
stürmischen Mittel Alter auszeichnet, — verdient in die allgemeinen Jar Bücher von
Teutschland, zur dauernden Ehre der Stadt Wertheim (nicht aber ihrer Pascha's), ein-
getragen zu werden. (Schlözer)."

laffen, erließ das Reichskammergericht zu Weßlar ein allerdings erſt nach dem Abzug der Soldaten einlaufendes Mandatum de abducendo milite gegen Würzburg.

Von anderen Aufſäßen der nächſten Hefte der Staatsanzeigen laſſen auf ein Einſenden aus Meiningen nur noch zwei Artikel ſchließen, welche ſich in Band 2 Heft 6 (1782) S. 161—168 finden und einen zu Waſungen 1668 ſpielenden Hexenprozeß und eine Zuſammenſtellung der an den Hennebergiſchen Centen Meiningen, Schleuſingen, Waſungen und Friedelshauſen hingerichteten Hexen enthalten. Der erſtere Fall veranlaßte eine Mahnung Herzog Ernſts von Sachſen an „den Hochgelarten Unſren Rat und Amtmann zu Waſungen, Sand und Frauenbreitungen, Hrn. Licent. Paul Beckern,“ „hinfüro bei allen dergleichen Tortur-Executionen, ferner allen Fleißes daran zu ſeyn, daß von dem Scharfrichter einiger Exceß nicht vorgehen möge.“ Nachdem nämlich „die Tortur von früh acht bis zehn Uhren gewäret und nicht mehr Inſtrumente als die Beinſchrauben und in die Höhe ziehen“ angewandt worden war, verſchied die Gefolterte. „Es iſt aber derſelben, als bei dem Abgehen der Gerichts-Perſonen der Scharfrichter ſie erſt beſehen, der Hals oben im Gelenke ganz entzwei geweſen: wie es damit hergegangen, kan niemand wiſſen . . . Vermutlich hat der böſe Feind ihr den Hals entzwei gebrochen, damit ſie zu keinem Bekenntnis kommen ſollen.“

Die „Liſte“ der wegen Hexerei hingerichteten Perſonen umfaßt die Zeit von 1597 bis 1676 und weiſt aus Güth nach, daß in jenen 79 Jahren in den genannten vier Hennebergiſchen Ämtern 197 Hexen verbrannt wurden; die höchſten Zahlen der Hinrichtungen erreichte die Cent Meiningen und zwar in den Jahren 1611 (22 verbrannt und 1 ausgeſtäupt) und 1628 (12 verbrannt).

Wer dieſe Artikel Schlözer zuſchickte, läßt ſich nicht mehr entſcheiden; doch liegt es nach den Umſtänden nah, die Einſendung mit Herzog Karl oder Georg in Verbindung zu bringen.

Suchen wir die Züge des Bildes feſtzuhalten, welches wir nach den eben angeführten Äußerungen und Maßnahmen Herzog Karls uns von demſelben entwerfen. Die aufgeklärte Denkweiſe der größten Regenten ſeiner Zeit hat ihn mit dem edlen Eifer, ihnen nachzuſtreben, ihre bahnbrechenden Ideen in ſeinem Kreiſe zu verwirklichen, erfüllt. Es iſt ihm aber nicht genug, ſie in dem engen Gebiete, welches unter ſeinem unmittelbaren Einfluſſe ſtand, zur That werden zu laſſen; über die Grenzen ſeines eigenen Landes hinaus will er für ihre Verbreitung wirken, ſie zur Geltung bringen. Frei von Standesvorurteilen tritt er an die Seite der Männer, welche den Kampf für Menſchlichkeit, Recht, Fortſchritt und Duldung gegen Despotismus, geiſtige Verfinſterung und Unbulbſamkeit aufgenommen haben. Fern von der weit verbreiteten Geringachtung der Wiſſenſchaften reicht er dem Gelehrten ohne demütigende Herablassung als einem Genossen bei dem Streben nach dem gleichen Ziele die Hand. Die in Uebereinstimmung mit der Zeitrichtung ihm gegebene französische Bildung hat ihn nicht seinem Volke entfremdet, sondern sein Sinn ist deutsch geblieben; mit frischer Begeisterung schließt er sich den Vorkämpfern für die Hebung der Volksbildung, den auf dem Gebiete der Litteratur Voranstrebenden an. Die Form, in welcher er seine Gedanken zum Ausdruck bringt, zeigt nichts mehr von der Schwerfälligkeit der seitherigen Ausdrucksweise, sondern läßt den Einfluß der Kenntnis der fremden, leicht dahinfließenden Sprache, wie des Studiums der einheimischen neueren Schriftsteller deutlich erkennen. Lichtvolle Anordnung, zutreffende Beurteilung erwecken in uns das wohlthuende Gefühl, von einer zuverlässigen Hand bei der Betrachtung der Dinge geleitet zu werden. Wurde Karl August von Weimar der Mittelpunkt für die Erneuerer der deutschen Literatur, so wäre wohl Karl August von Meiningen, wenn ihm ein längeres Leben beschieden gewesen wäre, ein Hort und eine Stütze der Vaterlandsfreunde und der Vorkämpfer für Wahrheit, Recht und Freiheit geworden. Dies ist der Eindruck, welchen die nähere Verfolgung der Beziehungen Herzog Karls zu Schlözer bei uns erweckt und hinterläßt.

Nicht unpassend dürfte es sein, hier ein Gedicht anzuschließen, welches auf Herzog Karls Tod verabfaßt und unter dem 5. Oktober 1782 aus Meiningen handschriftlich eingeschickt wurde. Es findet sich auf der letzten Seite des vierten Heftes der „Staatsanzeigen" abgedruckt:

„Gedanke an meinen verstorbnen Herzog,
im September 1782.

Erinnrung, süße Seelen Gabe!
Bring itzt von meines Fürsten Grabe
Leer ist die Welt mir aller Orten,
Mir tönen Donner in den Worten:

Dich liebt mein Herz:
mir neuen Schmerz.
von Karlen leer.
Er ist nicht mer!

Im Rosen Mond des Lebens frölich;
O Freundschaft, und o Liebe! seelig;
Aus allem, was die Welt versüßen,
Entzücken kan, herausgerissen:

an eurer Brust,
voll Lebenslust;
was unsern Sinn
schied Er dahin.

Sein sanftes Herz, voll steten Dranges,
Vergessenheit all seines Ranges,
Bezauberte den Wonnelosen,
Erhob Ihn unter deinen Großen,

uns zu erfreun;
um Mensch zu seyn:
der nur Ihn sah,
Germania!

Wenn Er, vom eisernen Gepränge
Umringt von seiner Kinder Menge:
Wie hüpften um uns her die Stunden!
Um keine Seele zu verwunden,

der Ehrsucht floh,
wie war Er froh!
wie prüfte dort,
Er jedes Wort!

Er mildert' unſre rauhe Sitten: Er brach die Bahn
Durchs Vorurteil, mit Rieſen Schritten,   den Fels hinan.
Er war voll Tätigleit, und Strebens   nach höherm Ziel.
Schön war ſein kurzer Alt des Lebens. —   Der Vorhang fiel. —

Noch ſieht Er hold, im Stralen Kleide,   auf uns herab.
Wir ſegnen Ihn für jede Freude,   die er uns gab.
Malt, Bürger Seiner neuen Sphäre!   Ihm unſern Schmerz,
Und ſagt Ihm: Seinen Schatten ehre   noch jedes Herz".

Zum Schluß mag noch auf den „Fez und Marocco" überſchriebenen Auf-
ſatz hingewieſen werden, welchen, wie von anderer Seite bemerkt wurde, Herzog
Georg unter dem Pſeudonym: Jbrahim Ben Abdallah gleich im erſten Jahre
ſeiner Regierung gegen den Landesverderber Karl von Zweibrücken richtete
und welcher ſich im erſten Heft der Staatsanzeigen"*) findet. Derſelbe ſoll
damals überall großes Aufſehen erregt haben.

Beilagen.
I.
Kurze [aber authentiſche] Nachricht von dem Schulmeiſter Seminar zu Meiningen.

Obgleich Herzog Ernſt der Fromme zu Gotha, die Landſchulen der hieſigen
Gegend ſeiner Aufmerkſamkeit und weiſen Fürſorge gewürdiget, ſie ſelbſt beſucht,
die Beſoldungen verbeſſert, gute Lehrbücher eingefürt, und die beſten Vorſchriften
gemacht hatte: ſo äußerten ſich doch überall Mängel, weil die meiſten Stellen
mit untüchtigen Lerern beſetzt wurden, und gewiſſermaßen beſetzt werden mußten.
Man hatte daher ſchon lange ein Schulmeiſter Seminar gewünſcht: und
da die hieſige Freimaurer-Loge, Charlotte zu den drei Nelken, beſchloß, ihren
Grundſätzen gemäß, ein Werl der Woltätigkeit zu unternemen, wodurch dem
Lande, worinnen ſie Schutz und Unterſtützung genießt, ein großer und reeller
Nutzen zufließen möchte; ſo verfielen einige der Directoren dieſer Geſellſchaft
auf den edeln Gedanken, ein Schulmeiſter Seminar anzulegen. Die Loge
genemigte dieſe Vorſchläge, und machte ihr Vorhaben dem regierenden Herzoge
Karl, als ihrem Protector, bekannt; und dieſer gutdenkende Regent freute ſich
nicht nur darüber, ſondern unterſtützte auch das Vorhaben mit dem tätigſten
Eifer.
Die Schulen des Hrn. von Rochow waren damals ſchon bekannt: es
blühten auch in der Ober-Lauſitz einige Landſchulen, die zu dem lutheriſchen
freiweltlichen adlichen Fräuleins-Stift Joachimſtein gehören, und die durch die
Bemühungen des Kammerherrn und damaligen Stifts-Verweſers und jetzigen

*) Siehe Beilage IV.

Landes-Ältesten, J. C. von Gersdorfs, und des M. Frenzels zu Rabmeriz ohnweit Görliz, in den besten Zustand versetzt worden waren. Auch war in der lezten Teurung von den Freimäurern die bekannte Armen-Schule zu Dresden in der Friedrichsstadt angelegt worden. Die Loge schickte daher, auf ihre eigene Kosten, im J. 1775 den Candidat, Ernst Julius Walch, nach Dresden und Rabmeriz, um die dasige Lehr-Methode zu erlernen; und da er, nach einem ½ järigen Aufenthalt daselbst, wieder in seinem Vaterlande zurückkam, gaben ihm die angesehensten Häußer in Meiningen ihre Kinder zur Unterweisung. Man besuchte diese kleine Schule oft, und bezeigte Wolgefallen. — Und nun wurden ernstliche Anstalten zur Anlegung eines ordentlichen Schulmeister-Seminars gemacht. Die Loge und einige andere Patrioten verwilligten monatlich eine gewisse Summe Geld zur Unterhaltung desselben, und namen eine Anzal armer Knaben von verschiedenem Alter und Fähigkeiten an, denen sie Kost und Kleider geben, an denen die künftigen Schulmeister das Lehren und die Kinder-Behandlung lernen sollen. Es hatten sich auch fähige und gutartige Schul-Candidaten zur Unterweisung gemeldet: und nun wurden beide, das Seminar und die Logen oder Experimental-Schule, den 14. Okt. 1776 feierlich im Logen-Sal eingeweiht. Der Herzog setzte eine besondere Schul-Commission, unter der Direction des Geheimeraths von Dürkheim (sie besteht aus einigen Mitgliedern des Consistorii und der Loge), nieder, stellte den schon genannten Candidat Walch als Lerer, mit dem Prädicat eines Katecheten, bei dem Institut an, verordnete eine järliche Schul-Predigt aufs Michaelis-Fest im ganzen Lande, und befal, daß der Klingelbeutel in allen Kirchen, an 4 Sonntagen des Jars, zu Anlegung einer Schul-Casse zum Vorteil der Schule eines jeden Orts, wo das Geld gesammelt wird, herumgehen (von welcher Summe bisher gute Schul-Bücher angeschaft worden sind), und daß niemand als nur Seminaristen Schulmeister-Stellen erhalten sollten. Und darüber ist zeither aufs strengste gehalten worden. So viel im Allgemeinen.

Nun die Errichtung des Instituts selbst. Es besteht aus Schul-Candidaten und aus Logen-Knaben. Die Schul-Candidaten machen wieder 2 Classen aus: 8 derselben (nachher ist die Zal vermert worden) heißen Seminaristen, oder solche, die bei vacanten Stellen zu Schulmeistern vorgeschlagen werden; die übrigen, deren Anzal unbestimmt ist, heissen Schul-Candidaten, und haben blos Erlaubnis, die Stunden zu besuchen, und rücken in die leer gewordenen Stellen früher oder später in die Classe der Seminaristen ein, je nachdem sie Fähigkeiten haben, und sich gut verhalten. Bei Besetzung der Schuldienste macht die Schul-Commission dem Consistorio jedesmal die 3 geschicktesten Seminaristen bekannt: dieses wält, nach gehaltenem Examen, einen davon, ohne auf Alter und Neben-Umstände zu sehen, so daß stets der würdigste befördert wird. Nun sind 7 vacante Stellen mit Seminaristen besetzt, und einer von der Fürstin von Stolberg-Gedern als Cantor zu Gedern angestellt worden. Alle diese leren nach einer besondern Instruction, welche sich auf die im Seminar erlernten Kenntnisse und Lehrart gründet, und auch sonst noch gute Vorschriften enthält.

Die Materialien oder nützlichen Kenntnisse, welche sich brauchbare Schulmeister zu sammeln haben, und die binnen 1½ Jahren (welches die festgesetzte Zeit eines jeden Curfus ist), täglich in 4 Stunden gelert werden, sind folgende. I. Erklärung einiger Grundbegriffe der menschlichen Erkenntniß, und eine Anleitung zum Denken, nach dem Schulbuche des Hrn. von Rochow (Erste Narung für den gesunden Menschen-Verstand, und die Zürcher Fragen für Kinder). II. Lesen mit Empfindung oder Declamation. III. Schreiben, sowol die Kalligraphie nach sächsischen Vorschriften, als die Orthographie nach Regeln, in Briefen und andern schriftlichen Aufsätzen (Abt von Felbigers Schulbuch). IV. Arithmetik, und V. Geometrie (Berliner Lehrbuch). VI. Kenntniß des Menschen und seiner Seele und seines Leibes, nach einem eignen Aufsatz. (Kampe's Seelenlere für Kinder; Richters Naturgeschichte, das letzte Capitel). VII. Einige Stücke aus der Geographie, nach dem Breslauer Versuch einer Erdbeschreibung für die Jugend, in unzertrennlicher Verbindung mit der Büschingschen Vorbereitung, und der Raffischen Geographie für Kinder. VIII. Einige Stücke aus der Universal-Historie, die ganze Sächsische, die besondre Geschichte des hier regierenden Hauses, und die Reformations-Geschichte. (Schlözers Weltgeschichte für Kinder, Schröckhs Weltgeschichte für die Jugend, der sächsische Patriot, Seilers Religions-Geschichte). IX. Kalender Kenntniß nach dem Berliner Lehrbuch. X. Naturgeschichte nach dem Breslauer Unterricht in der Natur-Geschichte, so daß die Raffische Natur-Geschichte für Kinder, bei der Vorbereitung und bei der Wiberholung, stets zu Rate gezogen wird. XI. Natur-Lere, bisher nach dem Richterschen Versuch. XII. Landwirtschaft, nach dem Berliner wirtschaftlichen Lehrbuche. (Das lezte Kapitel im Rochowschen Schulbuche). XIII. Religions-Geschichte, nach der Anweisung des Herrn D. Seilers. XIV. Die christliche Glaubens- und Sitten-Lere, ebenfalls nach dem Seilerschen Lehrbuche, mit Rücksicht auf Luthers Katechismus; Dietrichs, Troschels und Langens gereinigte und besser geformte Religions-Bücher, werden dabei immer auch gebraucht. XV. Eine Anleitung, die gewönlichsten (hebräisch-artigen und) morgenländischen Ausdrücke der Bibel zu erklären; und eine Anweisung, die praktischen Teile derselben zur Erbauung anzuwenden. (Sturms Lexikon des Neuen Testamentes für Unstudierte.) XVI. Wiberholung der sonntäglichen Predigten. — Die Arithmetik und Geometrie lert der Zeugwärter Heß, und alle übrige Stücke Hr. Walch. Schade, daß noch kein besonderes Lehrbuch für Schulmeister, etwa von der Art des Berliner Lehrbuchs, vorhanden, und daß man genötigt ist, aus so vielen und weitläuftigen Schriften das nützlichste herauszunemen! Denn nach dem ganzen Umfang werden die genannten Kenntnisse nicht durchgegangen.

Wenn nur fähige und wißbegierige junge Leute eine gute Anleitung bekommen; so können sie selbst weiter gehen.

Die Lehr-Methode und Kinder-Behandlung haben die Präparanden zeither an einer besonderen Schule praktisch gelernt. Die Loge nam, wie schon gesagt, gleich anfangs 13 arme Knaben von verschiedenem Alter und Fähigkeiten an, kleidete und speisete sie, kaufte ihnen die nötigen Bücher, und ließ sie unentgeltlich unterrichten. Jetzt sind ihrer nur noch 8. Die übrigen 5 lernen, auf Kosten der Loge, Handwerke; wie denn überhaupt diese Kinder blos zu Künstlern und Handwerksleuten bestimmt sind. Die leer gewordenen und noch vacant werdenden Stellen, sollen deswegen nicht wieder besetzt werden, weil man diese Absicht auf eine noch bequemere Art erreichen kan. Der Herzog will nämlich das ganze Institut in Zukunft mit dem Waisen-Haus genau verbinden, damit es bleibend werde: Er hat deshalb den bisherigen Lerer am Seminar als Prediger am Waisenhaus angestellt, und eine besondere Schul-Stube zurecht machen lassen. Die Logen-Knaben, und künftig die Waisen-Kinder, werden von einigen Seminaristen, welche der Beförderung nahe sind, in allen Kenntnissen, die sie im Seminar erlernt haben, unterrichtet.

Außer einigen schon oben genannten Büchern braucht man noch folgende, z. B. das Weißische ABCbuch, Seilers Religion der Unmündigen, Campe's Sitten-Büchlein, und den Rochowschen Kinderfreund: in der historischen Methode das Christentum zu leren, die 3 Febbersenschen bekannten Schriften dieser Art u. s. w. Hr. Pfarrer Walch hat die Aufsicht über diese Schule; und unter seiner Anleitung gibt täglich, in Gegenwart aller Candidaten, ein besonders dazu bestimmter Präparand, bald in dieser bald in jener Materie, den Kindern Unterricht. Alle bemerken das Gute und Schlechte in Schreib-Tafeln; und zu Ende der Stunde fragt er einen jeden um sein Urteil über die gehaltene Lection, und fügt endlich seine eigene Meinung hinzu. Wie nützlich und angenehm dieses sei, mag ein jeder selbst fülen! — Die Beschäftigungen der Candidaten außer den Schul-Stunden, sind das Lesen solcher Bücher, die auf eine nähere oder entferntere Art mit ihrer Bestimmung in Verbindung stehen; musicalische Übungen u. s. w. Die geschicktesten haben zeither, teils in den im Seminar erlernten Kenntnissen, teils in der Musik, Informationen gegeben; und andre, die eine gute Hand schreiben, haben sich dadurch ihren Unterhalt verschafft. Vor einiger Zeit haben auch zwei auswärts Informator-Stellen bei Beamten unter sehr vorteilhaften Bedingungen angetreten. — Die Bücher zum Privat-Gebrauche entlenen sie aus der Schul-Bibliothek, wozu der Herzog den Grund gelegt hat. Jeder neu ankommende Candidat gibt 24 Kr. in die Kasse; und jeder Seminarist kauft, wenn er befördert wird, aus Dankbarkeit ein zweckmäßiges Buch in die Bibliothek. — Um ihren Geschmack in der Musik mer auszubilden, hat der Herzog ihnen die Erlaubnis gegeben, den wöchentlichen Concerten am Hofe mit beizuwonen.

Nun sind 4 Jare seit der Errichtung des Seminars verfloßen. Wärend der Zeit ist es von vielen einsichtsvollen Männern besucht worden. Selbst der Herzog Ferdinand von Braunschweig, und der Prinz Karl von Hessen-Kassel, würdigten es ihrer Aufmerksamkeit, und hörten eine Prüfung mit an; und ihre tätige fortdauernde Unterstützung macht uns Ihr Andenken unvergeßlich.

Zeither sind järlich allezeit 3 öffentliche Prüfungen vor der Schul-Commission und einer Menge von Zuhörern gehalten worden. Die Schul-Candidaten werden von ihrem Lerer über die eben zu der Zeit erlernten Kenntnisse befragt, und ein jeder, der Lectionen an der Experimental-Schule gegeben, macht auch einen Versuch im Katechisiren. Die Gegenwart des Herzogs, und das gnädige Bezeigen gegen die Fleißigen und Guten, ist vielen die größte Ermunterung. Nun müßen auch bei einem jeden Examen 2 aus dem Seminar beförderte Schulmeister erscheinen, und über aufgegebene Stücke examiniren, damit man ihren Fortgang im Informiren bemerken könne, und sie mit der Anstalt in Verbindung bleiben.

Bei allen Hindernissen, die meistenteils Geistliche der guten Sache unter mancherlei scheinbarem Vorwand machten, hat man sich doch nicht abschrecken laßen, und jezt geht fast alles ohne Widerspruch. Einige würdige Pfarrer haben sich der Sache vom Anfang an bis jezt aufs eifrigste angenommen: und wenn gleich noch wenige Stellen mit Seminaristen haben besezt werden können, so herrscht doch fast ein allgemeiner Eifer auch unter den Schul-Lerern, sich nachzuhelfen und ihren Unterricht zweckmäßiger einzurichten. Man hat deshalben auch in dem hiesigen Oberlande den Candidat Michel angestellt, um sich mit den Schul-Lerern der dortigen Gegend in Gespräche über Lehr Vorteile einzulaßen und den Lernbegierigen besondre Stunden zu geben. Und das ist zeither mit gutem Erfolg gegangen.

Künftig sollen auch andre Schul-Bücher in den Land-Schulen eingefürt werden. Der Anfang ist gemacht. Es ist ein neues ABCbuch, und der Rochowsche Kinder-Freund mit einigen Veränderungen und Zusätzen als Lesebuch, eingefürt. So viel. Gott helfe weiter!

Meiningen, im Jänner 1781.

II.
Publicität und Preß-Freiheit in Europa 1781.

Bald sind es 100 Jare, daß Thomasius, unter dem Schuze des Sohnes des großen Kurfürsten, seinen dreifachen Krieg gegen Hexen, Gespenster, und Bücher-Censur, anfing. Verbannt durch Geistliche in Leipzig, verbrannt durch Geistliche in Kopenhagen, vollfürte er in Sicherheit sein großes Werk in Halle, das hierdurch, und hauptsächlich durch ihn, für eine geraume Zeit, die blühendste Universität der Welt wurde. Was der Mann für ein Epochen-Mann für Deutschlands Aufklärung im Ganzen gewesen: weiß wirklich das

Publicum noch nicht genug, weil Deutsche Litterar Geschichte noch selten von Philosophen, gewöhnlich nur von Mikrologen, behandelt worden.

Für die Denk= und Preß=Freiheit richtete der Mann viel aus; aber doch lange so viel nicht, als um eben die Zeit in England geschah. Nach einem Menschen Alter, schien solche in Deutschland eher ab= als zuzunemen. In der Mitte unsers Jahrhunderts baute ihr Münchhausen einen neuen Sicherheits=Ort in Göttingen. In Schweden wurde sie 1766, und in Dännemark 1770, durch Reichs=Gesetze, in beiden Ländern wenigstens dem Namen nach, eingefürt. Seit wenigen Jaren herrschet in den Preußischen Staten eine Offenherzigkeit unter den Schriftstellern, der man vorhin, in Sachen wenigstens, die Landes Angelegenheiten betreffen, nicht gewont war. Und nun JOSEF II, und die neue Oesterreichische Censur Verordnung? . . . . . Auch Neckers Compte rendu nicht zu vergessen? . . . . . Mag der Krieg doch ausfallen, wie er will, den jetzo die allmächtigen Britten allein, mi NAmerika, Frankreich, Spanien, und Holland, und den Maratten füren: unmöglich kan er für das Europäische Menschen-Geschlecht solche Revolutionen anrichten, als jene stillen, und vom großen Haufen nicht gehörig bemerkte Veränderungen, unserm Weltteile, und namentlich unserm glücklichen Deutschlande, ankünbigen!

So lange nicht ein der Sache gewachsener Mann auffsteht, und ein eignes Buch über Preß Freiheit und Preß Zwang, oder welches in den meisten Fällen einerlei ist, über Denk Freiheit und Denk Zwang, historisch, politisch, und litterarisch ausarbeitet; — ein Buch das bei jetzigen Zeitläuften doppelt gelegen käme, und in Bruchsal wie in Wien, in Zürich wie in Berlin, gelesen werden würde —: muß man sich mit Bruchstücken, sowol von Beispielen pro und contra, als von neuen Raisonnemens, oder neuen Vorstellungen bereits oft gesagter Säze, behelfen. Hier sind also einige Stellen über diese Materie . .

III.

Meiningen, d. 10. Oktober 1781.

Es erläutern sich die wertheimischen Sachen von Tage zu Tage mehr, und und ich schicke Ihnen daher zu den bereits übermachten Haufen derselben einen fernern Beitrag, in der gewissen Hoffnung, daß Sie hiedurch in den Stand kommen werden, über diese Sache mit der Zeit etwas vollständiges liefern zu können.

Wenn die mir von dem Hrn. Sekretär Fleischmann gegebene Hoffnung, Sie in Kurzem hier zu sehen, sich nach meinem Wunsche verificiret, wird es mir besonders angenehm seyn, um Ihnen auch mündlich zu bezeigen, mit wie vieler Hochachtung und Zuneigung ich bin

Ihr

sehr verbundener Diener

Carl, Herzog zu Sachsen Meiningen.

Beigeschlossene Piecen.

1) Kurze Geschichte von dem Religionszustande der Grafschaft Wertheim von den ersten Zeiten der Reform bis jetzt.

2) Die zum Theil nicht bekannten geheimen Triebfedern des Hinkelbeyischen Benehmens u. s. w.

3) Das sehr merkwürdige Kreis-Mißbilligungs-Schreiben wegen der Ausstreuung der sogenannten Kreis-Protokolle.

Erläuternde Beilagen zu der 2. Piece werden nach und nach erfolgen.

IV.
Fez und Marocco, Mai 1782.

Eine unsrer Provinzen ist jetzt ganz und gar gleichsam ein einziges Jagd-Revier, und immer umzäunt; damit kein Wild in die benachbarten Länder übergehen könne. Der über diese Landschaft gesetzte Prinz hält ganze Regimenter Jagd-Hunde, die bei dem Landmanne einquartirt sind, und von diesem frei beköstiget werden müssen: ein jeder muß für seine Einquartirung mit dem Kopfe haften. Ohnlängst reisete der Prinz durch . . . . : sein Gefolge war ein Heer von 600 Jagdhunden.

Dieser Prinz ist blutdürftig im eigentlichsten Verstande. Einst rief er seinen Koch in sein Kabinet, ließ ihn nackend ausziehen, begoß ihn darauf mit brennbarem Spiritus, und zündete ihn an: der Koch ist unter den entsetzlichsten Martern am Ende wahnsinnig geworden. Ein gleiches nam er auch mit einem seiner Sekretaire vor; diesen rettete aber noch ein Kammerherr damit, daß er ihn mit Mist überdecken ließ: indeß geht solcher doch izt als ein Krüpel in . . . herum.

Er hat eine gewisse Hof-Dame an seinem Hof, die er nicht leiden kan. Einst nam er ihre Hand, fürte solche nach dem Munde, als wenn er sie küssen wollte, und — biß ihr den zweiten Finger ab.

Seine Maitresse fürt er allenthalben zur Begleitung mit sich herum, und hat sie bei der Tafel zu seiner Rechten; da indes seine Gemalin zur Linken sitzen muß.

Das ganze Land ist wie betäubt. Niemand spricht von diesen Tyranneien; noch weniger wagt es jemand, eine Sylbe davon über die Gränze zu schreiben; außer mir,

Ibrahim Ben Abdallah.

Zur

Vorgeschichte der Stadt Pößneck

und

ihrer Umgebung.

Bemerkungen

von

August Fischer,

Bankbeamter in Pößneck.

Meiningen.

Verein für Meiningische Geschichte und Landeskunde.

1889.

Die vorliegende Schrift wurde veranlaßt durch die verdienstvolle, im zweiten Heft dieser Blätter veröffentlichte Abhandlung des Herrn Dr. Loth in Erfurt (über Spuren vorgeschichtlicher Ansiedelungen in der Umgegend von Pößneck) und soll als Nachtrag zu derselben gelten.

Im Laufe der Jahre sind manche vorgeschichtliche Funde, welche in der Pößnecker Gegend gemacht wurden, zu meiner Kenntnis gelangt, und wenn dieselben auch nicht mehr alle genauer beschrieben werden können, so dürfte es immerhin von Nutzen sein, von der Thatsache dieser Funde Kenntnis zu nehmen, sobald sie sich glaubhaft nachweisen läßt. Einiges verdanke ich den Mittheilungen des verstorbenen Herrn Diakonus Schubarth zu Pößneck, über Anderes kann ich aus eigener Anschauung berichten.

Herr Dr. Loth unterscheidet: 1. Stätten vorgeschichtlicher Ansiedelungen, 2. Feuersteinwerkstätten und 3. Gräber.

Spuren vorgeschichtlicher Ansiedelungen hat Herr Dr. Loth an zwei Orten gefunden: an der Altenburg und am Opitzer Berge.

Daß beide Berge, sowohl der vorhandenen Höhlen, als auch der die Gegend beherrschenden Lage wegen schon in recht früher Zeit zur Ansiedelung eingeladen haben, ist nicht zu bezweifeln. Das nöthige Trinkwasser war auch in nächster Nähe zu finden, denn die Bewohner des Opitzer Berges konnte die Quelle im sogen. Pfaffengarten, oder auch der Bach, der am Fuße des Berges vorüber fließt, mit Wasser versorgen, und auch die Altenburg hatte in der Zeit, als ihre Umgebung bewaldet war, genügend Wasser in der Nähe, denn die Thal= mulde im Westen durchsickert noch heute ein spärlicher Wasserlauf unter der Ackerkrume, und im Süden, dicht am Fuße des Berges, legen zahlreiche Süß= wasserschneckchen im Löß Zeugnis ab, daß in quartärer Zeit dort eine Quelle oder ein kleiner Sumpf vorhanden war.

An derselben Stelle habe ich auch zahlreiche Knochenreste größerer Säuge= thiere wie Rind, Pferd, Schwein u. s. w. gefunden, welche sich als Küchen= abfälle aus vorgeschichtlicher Zeit kennbar machten. Eisenschlacken, welche noch Fasern unverbrannten Holzes einschließen, waren gleichfalls hier in großen Mengen zu finden.

Aus dem Allen ist mit Sicherheit zu schließen, daß in früher Zeit hier Menschen gewohnt haben. Aber auch im Thale an den Ufern des Kotschaubaches haben wir Ansiedelungen aus vorgeschichtlicher Zeit zu suchen, vielleicht auch auf dem Kochsberge, südwestlich der Stadt.

Wo sich nicht, wie in den von Herrn Dr. Loth aufgeführten Fällen, die ehemaligen Ansiedelungen so unzweifelhaft als solche ausweisen, ist es oft schwer zu behaupten, welchen Zwecken eine Fundstätte hauptsächlich diente. Erhöhte Punkte mögen des Öfteren nur zur Vertheidigung gegen feindliche Angriffe benutzt worden sein und die eigentlichen Ansiedelungen lagen dann nahe bei. Im Allgemeinen läßt sich wohl mit hoher Wahrscheinlichkeit annehmen, daß da, wo sich die Knochenabfälle und Gefäßscherben in Menge finden, und wo Trinkwasser vorhanden war, auch Wohnsitze von Menschen gewesen sein müssen.

Sehen wir uns die Umgebung von Pößneck nochmals etwas näher an, so fallen dem Beobachter sofort die Tafelberge mit steilem Felsabsturz auf, welche von Neunhofen bis Königs das Thal beherrschen. Sie stehen sämmtlich einzeln für sich und sind Korallenriffe aus der Zeit des Zechstein-Meeres. Herr Dr. Loth nennt sie mit Recht natürliche Festungen. Der Mausenberg allein liegt an der Nordseite der Eisenbahnlinie, während die übrigen Tafelberge sämmtlich südlich davon sich erheben.

Von der Altenburg aus bilden Reste des Riffes nach Südwesten eine Verbindung mit den Haselbergen und erstrecken sich auf der anderen Seite nach Osten zu bis zum Dorfe Jüdewein. Auf dieser letzteren Linie bilden dieselben einen natürlichen Wall gegen das Thal der Griebse. Diesen Punkt wollen wir später noch näher betrachten.

Für die Ansiedler im Thale war so eine natürliche Vertheidigungslinie gegen Süden und Südosten gegeben. Und daß an den Ufern des Kotschau-Baches Menschen in vorgeschichtlicher Zeit gewohnt haben, dafür liegen genügende Beweise vor. Zwar fehlen hier Topfscherben und Reste von Werkzeugen gänzlich — wenigstens ist mir nichts davon zu Gesicht gekommen, desto zahlreicher aber finden sich Knochenreste in verschiedenen Tiefen.

Von Jüdewein bis Öpitz umdrängen jetzt Fabriken die Ufer des Baches. Dieselben sind genöthigt, für ihren Wasserbedarf Brunnen und Bassins zu graben, und diesen Ausschachtungen verdanken wir eine Reihe von Knochenfunden.

Ich will vorausschicken, daß der Volksglaube, die Knochenreste rührten von alten Schindangern her, durchaus falsch ist. Erstlich liegen die Knochen in viel zu großer Tiefe (3–4 Meter) unter der Bodenfläche, und sodann zeugt die Behandlung, welche ihnen zu Theil geworden, dafür, daß wir die Reste menschlicher Mahlzeiten vor uns haben. Sämmtliche Schädel sind zertrümmert, alle Markröhren zerbrochen, und die Skelettheile finden sich nicht etwa einzeln zerstreut, sondern in Haufen, welche zusammengesetzt sind aus den Resten verschiedener größerer Säugethiere.

Der größte Theil solcher Abfälle wird von den Arbeitern unter den Schutt geworfen, kleinere Fundstücke werden übersehen, oder gar nicht beachtet, und nur der Aufmerksamkeit der Herren Fabrikbesitzer ist es zu danken, wenn Einiges gesammelt und den Funden überhaupt Beachtung geschenkt wird.

So sind im Osten auf den Grundstücken der Firma Chr. Fr. Bernhardt und C. G. Wölfel und Sohn auf der Grenze der Jüdeweiner Flur, lagernd auf diluvialem Gerölle, zahlreiche Reste von Rind, Pferd, Schwein, Ziege und Wolf gefunden worden; dabei lagen auch einzelne Haselnüsse. Da diese Reste theils aus dem engen Raum eines Brunnens, theils aus der immerhin beschränkten Bodenfläche eines Bassins zu Tage gefördert sind, so läßt sich annehmen, daß daneben noch Manches begraben liegt.

Der Einwand, daß man es hier ja auch mit einem Freßplatz wilder Thiere zu thun haben könne, ist schon deshalb hinfällig, weil, wie schon oben bemerkt, die Markröhren zerbrochen, die Schädel geöffnet und die Gelenkköpfe unbenagt geblieben sind. Große Fleischfresser aber fressen entweder die Knochen ganz, oder nagen doch die Gelenkköpfe ab; gespaltene Markröhren zeugen immer von der Thätigkeit des Menschen.

Weiter sind im Westen auf dem Fabrikgrundstück der Firma J. G. Zöth und Söhne mehrere interessante Aufschlüsse gewonnen worden. Aus einem Brunnen und später aus einem dicht am Ufer der Kotschau gegrabenen Bassin gelangten eine Menge Reste von Pferd, Rind und Schwein zu Tage und auf einem Raume von 30—40 Quadratmeter lagen zahllose Schalen der Flußmuschel (Unio pictorum) zerstreut. Darunter befanden sich nur wenige unzerbrochene Schalen. Auch hier war wieder die Thätigkeit des Menschen zu erkennen. Warum sollte es nicht in vorgeschichtlicher Zeit schon Feinschmecker gegeben haben? Daß das Muschelthier früher im Bache selbst gelebt hat, bezweifle ich durchaus nicht, aber die Schalen fehlen an allen übrigen Ausschachtungen längs des Baches und kommen an dieser einen Stelle in großer Menge vor und zerbrochen, das ist doch wohl ein sicheres Zeichen dafür, daß wir in demselben Küchenabfälle vor uns haben.

Im vorigen Jahre wurde kaum zehn Schritt von dem oben erwähnten Bassin ein neues gegraben und dabei ein neuer interessanter Fund gemacht, welcher der Aufmerksamkeit des Herrn Fabrikbesitzer Ernst Zöth nicht entgangen ist und welchen derselbe mir freundlichst überlassen hat.

Außer Knochenresten von Rind, Pferd, Schwein und Hirsch wurde nämlich auch aus drei Meter Tiefe eine starke Geweihstange vom Edelhirsch hervorgezogen, welche unzweifelhaft Spuren menschlicher Bearbeitung zeigt. Dieselbe ist an drei Stellen angesägt und schließlich dicht über dem Schädel abgesägt worden. Der Spur nach hat das Instrument, welches diese Arbeit zu verrichten hatte, wahrscheinlich aus einer Feuersteinsäge bestanden.

Herr Geheimrat Professor Geinitz in Dresden, welchem ich die Fundstücke zur Ansicht sandte, wird darüber in der „Isis" berichten und Herr Robert Eisel aus Gera, welcher einen bei Tinz gemachten ähnlichen Knochenfund in dem Jahresberichte des Naturwissenschaftlichen Vereins in Gera beschrieben hat, erkennt darin die genaue Uebereinstimmung mit den Tinzer Fundstücken. Die Tinzer Geweihe hält Herr Eisel für abgeworfene, das Pößnecker Stück scheint aber vom Schädel abgesägt zu sein.

Andere vereinzelte Knochenfunde, welche hier und da im Umkreise gemacht worden sind und welche den Auerochs, Wisent, Elch, das Elen und den Höhlenbären, Rhinoceros und Mammuth betreffen, bedürfen hier keiner weiteren Erwähnung, denn sie gehören einer Zeit an, aus welcher sichere Spuren vom Dasein des Menschen in unserer näheren Umgebung noch nicht vorliegen.

Wir wenden uns nun den Orten zu, welche sicher als Begräbnißplätze, wahrscheinlich aber auch als Vertheidigungsstätten gedient haben.

Kehren wir zunächst zurück zu dem Ausläufer des von der Altenburg ausgehenden Riffes nach Jübewein hin. Dies Riff bildet den Galgenberg und von diesem aus führt ein Rasenrand nach der Kiesgrube von Jübewein. Der höchstgelegene Punkt dieses Rasenrandes bezeichnet die Stelle, an welcher mehrere Gräber gefunden und geöffnet worden sind. Parallel nun mit dem oberen Rande läuft südlich, einige Fuß tiefer, ein zweiter Rand, so daß zwischen beiden ein flacher Graben gebildet wird. Sachverständige, wie Professor Geinitz, Professor Liebe in Gera und Robert Eisel halten dafür, daß diese Stelle zur Verteidigung gedient habe.

Ein gleiches Urtheil fällen die Genannten über den Kochsberg im Südwesten von Pößneck. Zwar hat hier die Burg Stein mit Wall und Graben einst gestanden, aber es sind doch auch noch ältere Wallgräben erkennbar. Die Gräben gehen (über den Bedarf der kleinen Burg Stein hinaus) weit nach Westen und an mehreren Stellen sind etagenförmig Parallelwälle erkennbar. Allem Anschein nach haben die aus der Vorzeit vorhandenen Wälle und Gräben mit zur Erbauung der Burg Stein eingeladen.

Urnenscherben finden sich hier noch häufiger als auf der Altenburg. Dazu will ich indessen bemerken, daß durch den früheren Diakonus Börner in Ranis hier auch mehrere Gräber geöffnet worden sind. Recht wohl können die Scherben von Graburnen herrühren, die man früher oft, wenn sie zerbrochen zu Tage kamen, einfach weggeworfen hat.

Zahlreicher noch als die Spuren von Ansiedelungen sind die Gräber gewesen, die in unserer Umgebung angetroffen wurden. Beachtenswert ist hierbei der Umstand, daß die Reihe, in welcher die meisten Gräber aufgedeckt worden

sind, genau der Grenze des Weichbildes von Pößneck im Süden und Südwesten folgte.

Wenn ich nun die Gräber aufzähle, von deren Aufdeckung ich Kenntnis
erlangt habe, so folge ich zunächst dieser Linie von Osten her und bezeichne in
Klammern die Sammlung, welche die Beigaben erhalten hat.

Auf dem Vertheidigungswalle nahe Jüdewein fand ich ein Grab mit ein-
facher, unverzierter Graburne (Hohenleuben), Armring und Fibeln von Bronze
(Dresdener Museum). An derselben Stelle hat Herr R. Eisel in Gera noch
zwei oder drei Gräber aufgedeckt, aber nur wenig Urnenscherben und Knochenreste gefunden. Die Gräber hatten die Richtung von Süd nach Nord und
lagen kaum ½ Meter unter dem Rasen; einige Marksteine machten die Stellen
kenntlich.

Gehen wir etwa fünfzig Schritte weiter nach Westen, so gelangen wir zum
Galgenberge. Hier sind meines Wissens keine Gräber entdeckt; nach Berichten
aus Gera aber sollen vor einer längeren Reihe von Jahren ein paar römische
Goldmünzen hier gefunden und nach Gera gekommen sein.

Noch sechzig Schritte weiter westlich ist eine jetzt verlassene städtische Kiesgrube links an der Straße nach Wernburg. Hier ist nach einer Mittheilung
des verstorbenen Diakonus Schubarth ein Brunnengrab gefunden worden,
d. h. ein solches, in welchem der Leichnam stehend, bezugsweise in hockender
Stellung beerdigt war.

Die andere Seite der Straße aber bot in der noch bestehenden Kiesgrube
vor einigen Jahren eine reiche Fundstätte von Gräbern und deren Inhalt.
Das zuerst gefundene Grab befand sich hart am Wege und lieferte außer
einem prächtigen Schädel (der vom damaligen Magistratsdiener wieder beerdigt
sein soll, damit der alte Heide seine Ruhe habe) Armringe und Fibeln, sowie
Urnenreste. Weiterhin wurden noch drei oder vier Gräber aufgedeckt mit
Thränenkrüglein, Armspangen, Fibeln und Fingerringen von Bronze, sowie
ein zusammengebogenes Eisenschwert. Vieles davon ist verzettelt worden,
einiges aber durch den damaligen zweiten Bürgermeister Herrn Härtel geborgen
und dann dem Königl. Museum in Dresden überlassen worden; so namentlich
das Eisenschwert und ein Armring von Bronze, verziert mit der Nachbildung
eines menschlichen Gesichts *).

————————

*) Bei dieser Gelegenheit möchte ich nochmals dem auch von anderer Seite ausge-
sprochenen Wunsch Ausdruck geben, daß doch überall da, wo man vorgeschichtliche Reste
erwarten darf, eine Sammelstelle errichtet werden möchte, welche Arbeitern für abgelieferte
Gegenstände einen a n g e m e s s e n e n Finderlohn bezahlt und dafür sorgt, daß Gräber überhaupt nur im Beisein von Sachverständigen geöffnet werden.

Von der Kiesgrube aus verläßt die Linie, auf welcher Gräber gefunden wurden, die Grenze des Weichbildes und die Landesgrenze und wendet sich dem Südabhange der Altenburg zu. Hier hat der ehemalige Diakonus Börner aus Ranis ein paar Gräber ausgebeutet. Die dann folgenden drei Gräber im Hain zwischen Haselberg und Kochsberg hat ein Lehrer Küchenhoff aus Wernburg ausgenommen, und dann wieder die Gräber vom Kochsberg der Diakonus Börner; die Funde des Letzteren sind wohl meistens nach Hohenleuben gekommen. Sämmtliche bisher erwähnten Gräber mögen wohl der la Tène-Zeit (400 Jahre vor bis 400 Jahre nach Christus) angehört haben.

Das am weitesten nach Westen gelegene Grab wurde von Herrn Ziegeleibesitzer Kirchner am Erzberge — dem letzten der drei Opitzer Berge — gefunden; es enthielt eine roh ausgeführte Urne mit Leichenbrand; Herr Eisel hat dieselbe, welche arg zerbrochen war, mühsam wieder zusammengeleimt und nach Hohenleuben entführt.

Vor etwa vier Jahren fanden Arbeiter des Herrn Oekonomierath Weidenhammer auf Wöhlsdorf bei Ranis einige Gräber, denen sieben Bronzespangen und fünf kugelförmige Mahlsteine entnommen wurden. Durch meine Vermittelung überließ der genannte Herr den Fund freundlichst dem Dresdner Museum und die Dubletten darunter der städtischen Sammlung in Gera; die Spangen zeigten verschiedene Verzierungen, die Mahlsteine hatten die Größe einer starken Männerfaust.

Über Feuersteinreste und Steinwaffen habe ich den Nachrichten des Herrn Dr. Loth nicht viel anzufügen. Das kleine polierte Steinbeil, dessen er erwähnt und welches aus grünem Diabasgestein gearbeitet ist, war auf Bodelwitzer Flur gefunden worden, von Herrn Apotheker Dr. Himmelmann für die Privatschule zu Pößneck bestimmt, aber dann durch meine Vermittelung der Dresdner Sammlung überlassen, welche der Schule dafür eine kleine hübsche Mineraliensammlung zukommen ließ. Sonst sind in der Umgegend noch mehrfach Steinhämmer und Steinbeile gefunden worden, doch vermag ich über deren Herkunft und Verbleib keine sichere Auskunft zu geben.

Feuersteinsplitter sind in früheren Jahren auf den Feldern, welche sich vom Rosenbrunnen nach dem ersten Opitzer Berge erstrecken, in Menge von Kindern zusammengelesen worden, ich habe auch selbst einige gefunden und werden deren noch heute zu finden sein.

Bei dieser Gelegenheit möchte ich noch der Feuersteinwerkstätte auf dem rothen Berge vor Saalfeld gedenken, welche der verstorbene Direktor der Realschule zu Saalfeld, Hofrath Dr. Richter, in der Zeitschrift der deutschen geologischen Gesellschaft, Jahrgang 1879, beschrieben hat. Dr. Richter glaubt aus verschiedenen Gründen schließen zu dürfen, daß an jenen Stellen der Mensch gleichzeitig mit dem Höhlenbär und der Höhlenhyäne gelebt habe.

Hatte demnach der Mensch gleich nach der Eiszeit, als die Wasser der Saale noch in breiten Strömen von Saalfeld her auch in unser Thal sich ergossen, sich hier schon angesiedelt, so wird er naturgemäß die sonnigen Höhen lieber bewohnt haben, als die feuchten Thäler; aber sichere Spuren seines Daseins stammen aus einer viel späteren Zeit, wenn auch das Alter oft schwer zu bestimmen sein mag. Das ist namentlich der Fall bei Einzelfunden, von denen ich noch einige wenige kurz anführen kann.

In der Höhle des Kamsenberges fand Herr Jul. Stichling zu Pößneck ein durchbohrtes Geröll (Dresdner Museum), welches Prof. Geinitz für einen Netzstein erklärte.

In seiner Lehmgrube in Jüdewein fand Herr Nochler zusammen mit Resten von Rhinoceros tichorinus, dem wollhaarigen Nashorn, ein etwa 4 Zoll hohes glattes dreieckiges Grauwacken-Geschiebe. In der ganzen Umgebung des Fundortes steht nur Dolomit an, bedeckt mit Letten und Lehm, und unmittelbar auf dem Dolomitfels lag das sonderbar geformte Geschiebe bedeckt mit mehr als meterhohem Lehm. Seiner Form nach kann es recht wohl — eingeklemmt vielleicht in einen Stiel — als sehr einfache Waffe gedient haben. Das Stück befindet sich gleichfalls im Dresdner Museum.

Eiserne Pfeilspitzen sind auf der Altenburg und im sogenannten Burgstäbel bei Wernburg des Öfteren gefunden worden, doch gehören dieselben vielleicht schon der geschichtlichen Zeit an.

Ich habe hiermit das nachgetragen, wovon ich zuverlässige Kenntniß erlangt habe, bin aber überzeugt, daß noch Manches nachzutragen bleibt. Nicht selten werden von Privatpersonen, namentlich von Arbeitern, vorgeschichtliche Gegenstände aufgefunden und verstreut, ohne daß sachverständige Forscher hiervon Kenntniß erhalten. Möchten doch diejenigen, welche noch Fundstücke besitzen, oder noch nicht Bekanntes mitzutheilen haben, damit vor die rechte Schmiede gehen. Der Verein für Meiningische Geschichte und Landeskunde wird gerne bereit sein, derlei zu sammeln und in geeigneter Weise nutzbar zu machen!

Dabei ist der Boden, der auf verhältnißmäßig engem Raume so viele vorgeschichtliche Denkmäler geliefert hat, darum gewiß noch nicht erschöpft, und wir haben gesehen, daß nicht allein der Spaten des Forschers und der Ackerpflug Alterthümer aus der Erde heben, sondern daß auch die Industrie, die sonst nur immer Neues schaffen will, behülflich sein kann, manch alten Schatz ans Licht zu bringen; aber es ist nothwendig, daß Jeder bei solchen Gelegenheiten seine Augen offen halte und vorkommenden Falls an rechter Stelle Anzeige erstatte, und dazu möchten auch diese Zeilen mit anregen.

Pößneck im Juli 1889. A. Fischer.

Verein für Meiningische Geschichte und Landeskunde. Heft 6.

2

Prudentia Magnificentia & gratia Principum Clariss. Vir Dn. Casparus Tryller in Consilio Serenis. Elect. Saxoniae Praefect. Aerarij

Die

Die

Stiftung Kaspar Tryllers

vom 29. September 1617

und der

Stammbaum der Tryller.

Nach urkundlichen Quellen bearbeitet und herausgegeben

von

Ernst Koch,

Professor am Gymnasium Bernhardinum
und Archivar des Gemeinschaftlichen Hennebergischen Archivs zu Meiningen.

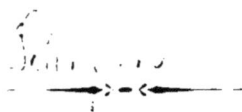

Meiningen.
Verein für Meiningische Geschichte und Landeskunde.
1889.

Vorwort.

Als vor nunmehr fünf Jahren der erste Theil meiner Triller-Sagen*) erschienen war, fand das Buch nur wenig Beachtung. Es fehlte zwar nicht an
Stimmen aus wissenschaftlichen Kreisen, welche die Bedeutung anerkannten,
die der Schrift in Hinsicht auf die Klarstellung eines denkwürdigen Theiles
der sächsischen Geschichte innewohne; aber es befaßten sich mit derselben offenbar
nur ganz Vereinzelte, und auch unter diesen Einzelnen gab es manchen, welcher
nicht zu begreifen vermochte, weshalb auf anscheinend geringfügige Verhältnisse ein gewaltiger Fleiß verwendet worden sei. Man bedachte nicht,
daß die endliche Lösung von Fragen, welche seit Jahrhunderten zu einer
ganzen Fluth von Schriften und Aufsätzen Anlaß gegeben haben, einheitlich
ausgeführt werden und darum auch mit dem, was dem allgemeinen Interesse
ferner steht, sich beschäftigen muß. Man bedachte aber auch nicht, daß die
im gedachten Buche niedergelegten Ergebnisse meiner Untersuchungen einen
praktischen Nutzen enthalten, auf welchen ich freilich, weil mein Buch vor
Allem des wissenschaftlichen Zweckes willen geschrieben war, nicht besonders
hingewiesen hatte, der sich aber doch fast ohne weiteres von selbst herausstellte.
Durch den Nachweis, daß der größte Theil der heut vorhandenen Triller nicht
zum Stamme des Köhlers gehört, welcher bei der Befreiung des Prinzen
Albrecht von Sachsen im Jahre 1455 eine Rolle spielte, mußten die unersätt-
lichen Ansprüche hinfällig werden, welche von eben diesen Trillern auf die
Belohnungen erhoben zu werden pflegen, mit denen die sächsischen Fürsten die
Verdienste des Köhlers an seinen Nachkommen quitt zu machen nach Ansicht

---

*) Triller-Sagen. Ein Beitrag zur urkundlichen Geschichte des sächsischen Prinzen-
raubes und seiner Wirkungen. 1. Theil. Die vermeintliche Abstammung der Saalfeld-
Saugerhäusischen und anderer Triller von dem Retter des Prinzen Albrecht. Meiningen.
K. Keyßner. 1881. 8°.

der Triller zu allen Zeiten verpflichtet sind. Denn ein großer Theil der Triller bildete seither eine Bettelsippe, welche mit tausendfachen Zinsen von Seiten der sächsischen Fürsten einzuheimsen beflissen war, was einst Kurfürst Friedrich der Sanftmüthige dem Kunz von Kauffungen zu zahlen sich geweigert hatte. Die Ungültigkeit dieser Ansprüche, welche aus meinem Buche sich ergab, ist jedoch nur Nebensache; lag und liegt es ja ausschließlich im freien Willen der sächsischen Fürsten, ob sie diese Ansprüche befriedigen wollen oder nicht. Ganz anders verhält es sich dagegen mit den rechtlichen Forderungen, welche die Triller auf den Genuß gewisser Stiftungen erheben. Da besteht bekanntlich die Stiftung des sogenannten Trillerkorns oder der für die eigentliche Kornspende jetzt ausgeworfenen Entschädigung, welche bestimmungsgemäß stets dem ältesten Triller aus dem Geschlechte des Köhlers zukommen soll; da bestehen aber auch die vom einstigen kursächsischen Landrentmeister Kaspar Tryller gegründeten Stiftungen, welche der Familie dieses Tryller und seiner ersten Gattin zur Wohlthat werden sollten. In dem ersten Theil der Triller-Sagen ist des Näheren ausgeführt, wie gerade diese Stiftungen es waren, welche den Nachkommen des Köhlers so verlockend schienen, daß sie sich zu einem genealogischen Betrug verstiegen. Die Aufdeckung dieses Betruges hätte nun dazu führen müssen, auf Grund der von mir gewonnenen Ergebnisse es hinsichtlich der bezeichneten Stiftungen als feststehend zu betrachten, daß diejenigen Triller, welche zum Genuß der einen Stiftung berechtigt seien, nicht auch die andere genießen dürfen und umgekehrt, und daß überhaupt eine große Menge von Trillern, welche auf den Genuß jener Stiftungen Anspruch erheben, weder auf die eine noch auf die andere ein Anrecht besitzt.

Daß die Triller selbst, welchen das Buch etwa in die Hände fiel, die Sache nicht weiter verfolgten und auf eine Scheidung der Ansprüche nicht drangen, darf nicht Wunder nehmen. Den Meisten derselben wurde ja durch eben dieses Buch ihr liebster Glaube, von dem berühmten Köhler zu stammen, angegriffen und an diesem Glauben klammerten sie sich fest, so lange es nur irgend ging. Etwas anderes aber war es mit den Bewohnern der Städte Saalfeld und Sangerhausen, welchen von Kaspar Tryller ein Antheil an dem Genusse seiner Stiftungen für den Fall eingeräumt wurde, daß es an Bewerbern aus seiner und seiner ersten Gattin Verwandtschaft fehlt. Ihnen konnte es durchaus nicht gleichgültig sein, ob eine Anzahl von gar nicht Berechtigten sich als Verwandte des Stifters hinstellten und etwaigen Bewerbern aus jenen Städten dadurch den Rang abliefen. Für die Saalfelder und Sangerhäuser hatte demnach mein Buch, welches die verschiedenen Trillerfamilien von einander sonderte, großen Werth. Gleichwohl hatte man hier wie dort anfänglich dafür nicht das mindeste Verständnis, und es blieb zunächst alles beim Alten.

Im Jahre 1887 veröffentlichte ich nun den von mir aufgestellten Stammbaum der Triller vom Geschlechte des Köhlers *), und bald darauf — im
März desselben Jahres — richtete ich an die Magistrate der Städte Saalfeld
und Sangerhausen die Anfrage, ob die städtischen Vertretungen bereit seien,
für die Herausgabe des von mir zusammengestellten Stammbaumes der Triller
vom Geschlechte Kaspar Tryllers die erforderlichen Druckkosten zu bewilligen.
Von Saalfeld lief die Antwort ein, daß der Gemeinderath in seiner Sitzung
vom 14. April für die Jahre 1887 und 1888 je fünfzig Mark als Beitrag
für den Druck bewilligt habe; dort hatte man also inzwischen die Bedeutung
der Sache erfaßt. Der Magistrat der Stadt Sangerhausen jedoch sandte als
Antwort folgendes denkwürdige Schreiben:
„Euer Wohlgeboren erwiedern wir auf das gefällige Schreiben vom
27. vorigen Monats ergebenst, daß wir zwar einen auf Grund von Urkunden
von dem Lehrer Menzel hier angefertigten Triller'schen Stammbaum besitzen,
daß wir aber bereit sind, Ihnen zu den Druckkosten der fraglichen Schrift
einen Beitrag von 50 Mark aus unserer Kämmerei-Kasse unter der Bedingung zur Verfügung zu stellen, daß Sie uns 50 Exemplare der Schrift
unentgeltlich überlassen."
Ich schrieb dem wohlweisen Magistrate der Stadt Sangerhausen zurück,
daß ich auf so eigenthümlichen „Beitrag" verzichte, und wandte mich nun, um
die erforderlichen Mittel für den Druck des Stammbaumes zu gewinnen, an
das Königlich Sächsische Ministerium des Cultus und öffentlichen Unterrichtes
zu Dresden als an diejenige Behörde, welche die Oberaufsicht über die an den
Besuch der Universität Leipzig geknüpfte Stiftung Kaspar Tryllers führt und
darum auch auf die Befolgung der stiftungsmäßigen Bestimmungen zu wachen
hat. Die Antwort vom 28. April 1887 lautete dahin, daß Königliches
Ministerium „im Mangel hierzu verfügbarer Mittel" sich behindert sehe, eine
Beihilfe zu gewähren. Weil nun die einzige, seitens der Stadt Saalfeld ange-
botene Unterstützung von einhundert Mark die nöthigen Kosten kaum zur Hälfte
deckte, mußte ich von der Absicht, den Stammbaum herauszugeben, vor der
Hand abstehen.
Zufällig stellte im Laufe des Jahres 1887 Herzogliches Staatsministerium
in Meiningen, Abtheilung für Kirchen- und Schulsachen, Erhebungen über die
Verwaltung der im Herzogthum befindlichen Stiftungen an und erforderte auch
über die Tryller'sche Stiftung von dem für Saalfeld bestellten Mitkollator der-

*) Urkundlicher Stammbaum der Familie Triller vom Geschlechte des
Köhlers, welcher im Jahre 1455 die Befreiung des Prinzen Albrecht
von Sachsen herbeiführte. Zunächst als Abhandlung im Henstingsprogramm des
Gymnasium Bernhardinum vom 30. Januar 1887 gedruckt, aber auch als besondere Schrift
(Verlag: L. v. Ere in Meiningen) herausgegeben.

selben, Herrn Superintendent Dr. Otto Füßlein in Saalfeld, Bericht. In diesem äußerte sich Herr Dr. Füßlein unter Anderem wie folgt: „Was den beiden Mitkollatoren fehlt, ist ein genauer Stammbaum des von Kaspar v. Truller abstammenden Geschlechts, und müssen wir uns hierin meist auf den Hauptkollator verlassen. Es wäre sehr wünschenswerth, wenn ein solcher Stammbaum auf Grund des von Herrn Professor Koch in Meiningen verfaßten außerordentlich gründlichen Schriftchens „Trillersagen I" aufgestellt und damit zugleich der Anspruch aller derer Trillerischen, welche etwa von dem durch den sächsischen Prinzenraub berühmt gewordenen Triller (Torubel) abstammen, beseitigt würden."

Herzogliches Staatsministerium theilte mir diesen Bericht zur Äußerung mit, und ich setzte in einem Bericht vom 29. August 1887 auseinander, an welchen Übelständen die Verwaltung der Stiftung kranke und daß wahrscheinlich die größere Hälfte der bisherigen Beneficiaten gar nicht berechtigt gewesen sei, die Trullerische Stiftung zu genießen, während hinwiederum die Bewerber aus der Stadt Saalfeld dadurch hintangesetzt wurden. Zugleich legte ich dar, welche Schwierigkeiten der Veröffentlichung des von mir aufgestellten Stammbaumes im Wege ständen. Von Herzoglichem Staatsministerium wurde nunmehr die Angelegenheit dem Magistrat zu Saalfeld unterbreitet, und dieser setzte sich mit dem Magistrat von Sangerhausen in Verbindung, worauf der letztere sich erbot, fünfzig Mark bedingungslos beizusteuern, während der Gemeinderath zu Saalfeld am 12. Januar 1888 den bereits bewilligten Beitrag noch um fünfzig Mark erhöhte, sodaß nun im Ganzen 200 Mark zur Verfügung standen.

Dadurch war der Plan seiner Verwirklichung schon viel näher gerückt, und als vollends der Verein für Meiningische Geschichte und Landeskunde ins Leben gerufen und somit die Möglichkeit gegeben war, den Rest der Druckkosten in der Weise aufzubringen, daß der Stammbaum der Triller vom Geschlechte Kaspar Trullers als Vereinsschrift gedruckt würde — womit der Magistrat der Stadt Saalfeld auf Befragen sich auch ganz einverstanden erklärte, — so konnte ich endlich daran denken, mein Vorhaben auszuführen. Fast wäre es jedoch an einem sonderbaren Umstand noch zu guter Letzt gescheitert.

Es schien mir unbedingt nothwendig, dem Stammbaum die Stiftungsurkunde der Kaspar Trullerischen Stiftung im Wortlaute der Originalurkunde beizufügen. Auf meine an den Magistrat zu Saalfeld gerichtete Bitte, das in seinem Besitz befindliche Original an Herzogliches Staatsministerium in Meiningen zu senden, damit ich hier eine Abschrift davon nehmen oder vielmehr eine bereits von Abschrift genommene Abschrift danach richtig stellen könne, versagte der Gemeinderath die erforderliche Erlaubniß, da er trotz der

Bürgschaft Herzoglichen Staatsministeriums um die Wiedererlangung der Urkunde besorgt war. Erst als ich erklärte, unter solchen Umständen den Stammbaum, dessen Veröffentlichung nur Anderen, aber nicht mir Nutzen brächte, ungedruckt lassen zu wollen, entschied man sich dahin, meinen Wunsch zu erfüllen und zugleich wurde mir eine Messingplatte mit Kaspar Tryllers Bildnis vom Jahre 1617, welche auf dem Rathhaus zu Saalfeld aufbewahrt wird, zu dem Zwecke anvertraut, das in Kupferstich ausgeführte Bild vervielfältigen zu lassen. Es ist dies dasjenige Bild, von welchem diesem Hefte ein Abdruck beigegeben ist. Wahrscheinlich ist es auf Veranlassung und Kosten des Landrentmeisters Tryller selbst gestochen worden. Darüber, wie es nach Saalfeld gelangte, giebt folgende, auf der Rückseite der Platte ein-gravirte Inschrift Kunde:

Tabulam
Hanc aeneam Dresdae acquisitam
Dnis. Dnis.
Consulibus, Syndico et Senatoribus reliqvis
inclytae civitatis
Saalfeldiensis
Executoribus testamenti et piarum causarum
Beati Trilleri
Conservationis ergo et in sui memoriam
Sacram esse voluit
Michael Leube
in praesentia
S. R. M. Polon. ut et Elect. Saxoniae
a Consiliis Commissionum
quondam
ab ao. 1704. usque ad annum 1713.
Poligraphus
Simulqvo
ab ao. 1705. usque ad ao. 1710.
Syndicus Salfeldiensis
Scribebam
Dresdae mens. Maj. ao. 1748.*)

---

*) D. i. „Diese Metallplatte, welche in Dresden erworben wurde, übereignete den Herren Bürgermeistern, dem Syndikus und den übrigen Rathsherren der berühmten Stadt Saal-feld als den Vollstreckern des Testamentes und der frommen Stiftungen des seligen Triller mit dem Wunsche, daß sie um ihrer Erhaltung willen (es ist die Platte gemeint!) und zu seinem eignen Andenken von ihnen in Ehren gehalten werde, Michael Leube, jetzt

Wie Leube zu der Platte gekommen ist, erfahren wir leider nicht. Auf jeden Fall müssen wir ihm dankbar sein, daß er dieselbe zu würdigen wußte und dort unterbrachte, wo er das beste Verständnis für ihren Werth voraussetzte, bei dem Rath der Stadt Saalfeld. Die Platte, von welcher a l t e Abdrücke sehr selten sind, ist noch wohl erhalten. Die für diese Schrift verwandten Abdrücke wurden durch die Kunstanstalt von H. Gustav Brinckmann in Leipzig unmittelbar von dem alten Stiche hergestellt.

Ursprünglich hatte ich die Absicht, in die vorliegende Schrift auch noch den von Kaspar Tryller verfaßten Stammbaum seiner Familie, die sogenannte Genealogia Trylleriana (s. über dieselbe Trillersagen I, Seite 4 — 6) aufzunehmen, welche bis vor Kurzem noch ungedruckt war. Doch ist dieselbe inzwischen von Sangerhausen aus, durch Herrn Lehrer Clemens Menzel daselbst, veröffentlicht worden. Mein „Stammbaum der Triller vom Geschlechte des Köhlers" hatte dort endlich auch Anlaß gegeben, an die Frage heranzutreten, ob denn in der That den Ergebnissen meiner Trillerstudien Rechnung getragen und der bisher vom Magistrat zu Sangerhausen als „authentisch" anerkannte, im dortigen Rathhaus seit vorigem Jahrhundert lagernde und im vorigen Jahrzehnt von Herrn Menzel berichtigte Stammbaum des Trillergeschlechtes, welcher alle möglichen Triller noch als eine einzige, vom Köhler entsproßte Familie präsentirte, für falsch erklärt werden müsse. Es freut mich, hier aussprechen zu können, daß Herr Menzel, von dessen Verdiensten um die Trillerforschung ich schon in der Einleitung zu meinen Trillersagen geredet habe, nunmehr zu der Sache offene Stellung nahm und im Geschichts- und Alterthumsverein zu Sangerhausen in einem Vortrag über die Trillerstiftung die Erklärung abgab, daß man mit dem bisherigen Glauben an eine einheitliche Abstammung aller Triller und namentlich auch mit dem Glauben an eine Verwandtschaft zwischen dem Geschlechte des bekannten Köhlers und dem Geschlechte Kaspar Tryllers brechen müsse. Da man ferner aus meinem an den Magistrat von Sangerhausen gestellten Antrag wußte, daß ich die Absicht hegte, einen Stammbaum der Tryllerischen Familie herauszugeben, so beschloß der dortige Geschichtsverein, seinerseits auch etwas zu thun und durch Veröffentlichung des von Herrn Menzel gehaltenen Vortrages sowie der von Kaspar Tryller verfaßten Genealogia Trylleriana und der Stiftungsurkunde einen Beitrag zu dem durch meine Arbeiten gewonnenen Stand der Trillerforschung zu liefern.

Kommissionsrath Sr. Majestät des Königs von Polen, wie auch Kurfürsten von Sachsen, einst vom Jahr 1704 bis zum Jahr 1713 Stadtschreiber und zugleich vom Jahr 1705 bis zum Jahr (so. verschrieben für am. d. i. annum) 1710 Syndikus zu Saalfeld. Geschrieben zu Dresden im Monat Mai des Jahres 1748."

Dies ist denn auch geschehen. Herr Lehrer Menzel gab im 2. Hefte der Mittheilungen des Sangerhäusischen Geschichtsvereins einen sehr beherzigenswerthen Überblick über die Punkte, welche bei Ausführung der von Kaspar Tryller hinsichtlich seiner Stiftung getroffenen Bestimmungen in Betracht gezogen werden müssen — wobei es nicht an scharfen, aber wohlverdienten Hieben gegen den auf diesem Gebiete bisher verübten, theilweise geradezu schamlosen Unfug fehlt — und brachte im Anschluß daran die Urkunde der Tryllerstiftung vom 29. September 1617 nach einer im Jahr 1647 gefertigten, im Besitz des Stadtrathes zu Sangerhausen befindlichen Abschrift, sowie die berührte Genealogia Trylleriana zum Abdruck. Die Herausgabe der letzteren, von welcher überhaupt nur zwei ältere Handschriften bekannt sind*), erfolgte nach dem Exemplar, welches der Herr Kanzleirath Anton Hoffmann derzeit in Frankfurt a. O. besitzt, doch sind die wesentlichen Abweichungen des dem Herrn Adolf Peißker, derzeit in Diesdorf (Kr. Striegau), gehörenden Exemplares mit angeführt. Die 148 Seiten starke Schrift ist auch im Sonderdruck erschienen unter dem Titel „Caspar Tryller und die Handhabung der Tryllerstiftung im Collegio Paulino bei der Universität Leipzig; von Clemens Menzel, Lehrer in Sangerhausen. Sangerhausen und Leipzig (Bernh. Franke) 1888.“ Das Buch, welches auf jeder Seite Zeugniß ablegt von dem ehrlichen Willen, der Wahrheit die Ehre zu geben und alteingefleischte Irrthümer zu beseitigen, sei hiermit jedem, der sich mit den einschlägigen Fragen beschäftigen will, angelegentlichst empfohlen.

Der Abdruck der Genealogia Trylleriana war somit unnöthig geworden. Es wird vorkommenden Falls genügen, auf die von Menzel besorgte Ausgabe derselben zu verweisen. Dagegen konnte ich mich nicht entschließen, auch von einem Abdruck der Stiftungsurkunde abzusehen, und zwar um so weniger, als es schon von großem Werthe ist, den Wortlaut der Urkunde nach dem Original kennen zu lernen und als es auch für die Besitzer der vorliegenden Schrift erwünscht sein muß, die Urkunde der berühmten Stiftung kennen zu lernen.

Und nun zum Schluß noch ein Wort über die Grundsätze, welche mich bei Aufstellung und Herausgabe des Tryllerischen Stammbaumes geleitet haben! Es sind die nämlichen, denen ich schon bei Veröffentlichung meiner Trillersagen und des Stammbaumes der Familie Triller vom Geschlechte des Köhlers gefolgt bin: unparteiische Prüfung aller Nachrichten, welche über Angehörige des Namens Triller, Trüller oder Tryller zu erlangen waren und gewissenhafte Verwendung dessen, was urkundlich verbürgt oder doch sonst gut beglaubigt

*) Sieh Trillersagen I, Seite 4. Wenn Herr Menzel auf Seite 81 seiner Arbeit meint, daß beide Abschriften unstreitig nach dem Original gefertigt worden seien, so kann ich mich dieser Ansicht nicht anschließen. Ich glaube vielmehr, daß beide Handschriften auf eine bereits fehlerhaft geschriebene Abschrift des Originals zurückgehen.

war, neben strenger Ausscheidung dessen, was sich als gefälscht oder als Irrthum
erwies. Um diesen Grundsätzen getreu die Aufgabe, welche ich mir gesteckt,
lösen zu können, habe ich weder Mühe noch beträchtliche Kosten gescheut.
Zwar boten die Kollektaneen des Herrn Lehrer Clemens Menzel in Sangerhausen, welche ich zu Anfang dieses Jahrzehnts eingehend benutzen konnte,
sowie die Sammlungen des seligen Adolf Hache weiland Pastors zu Kunzen-
dorf in Schlesien, welche wie schon früher von Pastor Hache selbst so auch
neuerdings von dessen Wittwe Martha geb. Rabe in Haselbach bei Landeshut in
Schlesien mir gütigst zur uneingeschränkten Benutzung überlassen worden waren, mir
eine Fülle von schätzenswerthem Stoff, für welchen ich auch an dieser Stelle meinen
aufrichtigen Dank ausspreche; dieser Stoff diente mir aber nur als Unterlage für
daran sich anschließende Quellenforschungen. Aus den Anmerkungen zu dem
Stammbaum mag man ersehen, wo ich meine Nachrichten mir holte und auf welchem
Grund diese Geschlechtstafeln sich aufbauen. Bei der Unzuverlässigkeit der
sogenannten „authentischen" Trillerstammbäume aus früherer Zeit war es eben
unumgänglich nöthig, auf die reinen Quellen zurückzugehen, wenn dem unter dem
Scheine verbrieften Rechtes einhertretenden Trillerschwindel ordentlich zu
Leibe gegangen werden sollte. Zum Glück fand ich fast überall, wohin ich mich
dieserhalb wandte, ein freundliches Entgegenkommen, für welches ich den Vielen,
welche es angeht, nochmals meinen besten Dank sage. Es wird vielleicht
mancher wünschen, daß auch der Stammbaum der Familie Schillingstadt,
welcher die Gattin Kaspar Tryllers angehörte, sowie die Stammbäume der
durch weibliche Angehörige des Tryllerischen Geschlechtes fortgepflanzten Linien
in dies Buch aufgenommen wären. Das würde jedoch die Kosten des Unter-
nehmens in ganz erheblicher Weise erhöht haben, und die Hauptsache, eine
sichere Grundlage für die Beurtheilung der einschlägigen verwandtschaftlichen
Verhältnisse ist ja durch vorliegendes Buch geschaffen, das einen umfassenden
Überblick über die Tryllerische Familie bietet, einen Überblick, der auch an sich
schon in Anbetracht der „absteigenden" Entwickelung dieser Familie von nicht
geringem Werthe ist.

Um übrigens etwaigen Mißverständnissen ein für alle mal vorzubeugen, so
betone ich hier ausdrücklich, daß kein anderes als wissenschaftliches Interesse
zu diesen Trillerforschungen mich trieb und daß aus diesen Forschungen wohl
kostspielige Arbeit, doch keinerlei Vortheil für mich erwuchs.

Meiningen, 25. Juni 1889.

Ernst Koch.

Kaspar Tryller, der Begründer der sogenannten „Trillerstiftung" an der Universität Leipzig und anderer Vermächtnisse, war der Sproß einer an Kindern reichen, mit Glücksgütern aber nur wenig gesegneten Pfarrersfamilie. Sein Vater war Kaspar Tryller, der zu Graba bei Saalfeld als erster lutherischer Pfarrer des Ortes von 1526 bis 1561 (er starb am 2. Januar dieses Jahres) wirkte und dort auch begraben liegt. Derselbe war zweimal verheirathet, zuerst mit Magdalena Schuch, einer Bürgerstochter aus Saalfeld, welche ihm 4 Töchter gebar, und nach deren Tode mit Katharina Reinhold, einer Bürgerstochter aus Gräfenthal und nahen Anverwandten des berühmten Wittenbergischen Professors Magister Erasmus Reinhold, welche Mutter von zwölf Kindern wurde, als deren zweites Kaspar Tryller am 9. Juni 1542 das Licht der Welt erblickte.

Über seinen Lebensgang berichtet Kaspar Tryller in der von ihm zunächst im Jahre 1593 aufgezeichneten und später noch erweiterten Geschichte seiner Familie, der Genealogia Trylleriana Folgendes:[*])

„So viel nun meine Persohn und Leben betrifft, hat offt und viel ermester mein Lieber Vatter mich, so wohl alß meine zwene Brüder[**]) von Jugend auf fleißig zum Gebeth und Studiren gehalten biß anno 1559 hab ich meine Studia verlaßen, und bin durch Baltin Bartholn der Zeit zu Saalfeldt[***]) und Friedrich Volmhaus zu Weymar Schößer zu Dr. Stephan Klotten, weimarischer Hoffrath, befordert, des Oths ich den 1. Novembris berührtes Jahrs ankommen, und habe ihm drey Jahr vor einen Schreiber gedienet.

Anno 1563 hat er mich ins Ambt Rotha[†]) bracht, all da ich bey der beiden Schößerr, alß Nicol Fuchßen und Ilgen Körners, Amtsverwaltunge anderthalb Jahre vor einem Ambtschreiber geblieben, bin auch berührtes

---

[*]) Seite XLIX flg. der Peißker'schen Handschrift. Vergl. auch den von Menzel besorgten Abdruck der Genealogia Trylleriana (s. hierüber das Vorwort!), Seite 122 flg.

[**]) Justus, geb. am 8. November 1540, und Michael, geb. am 17. Mai 1551.

[***]) Zu ergänzen: Schößer. Valentin Barthel war Schößer zu Saalfeld von mindestens 1561 bis 1575.

[†]) Roda im jetzigen Herzogthum Sachsen Altenburg.

1563. ftenn Jahrs durch Herrn Georgium Juden, beyder Rechten Doctorn und Comitem Palatinum zu Erffurth zum Notario Publico creiret worden, Lauts meines habenden Testimonij. Anno 1564 bin ich ins Ambt Leuchtenburgk*) kommen, und habe biß in April des 1570. Jahres bei Johann Hoffmanns Schoßers Zeiten vor einen Ambtschreiber doselbst gedienet, auch des Orths so wohl alß in Ambte Rotha, viel mühe und Arbeith (ohne Ruhm zu melden) außgestanden und beidte örther Lauts habenden Testimonien mit guten willen abgeschiedenn. Anno 1570 ben 12. Aprilis bin ich von bannen abe, und uf vorgehende ordentliche Vocation eines Erbarn, und wohlweißen Raths der Stadt Neustadt an der Orla**) mit guebigsten Vorwißen, und Erlaubnüß Hertzogen Johann Wilhelms zu Sachßen rc. alß der Zeit meiner Hohen Obrigkeit***) dahin gezogen, und ein Jahr lang ihre Stattschreiberey auch nicht ohne schlechte Mühe wie mier der gantze Rath zeugnis geben, solchs auch ihr Abschiedsbrieff besaget, und außweißet, verwaldtet. Anno 1571 den 6. Martij hat der Durchlauchtigste Hochgebohrne Fürst und Herr, Herr Augustus Hertzog zu Sachßen, des Heiligen Römischen Reichs Ertz Marschall, und Churfürst, so anno 26. den letzten Julij zu Freyberg in Meißen gebohren, nunmehr aber Hochlöblichster Gebächtnis, die vier Assecurirten Ambter, †) auch unter andern die Statt Neustadt an der Orla, uf vorgehende erlaßunge voriger Eyde, und Pflichte, deren wir durch die hierzu verordnete Keyßerliche Commissarien in Gegenwarth etzlicher seiner Churfürstlichen Gnaden vornehmen Rathe loß gezehlet, und an Seine Churfürstlichen Gnaden auch dere erben vorwießen worden, einnehmen laßenn, dazumahln mir der Churfürstliche Rentmeister Barthol. Lauterbach nach beschehener Uberweißung, Huldung, daß Ambt Sangerhaußen angetragen und vorgeschlagen, welches ich auch uf gedachtes Churfürsten darauf erfolgtenn sonderbahren Befehlig den 4. Maij Anno 71, da ich gleich desselben Tages durch Nicoln von Ebeleben der Zeit

---

*) Burg Leuchtenburg bei Kahla.

**) Neustadt an der Orla.

***) Kaspar Troller war unter der Regierung des Kurfürsten Johann Friedrich des Großmüthigen von Sachsen geboren, dessen Söhne Johann Friedrich der Mittlere, Johann Wilhelm und Johann Friedrich der Jüngere in das von ihm hinterlassene, sehr geschmälerte Erbe eintraten, um zunächst (von 1554 bis 1565) gemeinschaftlich zu regieren. Als 1565 Johann Friedrich der Jüngere starb, schritten die beiden älteren Brüder 1566 zu einer Theilung, bei welcher die Ämter Roda und Leuchtenburg an Johann Friedrich fielen, der sie jedoch, als er bald darauf wegen der Grumbachischen Händel in die Acht erklärt worden war, an seinen Bruder Johann Wilhelm verlor.

†) Man versteht darunter die Ämter Weida, Ziegenrück, Arnshaugk (wozu Neustadt a. Orla gehörte) und Sachsenburg, welche nach der Gefangennahme ihres Landesherren Johann Friedrich des Mittleren 1567 von Kurfürst August von Sachsen, der mit Vollstreckung der Acht betraut gewesen war, als Ersatz der Kriegskosten an diesen verpfändet wurden.

Haubtman daselbst, und Joseph Rübeln, Küchenmeister zu Mörßeburg, einge-
wießen, auch folgends den 16. berührtes Monats darzu in der Rentherey zu
Leiptzig meine Pflicht geleistet, bezogen, und biß auf Ostern Anno 1586 und
also 15 Jahr an einander vor einen Schößer gedienet, darinnen ich gleich in
meinen vorigen Diensten von einen Tag zum andern auch nicht wenig mühe,
Sorge, und gefahr, wie auß den doselbst hinterlaßenen Acten und Händeln
zu ersehen, außgestanden habe, auch darneben daß Arterische Salzwerck *) uf
Rechnung bestellen, und daß Sangerhaußische Kupfferbergwerck mit in beßehlig
haben, und sonsten viel außwertige Commissiones, und hülffs Sachen wider
die Graffen zu Manßfeldt, Schwartzburgk, Stolbergk, und andere, auch derselben bürgenn, vorrichten, darunter nicht geringe mühe und gefahr uf mich
rücken müßenn.

Anno 1586 hat der auch Durchlauchtigste Hochgebohrne Fürst und Herr,
Herr Christian zu Sachßen des Heiligen Römischen Reichs Ertzmarschall, und
Churfürst mein gnedigster Herr so anno 1560. den 2. Octobris gebohren, alß
Seine Churfürstlichen Gnaden nach des herrn Vatters Seele Absterben ins
Regiment getreten, mich gegen Dreßden erfordern, und mir alda daß Rentmeister Ambt auftragen laßen, welches ich biß ufm 25. Septembris Anno 1591,
da Seine Churfürstlichen Gnaden von dießer welt auch Seelig abgeschieden,
gleichfalls auch nicht ohne geringe Arbeith mühe und Gefahr verwaldet, in
maßen es die Rentherey Sachen an sich selbst ferners besagen und außweißen,
alßo das Hochermelder Churfürst, wie dem gantzen Churfürstlichen Hoffe und
Lande bewust, mit meiner Vorrichtung biß in der selben Seeliges Absterben
nicht alleine gar gnebigst und wohl zufrieden geweßen, und solches öffters
über Taffel, im Felde und sonsten gerühmet, sondern hat auch nach Seiner
Churfürstlichen Gnaden Absterben die gantze Landschafft uf dem anno 1592 zu
Torgau gehaltenen Landtag gebethen, die Churfürstlichen Cammer Räthe
gäntzlichen abzuschaffen, und mir alle Cammer- und Rendsachen alleine zu be-
fehlen und an zu vertrauen, wie solches deßelben Landtags Acta, und was
mir hierüber die gantze Landschafft vor Zeugnis gegebenn, ferners besagen und
außweißen. Folgendts hat der auch Durchlauchtigste Hochgebohrne Fürst
und Herr, Herr Friederich Wilhelm Hertzog zu Sachßen, der Chur Sachßen
Administrator und Vormundt, so anno 1562. am 25. April intra decimam
undecimamque horam meridianam zu weymar gebohren, neben Herr Johann
Georgen Marggraffen und Churf. zu Brandenburg alß mit Vormunden, mich
in Vormundschafft wieder zum Renthmeister angenommen vnd bestetiget, welch
Ambt ich von Anfange dießer Administration biß ufm 19. Januarij des
1594. Jahrs förder verwalthet, des Tages der Herr Administrator der Chur

*) Salzwerck zu Artern.

Sachßen ꝛc. mich deßelben uf eine starcke stunde, nicht alleine Seiner Fürstlichen Gnaden eigenen mir gegebenen Bestallung zuentgegen, Sondern auch über, und wieder des Churfürsten zu Brandenburg Schreiben, und darinnen angezogenen erheblichen Ursachen, und Motivenn, so wohl der Churfürstlich Sächßischen wittben eingewandte schrifftliche und munbliche Intercessiones, auch der Gantzen Landschaft einhelligen Landtags Beschluß, suchen und bitten, durch Seiner Fürstlichen Durchlaucht Räthe zu Torgau uf meiner Wiederwertigen falsches anbringen umb der lautern wahrheit willen*) entnehmen laßenn.

Ob ich nun wohl alhier billig den vhrsprung dießer meinen endt urlaubung erzehlen sollte, darauß meine wahre vnschuld, und meiner Mißgünstigen am Torgischen Hoffe vnchristliches beginnen umb so viel mehr an tag gegeben, Dieweil ich aber, die mit mir dießfalß gespielte Comoedia möchte wohl setzenn Passion**), von anfange biß zum ende albereit in ein sonderlich Buch verfaßet, und durch auß mit schrifftlichen Documenten beglaubiget, und bestärcket***), Gott der Allmächtige auch der fürnembsten Persohn dieses Spiels am 11. Tage nach meiner durch Sie vornemlichen angestifften und vor Ursachtenn enbuhrlaubung zu Torga, gar erschrecklichen ins Maul gegriffen, und mit seinem Gerichte erschienen wie im und außerhalb Landes fast männiglich kund und offenbahr, So habe ich solches aus Christlicher Gedult alhier übergangenn, eingestellt, und die Rache gegen meine noch übrigen Verläumbbern den Obersten Richter vollends an heimb gestelt, der wird zu seinerzeit Sie darumb zu finden wißenn.

Vom 19 Januarij Anno 1594. welches Tages ich des Rentmeisters Ambts entnommen, biß in 96. Jahr hat mich der Herr Administrator der Chur Sachßen uf meiner Mißgünstigen Angießung†) und Vor Leumbbunge, derer ich wohl eines Theils nahmhafft machen, vnd wie sie hinter mier mit vngrunde eingegraben, dorthun könte, will es aber gleichfalß dem Gerechten Gott heimbgestellt sein laßen, in der S. Fl. Gnaden eingebilden und uf mich geworffenen vngnade uf meinen Sangerhaußischen Güttern sitzen laßen, dazumahln weyland Churfürst Christiani zu Sachßen Christlicher und Hochlöblichster Gedächtnis

---

*) Es ist nicht bekannt, welchen Verhältnissen Kaspar Trüller damals zum Opfer fiel. Nach dem Wortlaute der obigen Stelle muß er eine „lautere Wahrheit" vertreten haben, die entweder schon an sich oder durch die von Trüllers Widersachern ihr zu Theil gewordene Entstellung den Zorn des eigenmächtigen Herzogs Friedrich Wilhelm, damaligen Administrators von Kursachsen, zu gewaltthätigem Vorgeben reizte.

**) D. i. Leidensgeschichte, Trauerspiel.

***) Die betreffende Schrift scheint nie aus Tageslicht gekommen zu sein. Über den Verbleib derselben ist nichts bekannt.

†) D. i. Besudelung.

hinterlaßene wittbe Frau Sophia gebohrne Marggraffin zu Brandenburg ꝛc.
Meine gnedigſte Frau, mich gegen Dreßden Beſchrieben*), und am heiligen
Oſter Abent umb beßwillen daß Ihr Churfürſtlicher Gnaden hertzliebſter und
in Gott ruhender Herr und Gemahl Churfürſt Chriſtian ꝛc. mich auch gleich
beſſelben Tages vor zehen Jahren vor Seiner Churfürſtlichen Gnaden Rent-
meiſter angenommen, mit höchſt ernieltes Herrn Adminiſtratorn zuförderſt
aber Ihrer Churfürſtl. Gnaden Herrn Vatters des Churfurſten zu Brandenburg einwilligung zu beroſelben Ambtmanne gegen Kolbitz beſtellen vnd ein-
weißenn, der Herr Adminiſtrator auch den 25. Novomb: vorberürten 96.
Jahrs zu Colbitz, alß Seine Churfürſtlichen von ihrer Churfürſtlichen Gnaden
dohin zur Schweinhätze freündlichen eingeladen worden, die wieder mich bißhero
getragene Vngnade gäntzlich fallen laßen, mir wieder die Fauſt gebothen vnd
zugeſprochen. Anno 1597. hat Ihr Churfürſtlichen Gnaden deroſelben witthumbs
Haubtmann Heinrich von Bünaw zu Treben, neben der gantzen Regierung zu
Rochlitz abgeſchafft, mier bargegen daß Auffſehen in Ihrer Churfürſtlichen
Gnaden gantzenn witthumb neben derſelben Cammer, Hoff-Ambter und Forwergts Rechnung gnedigſt aufgetragen und einen ehrlichen Vnterhalt**) gemacht,
wie ſolches mein darüber habende Beſtallung ferners beſaget und außweißet.

Was meinen Eheſtand anlangen thut, hat ſich begeben, daß anno 1565, da
ich zu Leuchtenburg noch Ambtſchreiber geweßenn, Dietrich Marckhard, Bürger
und Gaſtgeber zu Kahla***), mit Baltin Schillingsſtadts, etwo Ambtſchößers
zu Freüburgk nachgelaßene Tochter Jungfrau Dorotheen, in ſeines Bruder
M. Heinrichen Schillingsſtadts Churfürſtl. Sächß. StiftsRaths zu Merſeburg
Behauſung doſelbſten Verlöbniß gehabt, mit welchen uf ſein Bitten von der
Leüchtenburgt auß dahin geritten, und ſeiner Verlöbbe beygewohnet, auch bey
der gelegenheit zu Obgedachts M. Schillingſtatts Tochter Jungfrau Catharinen,
die ich doch hiebevor mit Augen nicht geſehen, nach Anruffung Gottes eine
Sonderliche Chriſtliche Liebe und Zuneigung genommen.

Anno 1566 iſt derſelbe M. Schillingſtadt mit weib und Kind ſterbens halben†)
von Mörſeburg gegen Colleda ins Land zu Düringen zu ſeinen Freünden
gewichen, Albo ich den 9. Novomb: umb 5 Vhr ufm Abend ſeiner Tochter
Jungfrau Catharina biß uf ihrer Eltern einwilligung in Nahmen der Heyligen
Dreyfaltigkeit eine Chriſtliche Ehe und Sie mier hinwieder zugeſaget.

Anno 1567 den 2. April habe ich M. Heinrich Schillingſtatt zu Mörſeburg
in ſeiner Oberſtuben, da er gleich kranck gelegen, mein Chriſtlich fürhaben
ſelbſt entdeckt, und meine Ehewerbungen ſeiner Tochter halben anbracht, bo-

---

*) D. i. durch ein Ausſchreiben berufen.

**) D. i. anſehnliches Einkommen.

***) Stadt Kahla am Fuße der Leuchtenburg.

†) D. i. weil in Merſeburg eine Seuche viele Menſchen hinwegraffte.

zumahl er vier wochen Bedenckzeit genommen; er ist aber in der Zeit als
Mittwochs nach Trinitatis deßelben Lagers gestorbenn. Den 16. Junij ob-
benieldes Jahrs umb zwey Uhr nachmittage hat mier M. Schillingstadts nachgelaßene Wittbe Seel: ihre Tochter Jungfrauen Catharinen in der großen
wohnstuben uſm Hauße Leüchtenburg bis an deß Priesters Hand im Rahmen
Gottes Ehelichen zugejagt und versprochen.

Ao. 1568 den 2. Martij habe solcher Zusage zufolge, ich meinen Christlichen Kirchgang und ehelich Beylager mit Jungfrau Catharinen Schillingßstadts
zu Kahla an der Sala volzogen, und zu werck gerichtet.

Ao. 1569. den 4. Januarij gleich umb 8 Uhr uſm Abend hat sie zu
Mörßeburgk in ihrer Mutter behaußung Unßern ersten Sohn, nach dem Sie
gleichwohl zu Vor etliche Tag in der Geburth gar beschwehrlichen, und alßo
gearbeitet, daß man sich ihres Auffkommens nicht vermuthet, endlichen Zur
welt bracht, welcher uſm Tage Trium Regum hernacher das orths durch das
Gnadenreiche waßerbath der heiligen Tauffe der Christenheit einverleibet, und
Caspar genant worden, und seind seine Tauff zeügen vnd Bathen geweßen,
Licent: Paulus Krötzschmar des Stiffts Mörßeburgk Cantzlor, D. Christoph
Dürrfeld, der Stadt Halla Syndicus, und Haunßen Hartmanns etwa
Mörßeburgischer Cammermeister eheliche Haußfrau. Dießen meinen erstgebohrnen
Sohn, habe ich neben den andern, Heinrich genant, bald in Ihrer Jugend
gegenn Leiptzig gethan, und ihnen des Orths etliche Jahr einen sonderlichen
Praeceptorem nicht ohne geringe Unkosten gehalten. Folgends ihme eine
Gnadenstelle in der Churfürstl. Schulpforten erlangt, darinnen er bey 5 Jahren
gestanden*), außgangs derselben habe ich ihm wieder noch Leiptzig geschicket,
deß Orths er etliche Jahr Jura Studiret; alß er nun zu vorn Disputirt, ge-
leßen, sich den Examinibus unterworffen und sonsten alle dasienige, was die
Statuta der Löblichen Juristen Facultet allbo erfordern und vermügen,
Complirt, hat er neben Barthol Gölnitzen und wolffgang Mayern den 27. Martij
anno 1595 den Gradum Doctoratus erlangt, bey welchem Actu Hertzog Ullrich
von Hohenstein, alle Facultisten, Doctores, der Rath und viel andere Vornehme
Leüthe Zu Leiptzig mehr geweßen. Gemelden meinen Sohn ist nach anruffung
Gottes durch deßelben sonderliche Vorsehung nach lang gehabter deliberation,
und Bedenken, endlich den 4. Novembris Anno 1599. Bürgermeister Peter
Buchners Seel. zu Leiptzig hinterlaßene einzige Tochter Anna biß an die
Pristers Hand ehelichen Zugejaget, mit welcher er förder den 11. Octob. Anno
1600 boselbt ehelich bey gelegenn. Zudt ob man wohl in großer Hoffnung
gestanden, dießer Ehestandt solte sich in Langwiriger Gottseliger Ergetzlichkeit

*) Dieser Kaspar Troller wurde am 9. Juni 1583 in Schulpforta aufgenommen
(s. Bittcher, Pförtner Album, Seite 68).

continuirt unb neben ben Eltern ſich bie gantze ehrliche Vornehme Freünbſchafft
Viel lauge Jahr barob erfreuet kabeu, So hatt boch Gott ber Allmächtige
ſeinen Rath bem Vnßerigen Vorgezogen unb Leiber allzu balb, Menſchlich
baruon [zu] reben, bie Liebe gewünſchte Ehe ben 12 Novemb: obbemeltes Jahres
burch Zeitlichen unb Chriſtlichen Töblichen Abſchieb meines Lieben Sohns
Hausfrauen getrennet, ba wieber wir nichts zu rebeu, ſonbern Vnßere Seelen
in Gebult zu faßen, unb bem frommen Gott in ſeinem wercken allerſeiths
billig mit bem lieben Hiob zupreißen haben, wie ſolches, auch von waßer
Eltern Sie ihres theils gebohren, unb herkommen, auß beygeheffter Intimation
unb Verſen mit mehreru Zu Vernehmenn.

Anno 1570. ben 5. Septemb: zwiſchen 5 unb 6. Vhren ufm Abenb, iſt
mein anberer Sohn zu Neüſtatt an ber Orila gebohren, ben 6. hernacher bie
Chriſtliche Tauffe bes Orths erlanget, unb Heinrich genannt worben, ſein
Taufbathe iſt geweßen Chriſtoph Schlechter ber Zeit Ambtſchößer zur Ernshaucke.
Dieſer mein Sohn*) hat ſich auß ſonberbahrer Schickung Gottes mit Heinrichen
Von Claußbruchs ſonſten Crahmer genant in Leipzig Tochter Jungfrau
Margarethen verlobet, unb bes orths ben 16 Januarij Anno 99. ſein Chriſtlich
Beylaager gehalten. Gott gebe beiben meinen Söhuen unb ben Ihrigen
ſeinen Seegen, unb alle gebeuliche wohlfarth an Leib unb Seele. Amen.

Ao 1588. hat Churfürſt Christianus zu Sachßen, Mein gnebigſter Herr,
mir alle meine Sangerhaußiſchen Gütter privilegirt unb Befreyet, mich auß
beß Ambts unb Raths Bothmäßigkeit genommen, vnb uf Seiner Churfürſtlichen
Gnaben Cantzley Schrifft geſetzt wie ſolches mein Privilegium ferner beſagt
unb außweißet**).

Ao 1592. ben 28. Januarij hat Kayßer Rudolphus, mein allergnäbigſter
Herr, Mich unb Meinen Bruber Michaeln, auch alle unßere Erben unb Nachkommen Männliches unb weibliches Geſchlechts, mit bem Stanbe unb Grabe
beß Abels, auch Schilb unb Helm verſehen, laut ber barüber habenben
Kayßerlichen Begnabigungs Verſchreibunge"***).

In ber „Continuatio Genealogiae" ſchreibt bann Kaſpar Tryller noch
Folgenbes:

„So viel nun Oberwenten meinen Sohn D. Caspar Tryller weyland
Churfürſtlich Sächßiſchen Beſtalten Appellation Rath ferner ahnlangenthut,
ber iſt von ben 12. Novemb: Anno 1600 welches Tags ſein erſtes weib in

*) Er ſcheint weber Neigung noch Begabung für irgenb welcheu Beruf gehabt zu haben
unb lebte wahrſcheinlich nur von ben Renten ſeines Vaters.
**) Dies Privilegium iſt abgebruckt in Joh. Gottlob Klingners Sammlungen zum
Dorf- unb Bauernrechte, 3. Theil (Leipzig 1754. 4°), Seite 224—226.
***) Der Abelsbrief mitſamt bem Wappen iſt abgebruckt in Koch, Trillerſagen I,
Seite 58—62; bas Wappen iſt auch ber vorliegenben Schrift beigegeben unb finbet ſich vor
beu Stammtafeln.

Leipßig Seelig entschlaffen, biß ins 1604 Jahr in wittbenstande Verblieben, hat sich aber endlichen indemselben Jahr mit meinem Rath, vorwißen, und einwilligung, mit Caspar Reynen zu Planckenburg etwo Gräffl. Regensteinischen Rentmeisters Tochter Jungfrau Reginen Elisabeth in anderweit Eheverlöbbniß eingelaßen, und mit derselben den 25. Novemb: Anno 1604. in meiner Behaußung alhier ehelich beygelegen, auch neben Ihr biß ufm [27.] Julij Ao 1612 (doch ohne Erben) im Eheftande gelebet, ist solches Tages auf meinem guthe Embselohe neben ihr bey guter Gesundheit zu ruhe gangen, sich im bethe Gott befohlen, und hat die Nacht über wohlgeschlaffen, gegen den Morgen aber ungesehr umb 7 Vhr hat er im betthe wehetagen im Haubte gefühlet, darauf gesagt, Ach Gott hilff mir, ist so bald nach dießen worbten Sprachloß und über 2 Stunden hernacher durch den Schlagt hingerißen worden.

Deßen Leichnam ich den 30. Julij auhero gegen Saugerhaußen führen, Christlichen zur Erden bestatten, und in den Chor zu S. Jacob. legen laßen; deme wolle Sein Allmacht eine sanfte Ruhe, und am Jüngsten Tage neben allen Christgläubigen eine fröliche Auferstehung zum ewigen leben auß gnaden verleihen Amenn.

Der alhierrige Superintendens der Zeit D. Johannes Pandochaeus hat ihme seine Leichenprebigt gethan, welche ich neben etlichen Carminibus meinen Seel. Verstorbenen Sohn zu ehren, alß uf welchen ich all mein Trost und Hoffnung in dießer welt gesetzt, in Leipßig brücken laßen, davon zu ende ein Exemplar beygeleget, darinnen auch unter andern seine Geburthßstunde, sein leben, wandel und Abschied aus dießer welt zu befinden".

* * *

So weit reichen die Mittheilungen, welche Kaspar Tryller in seiner Genealogia Trylleriana über sich selbst und über die Angehörigen der von ihm gegründeten Familie gibt. Man sieht, es waren wechselvolle Verhältnisse, die sich in seinem Leben abspielten, und auch der in diesen Mittheilungen nicht berührte Rest seines Lebens läßt erkennen, wie neben dem Glücke, welches den merkwürdigen Mann mit einer Fülle von irbischen Gütern überschüttete, auch das Unglück schritt und in seiner ganzen Schwere sich geltend machte. Denn nicht genug, daß Tryller den einen Sohn verlor, der sein Stolz gewesen war; fast genau ein Jahr später, am 8. Juli 1613, starb ihm auch seine Gattin Katharina, und als er sich dreiviertel Jahr hernach, am 13. März 1614, zum zweiten Mal verheirathete und Frau Margaretha, geb. Küchenmeister, die Witwe eines Merseburgers, ehelich heimgeführt hatte, raubte nur vierzehn Tage später, am 26. März 1614, der unerbittliche Tod ihm auch den jüngeren Sohn Heinrich.

Da beide Söhne kinderlos aus dem Leben geschieden waren und die von
Tryller im Alter von fast 72 Jahren eingegangene neue Ehe ohne Kinder
blieb, auch sonst, wie es scheint, nicht ganz glücklich verlief, so mußte Tryller
inmitten der von ihm angesammelten Reichthümer und einer hochangesehenen
Stellung sich vereinsamt fühlen. Doch lebten ihm noch Anverwandte, und
zwar zu Sangerhausen selbst, wo sein Bruder Michael lange Jahre die Stelle
eines Amtschreibers, dann die eines Schössers bekleidet hatte. Auch dieser
war schon todt (er starb am 17. Mai 1610), indessen hatte er einige Kinder,
darunter auch zwei Söhne hinterlassen, und zwischen ihnen und Kaspar Tryller
bestand offenbar ein freundlicher, echt verwandtschaftlicher Verkehr. Tryller
hing überhaupt sehr an seiner Verwandtschaft, und diese Anhänglichkeit, welche
er schon durch Abfassung der Genealogia Trylleriana im Jahre 1593 bethätigt
hatte, legte er nun auch durch die Stiftungen, die er gründete, an den Tag.

Zu Michaelis 1616 hatte Tryller der Stadt Sangerhausen gegen hypo-
thekarische Verpfändung des städtischen Marstalls die Summe von 3600
Gulden bargeliehen, welche 216 Gulden an Zinsen abwarfen. Im Laufe des
folgenden Jahres verfügte nun Tryller über diese Zinsen in der Weise, daß
er zunächst 60 Gulden für die Dotierung einer Konrektorstelle an der
Schule zu Saalfeld aussetzte und dem Rathe der Stadt Sangerhausen
aufgab, diese 60 Gulden zur Hälfte Ostern und zur Hälfte Michaelis an den
Rath der Stadt Saalfeld auszuzahlen*). Ferner sollte die Stadt Sangerhausen jährlich 30 Gulden, und zwar wöchentlich 6 Groschen in das Hospital zu St. Gangloff und 6 Groschen in das von Kieselhausen bei
Sangerhausen, entrichten; weiter alljährlich am 9. Juni, dem Geburtstage
Trylleis, für 20 Gulden Tuch an arme Schulknaben, besonders an
solche aus der Verwandtschaft Trylleis, vertheilen; sodann zur Aufbesserung
des Einkommens, welches die Kirchen- und Schulbeamten in Sangerhausen bezogen, alljährlich dem dortigen Superintendenten 20 Gulden, dem
Diakonus zu St. Jacob 10 Gulden, dem Pfarramtsverwalter 10 Gulden,
dem Diakonus zu St. Ulrich 10 Gulden, dem Schulrektor 10 Gulden, jedem
der vier Schulkollegen 6 Gulden und dem Küster zu St. Jacob 6 Gulden
zahlen; für die noch übrigen 16 Gulden aber sollte der Rath der Stadt
Sangerhausen alljährlich am 9. Juni den regierenden Bürgermeistern der
Stadt und dem jeweiligen Kollator der Stiftung für ihre Bemühungen ein

---

*) Dies änderte Tryller im Jahre 1619 dahin ab, daß er dem Rathe der Stadt Saal-
feld 1000 Gulden meißnisch unter der Bedingung überwies, die von dem Kapital entfallenden
60 Gulden Zinsen zur Besoldung des Konrektors zu verwenden, während von den 60 Gulden
welche ursprünglich vom Rathe zu Sangerhausen an die Stadt Saalfeld zu bezahlen waren
26 Gulden an die kurfürstlichen Inspektoren der Stipendiaten an der Universität Leipzig
und 34 Gulden den Collatoren seiner Stiftung jährlich ausgehändigt werden sollten.

„ehrliches convivium" d. h. einen anständigen Schmaus ausrichten, zu welchem auch stets der Superintendent und Schösser von Sangerhausen mit eingeladen werden sollte. Für den Fall aber, daß Angehörige der Tryllerischen Familie durch irgend ein Unglück in Noth geriethen, sollten die Collatoren mit Vorwissen des Rathes der Stadt Sangerhausen das Recht haben, die für die Armen in St. Gangloff und Kieselhausen bestimmten 30 Gulden und die für Bekleidung armer Schulkinder ausgesetzten 20 Gulden jenen bedürftigen Anverwandten zu Gute kommen zu lassen.

Außerdem überließ Kaspar Tryller der kursächsischen Landesregierung („ins Mittel der Steuer") 5900 Gulden meißnisch Kapital unkündbar gegen 354 Gulden jährlichen Zinses, von welchen nach einem zwischen ihm und der Universität Leipzig abgeschlossenen Vertrage die letztere jährlich 330 Gulden unter der Bedingung erhalten sollte, daß sie jährlich 12 Studenten, welche von Tryller selbst oder den künftigen Kollatoren der Stiftung dazu ausgewählt würden, freien Tisch im Konvikt der Universität, sowie sechs Stuben und Kammern im Collegium Paulinum als Wohnung zu gewähren für alle Zeiten, und ohne je einen Zuschuß zu verlangen, sich verpflichtete. Die noch übrigen 24 Gulden sollten die Inspektoren der kurfürstlichen Stipendiaten an der Universität Leipzig, denen nach kurfürstlichem Beschluß auch die Inspektion der Tryllerischen Stipendiaten übertragen wurde, für die ihnen hierdurch erwachsende Mühe erhalten*).

Über all diese Stiftungen wurde am 29. September 1617 eine Urkunde ausgefertigt, in welcher bezüglich der stiftungsmäßigen Ausführung der Stiftungen noch mancherlei festgesetzt wurde. Demnach übertrug Kaspar Tryller für die Zeit seines Lebens sich selbst die Aufsicht (Kollatur) über diese Stiftungen; nach seinem Tode sollte sie von den beiden Söhnen seines Bruders Michael, Johann Tryller und Dr. Michael Tryller, und nach deren Tode**) stets von dem ältesten Tryller seines Geschlechtes d. i. von dem ältesten zu seiner Familie gehörenden Tryller, wo er sich auch befände, ausgeübt werden, und falls derselbe kein „literatus" d. h. kein wissenschaftlich gebildeter Mann sei oder wegen irgend eines körperlichen oder geistigen Gebrechens diese Geschäfte nicht wohl besorgen könne, solle der jeweilige Superintendent von Sangerhausen und der von Saalfeld die Kollatur übernehmen. Und wenn etwa Tryllers ganzes Ge-

---

*) Zu diesen 24 Gulden traten später noch die in der vorigen Anmerkung berührten 26 Gulden.

**) Johann Tryller starb im November 1618, und Kaspar Tryller setzte durch testamentarische Verfügung vom 9. Juni 1621 fest, daß an seiner Statt Karol Schrey, Amtschösser zu Schkeudiz, und Nicephorus Kessel zu Merseburg neben D. Michael Tryller die Kollatur übernehmen sollten.

schlecht und Namen aussterben sollte, so wurde vorgesehen, daß der Herr
Pfarrer und Superintendent zu Sangerhausen, sowie die
„Sangerhausischen Beamten" d. i. die Amtleute oder Amtschösser zu
Sangerhausen, nebst dem Stadtrath von Sangerhausen in die Patro-
nats- und Kollaturrechte eintreten sollten. Würde aber der Stadtrath
von Sangerhausen die schuldigen Zinsen nicht oder nicht
pünktlich zahlen „oder sich sonsten hierinnen verdächtig zeigen",
so sollen die Kollatoren der Stiftung und andere Verwandte des Stifters in
Verbindung mit dem Stadtrath zu Saalfeld Fug und Macht haben, das
Kapital von 3600 Gulden der Stadt Sangerhausen abzufordern und unter
gleichen Bedingungen, wie die, zu denen der Rath der Stadt Sangerhausen
sich verpflichtete, dem Rathe der Stadt Saalfeld anzuvertrauen.

Die Studenten, welche für den Genuß der Tryllerstiftung ausersehen würden,
sollten in der Regel auf drei Jahre dieses Genusses sich erfreuen, unter Umständen aber auch noch ein oder zwei Jahr länger, während dagegen solche,
die sich übel betrügen, durch Beschluß der Kollatoren der Wohlthaten, welche
die Stiftung ihnen gewährte, verlustig gehen sollten. Zum Genuß der
Stiftung sollten vor allen Andern berechtigt sein diejenigen,
welche — wie Tryller in der Stiftungsurkunde sagt — „meines Geschlechts
und Nahmens seindt, auch von mir oder meinem seelig verstorbenen Weibe erster ehe herrüren", und in zweiter Linie
„sollen hierzu aus der Stadt Saalfeld vndt Sangerhausen
bürtige", und, falls es auch an solchen mangeln würde, „anderer Ehrlicher vndt wohlverdienter Leute kindere befördert werden".
Jeder Bewerber sollte ein Zeugniß über seine Abstammung, sowie ein von seinen
Lehrern beglaubigtes Zeugniß über seinen früheren Lebenswandel und seine wissenschaftliche Reise, ferner ein „recommendation-schreiben" vorbringen.

Da Tryller zu der Zeit, als die Stiftungsurkunde ausgestellt wurde, keine
Nachkommen mehr besaß, so sind unter denen, welche von ihm oder von seinem
verstorbenen Weibe erster Ehe „herrühren", zweifellos diejenigen Anverwandten
von ihm, welche nicht den Namen Tryller führen, sowie die Anverwandten
seiner ersten Gattin zu verstehen. Die betreffende Wendung hat für uns
etwas Befremdliches, war jedoch zu der Zeit, als sie niedergeschrieben wurde,
sicher für jedermann verständlich; und da ferner Kaspar Tryller einen genauen
und ausführlichen Stammbaum seiner Familie, die schon mehrfach erwähnte
Genealogia Trylleriana, aufgezeichnet hatte, so war er jedenfalls überzeugt,
daß auch nach seinem Tode für eine seinen Absichten entsprechende Verwaltung der Stiftung ausgiebig gesorgt sei. Er starb am 8. März 1625,
und am 12. April desselben Jahres wurde sein am 9. Juni 1621 abgefaßtes
Testament eröffnet, laut welchem die Hinterlassenschaft des ehemaligen so armen

Schreibers allein an Kapitalien, jedoch mit Inbegriff der Stiftungsgelder, die Summe von 141 000 Gulden betrug. Das reiche Erbe zersplitterte sich in viele Theile, von denen auch einer, und zwar 2000 Gulden, der Kirche zu Graba, dem Geburtsorte Tryllers, mit der Bestimmung ausgesetzt wurde, daß die Zinsen des bei kurfürstlich sächsischer Kammer angelegten Kapitales der Kirche zum Besten und seinem Gedächtnis zu Ehren angewendet werden sollten.

Mit welcher Umsicht nun auch Kaspar Tryller seine Sangerhäusische und Leipziger Stiftung begründet hatte, sein wohldurchdachter Plan wurde in dem wesentlichsten Punkte, seinen Familienangehörigen sich als Wohlthat zu erweisen, allen Erwartungen zum Trotz bald zu Schanden. Nicht allein, daß der Rath zu Sangerhausen den übernommenen Pflichten nur in mangelhafter Weise nachkam, indem er die Zinsen des ihm anvertrauten Stiftungskapitales sehr unregelmäßig, bisweilen gar nicht bezahlte, es drängten sich auch — und zwar wiederum nicht ohne Verschulden des Stadtrathes von Sangerhausen, welcher doch als Hüter der Stiftungen bestellt worden war — ganz fremde Elemente unter die, für welche die Stiftungen bestanden, und erschlichen sich in der Reihe derselben noch dazu den ersten Platz.

Dr. Michael Tryller, welcher nach Kaspar Tryllers Tode in Verbindung mit den dazu noch bestellten Männern die Kollatur der Stiftungen verwaltet hatte, starb im Juni des Jahres 1657, und nun sollte zum ersten male der Punkt der Stiftung in Kraft treten, daß der älteste Tryller aus dem Geschlechte des Stifters, wo er sich auch befände, die Kollatur übernehme.

Da meldete sich der damalige Bürgermeister Abraham Trüller zu Crimmitschau, ein Triller aus dem Geschlechte des vom sächsischen Prinzenraube her bekannten Köhlers, bei dem Kurfürsten Johann Georg von Sachsen für seinen Sohn Mag. Abraham Trüller, Stiftsprediger in Altenburg, zur Kollatur, und diese wurde denn auch kraft kurfürstlichen Befehles vom 30. September 1657 nach dem Wunsche des Vaters dem Sohne übertragen. Damit wurden die Bestimmungen der Stiftungsurkunde durchbrochen; denn die Familie, zu welcher der neue Kollator gehörte, steht zur Familie des Stifters in gar keinem nachweisbaren verwandtschaftlichen Verhältnis. Doch nicht genug! Im Laufe des 17. Jahrhunderts bildete sich die Fabel aus, daß alle Triller unter einander verwandt seien, da sie alle auf den besagten Köhler als ihren Stammvater sich zurückführen ließen; und seitdem thaten sich fast sämtliche, sehr zahlreiche Trillerfamilien des deutschen Reiches als Abkömmlinge des Köhlers und zugleich als Anverwandte Kaspar Tryllers auf*), und bis vor kurzem bedurfte es bloß des

*) Es gehört geradezu zu den Seltenheiten, wenn irgend ein Triller die Erklärung abgibt, daß von einer Verwandtschaft mit dem Köhler ihm und seiner Familie nichts bekannt sei.

Nachweises, ein Triller oder Abkömmling irgend eines Trillers zu sein, um
ein Anrecht auf die Stiftung Kaspar Trüllers erhärten zu können. Allerdings
wurde man seit einigen Jahrzehnten in diesem Punkte etwas vorsichtiger, und
der Magistrat von Sangerhausen drang endlich einmal darauf, daß die Kol=
latoren nur solche Studenten zum Genuß der Trüllerstiftung zuließen, welche
sich als Anverwandte des Stifters ausweisen könnten; indessen nahm man es
mit dem Begriffe „Ausweis" sehr wenig genau, und der im Archiv zu Sanger=
hausen niedergelegte, im vorigen Jahrhundert aufgestellte „Stammbaum der
Triller" bildete auch nach den Ergänzungen und Berichtigungen, welche vor
etwa einem Jahrzehnt durch Herrn Lehrer Menzel an demselben vorgenommen
wurden und auf welche der Magistrat von Sangerhausen noch vor kurzem so
selbstbewußt pochte*), im Ganzen und Großen weiter nichts als ein sehr ge=
duldiges Papier, auf welchem sich während fast zweier Jahrhunderte Unverstand
und gewinnsüchtige Absicht breit gemacht haben.

Dazu kam die Bestechlichkeit einer Anzahl Kollatoren, welche das ihnen
übertragene Ehrenamt dazu mißbrauchten, aus dieser Stellung möglichst viel
Kapital zu schlagen, und die Auswahl der Bewerber nach der Höhe der
Summe trafen, die ihnen für die Erlangung einer Konviktstelle geboten wurde,
dabei es aber auch nicht verschmähten, schon die bloße Hoffnung auf eine
Konviktstelle, auch wenn dieselbe hinterher gar nicht in Erfüllung ging, sich
gut bezahlen zu lassen**). Infolge dieser schmachvollen Wirthschaft verschoben
sich die Verhältnisse, welchen bereits durch den Anschluß der nicht verwandten
Köhlertriller und anderer Trillerfamilien eine ganz schiefe Richtung gegeben
worden war, immer mehr; denn der einmal erlangte Genuß der Stiftung galt
den Betheiligten als das sicherste Anrecht, auch künftighin, unter Hinweis auf
den früheren Fall, diesen Genuß in der zugehörigen Familie erblich zu machen
und so viel wie möglich auszubeuten.

---

*) S. das Vorwort, Seite 5.

**) Am meisten blühte das Geschäft unter der Kollatur des General-Accisinspektors
Johann Wilhelm Triller zu Lieberose, eines Köhlertrillers, der Ende 1801 die Kollatur
erhielt, aber im Jahre 1814 durch Beschluß des königlich sächsischen Oberkonsistoriums derselben entboben wurde, ferner unter dem Schuhmacher **Christian Adolf Triller** zu
Dahlen, ebenfalls eines Köhlertrillers, der im Bunde mit dem Geheimen Justizrath Dr.
Friederici zu Leipzig und später mit dem Advokaten und Bürgermeister Bachmann zu
Dahlen von 1861 an schmählichen Schacher damit trieb, bis ihm 1867 durch Beschluß des
königlich sächsischen Kultusministeriums das so sehr mißbrauchte Amt entzogen wurde; ferner
unter dem königlich preußischen Steueraufseher **Friedrich Wilhelm von Triller** zu
Oschersleben, welcher in ganz pflichtvergessener Weise die ihm seit 1870 übertragene Kollatur
zu raubritterlichen Zwecken verwandte und im Jahre 1880 das Amt niederlegen mußte.
Über das Treiben dieser Industrieritter vergleiche man Menzel, Caspar Trüller und die
Trüllerstiftung, Seite 47 flg. nebst den zugehörigen Anmerkungen auf Seite 148—151.

Es läßt sich leicht ermessen, daß durch alle dies die von Kaspar Tryller gehegte Absicht, den Angehörigen seiner Familie und den Bewohnern der Städte Saalfeld und Sangerhausen sich wohlthätig zu erweisen, fast gänzlich vereitelt wurde. Es muß aber auch einleuchten, daß es hohe Zeit war, dem bestehenden Unwesen zu steuern und durch offene Darlegung der gegen den Willen des Stifters und gegen den Zweck der Stiftung verstoßenden Thatsachen den rechtmäßigen Verhältnissen zum Siege zu verhelfen. Der Verfasser der vorliegenden Schrift nimmt das Verdienst für sich in Anspruch, durch seine Trillerforschungen in die ganze Angelegenheit Klarheit gebracht und durch die Herausgabe seiner im Jahre 1884 veröffentlichten „Triller=sagen" sowie des 1887 gedruckten urkundlichen Stammbaumes der Triller vom Geschlechte des Köhlers die Rückkehr zu der stiftungsmäßigen Handhabung der Tryllerstiftung veranlaßt zu haben. Infolge dieser Schriften hat sich in=zwischen an maßgebender Stelle — d. h. beim Magistrat zu Sangerhausen und bei den dem derzeitigen Collator der Tryllerstiftung beigegebenen Mitcollatoren, den Herren Superintendenten zu Saalfeld und Sangerhausen — die Über=zeugung Bahn gebrochen, daß es unbedingt nothwendig sei, in der Sache Wandel zu schaffen und hinfort nur diejenigen als Anverwandte Kaspar Tryllers zum Genuß der Stiftung zuzulassen, welche vom Standpunkte der neuerdings gewonnenen sicheren Grundlage aus thatsächlich als Verwandte des Stifters anerkannt werden können.

Es darf uns nicht Wunder nehmen, wenn alle diejenigen, welche ein Anrecht auf den Genuß der Stiftung zu haben vermeinen, dies vermeintliche Anrecht fest zu halten suchen und mit allen Kräften gegen die nunmehr sich Bahn brechende Beseitigung der vorhandenen Mißbräuche ankämpfen. Eine solche Bewegung war vorauszusehen und ist auch inzwischen eingetreten, nachdem der Magistrat von Sangerhausen und die beiden Mitcollatoren den Anfang dazu gemacht haben, verschiedene Bewerber als unberechtigt abzuweisen*). Die

---

*) Die „Kölnische Zeitung" berichtete in der Morgenausgabe vom 15. Juni 1889 (Nr. 164, Erstes Blatt) hierüber folgendes:

„Ein merkwürdiger Rechtsstreit berührt viele Familien in Thüringen, dem Königreich und der Provinz Sachsen sowie deren auswärtige Verzweigungen. An der Universität Leipzig besteht eine von dem kurfürstlich sächsischen Landrentmeister Caspar Triller zu Sangerhausen 1617 errichtete ansehnliche Stiftung, aus welcher zwölf minderbemittelte Studirende freie Wohnung im sogenannten Roten Kolleg sowie Mittag= und Abendtisch im Convict gewährt wird. Genußberechtigt sind zunächst Verwandte des Stifters, an zweiter Stelle Studenten aus Saalfeld und Sangerhausen. Von jeher ist man nun der Ansicht gewesen, daß alle diejenigen, welche ihre Abkunft auf den Köhler Schmidt, den Erretter der Prinzen bei dem sächsischen Prinzenraube 1455, der zum Danke für seine That zum Frei=herrn gemacht wurde und den Namen „der Triller" erhielt, zurückführen können, an erster Stelle zum Genusse der Stiftung berechtigt seien. Es gibt in Sachsen und den angrenzenden

Beschwerde aber, welche die Betroffenen an die Oberaufsichtsbehörde der Leipziger Trillerstiftung, an das königlich sächsische Kultusministerium, einzureichen
willens sind oder vielleicht schon eingereicht haben, kann den Thatsachen gegenüber, wie sich dieselben auf Grund der vom Verfasser vorliegender Schrift
ausgeführten Untersuchungen herausgestellt haben, in keiner Weise zur Geltung
kommen.

Die eben berührten Thatsachen sind in des Verfassers Schrift „Trillersagen, 1. Theil" eingehend besprochen. Doch dürfte es am Platze sein, dieselben

---

Ländern ziemlich viele Familien, die irgendeinen Zusammenhang mit den Nachkommen des
tapfern Köhlers, der bei Prinzenräuber Ritter Kunz von Kaufungen so wacker „getrillt",
nachzuweisen vermögen und denen deshalb bisher ein Anrecht auf die Triller-Stiftung zugesprochen wurde. Es finden sich auch auf sächsischen Schulen jederzeit junge Leute, welche
im Vertrauen darauf, daß ihre Abkunft ihnen die Vorteile der Stiftung sichere, sich den
Studien zuwenden wollen. Ihnen allen ist jetzt eine schwere Enttäuschung bereitet worden.
Der meiningische Gymnasialprofessor Koch hat nämlich den Stammbaum der Triller zum
Gegenstande gelehrter und sehr eingehender Forschungen gemacht und behauptet darauthin,
daß die Nachkommen jenes Köhlers, aber auch viele andere Triller-Familien in Deutschland
mit dem Stifter der Leipziger Freistellen in gar keinem nachweisbaren Zusammenhange
ständen, daß die Zahl der Geschlechtsverwandten desselben jetzt äußerst gering und daher
die Saalfelder und Sangerhäuser Studenten fast die allein berechtigten Empfänger seien.
Da nun gegenwärtig „Collator" der reichen Triller-Stiftung der Arbeiter Julius v. Triller
in Clöße bei Gardelegen ist und stiftungsgemäß als Nichtstudirer der Zustimmung des
Sangerhäuser Superintendenten zu seinen Verleihungen bedarf, so weigert man sich jetzt
von Sangerhausen aus, den Nachkommen des Köhlers und anderen Triller-Familien die
Stiftung zu gewähren, und nimmt sie für die eignen Stadtkinder in Anspruch. Die bisher
im Genusse derselben gewesenen sächsischen Familien wollen sich, anstatt einzeln zu processiren,
an das bei der Verwaltung der Stiftung betheiligte sächsische Kultusministerium mit der
Bitte um Wahrung ihrer Rechte wenden. Sie berufen sich darauf, daß diese Rechte von
jeher und auch durch Kurfürstliche Urkunde vom 30. September 1657 ganz ausdrücklich anerkannt worden seien und diese Urkunde noch zu recht bestehe, sowie daß die Verwandtschaft
mit dem Köhlergeschlecht von den allernächsten Verwandten und Zeitgenossen des Stifters
als zweifellos angesehen worden sei, was auch noch nicht in Abrede zu stellen gewesen.
Man darf gespannt darauf sein, wie dieser Rechtsstreit der Triller gegen Triller oder vielmehr der Triller gegen Sangerhausen, welcher eine große Zahl von Familien in Nord-
und Mitteldeutschland nahe angeht, weiter verlaufen wird."

Dieser Artikel ist bezeichnend für den Standpunkt, welchen die Triller der von den
jetzigen Maßregeln unangenehm berührten Gattung einnehmen und zu behaupten suchen,
einen Standpunkt, dem durch die oben im Text angeführten Gründe schon seit 5 Jahren
der Boden entzogen ist. Zugleich sei noch bemerkt, daß der Streit der bewußten Triller
sich nicht nur gegen Sangerhausen sondern auch gegen Saalfeld richtet, dessen Superintendent
mit dem von Sangerhausen gemeinsam die Kollatur verwaltet, daß ferner die Zahl der
echten Geschlechtsverwandten Kaspar Trüllers niemals als „äußerst gering" hingestellt, und
daß ferner der angebliche Stammvater aller Triller, der bekannte Köhler, nie zum Freiherrn
gemacht wurde.

auch in der vorliegenden Schrift, wenn auch nur in kurzer Übersicht, hervorzuheben.

In der von Kaspar Tryller selbst verfaßten und mit größter
Sorgfalt ausgearbeiteten Geschichte seiner Familie, der
Genealogia Trylleriana, steht von der angeblichen Verwandtschaft seiner Familie mit der des Köhlers kein Wort.
Die Genealogia Trylleriana aber ist nothwendig als die Grundlage aller auf
die Tryllerische Familie bezüglichen Stammbäume anzusehen und zweifelsohne
von Kaspar Tryller selbst zu dem Zwecke aufgestellt worden, daß die Nachwelt
bequeme und sichere Nachricht über den Umfang seiner Verwandtschaft besitze.

Damit ist eigentlich schon die Sache entschieden; denn es müßte genügen,
einfach zu verlangen, daß jeder, der sich um den Genuß der Tryllerstiftung
bewirbt, den urkundlichen Nachweis erbringe, von einem der in der Genealogia
Trylleriana aufgeführten Tryller abzustammen. Zum Überfluß lassen sich
aber noch folgende Gründe dafür aufzählen, daß in der That nur die Nachkommen der in der Genealogia Trylleriana besprochenen Tryller zum Genuß
der Stiftung berechtigt sind:

1) Kaspar Tryller zeigt das deutliche Bestreben, seine eigene Familie von
andern, nicht zur Verwandtschaft gehörigen Familien desselben oder ähnlichen
Namens zu unterscheiden. So bedient er sich regelmäßig der Schreibung
Tryller, während früher die Schreibart Trüller (Truller, Troller) in seiner
Familie üblich gewesen war, und darum übertrug er ausdrücklich die Kollatur
seiner Stiftung dem ältesten Tryller seines Geschlechts, wie auch vor
allem diejenigen Studenten zum Genusse dieser Stiftung zugelassen werden
sollten, welche seines Geschlechts und Namens seien. (Trillerf. I, S. 36.)

2) Es ist nicht der mindeste Grund dafür vorhanden, daß Kaspar Tryller
die Verwandtschaft mit den Köhlertrillern, falls sie in der That vorhanden
war, verleugnet hätte. Er würde im Gegentheil gewiß mit Freuden solcher
Verwandtschaft sich gerühmt haben (Trillersagen I, Seite 54. 55).

3) Im Jahre 1592 beklagte sich Blasius Trüller, ein Köhlertriller,
darüber, daß man im Amte Zwickau sich weigere, das ihm zukommende
Trillerkorn zu liefern. Der damalige Administrator von Kursachsen, Herzog
Friedrich Wilhelm, befahl hierauf am 15. Juni desselben Jahres den kurfürstlichen Kammerräthen, sowie auch dem Landrentmeister Kaspar Tryller, dafür
Sorge zu tragen, daß Blasius Trüller als der Älteste des Köhlergeschlechtes
das Korn regelmäßig erhalte, was sodann auch durch einen Befehl vom
5. Juli 1502 geschah. Da schon Kaspar Tryller älter war als Blasius
Trüller, sein im Jahre 1526 geborener Saalfelder Vetter Balthasar Tryller
aber noch älter, so würde er sicher damals dem Letzteren das Korn ausgewirkt

haben, wenn seine Familie mit der des Blasius Trüller verwandt gewesen wäre (Trillersagen I, Seite 74—76).

4) In der gesamten gedruckten Literatur ist vor dem Jahre 1700 nirgends die Behauptung aufgestellt worden, daß die Familie Kaspar Tryllers mit der des Köhlers verwandt sei; in ungedruckten Nachrichten wird diese Verwandtschaft zum ersten Mal 1645 behauptet, d. h. etwa 200 Jahre nach dem Zeitpunkte, an welchem die Verwandtschaft begonnen haben müßte, und überhaupt unter ganz verdächtigen Umständen (Trillersagen I, Seite 49—54; vergl. auch Punkt 7).

5) Die Auszeichnungen, welche verschiedenen Anverwandten Kaspar Tryllers und diesem selbst von Seiten der sächsischen Fürsten zu Theil geworden sind, wurden verliehen auf persönliche Verdienste hin und ohne daß auf die angebliche Verwandtschaft dieser Triller mit der Köhlerfamilie irgendwie Bezug genommen worden wäre. Dies war namentlich auch der Fall, als Kaspar und Michael Tryller in den Adelstand erhoben wurden (Trillersagen I, Seite 56—64).

6) Die zuerst im Jahre 1725 und dann später noch mehrfach erfolgte Verleihung des Trillerkornes an Verwandte Kaspar Tryllers ist eben so wenig ein Beweis dafür, daß die angebliche Verwandtschaft zwischen Kaspar Tryllers Familie und der des Köhlers wirklich bestehe, wie die zuerst im Jahre 1657 erfolgte Ernennung eines Köhlertrillers zum Kollator der Trillerstiftung es ist (Trillersagen I, Seite 64—88).

Die von Kurfürst Johann Georg zu Sachsen am 30. September 1657 ausgefertigte Urkunde, wonach dem Stiftsprediger Mag. Abraham Trüller zu Altenburg, einem Nachkommen des Köhlers, die Kollatur der Trillerstiftung übertragen wurde, erweist sich als ein Beleg für die Art und Weise, mit welcher die Köhlertriller etwas zu erschleichen wußten, und für die Unkenntnis, welche bei der sächsischen Regierung hinsichtlich der betreffenden Verhältnisse vorhanden war (Trillersagen I, Seite 33—37).

7) Das von D. Michael Tryller, dem Neffen des Landrentmeisters Kaspar Tryller, im Jahre 1645 ausgesprochene Zugeständnis, daß der Köhlertriller Abraham Trüller „sein Vetter" sei, erklärt sich als die Folge von Behauptungen, mit welchen der Vater jenes Trüller in eigennütziger Absicht den Sangerhäuser Tryller täuschte (Trillersagen I, Seite 37—40, 88 und 89).

8) Die von Dr. Joh. Moritz Triller im Jahre 1700 ausgesprochene Behauptung, daß Peter Tryller, der Stammvater der Tryller aus dem Geschlechte Kaspar Tryllers, der jüngere Enkel des Köhlers gewesen sei, erweist sich schon als verdächtig durch den Umstand, daß Peter Tryller bereits vor dem Jahre 1500 Großvater zweier Enkel war, während sein angeblicher älterer Bruder Burkhard nachweislich erst im Jahre 1555

starb (Trillersagen I, Seite 15); verdächtiger aber wird die Behauptung noch dadurch, daß die Wahrheitsliebe I). Johann Moritz Trillers, wenigstens in Bezug auf die Verhältnisse der Triller, nachweislich auf schwachen Füßen steht und die gewinnsüchtigen Gedanken dieses Trillers klar zu Tage treten (Trillersagen I, Seite 22—33).

9) Der immer noch allgemein verbreitete Glaube, daß der Köhler welchem die Rettung des Prinzen Albrecht zugeschrieben wird, ursprünglich Schmidt geheißen und dann den Namen „Triller" empfangen habe und daß in Folge dessen jeder Triller als Nachkomme des Köhlers angesehen werden müsse, ist falsch (s. Trillersagen I, Seite 40—49).

10) Es ist überhaupt zweifelhaft, ob die sogenannten Köhlertriller oder, wie sie ehedem hießen, die Schmidt genannt Triller, ihren geraden Mannesstamm bis auf den Köhler zurückführen können, denn dieser hieß, wie sicher feststeht, weder Schmidt noch Triller, sondern Turubel oder Dorubel. Burkhard Schmidt ist der älteste nachweisbare Ahn im Mannesstamme dieses Geschlechtes und von ihm steht es urkundlich fest, daß er dem Kurfürst Moritz von Sachsen gegenüber im Jahre 1550 sich als den Letzten seines Geschlechtes hinstellte*).

Die eben angeführten Punkte enthalten so gewichtige Thatsachen, daß jegliche Vertheidigung der bisherigen Trillertheorie vor denselben verstummen muß. Diejenigen Triller und Abkömmlinge von Trillern, welche nach dem nunmehr klargelegten Stand der Dinge nicht zur Verwandtschaft Kaspar Tryllers gehören, werden wohl daran thun, sich zu bescheiden und mit dem, was ihnen oder ihren Angehörigen aus der Tryllerstiftung zugeflossen ist, zufrieden zu sein; haben sie im Grunde genommen doch nie ein Anrecht darauf besessen! Thöricht wäre es vollends, zu wünschen oder zu hoffen, daß durch

---

*) Am 24. März 1550 fertigte Kurfürst Moritz an den Schösser Christoph Buthner zu Zwickau einen Befehl aus, in welchem es heißt: „Unß thutt Burdhart Schmiedt Pulvermacher zu Freyberg untterthenig vorbringen, das dem Köler, So etwa die auß den schloß Albenburgk entfürte Junge furstenn unsere vorfaren seliger und loblicher gedechtnuß funденn, vund wieder zurecht bracht, vnnd dan volgende einer Person deßelbenn Kolerß geschlecht Jerlich alle wege vier schöffel Korn Auß unserm Ampt Zwickaw gegeben werden sein, vnnd Ruhmalß kein Person des obermelten Kolerß geschlechts mehr an der Supplicant sein soll" u. s. w. (Acten des königl. sächs. Hauptstaatsarchiv Rep. XXXII. Zwickau 25. Blatt 6). Und in einem Befehle des Kurfürsten August vom 26. December 1555 nimmt der Kurfürst in ähnlicher Angelegenheit auf eben jenen Burkhard Schmidt Bezug und sagt: „weil er so viel dargethan, das er der letzschte [d. i. letzte] deßelben Kolers geschlechts sei" d. h. (weil Burkhardt Schmidt Kinder besaß) der einzige, welcher das Geschlecht fortführte (ebenda, Blatt 6b).

einen Machtspruch des königlich sächsischen Ministeriums die ehemaligen, künstlich und in betrügerischer Absicht verschobenen Verhältnisse als rechtmäßig anerkannt und darum rechtsgültig würden. Gerade das königlich sächsische Ministerium hat alle Ursache, die Fehler früherer Zeiten wieder gut zu machen und mit aller Strenge darauf zu halten, daß die Stiftung Kaspar Tryllers stiftungsgemäß zur Geltung komme.

Übrigens wurde bereits von der Finanz-Abtheilung des königlich sächsischen Staatsministeriums den thatsächlichen Verhältnissen, wie dieselben der Verfasser dieses festgestellt hat, in einem entscheidenden Punkte Rechnung getragen. Denn nachdem seit dem Jahre 1791 die sächsische Regierung die Verleihung des der Köhlerfamilie zuständigen Trillerkornes stets an die Bedingung geknüpft hatte, daß der Betreffende durch ein vom Magistrat zu Saugerhausen ausgestelltes Zeugnis als „Ältester des Trillerischen Geschlechtes" d. h. als Kollator der Tryllerstiftung sich auszuweisen vermochte, so wurde durch Beschluß des königlich sächsischen Finanzministeriums vom 28. September 1887 dem einzigen nachweisbaren Köhlertriller, Schuhmacher Adolf Robert Triller in Dahlen, das Trillerkorn zugesprochen*), obwohl die im Jahr 1884 erledigte Kollatur**) bereits auf den Arbeiter Julius von Tryller in Clötze übergegangen war.

Damit ist schon eine wichtige Entscheidung getroffen und für die weitere Behandlung der Angelegenheit gewiß die Richtschnur gegeben. Wie aber die Köhlertriller nunmehr darauf verzichten müssen, zu der Verwandtschaft Kaspar Tryllers gezählt zu werden, so ist das nicht minder der Fall mit einer Reihe anderer Trillerfamilien, die nur auf ihren Namen hin sich für Abkömmlinge des Köhlers und darum auch für Anverwandte Kaspar Tryllers halten, oder mittels eines ähnlichen Kunststückchens, wie es von Seiten der eigentlichen Köhlertriller ins Werk gesetzt wurde, d. h. durch eigenmächtige Erdichtung eines beliebigen, thatsächlich nicht vorhandenen Verwandtschaftsgrades ihren Stammbaum mit dem der Familie Kaspar Tryllers in Verbindung brachten. Hierher gehören die Familien, aus welchen die Kollatoren Pastor Anton Friedrich Triller aus Nägelstedt (1822—1853),

*) Das Verdienst, diesen Beschluß herbeigeführt zu haben, gebührt hauptsächlich einem Vetter des genannten Ab. Rob. Triller, dem braven Schuhmachermeister Herrn Robert Edmund Kunze in Dahlen, dessen Beharrlichkeit die Schwierigkeiten, welche von Seiten des königlich sächsischen Ministeriums ihm bei Verfolgung dieser Sache entgegengestellt wurden, doch endlich überwand. Er hat bei seinem Vetter wenig Dank dafür geerntet. Ja, die Triller muß man kennen!

**) Der letzte Kollator, welcher die Verwaltung der Tryllerstiftung sowohl wie den Genuß des Trillerkornes inne hatte, war der Pastor Friedrich August Triller zu Buckowin in Hinterpommern, 1881—1884. Dieser Triller gehörte übrigens weder zur Familie Kaspar Tryllers noch zu der des Köhlers!

Seidenwirkermeister Friedrich Heinrich Triller in Berlin (1869—1870) und Pastor Friedrich August Triller in Buckowin (1881—1884) hervorgegangen sind, die trotz aller gegentheiligen Behauptungen weder zu der einen noch zu der anderen der bisher besprochenen Trillerfamilien gerechnet werden dürfen.

Überhaupt gehören nicht den Köhlertrillern und ebensowenig den sogenannten Saalfeld-Sangerhäusischen Trillern an, lassen wenigstens als Angehörige der einen oder der andern Gattung sich nicht erweisen

1) Die Altenburger Triller des 15. und 16. Jahrhunderts (Trillersagen I, Seite 90);

2) die österreichischen Triller (ebenda, Seite 90—93);

3) die schlesischen Triller, welche in Breslau und Umgegend, desgleichen in Lauban (Trillersagen I, Seite 93—95), ferner in der Gegend von Liegnitz (Heinzendorf, Koitz, Petersdorf, Rogau, Spittelndorf), wahrscheinlich aber auch noch in anderen Orten der Provinz Schlesien wohnhaft waren oder es noch sind;

4) die vielleicht mit den schlesischen Trillern zusammenhängenden Triller der Provinz Posen, die in Posen selbst, besonders aber in Rawitsch vorkommen*), wo übrigens auch echte Köhlertriller eine Zeitlang ansässig waren**);

5) die Triller zu Gastewitz, Glossen, Hartha und Wermsdorf in Sachsen (Gegend von Döbeln und Mügeln), zu denen wahrscheinlich auch die Trillerfamilie gehört, welche zu Leisnig in Sachsen ansässig war;

6) die Naumburgischen Triller (Trillersagen I, Seite 95);

7) die osterländischen Triller (Trillersagen I, Seite 95—100) in der Gegend zwischen der oberen Saale, Elster, Orla und Roda, die sich aber auch noch über diesen Bezirk hinaus verzweigt und ausgebreitet haben. Es kommen, so weit es sich ermitteln ließ, die Triller folgender Ortschaften in Betracht***): Anna, Bösau bei Weißenfels, Braunsdorf bei Triptis, Bucha bei Ziegenrück, Burkersdorf b. Weida, Cleben b. Hohenmölsen, Culmitzsch, Dau-

*) Bei Rawitsch — ³/₄ Meilen in südwestlicher Richtung — befand sich das sogenannte „Trillervorwerk", das längere Zeit den bortigen Trillern gehörte und, nachdem es 1868 abgebrannt, nicht wieder aufgebaut worden ist. Die Rawitscher Triller lassen sich zurückführen bis auf einen George Triller, der im Jahre 1765 im Alter von vierzig Jahren starb; zu ihnen gehört auch Herr Gymnasiallehrer Reinhold Triller zu Crefeld, welcher ein Urenkel jenes George Triller ist und die Güte hatte, dem Verfasser der vorliegenden Schrift die gewünschte Auskunft über seine Familie zu geben.

**) Vergl. die Ergänzungen zum urkundlichen Stammbaum der Triller vom Geschlechte des Köhlers am Ende der vorliegenden Schrift.

***) Es würde zu weit führen, einen Überblick der betreffenden, sehr zahlreichen Triller selbst zu geben.

mitzsch b. Pößneck, Dittersdorf b. Schleiz, Döbritz b. Oppurg, Döhlen
bei Hohenleuben, Drackendorf b. Göschwitz, Dragsdorf b. Zeitz, Dreitzsch
b. Neustadt a. Orla, Eichenberg b. Orlamünde, Eisenberg, wo auch
Triller vom Stamme des Köhlers wohnten, Eßbach b. Ziegenrück, Friedrichstanneck b. Eisenberg, Selmeroda b. Weimar, Gera, wo auch
Angehörige der Trÿllerischen Familie sich niedergelassen hatten, Geroba b.
Niederpöllnitz, Göhren b. Hohenleuben, Göschwitz, Goseck a. b. Saale, Gran-
schütz b. Hohenmölsen, Großlöbichau b. Jena, Hundhaupten b. Münchenbernsdorf, Karlsdorf b. Roda, Kleina b. Neustadt a. Orla, Kleindem-
bach b. Pößneck, Kleingöhren b. Hohenmölsen, Köthnitz b. Neustadt a. Orla,
Langenbembach b. Pößneck, Laslau (ebenda), Lichtenau bei Hummels-
hain, Linda b. Neustadt a. Orla, Marktröhlitz b. Goseck, Mosen b.
Wünschendorf, Moßbach b. Auma, Münchenbernsdorf, Neustadt a. Orla,
Niederpöllnitz, Oberoppurg b. Oppurg, Oberpöllnitz b. Triptis, Oster-
feld b. Naumburg, Posen b. Ziegenrück, Pößneck, Preßwitz b. Könitz,
Ranis, Rehmen b. Oppurg, Rohna b. Weida, Saalburg, Schömberg
b. Weida, Schönborn b. Triptis, Schöndorf b. Ziegenrück, Schwarzbach
b. Auma, Selau b. Hohenmölsen, Steckelberg ebenda, Steinbrücken b.
Neustadt a. Orla, Stößnitz b. Weißenfels, Tanneck (= Friedrichstanneck)
b. Eisenberg, Triebes, Uhlersdorf b. Triptis, Uichteritz b. Weißenfels,
Vollmannsdorf b. Ziegenrück, Weida, Weira b. Neustadt a. Orla, Wetz-
dorf b. Niederpöllnitz, Wittgenstein ebenda, Wuschlaub b. Hohenmölsen.

Ohne Zweifel gab es oder gibt es auch noch an andern Orten Triller,
die entweder zu einer der unter 1—7 angeführten Gruppen gehören oder neue
Gruppen für sich bilden. Es hat aber keinen Zweck, dieselben alle aufzustöbern
und auf ihre Herkunft zu prüfen. Die Frage, ob der oder jener Triller und
ebenso der oder jener Abkömmling irgend eines Trillers zur Trÿllerischen
Familie gehört, wird sich durch Prüfung jedes einzelnen Falles mittels der
hier gebotenen Stammtafeln leicht lösen lassen. Es bedarf eben nur des Be-
weises, daß der Betreffende seine Herkunft auf einen der Trÿller zurückleiten
kann, welche in diesen Stammtafeln aufgeführt werden.

Mit solchen Beweisen muß es freilich streng genommen werden, damit die
Bestimmungen der Stiftungsurkunde endlich einmal zur Geltung kommen.
Diese Urkunde ist und bleibt das Fundament der Trÿllerischen Stiftung, und
der hier folgende Abdruck derselben nach dem genauen Wortlaut des Originales
soll dazu dienen, die betreffenden Bestimmungen Allen, die es angeht, zum
Bewußtsein zu bringen.

Das im Rathsarchiv zu Saalfeld aufbewahrte Original der Urkunde besteht aus 14 Pergamentblättern von 37,7 Centim. Höhe und 25 Centim.
Breite, von denen das erste nur auf der ersten Seite und zwar mit Folgendem

beschrieben ist: „Original Fundation Caßpar Tryllers Churfürstl. Sachß. Renthmeisters Sub dato Sangerhausen am tage Michaelis so wa war der 29 Monatßtag Septembris Anno 1617." An der Urkunde hängt mittels schwarzgelber Seidenschnur in Holzkapsel ein Wachßsiegel, welches die Umschrift trägt „Sigillum parvum civitatis Sangerhusen 158.." (letzte Zahl ist nicht zu lesen). Die Urkunde ist in einen Umschlag geheftet, welcher durch zwei aufeinander geklebte Papierbogen hergestellt wurde und die Aufschrift trägt „Caßpar Tryllers Original Fundation aufgerichtet im Jhare 1617 d. 29 Septbr." Zwischen Umschlag und dem ersten Pergamentblatt befindet sich ein Blatt Papier in Folio, auf der zweiten Seite in der Mitte beklebt mit dem Kupferstichbilde Kaspar Tryllers, einem Abdruck desselben Stiches, welcher für die vorliegende Schrift die Abdrücke des Tryller-Bildes geliefert hat.

Die Urkunde stellt sich, wie aus dem Juhalt derselben zu ersehen ist, nicht nur als der Stiftungsbrief über die Stiftungen Kaspar Tryllers, sondern namentlich auch als eine Urkunde dar, mit welcher die Stadt Sangerhausen den Empfang des ihr von Kaspar Tryller geliehenen Kapitals bescheinigt und mit welcher sie sich zur Übernahme und gewissenhaften Erfüllung aller Pflichten feierlich bekennt, die ihm durch Auf- und Entgegennahme jenes Kapitals erwuchsen.

Möge die Stadt Sangerhausen diese Pflichten, welche seit mehr als zwei Jahrhunderten oft genug von ihr vernachlässigt und hintangesetzt wurden, in Zukunft stets heilig halten und möge sie dafür sorgen, daß nie die Nothwendigkeit eintrete, ihr wegen Mißachtung der übernommenen Pflichten die damit verbundenen Rechte zu entziehen und auf die Stadt Saalfeld zu übertragen. Es sei genug, daß von Saalfeld aus, wo der Grund zu der vorliegenden Arbeit gelegt wurde, die Anregung zu pflichtmäßiger Handhabung der Tryllerstiftung ihren Anfang nahm!

Urkunde

der

Kaspar Tryller'schen Stiftung

vom 29. September 1617.

Abdruck
der im Rathsarchiv zu Saalfeld aufbewahrten Urschrift.

Verein für Meiningische Geschichte
und Landeskunde. Heft 7.

8

Im Nahmen der Heiligen hochgelobten, vnzertrenlichen
Treyfaltigkeit Gottes Des Vaters, Gottes Des Sohnes, vndt
Gottes Des Heiligen Geistes, sey hiermit menniglichen, vndt sonderlich
denen es von nöthen, kundt vndt wißendt,

Das Ich Caspar Tryller vf Embselohe, weylandt Churfürstlicher Sächsischer
Renthmeister, vndt Wibbumbs Ambtman zu Colbitz, mich in schuldiger Demuth
Christlichen erinnert, der viel vnd großen gnaden, Damit Gott der Allmechtige,
die zeit meines lebens, mich so Väterlich bedacht, vndt versehen, Ju deme er
mich nicht alleine, zu einem vernünfftigen Menschen, nach seinem Ebenbilde
erschaffen, vndt von Christlichen Eltern geboren werden, Auch bis vf diese
stunde, vndter allerhandt mit eingelauffender gefahr, wunderbarlich erhalten,
vndt zu dem wahren erkentnüs, seines Göttlichen wesens vndt willens, hat
kommen laßen, Sondern auch darneben, mit leibes gesundtheit, vndt durch
seinen Göttlichen seegen mit zeitlichen güthern reichlichen begabet,

Wiewohl ich nun, meinem lieben Gott, vor solche seine mir verliehene
gnade vndt seegen, vndt wohltaten, nimmermehr gnugsam danckbar sein, noch
dieselbten vergelten kan. So erinnere ich mich doch, Das Seine Allmacht mir,
vndt allen frommen Christen, den armen Lazarum vor augen gestalt, auch
beuhelen, denselbigen zuspeißen, vndt wo er nackent ist, zu kleiden,

Wan ich mich dan zubescheiden, Das ich in meinem Vaterlande zu Salfelbt*) vndt sonsten hin vnd wieder Arme Bluts, vnndt andere [2. Seite]
angewandte freunde habe, deren kindere eines theils, ohne zweifell itzo, vndt
künfftig zum Studiren tüchtig, Aber aus mangel verlags**), ihre Studia
nicht erfolgen können, Mir auch darneben der spruch, des heyligen Apostels
mit eingefallen, Das Gott einen willigenn Geber lieb habe, vndt der
weyse Heyde gesaget***), Das wir nicht alleine vns selbsten zu gutem in

---

*) Der Geburtsort Kaspar Tryllers war nicht die Stadt Saalfeld, sondern das dicht
daneben gelegene Dorf Graba; doch war Saalfeld der Hauptsitz der Familie und von
Tryller wird Graba gewissermaßen mit zu Saalfeld gerechnet.

**) D. i. der Kosten.

***) Gemeint ist der Ausspruch Platos: Ἕκαστος ἡμῶν οὐχ αὑτῷ μόνον γίγονεν, ἀλλὰ
τῆς γενέσεως ἡμῶν τὸ μέν τι ἡ πατρὶς μερίζεται, τὸ δέ τι οἱ γεννήσαντες, τὸ δὲ οἱ
λοιποὶ φίλοι. (Epist. ad Archytam.)

3*

dieſe Welt geboren, Sondern auch eines theils dem Vaterlande, eines
theils aber den angewandten Pflichtig ſeindt, Als habe ich meine ſchuldige
danckbarkeit, gegen dem lieben Gott, vndt wilfährig gemüth, gegen den
armen bürfftigen, auch meine affection zu der Ehre Gottes, vndt guten
künſten, etzlicher maſſen an tag zugeben, meinen Armen Geſreundten zu
gutem, aus wohlbedechtigem muthe, vndt Chriſtlichem Vorſatz nachfolgende
fundation vndt ordnunge gemacht, Der gewißen zuuerſicht, der getrewe Gott,
werde Ihm ſolch mein geringſchetzig, doch wohlgemeintes Opffer gefallen laßen,
Auch gnade verleihen, das dieſe meine fundation, wie die gemeinet, Alſo auch
zu ausbreitunge, ſeines allein Seeligmachenden Worts, erbauunge ſeines Reichs,
vndt erhaltunge guter künſte gereichen, vndt in Kirchen, vndt Schulen, viel
frucht vndt nutz ſchaffen möge, Verordne demnach hiermit, vndt in Crafft dieſer
meiner fundation in beſter form, maß vndt weiſe, wie es vermöge Geiſtlicher
vndt Weltlicher Rechte, oder von Landesgewonheit am Krafftigſten, geſchehen
ſolle, kan, oder mag, wie nachſtehet.

Anfenglichen iſt menniglichen hierumb bewuſt, Welcher geſtalt Gott der
Allmechtige nach ſeinem ſonderbaren vnerforſchlichen Rathe, vnnwandelbaren
Väterlichen willen vndt wohlgefallen, Erſtlichenn [3. Seite] vber verhoffen
meinen Sohn D. Caſpar Tryllern, weylandt Churfürſtlich Sachß. Appellation-
Rath den ſieben vndt zwantzigtenn Julij Anno Sechzehen Hundert vndt zwölf,
Nachmaln mein liebes Weib, Fraw Catharina, M. Heinrich Schillingſtadts,
Churfürſtl. S. Stiffts Raths zu Merßeburgk ſeeligen hindterlaßene Tochter, den
achten Julij Anno Sechzehen Hundert vnd dreyzehen, vndt endtlichen meinen
andern Sohn Heinrichen, ſo ich beyde in erſter ehe mit ihr erzeuget, den
ſechs vndt zwantzigſten Martij Anno Sechzehen Hundert vndt Vierzehen, in
ihren beſten tagen, aus dieſem Elenden Jammer: vndt Zehrenthall ſeeliglichen
abgefordert, vndt ſie alle drey, zu ſich in ſein Ewiges gnaden, vndt Frewden-
reich transferiret vndt genommen, Deren Seelen dan, Seine Gottliche Allmacht,
gnedig geruhen, den leibern aber, an dem großen tage der erſcheinunge, umb
ſeines geliebten Sohns Jheſu Chriſti thewern verdienſts willen, neben allen
andernn Chriſtgleubigen, eine frölliche Vrſtunde zum Ewigen Lebenn, aus
gnaden verleihen wolte, Amen.

Wan dan Ihre Leichname, aus nachlaßunge der Geiſtlichen vndt Weltlichen
Obrigkeit alhier in die Haubtpfarre zu S: Jacob, vndter, vndt neben den
Altar geleget, vndt begraben, Wir auch darbey mein Ruhebettlein, Wan ich
künfftig mein Leben, nach Gottes willen auch enden, beſchließen, vndt Ihnen
volgen werde, gleicher geſtalt vorbehalten, Als habe ich dargegen, zuförderſt
Gott, als vnſerm Schöpffer, Erlöſer vndt Seeligmacher, zu lob vndt ehren,
Dan meinem ſeelig verſtorbenem Weibe vndt Kindern, Auch mir ſelbſten zu
künfftigem gutem gedechtnus, [4. Seite] den Chor vnd Altar in berurter

Pfarkirchen, vf meinen koſten vnbt Darlage, die ſich nach genßlicher verfertigunge dieſes wercks, Außer der Grabſteine, auch meiner verſtorbenen vnbt meines Epitaphij vber Sieben Hundert gulben erſtrecken werden, ganß vnbt gar renoviren, mahlen, vnbt dermaßen zurichten laßen, Das bergleichen Chor vnb Altar, in vielen Städten hierumb nicht zufinden, Der hoffuunge es ſoll vnb werbe die Obrigkeit alhier, vnbt menniglichen, darob gefallen tragen, vnbt ſolchen Chor, künfftiger Zeit in dem ſtanbe, wie ich benſelbigen proprijs ſumptibus *) anrichten laßen, erhalten,

Hieruber habe gegen des Durchlauchtigſten Hochgebornen Fürſten vnbt herrn, herrn Johans Georgen, Herßogen zu Sachßen, Jülich, Cleue vnb Bergl, des heyligen Römiſchen Reichs Erßmarſchalchen vnbt Churfürſten, Landtgraffen in Düringen, Marggraffen zu Meiſſenn, vnbt Burggraffen zu Magbeburgk, Graffen zu der Marck- vnbt Rauensburgk, Herrn zu Rauenſtein ꝛc. Meines gnebigſten Herrn Verſchreibunge, beren datum ſtehet, den ſiebenßehenden Octobris, dieſes noch lauffenden Jhares, Jch obgenanbter Caspar Tryller, aus vorangezogenen beweglichen vrſachen, Fünf Tauſent Neun hundert gülben Haubtſumma, in ein vnbt zwanßig zinß- ober ſilbergroſchen, Meißniſcher wehrunge vor einen gulben, ſtuck vor ſtuck gerechnet, ins mittel der Stewer vnmauhafftig geliehen, vnbt zu beme Einem Erbarn vnbt Wohlweiſen Rath der Stadt Sangerhauſen, Drey Tauſent Sechs hundert gulden Haubtſumma, erſt bemelter wehrunge, gegen ihrer verſicherunge, vnbt baruber ausgebrachten Churf: Conſens ausgezahlet, Dergeſtalt, Das ſolche Neun Tauſenb Fünf [5. Seite] hundert gulben inhalts der verſchreibungen hinfuro, vnb zu Ewigen Zeiten, Jherlichen mit Fünf Hundert ſiebenßig gülben, halb Oſtern, vnbt die anbere helffte Michaelis, der gulben gleichsfals mit ein vnbt zwanßig ſilbern groſchen, ſtuck vor ſtuck gerechnet, verzinſet werben ſollen. Doch habe ich mir an ſolchen zinßen, Als iherlichen Junf hundert ſiebenßig gulben, vf Neun Tauſent Funf Hundert gulden Haubtſumma, die zeit meines lebens, vnbt nach meinem Abſterben meinen beyben Vettern, Johan, vnbt D: Michael Tryllern, Gebrübern, Ober bo ihr keiner mehr vorhanden ſein würbe, Alß ban vnbt nicht eher, dem Elteſten Tryller meines Geſchlechts, wo ber iebesmahl ſein würbe, Auch vfn fall er kein literatus, ober ſonſten wegen vnuermügens tam corporis quam animi, bis werck zu dirigiren nicht getrawete, nebens bemſelben ben herrn Superintendenten zu Sangerhauſen vnb Salſelbt, die Collatur vorbehalten, tribuirt vnbt vbereignett, Wie ich ban auch mir vnbt Jhnen, bieſelbige zum Kräfftigſten, vnbt bünbigſten, hiermit alſo ausbrucklichen bebingen, vorbehalten, auch nach mir benſelbigen tribuiren vnbt vbereignen thue, Jedoch mit bieſem anhange, Ob in zukunfft, Da Gott gnebiglich

---

*) D. i. auf eigene Koſten.

vor sey, kein man meines Nahmens vnbt Geschlechts, mehr vorhanden sein würde, Das alsoban angezogene Collatur der Zinßen, ahn die itzenigen, so zu ende gemeldet, off eine solche maße, wie darbey zubefinden, kommen vnbt fallen solle,

Was nun die Jherliche verzinßunge der beyder Haubtstemme [6. Seite] Als Funf Hundert siebentzig gulden betrifft, Damit sol es nach folgender gestalt gehalten werden,

1 Erstlichen Weil außer allem zweifel, durch die freyen künste vnbt löblichen Studia Laube vnbt Leute im Geistlichen vnnbt Weltlichem Stande regiert, Aber hiergegen kundtbar, wie manche vortreffliche ingenia, wegen mangelunge verlags vnb vnkosten, Sonderlich in itzigen schweren theuren Zeiten, vom progress ihrer Studien abgehalten werden, So habe ich vor allen dingen, dieselben zubeförbern, vnbt der Stubirenden dürfftigenn Jugenbt zum theill, durch diese meine trewhertzige fundation zu succurriren vor Christlich erachtet, Vnbt derowegen, nach gepflogener satsamer deliberation, mit gnebigstem Consens vnbt Confirmation Höchstermeltes Churfurstenn rc. Meines Gnebigsten Herrn, von der Wohlloblichen Universitet zu Leiptzigk, das Jus vnbt Gerechtigkeit, zwölf Studenten Namhafftig vnbt vorstellig zumachen, vmb vnbt vor Fünf Tausent Neun Hundert gülben Capital, ieben gulben vor ein vnbt zwantzig Meißnische groschen gerechnet, so ich ins mittel der Stewer vnmanbar hinderlegt, mit diesem ausbrücklichem pacto, vnwiederruflichen abgekaufft, Das von solchem haubtstamm, die Universitet Jherlichen Drey Hundert dreyßig gulden, zinßen, guter Meißnischer wehrunge, uf zwene Termine, als Oster: vnbt Michaelismarckt, iedesmahls gegen ihrer quitunge, empfahen vnbt hiergegen solche zwölff [7. Seite] Studenten in der Communitet vber einem sonderbahren*) Tische, uf ihren der Universitet kosten vnbt Darlage, ohne fernern meinen, oder meiner Erben vnbt Nachkommen, Zuschuß, durch den Oeconomum**) speisen vnbt vnbterhalten, Auch mit Sechs Stuben vnbt Cammern, im Collegio Paulino zur wohnunge versorgen laßen sollen vnbt wollen, Allermaßen, Wie solches der hierüber zwischen Jhr, vnbt mir den vier vnbt zwantzigsten Septembris vfgerichte, vnb in schrifften vnbter der Universitet Jnsiegel, vnbt meinem gewohnlichem Petschaffte, Auch der dorinnen benimbten***) Personen Handtschrifften verfaste Kaufbrief,

---

*) D. i. besonderen.
**) D. i. Berwalter, Wirth der Speiseanstalt.
***) D. i. aufgezählten und benannten. Das Wort benimen ist in diesem Sinne noch heutigen Tages unter dem Volk gebräuchlich.

vnbt bie ben zweh vnbt zwantzigſten Martij Anno Sechtzehen
Hunbert vnnbt Achtzehen borauf erfolgte Churf. Confirmation mit
mehrerm beſaget vnbt ausweiſet,

Constituire Demnach vnb verorbne, bas ſolches Beneficij Als bes
freyen Tiſches in ber Communitet, vnbt ber freyen wohnunge im Pauliner
Collegio vf breh Jahrlang, vnbt hoher nicht, vor allen anbern vehig
werben ſollen, bie ihenigen, ſo meines Geſchlechts vnbt Rahmens ſeinbt,
Auch von mir, ober meinem ſeelig verſtorbenem Weibe, erſter ehe herrüren,
vnbt bo berer gar keiner, ober zur geſetzten antzal nicht gnug vorhanben,
Als ban vnbt ehe nicht, ſollen hiertzu, aus ber Stabt Salfelbt vnbt
Sangerhauſen bürtige, vnbt bo man auch berer nicht haben könte, anberer
Ehrlicher vnbt wohlverbienter Leute kinbere beförbert werben, Welche ich
auch vf [8. Seite] ſolchen fall in locum deficientium *), beſtenbiger form
Rechtens, hiermit substituiren thue, Jeboch qualificato modo **), vnbt
mit bem bebinge, Würbe einer ober ber anbere, wer ber auch ſein möchte,
ober kurtz ober lang, bis wohlmeinenbe beneficium ambiren vnb bitten,
So ſoll er zuförberſt mir, ober meinen verorbneten Collatorn legitimum
nativitatis Testimonium ***), von ſeiner orbentlichen Obrigkeit, barunter
er geboren, Wie ban nichts minbers, ſeiner Praeceptorum beglaubte
kunbſchafften ober ſein gefuhrtes leben vnb wanbell, Auch wie weit er
in ſeinen Studien verfahren, nebenſt recommendation ſchreiben eintzu-
bringen ſchulbigk ſein,

Vnbt wan hieraus allenthalben befunben, bas probatá legitimá
nativitate, et vita cum laude transacta†), er vf bie Univerſitet fort=
zuſchicken gnugſam qualificirt, vnb bieſes beneficij wohl wirbig ſeh, Als
ban ſol in meinem, ober meiner Collatorn freyen willen vnbt gefallen
ſtehenn, benſelben förber, mehrwohlerwehnter Univerſitet zur aufnehmunge
an Tiſch vnbt habitation zu praesentiren vnbt vortzuſtellen,

Vnbt ſollen hiernechſt, bieſe zwölf Studenten Crafft bieſer meiner
fundation verobligiret ſein, Als membra Academiae††), ſich gebuerlich zu habilitiren, bem Magistratui Academico, vnbt ihren Jnspec-
torn gehorſam, gegen mir [9. Seite] aber als ben fundatorem vnbt
meinen geſetzten Collatoren banckbar vnbt ehrerbötig zuertzeigen, ben
Statutis Academicis ſowohl bes Collegij Paulini, vnb ber L: L: men-

*) D. i. an Stelle ber Fehlenben.
**) D. i. in ber Weiſe.
***) D. i. ein wohlbeglaubigtes Zeugnis über ſeine Abſtammung.
†) D. i. nachbem ſich herausgeſtellt, baß bie Abſtammung ben geſetzlichen Beſtimmungen
entſpricht unb ber Lebenswanbel ein löblicher war.
††) D. i. Angehörige ber Univerſität.

sarum communium*) Allerdinge sich zu submittiren**), vndt sonsten eines Christlichen, Gott wohlgefelligen Lebens, vndt wandels zuverhalten, Auf das im widrigem falle, nach eingeholtter erkundigunge, vndt der herrn Inspectorn erfolgten bericht, Ich oder die Collatores einen, oder den andern vndter Jhnen, Als ein putidum membrum***), von diesem corpore abzuscheiben, vndt des wohlgeordneten beneficij genzlich zu priviren †) nicht vrsach vndt anlaß haben mögen, Welches dan in allewege, aus erheblichen motiven, ohne der Universitet, oder sonsten Jemandes eintrag, vndt hindernüß zuthun, oder nach gestalten sachen, vndt des Stipendiaten wohlverhaltens, das gesazte triennium vf ein, oder zwey Jhar zu prorogiren ††), Ich mir, vndt den Collatoren hiermit per expressum wil vorbehalten vndt bedinget haben,

Damit aber dieselbten, nicht wie eine Herde ohne hirten sein mögen, Als haben vf Höchstermeltes Churfürsten zc. gethanen sonderbaren befehlich, sub dato Dreßden den zwey vndt zwanzigsten Martij Anno Sechzehen Hundert vndt achtzehen, Sr: Churf. G: bestalte Inspectores derselbten Stipendiaten mit nahmen herr Christof Walpurger, vndt herr Heinrich Höpfner, beyde der heyligen schrifft Doctores, vndt herr [10. Seite] Philippus Müller der Arzney Licentiat, meine zwölf Studenten, gleich den Churf. Stipendiaten, vndter ihre inspection vndt institution aufgenommen, vndt zugesagt, dieselbte gebürlich zuuerrichten,

Dargegen vndt hinwiederumb ich vor solche mühe, vndt institution ihnen vnb ihren künfftigen successorn ingesambt zum salario vndt recompens, Jherlichen Vier vndt zwanzig gulben, an Meißnischer wehrunge constituiret, vndt verordnet, Das sie solche ebenmeßig vf zwene Termine, Ostern vnndt Michaelis, von obgesaztem Capital, aus dem mittell der Stewer, gegen gebüerlicher quitunge einheben vundt empfahen, Gleichwohl auch, das der Oeconomus mit den speisen, gebüerlichen vmbgehen, vnd hierdurch seinen eigennuz nicht suchen möge, gute vfsicht haben sollen,

Würde nun einer oder der andere vndter den zwölf Studenten in einem, zweyen, oder dreyen Jharen, seine förderunge suchen, vndt seinen stab fortsezen wollen, Soll ihme zwar von mir vndt den künfftigen Collatorn dieselbte gerne gegönnet, Er aber hiergegen pflichtig sein, Ein Viertel Jhar zuuorn, nebens gebüerlicher bandtsagunge, die renunciationem

---

*) D. i. der Konviktgesetze. Falls in „vndt der" nicht ein Schreibfehler vorliegt für „vndt den", ist L: L: Abkürzung für Legum, andernfalls für Legibus.

**) D. i. unterordnen.

***) D. i. faules Glied.

†) D. i. berauben.

††) D. i. verlängern.

beneficij*) mir, ober ben Collatoren in schrifften zuthun, Damit die
Vacirende**) stell, mit einer anbern tüchtigen Person, vf maße wie ob-
stehet, wiederumb erseßt werden könne,

[11. Seite] Im fall aber die Zahl der zwölf Studenten, mit einer,
zweyenn, ober mehr Personen, vf ein halbes, oder gantzes Jhar, vnd
weiter incomplet sein würde, Sollen zwar nichts bestominder, obberurte
Drey hundert breyßig gulden, aus der Stewer, der Universitet gefolgt
werden,

Weil aber das Commodum***) berselbten dem Oeconomo nicht zu-
wachsen könte, Als verorbene ich ferner, vnbt will, Das zu volge der
Löblichen Universitet, mir baruber gegebenen Kaufbrieffs, vf ieber Vacirende Person, ein Jhar vber Funf vnbt zwantzig, vnbt Conse-
quenter†) Ein halb Jhar Dreyzehendt halben gulden, vnbt so fort,
nach gelegenheit der zeit, vnbt anzahl der lebigen stellen, defalcirt††),
vnbt von der Universitet, Denn herrn Inspectorn, gegen berselbten quitunge, hinwieder restituiret werden, Von solchem gelbe, sollen die herrn
Inspectores mit zußiehunge meiner, ober der Collatorn, diesem corpori
studiosorum†††) zum besten, burch der Stipendiaten einen, Welchen
sie barzu am tüchtigsten erachten werden, Bücher einkauffen, dieselbten
in einen, vf meinen kosten erzeugten, vnbt wohlverwahrten Schranck,
ober repositorium beysetzen, vnbt nach eines ieglichen Stipendiaten behuef,
einen ober bem anbern, gegen einem bekentnuß, bauon etwas Communi-
ciren. Aber solche allewege, vor der Stipendiaten Abzuge, von ihnen
wieder einbringen, vnbt baruber brey Inventaria bauon eines mir, ober
ben Collatorn vbergeben, Das andere ben herrn Inspectorn, vnbt bas
Dritte bey bem barzu [12. Seite] verorbnetem Stipendiaten, ober in der
Liberey §) verbleiben solle, vfrichten, vnbt hierburch von Jharen zu Jharen,
eine Bibliothec zeugen laßen,

Leßlichen sol zuforderst Gott bem Allmechtigen allein zue lob vnbt
Ehren, Dan mir zum gebächtnüß, vnbt erzeigunge ihres banckbaren ge-
müths, einer vnbter biesen zwölf Studenten, vf den neunbten Junij,
Welcher Anno Ein Tausent Funf Hundert zwey vnbt vierzigk mein ge-

---

*) D. i. ben Berzicht auf ben Genuß ber Stiftung.
**) D. i. erlebigte.
***) D. i. ber Vortheil.
†) D. i. folglich.
††) D. i. abgezogen.
†††) D. i. Körperschaft von Studenten.
§) D. i. Bücherfammlung.

burtstagk gewesen, im auditorio collegij Paulini*) meine Parentalia**),
durch eine publicam orationem celebriren***), dieselbte ins reine ge=
schrieben in die Bibliothec einlegen, vnbt hiervon mir, ober ben Collatorn
abschrifft zufertigen,

   Vnbt wie mir nicht zweifelt, offtwohlerwehnte Löbliche Universitet,
sowohl als auch die herrn Inspectores vnnbt Collatores, werden biesem
allem ihres theils rühmlich nachkommen, umb souielmehr, will ich auch
hierbey meine Stipendiaten denselbten in allen vnbt ieglichen Puncten, also
vnwegerlich zugehorsamen, sub poena privationis beneficij astringiret†)
vnbt verbunden haben, Inmaßen dan ein ieber angenommener Studiosus,
ehe er praesentirot, sich deßen zuuorn gegen mir, ober meinen Collatorn,
of maße, wie ihme ein Notul††) zugestelt, also sonberlichen verreuerßiren,
vnbt barneben verpflichten solle, [13. Seite] ben herrn Inspectoribus zu
ben burch mich ihnen verorbneten vier vnbt zwantzig gulben, pro
institutione†††) iherlichen zwene gulben von dem seinigen vnwegerlichen
zuentrichten, Welche ber ober die Liberey verorbnete Stipendiat iherlichen
of einen gewißen tag, von ihnen einbringen, vnbt ben herrn Inspectoribus
in einer Summa vollömlich vberantworten solle.

2. Nach bem auch vors anbere ich in erfahrunge bracht, das aus mangel
eines Conrectoris zu Salfelbt, die Stubirende Jugenbt baselbsten, bishero
sehr verseumet worden, Auch Einem Erbarn Rathe schwer fallen will,
benselbigen von dem gemeinem Guthe§) zubesolben, Ich mich aber
erinnere, Das ich in berselbtenn Schule auferzogen, vnbt meine Principia
gefaßt§§), Als orbene vnbt setze ich hiermit, bas von ben Zwey Hunbert
Sechtzehen gulben Zinß, welche Ein Erbar Rath alhier, of Drey
Tausent Sechs hunbert gulben hauptsumma iherlichen zuerlegen schulbig,
bem herrn Superattenbenten vnbt Einem Erbarn Rathe zu Salfelbt, ben
Schulknaben zum besten, Jherlichen, vnb solange die Welt stehet, gegen
ihren quitungen, of vorbemelte zwene Termine, als Ostern vnbt Michaelis
Sechtzig gulben, obiger wehrunge, Durch ben Rath alhier, ohne
verzügerunge ausgezalt, Dargegen aber ein gelarter vnbt grabirter

---

*) D. i. im Hörsaale des Paulinerkollegs.
**) D. i. Gebächtnisfeier.
***) D. i. durch eine öffentliche Rede feiern.
†) D. i. bei Strafe des Ausschlußes vom Genuß der Stiftung verpflichtet.
††) D. i. Urkunbe; es ist hier die Verpflichtungsurkunbe, ber Revers, gemeint.
†††) D. i. ber getroffenen Einrichtung gemäß.
§) D. i. aus ben Einkünften ber Stabt.
§§) D. i. die Grunblagen meiner Bilbung gewonnen.

Studiosus*) aus meinem Geschlechte, Oder ob der keiner vorhanben, alsoban sonsten, eine andere, hiertzu gnug qualificirte Person, doch mit meinem, oder der Collatoren vorwißen, vnndt [14. Seite] einwilligunge, zum Conrectore angenommen, vnd dauon hinfuro vnderhalten, Der zuuersicht, es werde der herr Superattendens vndt Ein Erbar Rath zu Salfelbt, kein bedencken haben, revers von sich zustellen, Das sie ob dieser meiner fundation vndt verordnunge, nicht allein festiglich halten, Sonbern auch dieselbte beybes in der Superattendentz vndt vfm Rathhause vleißig registriren, vndt die Sechtzig gülben, bes Conrectoris besolbunge, In Einnahme vndt Ausgabe, der Salfelbischen Stabtrechnunge, Iherlichen zu meinem gebechtnus mit führen wollen,

3. Vors britte sol mehrgebachter Rath zu Sangerhausen, mit vorbewust vndt einwilligunge der Collatoren, von ben vbrigen Ein Hundert sechs vndt funftzig gulden Zins, iherlichen breißig gulden, Als wochentlichen sechs groschen, in bas Hospital zu S: Gangloff, vndt sechs groschen gegen Kieselhausen, zu besto beßerer vndterhaltunge, ber borein gewiesenen Armen Leute, entrichten,

4. Vors vierbte Iherlichen allewege vf ben Neundten Junij, welches tages ich Anno Ein tausent, Funf Hundert, Zwey vnb viertzig, wie oben auch gemelbet, geboren, vndt vf biese Welt kommen bin, Armen Schulknaben, barunter aber furnehmlichen, meine verwanbte Gefreunbte alhier ober anberswo, vf ihr ansuchen, vor anbern bebacht werben sollen, Vor zwantzig gülben tuch, vorgesatzter wehrunge einkauffen, vndt baßelbige zu ihrer kleibunge, ieberm nach seinem bebursfen, zu meinem gebechtnüs etwas austheilen, vnb baruber von Jharen zu Jharen, richtige Rechnunge halten, Damit aber [15. Seite] solches besto füglicher geschehen, vndt ohne verbacht zugehen möchte, So soll Ein Erbar Rath ben Collatorn Iherlichen Viertzehen tage zuuor, ein richtig vertzeichnus zuschicken, Was vor knaben sie vermeinen, benen vf baßelbige Jhar, das erkauffte tuch zugeben, hinwieber bie Collatores ihnen ein gegen vertzeichnus zusenben, vndt ihr bebencken barbey eröfnen, borauf alsoban bie austheilunge ber Tücher erfolgen solle,

5. Nach bem mir auch zum Fünfften wohlbewust, bas bie alhierigen Kirchen vndt Schulenbienere gar geringe besolbunge haben, Dorauf sie sich mit ben ihrigen kümmerlich behelffen können, So sollen hinfuro vndt

*) D. i. ein wissenschaftlich gebilbeter Mann, welcher einen „Grab" erlangt, es zum Magister ober sonst einer akabemischen Würbe gebracht hat.

zu Ewigen zeiten, Trafft dieser meiner fundation dem itzigen vndt künfftigen Herrn Superattendenten Jherlichen,

zwantzig gulber, Dan,

zehen gülden bem Diacono zu S: Jacob,

zehen gülden dem Pfar Ambtsverwalter, vndt

zehen gülden dem Diacono zu S: Ulrich, deßgleichen,

zehen gülden dem Rectori Scholae vndt

Vier vnb zwantzig gülben ben vier Collegen Als ieben Sechs gulben, Auch

Sechs gulben dem Custodi zu S: Jacob vf verorbnunge ber Collatorn, des Herrn Superattendenten, vnbt Eines Erbarn Raths, vnbt also vf die Kirchen vnbt Schulbienere Reuntzig gulben, alte Meißnische wehrunge, von ihrer iherlichen vertzinsunge, zu ihrem besto beßerm vnbterholt, vnbt das sie in kirchen vnbt Schulen, hinfuro vmb souiel mehr vleis anwenden möchten, vf zwene Termine Als Ostern vnbt Michaelis, gegen ihren quitungen gereicht werbenn,

[16. Seite]. 6. Zum Sechsten Weil ich auch mir, vnbt allewege dem Eltisten meines Rahmens vnbt Geschlechts, das Jus patronatus et collaturae*), solange, als iemanbes bauon leben wirbt, expresse vorbehalten, vnb barneben bieses mein gemüth, vnbt enbtlicher wille ist, Das meinen Armen Gefreunbten, mit bieser meiner verorbnunge, vor anbern vnb frembben, gebienet vnbt geholffenn werben solle, So verorbene vnb setze ich hirmit ferner, Do sichs künfftig ober verhoffen begeben möchte, Wie Wir ban allesambt in Gottes hanben vnbt Gewalt seinbt, Welches boch Seine Allmacht gnebiglich lange verhüten wolle, das die Collatores vnbt anbere meine Gefreunbte, mit fewer ober waßersnoth, ober mit Pestilenz heimgesucht, ober sonst mit langwirigen siechthuub vnb Schwachheit belaben, vnbt bie Allmosen selbst bebürfen würben, Das alsoban ben Collatorn (boch bas zuuorn Einem Erbarn Rathe zu Sangerhausen solches zuwißen gemacht werbe) die beym britten vnb vierbten Punct gesatzten Funftzig gulben zum theil vor sich zugebrauchen, Von bem vbrigen aber auch anbern beschebigten, eins theils vf ein Jhar, bamit zuhülfe kommen, freystehen, vnbt Ein Erbar Rath zue Sangerhausen, ben ihrigen, welchen es bie Collatores verorbnett, ohne verweigerunge borauf bie cuszahlunge thun sollen,

7. Weil auch vors Siebende meine Collatores, vnb bie Regierende Bürgermeistere alhier, ob bieser meiner fundation, allerley muhe vf sich nehmen müßen, So verorbene ich hiermit, Das Ihnen zu ergetzunge berselbten, bie vbrigen Sechtzehen gulden, von des Raths zinßenn,

*) D. i. das Patronat- urb Kollaturrecht.

solcher gestalt bleiben, das die Collatores vnbt sie, iherlichen vf den neunbten Junij zu meinem gebechtnus dafur ein ehrlich Convivium an-stellen, Dartzu den herrn Superattendenten vnbt Ambtschösser [17. Seite] iebesmahls einladen, Vnbt ob wegen dieser fundation etwas an Bottenlohn nothwendig aufgewandt, solches dauon entrichten, vnbt von den andern hierinnen verordneten Postenn, nichts kürtzen, Sondern dieselbten alle zu rechter zeit vollomlich auszahlen, Wie ich dan hierüber künfftig den Collatoribus, Jherlichen auch etwas vor ihre mühe verorbnen will, Damit sie ob dieser meiner fundation desto ernster halten, Auch das iheuige, was ihnen bisfalß oblieget, vmb souiel mehr in acht nehmen, vnbt mit vleis bestellen sollen,

8. Zum Achtenn Nachdem auch alle Dinge, sub hoc Universo, wie die tägliche erfahrunge zeuget, verenberlich unb Caduc*) seinbt, vnbt ein geschlechte, wohl gantz vnbt gar absterben, vnbt vergehen kan, Do es nun künfftiger zeit, nach Gottes willen, auch also geschehen solte, bas mein gantzes geschlechte vnbt Nahmen gentzlichen abstürbe, Vf solchen fall wil ich ben herrn Pfarrer vnbt Superattendenten, vnb die Sanger-haufischen Beambten, neben einem Erbarn Rath baselbst, itzo alß ban, vnbt ban als itzo, zu dem reservirten Jure patronatus et collaturae in bester form Rechtens, dieser Lande gewonheit vnbt brauch nach, solenniter substituiret**) haben, Jnmaßen ich ban solches der Geistligkeit, dem Ambte, vnbt Einem Erbarn Rathe, gemeiner Stabt zum besten, vf begebenben fall hiermit, vnbt in Crafft bieses, also auftragen, vnbt eignen thue, Doch anderer gestalt nicht, Dan bas sie mit den Zwey Hundert Sechtzehen gulben, iherliches [18. Seite.] zinßes, die sie vf Drey Tausent Sechs Hunbert gulben Haubtsumma von sich zustellen schulbig, nach bieser meiner Disposition zu Gottes ehren, vnb beforberunge der Studien, auch armer Leute vnbterhaltunge, zu Ewigen zeiten, auf-richtig gebaren sollen, Wie ich ban auch hiermit, meine Anuerwanbte, Denen bas Jus patronatus iebertzeit zukommen wirbt, Vnbt vf itztgebachten fall, bem herrn Superattendenten, bie Beambten, vnb Einen Erbarn Rath, ober wer aus ihrem mittel bartzu verordnet werden möchte, solchem allen, was hierinnen begrieffen, vf ihr gut gewißen, Ehre, Recht vnbt billigkeit, stet, vest, vnbt vnuerbruchlich nachzugeleben, vor Gott vnbt ber Erbarn Welt, bartzu artringiret, vnbt zu fleißiger aufacht, Inspection vnb Execution sambt vnbt sonbers verbunden haben wil, Damit also Gottes ehre, vnbt bieser meiner Christlichen wohlgemeinten Intention vnbt fundation, in allen Articuln vnbt Puncten, durchaus volle gnüige

---

*) D. i. hinfällig.

**) D. i. feierlich eingesetzt.

beſchehen, Darwieder im aller geringſten nicht gehandelt, Vielweniger hierinnen einiger mißbrauch, Partheyligkeit vnbt eigennut einreißen, geſucht, oder gebraucht werden möchte,

9. Inſonberheit aber zum Neundten ſol Ein Erbar Rath den Collatorn, Auch itzigen vnbt allen künfftigen herrn Superattendenten vnbt Beambten allewege iherlichen vf Martini Rechnunge zuthun ſchulbig ſein, Das ſie die zwey Hundert Sechtzehen gulden Zinß, dieſer meiner Verorbnunge nach, richtig außgezahlt, Auch alle vnbt iebere Poſten, mit gnugglaubwirbigen quittungen, belegen, vnbt wan ſolches geſchehen, Alß ban ſollenn [19. Seite] bie Collatores bie quitungen zu ihren handen nehmen, vnb neben bem herrn Superattenbenten vnb ben alhierigenn Beambten, Einem Erbarn Rathe, vf bas ſie ihre Stabtrechnunge, borein ban bieſe vertzinßunge allewege in Einnahme vnbt wohin bie gewanbt, wieber in Außgabe geführtt werben ſolle, Damit belegen können, bargegen quittiren, Ein Erbar Rath auch vmb künfftiger mehrer nachrichtunge willen, verpflicht ſein, bey ben Stabtrechnungen allewege ben inhalt bieſer meiner fundation, mit zu regiſtriren vnb antzuhengen,

10. Würbe aber zum zehenben ſolches nicht geſchehen, vnbt Ein Erbar Rath mit ber Zinßreichunge vf bie bey ihnen ſtehenben Drey Tauſent Sechs Hunbert gulben im geringſten ſeumig befunben, ober ſich ſonſten hierinnen verbechtig ertzeigen, Vf ben fall ſollen bie Collatores vnbt anbere meine angewanbte freunbe, neben Einem Erbarn Rath ber Stabt Salfelbt, Crafft bieſer meiner fundation Auch ben hiertzu gehörigen, vnb bey ihnen beponirten Documenten gut fug vnb macht haben, Wie ich ban auch Ihnen, bieſelbige hiermit in beſter form, gegeben, vnbt auftragen haben wil, Den Haubtſtam ber Drey Tauſent Sechshunbert gulben, von Ihnen hinwieber abtzuforbern, vnb benſelbigen, ſobalbe förber Einem Erbarn Rath ber Stabt Salfelbt gegen gnugſamer, gleichförmiger verſicherunge mit Ihrer Gnebigen Hohen Obrigkeit Conſens zuuerleihen, Doch anbers nicht, ban bas bie Iherliche vertzinßunge ber Zwey Hunbert Sechtzehen gulben, beym Rathe ſolcher geſtalt [20. Seite] bauon bes orts angewanbt vnbt außgetheilet werben, wie es bieſe meine Disposition, welche ban vf alle fälle bey kräfften bleiben vnb gelaßen werben ſolle, in einem ober bem anbern vermagt,

Damit nun bem allen, vmb ſouielmehr nachgelebet, vnb bieſe meine vf Pergament buppelverfertigte fundation in Ewigleit beſtenbig bleiben möchte, So habe ich bie hiertzu gehörigen Documenta Als,

1. Erſtlichen bas eine Original ber fundation, sub dato am Tage Michaelis ben neun vnb zwantzigſten Septembris Anno Sechtzehen Hunbert vnnbt ſiebentzehen mit litera A.

2. Höchstermeltes Churfurst Johans Georgen zu Sachßen Churf. ratification vnbt confirmation vber diese fundation mit B: sub dato Dreßben am 24 Aprillis Anno Sechtzehen Hundert vnbt Achtzehen,

3. Ihrer Churfürstl. G: Verschreibunge, vber Funf Tausent Neun Hundert gülben, die ich an guter müntz, Als ein vnbt zwantzig Meißnische Silbergroschen stuck vor stuck vor einen gulben gerechnet, ins mittel ber Stewer, vnmanhafftig geliehen, vnbt iherlichen vf zwene Termine, Als Ostern vnb Michaelis, mit Drey Hundert, vier vnbt funftzig gulben, boraus vertzintzet werben sollen, sub dato ben siebentzehenben Octobris, Anno Sechtzehen Hundert vnb siebentzehen, mit litera C:

4. Eines Erbarn Raths zu Sangerhausen schulbtverschreibunge vnbt Assecuration vber brey Tausent Sechs Hundert gulben, die ich ihnen an gleicher guter wehrunge baar vorgesatzt, vnbt sie iherlichen vf vorberurte zwene Termine mit zwey Hundert vnb sechtzehen gulben zuuertzintzen sich verpflichtet, vnbterm dato ben neun vnb zwantzigsten Septembris Anno Sechtzehen Hundert vnbt siebentzehen, mit litera D.

[21. Seite]. 5. Höchstermeltes Churfursten gegebener Consens vber bas bafur verschriebene vnbterpfanbt, vnbterm Dato ben Neunbten Septembris Anno Sechtzehen Hundert vnbt siebentzehen, mit litera E.

6. Der Loblichen Universitet zu Leiptzigk Kaufbrief, vber Drey hundert vier vnbt funftzig gulben iherliches zintzes, im mittel ber Stewer, bauon brey Hundert gulben vf zwölf Stipendiaten in ber Communitet, Dan Dreytzig gulben, vor Sechs Stuben im Pauliner Collegio zu zintz, vnbt vier vnb zwantzig gulben ben herrn Inspectoribus gefolget werben sollen, sub dato ben 24 Septembris Anno Sechtzehen Hundert vnb siebentzehen mit litera F.

7. Die barüber erlangte Churfurstl. ratification sub litera G, vnbterm dato Dreßben ben zwey vnb zwantzigsten Martij Anno Ein Tausent Sechs hundert vnbt Achtzehen,

8. Abschrifft, eines Churfurstl. befehlichs sub dato Dreßben ben zwey vnbt zwantzigsten Martij Anno Sechtzehen Hundert vnbt Achtzehen, borinnen Ihre Churfurstl. G: ber Loblichen Universitet zu Leipzig beuholen, ben Inspectorn Ihrer Churfürstl. G: antzumelden, vnb an Ihrer Churfürstl. G: stat, Ihnen auftzuerlegenn, bas sie gegen bem Ihnen verorbnetem honorario, bie institution vnbt inspection meiner 12 Stipendiaten gebürlich verrichten sollen, sub litera H.

9. Des herrn Superattendenten vnbt Eines Erbarn Raths der Stabt Salfelbt, revers vber sechtzig gulben, die ich zu vnbterhaltunge eines Conrectoris aus meinem Geschlechte iherlich bahin verorbnet, vnbterm bato ben zwantzigsten Julij Anno Sechtzehen Hundert vnb achtzehen sub litera I.

10. Der Herrn verordneten des Churfürstl. S: Obern Consistorij zu Dreßben
[22. Seite] schein, mit literis K. vnterm dato den 24 Aprillis Anno
Sechtzehen Hunbert vnbt Achtzehen, Welcher gestalt biese meine fundation
ber enbe immatriculiret *), nicht allein bey Einem Erbarn vnb Wohl=
weisen Rathe, ber Stabt Salfelbt, gegen ihrer versiegelten, vnbt vnbter=
schriebenen recognition **), in einer Laben verschloßen, originaliter ***)
beponiret vnbt hinbterlegt, Sonbern auch, von bieser meiner fundation,
bem itzigen alhierigen Superattenbenten herrn Johanni Pandocheo ber
heyligen schrifft Doctorn, ban Rubolf Sonnebergern Ambtschößern, vnbt
Einem Erbarn Rathe alhier, Jngleichen bem herrn Superattenbenten
vnb Rath zue Salfelbt, Jebern eine gleichlautenbe Abschrifft vnbter
meinem gewonlichen Petschaffte vnbt ber Stabt Jnsiegil, auch vnbter=
zeichneten hanbtschrifften, ben beyben künfftigen Collatoribus aber, Als
Johan, vnbt Michaeln beyber Rechte Doctorn ben Tryllern Ge=
brübern, ein Original bieser meiner fundation, sambt beglaubten Ab=
schrifften, ber bartzu gehörigen Documenten zugestellet zu bem enbe, bas
solche abschrifften, stets in ber Superintendenz, bem Ambte, vnbt bey ben
Räthen, beyber Stäbte, Auch bas eine original bey ben itzigen vnbt
künfftigen Collatoribus bleiben, vnbt sie sich allerseits boraus zuersehen,
vnbt barnach zuachten haben möchten,

11. Vf bas auch zum Eilfften, an wircklicher fortsetzunge, auch steter vnb
vhester haltunge beßen allen vnbt ieben, ie weniger zu zweyfeln, So habe
ich Einen Erbarn Rath alhier ersucht, bas sie sich hiertzu, solcher gestalt,
wie hernacher folget, verpflicht gemacht,

Vnbt Nachbem Wir mit Rahmen,

Martin Rothe, vnbt ⎫
Martin Moegl   ⎬ beybe Burgermeistere

[23. Seite] Remigius Gebicke, Johann Zilling ⎫ Bürgermeistere vnbt Cäm=
M: Valtin Polanb, Ambrosius Geisefelber ⎬ meret,

Johann Michelman, Heinrich Moegl ⎫
Andres Regel, Jacob Baumgertner,   ⎬ Rathspersonen,
Barthol Koch, Johann Klebisch   ⎪
Dauib Reichard   ⎭

Bonifacius Kanngißer, Vlrich Ebersbach, ⎫
Paull Monkopf, Heinrich Happe, vnb   ⎬ Wegen ber Gemeinben ber Stabt
Andres Gebicke,   ⎭

---

*) D. i. zum ewigen Gebächtnis in ein für berartige Urkunden bestimmtes Buch ein-
getragen.

**) D. i. Empfangsbescheinigung.

***) D. i. im Original.

Sangerhausen, im wercke befunden, das diese Caspar Tryllers fundation vndt Disposition, furnehmlichen zu Gottes Ehre, vndt dem heyligen Ministerio, Sowohl als auch Kirchen, Schulen vnd der Studirenden Jugendt, Sonderlichen aber vf gewisse maße, vnsern Burgersgenoßen mit zu nutz vndt wohlfart gemeinet, vndt gereichet. Als haben Wir vor Vns, vndt alle vnsere Nachkommen im Rathe, Sowohl als wegen allgemeiner Burgerschafft, dieselbe mit dancke angenommen, vnd dem fundatori oder die Vns vor deßen geliehenen, vnd nunmehr hierzu deputirten Drey Tausent Sechs Hundert gulden, So wir gemeiner Stadt zu gutem, alsobalde wieder angelegt, eine neue versicherunge zugestalt, vnd vns darneben verpflichtet, nicht alleine darüber Churfürstl. Consens auszubringen, Sondern auch das Ober Consistorium zu Dreßden, gebuerlich zuersuchen, das diese fundation vmb kunfftiger mehrer haltung willen, des orts immatriculirt, vndt darüber schrifftlicher schein, vmb nachrichtunge willen, ertheilet werden möchte,

[24. Seite] Thun demnach Vns sambt vnd sonders Crafft dieses in der allerbesten form weise vndt maße, wie solches zu Rechte am kräfftigsten, geschehen soll kan oder magk, hiermit bey dem Worte der Ewigen warheitt, an geschwornen Aydes stat, verpflichten, geloben, vndt zusagen, Das Wir solcher des Tryllers fundation vndt Disposition in allen vnd ieden Puncten, stet, vest, vndt vnuerbrüchlichen nachgeleben, vndt im aller geringsten darwieder nichts handeln, oder vf den vnuerhofften fall der nicht haltunge, schuldig sein sollen vndt wollen, Einem Erbarn Rath der Stadt Salfeldt, vf der Collatorn vnd deßelbten freundschafft, Auch Eines Erbarn Raths der Stadt Salfeldt, abforderunge, die Drey Tausent, Sechs hundert gulden haubtsumma, zinß, schäden vndt vncosten, ob einige darauf gelauffen, an gleicher muntze, als ie ein vndt zwantzig groschen Meißnischer wehrunge vor einen gulden, stuck vor stuck gerechnet, hinwieder bar auszuzahlen, vndt zuerstatten, Alles Trewlich sonder einige gefahr vnd argelist,

Deßen zu mehrer vrkunde vndt becrefftigunge ist diese fundation von mir Caspar Tryllern Als dem fundatore Sowohl als auch Vns dem Rathe duppelvolnzogen, vndt daran mein Tryllers gewöhnlich Petschafft, vndt vnser des Raths gebreuchlich Stadt Secrett gehangen, vndt von Vns allerseits mit eignen handen vndterschrieben, Welches geschehen zu Sangerhausen am tage Michaelis, so da war der neun vndt zwantzigste Monatstag Septembris, Nach Christi Vnsers Einigen Erlösers vndt Seeligmachers geburth, im Sechtzehen Hundert vndt siebentzehenden Jhare.

Caspar Tryller mpsubscr.*)

---

*) D. i. manu propria subscripsi = mit eigenhändiger Unterschrift.

Hierbey wirdt erinnert, das dem Custodi zu S: Jacob die Sechs gulden darumb Jherlichen verordnet, Das er bey verlust derselbten den im Chor daselbsten gelegten neuen fußboden, neben den Meßingen blatten vf den Grabsteinen, so offt es noth, saubern, waschen vnd blanck halten solle

Caspar Tryller mpp.

[25. Seite.] Martin Roth mpr. } beyde Burgermeistere
Martin Mogt

Remigius Gebicke mpria
Johannes Zilling mpria
M. Valentin Poland mpria } Bürgermeistere vnbt Cämmerer,
Ambrosius Geisefelder mpria

Johann Michelmann mppria
Heinrich Mogt manppria
Andres Regell manuppria
Jacob Baumgertner manuppria } Raths Personnen,
Barthol Koch manup.
Johann Klebisch mopp.
Danid Reichardt mpp
Bonifacius Kangißer

Vlrich Ebersbachs wegen, weil er schreibens vnerfahren,
    Hieronymus Rinck Stadtschreiber subscripsit
Paul Monkopffs wegen, weil er schreibens vnerfahrenn, } wegen der Gemeine.
    Martin Loß, Vnter Stadtschreyber subscripsit
Heinrich Happe mppria
Andres Gebicke mpropria

Urkundlicher

Stammbaum der Tryller

vom

Geschlechte Kaspar Tryllers,

ehemaligen kurfürstl. sächs. Landrentmeisters.

(Tafel I—XII.)

Wappen

der am 28. Januar 1592 von Kaiser Rudolf II. geadelten Brüder Kaspar
und Michael Tryller und ihrer ehelichen Nachkommen.

(Genaue Nachbildung einer Kopie, welche im Jahre 1882 nach dem im
K. K. Adelsarchiv zu Wien aufbewahrten Urbilde gefertigt und am 28. April
1882 durch den Kaiserlichen Rath und Expedits-Direktor im K. K. Ministerium
des Innern beglaubigt wurde.)

Diejenigen Glieder der Tryllerischen Familie, welche berechtigt waren oder
sind, dies Wappen und den damit verbundenen Adel zu führen, sind in den
nachfolgenden Stammtafeln mit einem * bezeichnet.

Anmerkungen

zu dem

urkundlichen Stammbaum der Tryller vom Geschlechte Kaspar Tryllers.

<hr />

¹) Vergl. **Koch, Trillersagen** I, Seite 6 Anm., sowie **Genealogia Trylleriana** in „Caspar Tryller und die Handhabung der Tryllerstiftung im Collegio Paulino bei der Universität zu Leipzig" von **Clemens Menzel** (Sangerhausen und Leipzig, 1888), Seite 89.

²) Vergl. Geneal. Trylleriana in Menzels vorerwähnter Schrift, Seite 87.

³) Dies ergibt sich aus dem in der Geneal. Tryll. Seite 87 und 88 angeführten „Geburtsbriefe" Nicolaus Tryllers, worin der Rath der Stadt Torgau am Dienstag nach Galli 1526 unter Anderem bezeugt, daß gedachten Nicolaus Eltern „guter Teutscher Sprache, und gutes ehrliches Herkommens gewest" seien.

Auf eine an den Magistrat der Stadt Torgau im Jahre 1881 gerichtete Anfrage wurde mitgetheilt, daß nach den Untersuchungen des um die Geschichte Torgaus verdienten Gymnasialoberlehrers Herrn Dr. Knabe in dem einzigen aus dem 16. Jahrhundert erhaltenen städtischen Geschoßbuche vom Jahre 1505 der Name Tryller oder ein ähnlicher Name nicht vorkomme und daß nur in einem Rathsprotokoll des Jahres 1533 ein Thomas **Trillart**, Böttcher, sich nachweisen läßt, welcher bezeugt, daß sein Stiefvater Hans Ramfeld ihm sein väterliches und mütterliches Erbtheil „genuglich vnd zu Dank" bezahlt habe. Es ist nicht unwahrscheinlich, daß dieser Thomas Trillart ein Sohn Peter Tryllers war.

⁴) Vergl. Trillersagen I, Seite 6 Anm., sowie Geneal. Tryller. bei Menzel, Seite 86.

⁵) Geneal. Tryller. Seite 87 und 88.

⁶) Vergl. Trillersagen I, Seite 17 Anm. †† und Seite 52, wo die seit Anfang vorigen Jahrhunderts bestehende Ansicht widerlegt wird, daß Nicolaus Tryller ein „Brauherr" gewesen sei. Mag. Barthol. Clamorinus sagt in seiner 1601 auf Anna Buchnerin gehaltenen Leichrede, Bl. C₃ andere Seite: „Anno 1544. Ist zu Wittenberg ein Studiosus gewesen, Johannes Triller, des Vater zu Torgaw vnd Wittenberg Ludirector gewesen, . . . Dieser studirte in linguis vnd artibus so fleißig, das er's Magisterium erlangte, ein guter graecus vnd fürtrefflicher hebreus ward, wol ein Doctore gleich, ward Pfarrber zu alte Dreßden" u. s. w. Und Mag. Sebast. Fröschel berichtet in der Vorrede zu seinem 1565 herausgegebenen Buch „Vom Priesterthumb der rechten Christlichen Kirchen", wie es in Wittenberg mit der Kirche bestellt gewesen sei, als er 1522 dahin kam. Er schildert die

Verein für Meiningische Geschichte
und Landeskunde. Heft 7.

5

Vorgänge der Bilderstürmerei und wie Luther wieder Ordnung geschafft habe, erzählt, daß 1523 Johannes Bugenhagen Pfarrer zu Wittenberg wurde und die Knabenschule, „daraus man zuvor ein Brothaus gemacht" wieder hergestellt habe. Dann fährt er fort: „Und des Pfarhers M. Johannis Trüllers Vater zu alten Dresden war wider der erste Schulmeister."

Über Nicolaus Trüllers Aufenthalt zu Magdeburg, wohin er von Seiten des Torgauer Magistrates laut Inhaltes des in der Geneal. Tryller. angeführten „Geburtsbriefes" im Jahre 1526 empfohlen wurde, ist nichts zu ermitteln, da nach Mittheilung des Magistrates der Stadt Magdeburg vom 13. Februar 1882 bei der Zerstörung der Stadt im Jahr 1631 die alten Akten zu Grunde gegangen sind.

⁷) Vergl. Geneal. Tryller. Seite 89 und 90. Die Notiz, daß Johannes Trüller Dr. Bugenhagens Kinder erzogen habe, stammt aus Daniel Greiser's (alias Greser) „Historia vnd Beschreibunge des gantzen Lauffs vnd Lebens" (Selbstbiographie, gedruckt 1587), Blatt Diiij. Auch Bartholomäus Clamorinus berichtet in der vorhin erwähnten Leich-rede, daß Joh. Trüller zu Wittenberg studirt habe. Die von Förstemann herausgegebene Wittenberger Universitätsmatrikel weist ihn nicht auf; dagegen findet sich zum Jahre 1555 Mag. Joannes Trillerus Wittembergensis unter den Immatrikulirten der Universität Jena. Was Neuendorf betrifft, so gibt es Dörfer dieses Namens sowohl in der Alt- wie in der Kurmark, darunter indessen nur zwei Pfarrorte, Neuendorf bei Brück im Kreise Belzig und Neuendorf bei Potsdam; da die Pfarrei des letzteren Ortes erst im Laufe dieses Jahrhunderts errichtet worden ist, die des anderen aber schon seit dem 14. Jahrhundert besteht, kann nur Neuendorf im Kreise Belzig gemeint sein (nach Mittheilung des Herrn Pastor Nordmeyer in Neuendorf bei Brück).

Bezüglich des von Joh. Trüller erworbenen Bürgerrechtes zu Dresden findet sich folgende urkundliche Nachricht im Bürgerbuche C. XIX. 1 des Dresdener Raths-archivs, Blatt 177 b: „M. Joan Trüller von Wittenberg [statt des ausgestrichenen „Torgaw"] hoffprediger den aidt mit dem handtgelubnis bestettigt 3. December 1578" (mitgetheilt von Herrn Rathsarchivar Dr. Richter in Dresden). Aus der Stelle scheint sich als Geburtsort Wittenberg zu ergeben.

Diesem Johann Trüller ist auch in Gleich, Annales Ecclesiastici, ein längerer Abschnitt gewidmet. (I. Theil (1730), Seite 199 flg.)

⁸) Aus dem Kirchenbuch der Pfarrei Neustadt zu Dresden mitgetheilt von Herrn Kirchenbuchführer Göpfert.

⁹) Geneal. Tryller., Seite 90.

¹⁰) In dem Kirchenbuche der Pfarrei Neustadt-Dresden heißt es zum Jahr 1564 Mittwoch nach Jubilate: „Herr Johanni Triller, Pastorn, einen Sohn getauft mit Namen Johannes" (mitgetheilt vom Kirchenbuchführer Herrn Hermann Göpfert zu Dresden-Neustadt). Da der unter 4. genannte Sohn Mag. Joh. Trüllers, Johannes Trüller, nicht wohl schon 1564 geboren sein kann, ist wahrscheinlich der in der Genealogia Trylleriana, Seite 90, als zweites Kind angeführte Johannes gemeint, dem jedoch dann erst die zweite Stelle gebührt, da Trüllers Tochter Katharina zwei Jahre früher geboren war.

¹¹) Geneal. Tryller., Seite 90. Der Name des Gatten ist nach dem Peißkerschen Exemplar der Geneal. Tryller. Bayner, während Menzel Meyner liest.

¹²) Kreyßig, Afraner-Album (Meißen, 1876), Seite 66.

¹³) Gleich a. a. O., § 7—9. — Nach Mittheilung des Herrn Cand. hist. P. W. Ullrich in Leipzig vom Jahre 1884 wurde Joannes Trillerus Dresdensis im Jahre 1589 an der Universität Leipzig immatrikulirt.

¹⁴) Dietmann, Priesterschaft des Churfürstenthums Sachsen, Bd. I (1752), Seite 1253. Aus den Dohnaer Pfarracten ist zu ersehen, daß Mag. Joh. Trüller 1596 zweiter

Diakonus zu Dohna war und von dort nach Dittersbach versetzt wurde (mitgetheilt von Herrn Oberpfarrer Haase in Dohna).

[14]) Dietmann a. a. O., auch bestätigt durch Mittheilungen des Herrn Pfarrer Pazig zu Dittersbach bei Stolpen (Post Dürr-Röhrsdorf).

[16]) Dietmann a. a. O., 1. Theil, 3. Bd., Seite 1185.

[17]) Aus dem Pirnaer Kirchenbuche mitgetheilt von Herrn Kirchenbuchführer Zumpe in Pirna. Bei Gleich a. a. O. § 9 wird Trillers Schwiegervater nicht Zimler, wie im Kirchenbuche steht, sondern Zunckler genannt.

[18]) Aus dem Pirnaer Kirchenbuche mitgetheilt von Herrn Kirchenbuchführer Zumpe in Pirna. Leider ließ sich aus dem Kindelbrücker Pfarrarchiv über Mag. Joh. Trillers Familie nichts weiter ermitteln, da die dortigen Kirchenbücher erst mit 1694 beginnen (mitgetheilt von Herrn Oberpfarrer Bodenstein in Kindelbrück).

[19]) Kreyßig, Afraner-Album (1876), Seite 71, wo übrigens dieser Daniel Triller mit dem am 16. Juli 1632 gebornen Daniel Triller verwechselt wird. — Bereits im Jahre 1687 war Daniel Triller, einem damals beliebten Brauche gemäß, an der Leipziger Universität immatrikulirt worden, indem er die Gebühren dafür entrichtete (Daniel Trillert ½ fl. n. i.) Die Aufnahme und Verpflichtung erfolgte natürlich später, worauf schon der Vermerk n. i. = non iuravit (er leistete den Schwur nicht) in der Universitätsmatrikel hinweist (mitgetheilt von Herrn P. W. Ullrich in Leipzig).

[20]) Geneal. Tryller. berichtet nach dem Peißkerschen Exemplare (bei Menzel, Seite 90): „Dieser Daniel ist Gräfl. Colonitz'scher Hofprediger zu Jrden Spöngen geworden, in Oesterreich." Es ist offenbar Jebenspeigen bei Dürnkrut in Unterösterreich gemeint, welches den Grafen Kollonitz gehörte. Daß diese zu Anfang des 17. Jahrhunderts protestantisch waren, ergibt sich aus den Annales Zwettlenaes tom. II. pag. 581, wo es heißt: Ernestus, filius Seyfriedi I de Kollonitz, ille est, qui anno 1621 ob casum mirabilem in Kirchberg ad Wagram haeresin lutheranam reliquit et in monasterio Zwettlensi ad religionem catholicam rediit. Leider beginnen die Kirchenbücher der Pfarrei Jebenspeigen erst mit dem Jahr 1636, sodaß keinerlei Angaben über Daniel Triller und seine späteren Schicksale zu erlangen sind (alles dies nach den eingehenden, sehr entgegenkommenden Mittheilungen des Herrn Pfarrers Fr. Rothan in Jebenspeigen). Auch die im ehemaligen gräflich Kollonitzischen Familienarchiv von der jetzt gräflich Wenkheimischen Gutsverwaltung zu Groß-Schützen (Nagy-Lévárd) in Ungarn angestellten Nachforschungen blieben ohne Erfolg (mitgetheilt von Herrn Rentmeister Ludwig von Chenken in Groß-Schützen).

[21]) Geneal. Tryller., Seite 91.

[22]) Nach Ausweis eines Saalfeldischen Geschoßbuches vom Jahre 1591.

[23]) Geneal. Tryller., Seite 92.

[24]) Ebenda, Seite 92, 93. Der Todestag Sebald Trillers ist hier mit 27. März 1599 angegeben; nach Ausweis des Coburger Kirchenbuches war es aber der 25. März, und am 26. März wurde Triller begraben. Das Kirchenbuch bestätigt bei dieser Gelegenheit auch, daß Sebald Triller „gewesener Castner zu Staffelstein, der umb beständig bekenntnis der waren seligmachenden [er des Evangelii ausgetriben" (mitgetheilt von Herrn Oberkonsistorialrath Müller in Coburg).

Sebaldus Tryller Esfeldensis hatte, wie aus der Leipziger Universitätsmatrikel hier noch nachgetragen werden mag, 1563 die Universität Leipzig bezogen (mitgetheilt von Herrn Cand. hist. P. W. Ullrich in Leipzig).

[25]) Aus dem Coburger Kirchenbuche mitgetheilt von Herrn Oberkonsistorialrath Müller in Coburg.

[26]) Geneal. Tryll., Seite 93.

³⁴) Ebenda. Menzel läßt Wevner und in Klammer nochmals Weyner drucken, während die Peißkersche Handschrift „Rayner" bietet.

²⁷) Geneal. Tryller., Seite 93, 94.

²⁸) Ebenda, Seite 95, wo übrigens Menzel einen sonderbaren Fehler begeht. Peißlers Exemplar der Geneal. Tryller., von welchem Herr Menzel eine Abschrift benutzen konnte, hat: „Mariam (nupsit Christoph Bollermann) den 28. Martij Anno 1582. Zu Zerbst gebohren beßgleichen zu Langen Salza allbo er Ambtschößer gewesen" und sodann folgt „5. Heinrichen" u. s. w. Es ist klar, daß die Worte „Zu Zerbst gebohren" sich auf Trÿllers Tochter Maria beziehen, die Worte „beßgleichen . . . . Ambtschößer gewesen" auf die mit Heinrich folgenden Kinder, von denen die unter 5—7 angeführten in Langensalza geboren wurden. Dadurch daß Menzels Abdruck die Worte nupsit Christoph Bollermann erst nach „Ambtschößer gewesen" bringt, wird die Stelle völlig unklar.

²⁹) Aus dem Langensalzaer Kirchenbuche mitgetheilt von Herrn Oberpfarrer Schniewind in Langensalza. Die Geneal. Tryller. gibt den 1. December als Geburtstag Heinrich Trÿllers an.

³⁰) M. Chr. G. Lorenz, Grimmenser-Album (Grimma, 1850) Seite 78.

³¹) Aus dem Dresdener Rathsarchiv mitgetheilt von Herrn Rathsarchivar Dr. Richter.

³²) Menzel druckt in seiner Ausgabe der Geneal. Tryller., Seite 95, „Erich Boßmann", die Peißkersche Handschrift hat aber (als Accusativ) „Erich Boßmarn", was das Richtige ist, da es durch das Langensalzaer Kirchenbuch bestätigt wird.

³³) Geneal. Tryller., Seite 95. Die in Klammern gesetzten Angaben sind dem Langensalzaer Kirchenbuche (mitgetheilt von Herrn Oberpfarrer Schniewind in Langensalza) entnommen.

³⁴) Geneal. Tryller., Seite 95. Der Taufmert ist aus dem Weißenfelser Kirchenbuche mitgetheilt von Herrn Küster Götze in Weißenfels.

³⁵) Geneal. Tryller., Seite 95. Die Endorfer Kirchenbücher reichen, nach Mittheilung des Herrn Pfarrer Wähnert in Weltsleben (dem Pfarrort der Filiale Endorf), nicht bis in jene Zeit zurück.

³⁶) Geneal. Tryller., Seite 92.

³⁷) Ebenda, Seite 95.

³⁸) Ebenda, Seite 91.

³⁸ᵃ) Georgius Dryller Salveldensis wurde 1538 zu Wittenberg immatrikulirt (Album Academiae Viteberpensis, herausgeg. von Förstemann, Seite 171 a).

³⁹) Geneal. Tryller., Seite 95. Es ist ungewiß, ob das jetzt preußische Pfarrdorf Jägerndorf im Kreise Brieg oder die Bergstadt gleichen Namens in österreichisch-Schlesien gemeint ist. Herr Pastor Freyschmidt in dem erstgenannten Orte theilte mit, daß die Kirchenbücher nicht bis in die betreffende Zeit zurückreichen. Der gleiche Mangel ist auch hinsichtlich der Kirchenbücher (Matriken) im österreichischen Jägerndorf der Fall, doch hatte der dortige Pfarrer Herr Josef Bittner die Güte, zu bemerken, daß Stadt und Fürstenthum Jägerndorf im Jahre 1521 in den Besitz des lutherischen Markgrafen Georg von Brandenburg gekommen und erst im Jahre 1630 vom damaligen Fürsten Liechtenstein das Statutum religionis catholicae dort eingeführt worden sei. Georg Tröller könnte also recht wohl dort Pfarrer gewesen sein.

⁴⁰) Geneal. Tryller., Seite 95.

⁴¹) Ebenda, Seite 91. Daß er Saalfelder Bürger war, ergibt sich aus den Saalfelder Steuerbüchern jener Zeit.

⁴²) Geneal. Tryller., Seite 96.

⁴²) Ebenda. Beide Handschriften der Genealogie bieten Winßer statt Winßerlein; doch wird in den Saalfelber Erb- und Geschoßbüchern jener Zeit der Betreffende und seine Witwe (diese kommt von 1548—1561 vor) stets unter dem Namen Wynßerien oder Winßerlein angeführt. Der Todestag wurde aus dem Saalfelber Kirchenbuche mitgetheilt von Herrn Superintendent Dr. Otto Füßlein zu Saalfeld, welcher in Verbindung mit seinen Söhnen die Güte hatte, eine große Anzahl einzelner, den Stammbaum der Saalfelber Tryller betreffender Punkte auf Grund einer sorgfältigen Durchforschung der dortigen Kirchenbücher festzustellen.

⁴³) Geneal. Tryller., Seite 97.

⁴⁴) Nach dem betreffenden Vermerk des Saalfelber Kirchenbuches. Auf die damalige Hochzeit wurden auch etliche Hochzeitsgedichte unter folgendem Titel gedruckt: „In sacrum nuptiale, ornatissimi et literatissimi viri juvenis, Dn. Henrici Borni, sponsi, viri integerrimi Dn. Friderici Borni, quaestoris in arce Schwartzburgica dignissimi, filii nec non pudicissimae et honestissimae virginis Elisabethae, Dn. Samuelis Trilleri, Senatoris Salfeldensis p. m. relictae filiae, sponsae, carmina congratulationis ergo ab amicis et affinibus conscripta, III. Calendas Junij Salfeldiae concelebratum, Anno 1609. Jenae, Typis Christophori Lippoldi." 4°.

⁴⁵) Nach Angaben des Saalfelber Kirchenbuches und den eigenhändigen Aufzeichnungen Michael Tryllers, Apothekers zu Ülzen (im Original vorhanden unter den Familien-papieren der Frau verwittw. Postdirector Kathinka Struve geb. Triller zu Kiel).

⁴⁶) Die Geneal. Tryller. a. a. O. berichtet, daß Samuel Tryller mit seiner Gattin Katharina geb. Schultes vier Kinder gezeugt habe, wovon der älteste Sohn Michael noch am Leben sei. Nach den eigenen Aufzeichnungen eben dieses Michael Tryller aber (s. die vorige Anmerkung) war er unter seinen Geschwistern das fünfte Kind. Da er seine Mutter in seinem dritten Lebensjahre verlor, so kann er möglicherweise noch jüngere Geschwister besessen haben. Leider waren von Erfurt keine Nachrichten hierüber zu erlangen.

⁴⁸) Geneal. Tryller., Seite 97 und 98, sowie auch nach den im Saalfelber Kirchenbuch darüber vorhandenen Nachrichten.

⁴⁷) Geneal. Tryller., Seite 98; die eingeklammerten Vermerke sind dem Saalfelber Kirchenbuch entnommen.

⁴⁸) Geneal. Tryller., Seite 97; der Trauvermerk gründet sich auf das Saalfelber Kirchenbuch.

⁴⁹) Geneal. Tryller., Seite 96 und 98.

⁵⁰) Ebenda. Daß Jacob Gruner ein Bäcker war, ergibt sich aus den ihn und seine Familie betreffenden Vermerken des Saalfelber Kirchenbuches, wo auch von seinem späteren Beruf die Rede ist. So wird seine Gattin, als sie starb, „Jacob Gruners Rabulae Weib" genannt, und von ihm selbst heißt es bei seinem Tode: „ex pistore factus procurator, maxima cum jactura rei familiaris".

⁵¹) Geneal. Tryller., Seite 96.

⁵²) Ebenda, Seite 96 und 99.

⁵³) Ebenda, Seite 96, 98, 99. Der Trauvermerk für Sabina Tryllerin entstammt dem Grabaer Kirchenbuche.

⁵⁴) Geneal. Tryller., Seite 91.

⁵⁵) Nach Ausweis der Jenaer Universitätsmatrikel.

⁵⁶) Geneal. Tryller., Seite 103.

⁵⁷) Ebenda, Seite 91 und 103.

⁵⁸) Ebenda, Seite 91 und 104. Der Trauvermerk für Matthias Tryller wurde aus

den Registern der Heirathsurkunden der Pfarrei St. Nicolaus zu
Straßburg i. E. mitgetheilt vom Standesamt der Stadt Straßburg.

**) Geneal. Tryller., Seite 91 und 103.

Auf diesen Georg Tryller bezieht sich ein Abschnitt einer Beschwerdeschrift, welche
Dr. Michael Tryller am 16. Juli 1641 als damaliger Kollator an den Kurfürsten von
Sachsen richtete und worin er sich über den Magistrat der Stadt Sangerhausen, der seinen
Verpflichtungen nicht nachkomme, beklagt. Dort heißt es:

„Es besagt der 6. Punkt der Fundation gar klar, wann die Collatores und andere
meiner Gefreunde mit Feuer- oder Wassersnoth, oder mit Pestilenz beimgesuchet, oder sonst
mit langwierigem Siechthum beladen und die Almosen selbst bedürfen würden, daß alsobann
die Collatores die beim 3. und 4. Punkt gesetzten 50 fl. zum Theil vor sich gebrauchen
und mit den übrigen andern beschädigten Gefreunden zu Hilfe kommen, und der Rath demjenigen, welchem es die Collatores verordnet, ohne Weigerung die Auszahlung thun sollen.
Dessen hat sich Georg Triller von Breitenbach, ein 80jähriger Mann und der
älteste in meinem Geschlecht, so durch das Kriegswesen, darüber ausgestandene Brandschäden
und Plünderungen um alle sein zeitliches Vermögen gebracht, auch getröstet, vor etlich
wenig Wochen sammt seines verstorbenen Sohns Wittwen und zweien kleinen Söhnen
nackend und bloß zu mir anhero kommen, und inhalts angezogenen Punkts diese Almosen
von mir gebeten. Ich habe es dem Rath notificirt und auf die Auszahlung gedrungen;
der arme alte Mann hat zehn ganze Tage, vom Morgen bis ufn Abend ufm Rathhause
ufgewartet, gefleht und gebettelt, aber mehr nicht erlanget als 27 Groschen, welche sie ihm
endlich neben des regierenden Bürgermeisters vielen verdrießlichen Worten zu seiner Ab-
fertigung herausgegeben. Das heißt also der Fundation und ihrer Obligation nachgelebet!"
(Nach einer von Pastor Hache genommenen Abschrift in dessen Sammlungen — s. das
Vorwort! — Seite 209 und 210.)

***) Aus den Großbreitenbacher Kirchenbüchern mitgetheilt von Herrn Ober-
pfarrer Consistorialassessor Ch. G. Schmidt in Großbreitenbach, welcher auch berichtete, daß
Georg Tryller (der Vater) für die Zeit von 1631—1641 sich mehrfach, besonders unter den
Abendmahlsgängern, nachweisen lasse.

Von Georg Tryller dem Sohn leitete übrigens der Kollator Pastor Friedrich August
Triller in Buckowin seinen Stammbaum ab, jedoch mit völligem Unrecht (Trillersagen I,
Seite 96 und 97).

**) Nach den eigenhändigen Aufzeichnungen Michael Tryllers (vergl. An-
merkung 45); die eingeklammerten Vermerke sind aus dem Ülzener Kirchenbuche mitgetheilt von Herrn Archidiakonus Bracht zu Ülzen.

**) Nach den eigenhändigen Aufzeichnungen Michael Tryllers (im Besitze der Frau
Postdirector Struve in Kiel).

**) Unter den Familienpapieren der Frau Postdirector Kathinka
Struve in Kiel befindet sich ein Schreiben des Bürgermeisters und Rathes der Stadt
Ülzen vom 6. April 1685, wonach Caspar Ernst Triller, damals Candidatus Theologiae,
zur erledigten Konrektorstelle der Stadt berufen wird.

**) Die Familienpapiere der Frau Postdirector Kathinka Struve in Kiel enthalten eine
Anzahl Akten über diese Anstellung, die Bestallungsurkunde ist datirt vom 6. Mai 1695
und unterzeichnet von Ludolph Hugo, Kurfürstl. Braunschweigisch-Lüneburgischem Geheimen
Rath und Vicekanzler zu Hannover, Administrator des Stiftes Ilefeld. Zu seinem Unterhalt wurden Kaspar Ernst Trillern zugesichert jährlich 100 Thaler an Gelde, freier Tisch
für seine Person, 4 Marktscheffel Roggen, 2 Marktscheffel Waizen, 1 Nordhäuser Scheffel
Erbsen, 1 Nordhäuser Scheffel Rübsamen, für zwei Mastschweine 10 Thaler, für vier gute

Schafe 4 Thaler. „Über das und weil er verheirahtet ist, sollen ihm an statt der Auß-futterung zweyer Kühe 4 Thaler, dan auch 4 Faß des besten Stifts Biers sambt noth-dürfftigen Brenholtz abgefolget, die gewöhnliche Wohnung des Stiftsrectoris eingethan, auch jährlich 1 Scheffel Lein, den er selbst auß zu thun, mit geseet, ihm auch allemahl beym an-und abtritt eines jedweden Knabens von denselben Ein Thaler gegeben werden."

⁶⁴) Trillersagen I, Seite 24, Anmerkung.

⁶⁵) Die Bestallungsurkunde (in den Familienpapieren der Frau Postdirektor Struve in Kiel) ist unterzeichnet von Christian August, Bischof zu Lübeck, in Vormundschaft des Fürsten Karl Friedrich von Schleswig Holstein.

⁶⁶) Unter den Papieren der Frau Postdirector Struve findet sich auch ein Bogen in Folio, ein Trauergedicht auf Trillers Tod enthaltend, mit dem Titel:

„Gesammelte Trähnen, Welche zugleich Mit dem am 13. Febr. verblichenen Cörper Ihres Hochgeschätzten und Herhtlichgeliebtesten Vaters, des Wohl-Edlen, Groß-Acht-bahren, und Wohl-Gelahrten Herrn, HERRR Casper Ernst Trillers, Gewesenen Tren-fleißigen Con-Rectoris bey der Cathedral-Schule zu Schleßwig, Am Tage der Beerdigung, Welcher War der 25. Februarius jetztlauffenden 1717. Jahres, Aus betrübtesten Herzen mit einsenden wolten Dessen biß in den Tod bekümmerte Söhne. Schleßwig, Gedruckt bey Johann Holwein."

Und dieser Kaspar Ernst Tryller wurde auf dem „authentischen" Stammbaum der Triller, wie er vom Magistrat zu Sangerhausen aufbewahrt und vom Grafen von Leyn-hausen 1874 abgedruckt wurde, als „Bürgermeister von Schleswig" hingestellt!

⁶⁷) Nach handschriftlichen (wahrscheinlich von Kaspar Ernst Triller herrührenden) Auf-zeichnungen unter den Familienpapieren der Frau Postdirektor Struve in Kiel; die in Klammer gesetzten Vermerke aus dem Ülzener Kirchenbuche mitgetheilt von Herrn Archi-diakonus Pracht in Ülzen.

⁶⁷ᵃ) In den Familienpapieren der Frau Postdirektor Struve ist seine Grabschrift angegeben: „Hier ruhet dem leibe nach Herr Ernst Friderich Triller, gebohren den 28. Febr. 1688, gestorben den 12. Maij 1765."

Wahrscheinlich lebte dieser Triller in mehr untergeordneter Stellung, vielleicht bei seinem Bruder in Kiel, wo er vermuthlich auch starb.

⁶⁸) Er wird, wie auch sein Sohn, stets Hinrich, nie Heinrich genannt.

⁶⁹) Nach der in ⁶⁷) erwähnten Aufzeichnung; der in Klammer gesetzte Vermerk wurde aus dem Ilfelder Kirchenbuche mitgetheilt von Herrn Stifts- und Ortspfarrer W. Zwick in Ilfeld.

⁷⁰) Die Matrikeln finden sich unter den Familienpapieren der Frau Postdirektor Struve in Kiel.

⁷¹) Nach einer kurzen, in lateinischer Sprache abgefaßten Selbstbiographie Georg Hinrich Trillers, sowie einer deutschen, wahrscheinlich auch von Georg Hinrich Triller herrührenden Fortsetzung dieser Lebensbeschreibung, welche bei den oben erwähnten Papieren sich befinden, ferner nach Mittheilungen des Herrn Dr. Friedrich Volbehr in Kiel, welcher namentlich auch die Güte hatte, die Kieler Kirchenbücher für die Aufstellung dieser Stammtafeln zu durchforschen.

⁷²) Nach einer in den Familienpapieren der Frau Postdirektor Struve zu Kiel befind-lichen Abschrift der betreffenden Grabschrift.

⁷³) Nach einem bei den Familienpapieren der Frau Postdirektor Struve befindlichen handschriftlichen Stammbaum der Schleswigischen Triller; der Taufvermerk aus dem Kirchen-buche der Kirche zu St. Nikolai in Kiel mitgetheilt von Herrn Dr. Volbehr daselbst.

⁷⁴) Die Matrikeln finden sich unter den erwähnten Papieren.

⁷³) Nach Mittheilungen des Herrn Pastors Ludwig Tietgens in Bovenau, sowie des Herr Dr. Volbehr in Kiel.

⁷⁴) Mitgetheilt von Herrn Probst und Hauptpastor Springer zu Segeberg.

⁷⁵) Aus dem Lütjenburger Kirchenbuche mitgetheilt von Herrn Pastor Eduard Hansen in Lütjenburg.

⁷⁷) Aus den Kieler Kirchenbüchern mitgetheilt von Herrn Dr. Baethgen, Adjunctus der evang. Gemeinde zu Kiel.

⁷⁸) Aus den Registern der Nikolaikirche zu Kiel mitgetheilt von Herrn Dr. Volbehr in Kiel.

⁷⁹) Nach einer sehr bestimmt gehaltenen Aufzeichnung in den Familienpapieren der Frau Postdirektor Struve in Kiel, wobei noch bemerkt ist, daß Georg Henrich Triller am 19. Juni 1802 auf dem Petrikirchhofe vor dem Dammthore begraben worden sei. Eine an das evangelische Oberpfarramt zu Hamburg dieserhalb ergangene Anfrage führte nur zu dem Ergebniß, daß die Küster sämtlicher Hamburger Kirchen, sowie der Registrator des Allgemeinen Krankenhauses den betreffenden Fall nicht in den Leichen-Registern verzeichnet fanden (mitgetheilt von Herrn Senioratsküster H. L. Bartels in Hamburg).

⁸⁰) Nach den Aufzeichnungen in den Familienpapieren der Frau Postdirektor Struve, sowie den Registern der Nikolaikirche zu Kiel (mitgetheilt von Herrn Dr. Volbehr).

⁸¹) Aus den Kopenhagener Kirchenbüchern mitgetheilt von Herrn B. J. Fog, Bischof von Seeland, in Kopenhagen, welcher nicht nur die Güte hatte, die dänisch geschriebenen Vermerke zu verdeutschen, sondern in seinem Schreiben vom 8. Mai 1888 auch folgende sehr dankenswerthe Auskunft gab:

„Noch bemerke ich, daß ich übereinstimmend mit dem Protocolle der deutschen St. Petri-Kirche „Gevollmächtige" genannt habe, dänisch „Fuldmogtig" heißt und eine untergeordnete Stellung in einem königlichen Contoir (mit einem Gehalte von c. 2000 Mark) bezeichnet, und daß der Titel Kriegsrath gleichermaßen ein ziemlich bescheidener ist."

⁸²) Mitgetheilt von Frau Postdirektor Struve in Kiel, einer Tochter Christian Friedrich Trillers.

⁸³) Aus den Kirchenbüchern der Neustädter Gemeinde zu Ploen mitgetheilt von Herrn Pastor H. Hansen zu Ploen.

⁸⁴) Mitgetheilt von Herrn Dr. Volbehr in Kiel.

⁸⁵) Mitgetheilt von Frau Postdirektor Struve in Kiel. In den Kopenhagener Kirchenbüchern war über den Tod Adolph Trillers keine Aufklärung zu finden (mitgetheilt von Herrn B. J. Fog, Bischof von Seeland, in Kopenhagen).

⁸⁶) Der eingeklammerte Name war, wie auch bei den darauffolgenden Schwestern, der von den Familienangehörigen angewandte Rufname, welcher den eigentlichen Taufnamen verdrängte.

⁸⁷) Aus den Kirchenbüchern der St. Michaelisgemeinde zu Schleswig mitgetheilt von Herrn Pastor Michelsen in Schleswig. Der Trauvermerk nennt nur die Namen „Mariane Wilhelmine Christine". Unter ihren Angehörigen ist die Betreffende vollends nur als „Mariane Wilhelmine Henningunde (oder Henningunde)" bekannt. Allein maßgebend ist natürlich der Ploener Taufvermerk.

⁸⁸) Aus dem Preetzer Kirchenbuche (Trenthorst pfarrt nach Preetz) mitgetheilt von Herrn Hauptpastor Genzken in Preetz.

⁸⁹) Aus den Altonaer Kirchenbüchern mitgetheilt von Herrn Propst C. A. L... (der Name war nicht lesbar) zu Altona.

⁹⁰) Aus dem Bovenauer Kirchenbuche (Osterrade gehört zum Kirchspiel Bovenau) mitgetheilt von Herrn Pastor Tietgens in Bovenau.

⁹¹) In den Saalfelder Kirchenbüchern wird er 1598 noch als lebend aufgeführt, im Jahre 1603 starb seine Witwe.

⁹²) Geneal. Tryller., Seite 99.

⁹³) Nach den Vermerken des Saalfelder Kirchenbuches, welches bereits in den 70er Jahren von dem Verfasser der vorliegenden Schrift durchforscht und neuerdings von Herrn Superintendent Dr. Otto Füßlein in Saalfeld nochmals eingesehen und verglichen wurde (vergl. Anm. ⁴³).

⁹⁴) Geneal. Tryller., Seite 100.

⁹⁵) Joh. Tryller war, einem Verzeichnis der Caulsdorfer Pfarrer vom Jahr 1746 zu Folge, ein halbes Jahr lang in Eichicht Pfarrer gewesen, bevor er die Pfarrei Caulsdorf erhielt. Das Eichichter Kirchenbuch jener Zeit fehlt, „weil es von einem Nachfolger mit fortgenommen ist" (mitgetheilt von Herrn Pfarrer Leudfeld in Caulsdorf).

⁹⁶) Aus dem Caulsdorfer Pfarrarchiv und besonders den Caulsdorfer Kirchenbüchern mitgetheilt von Herrn Pfarrer Leudfeld in Caulsdorf. Der genannte Herr überließ auf die Vorstellung hin, daß die betreffenden Nachrichten einem wissenschaftlichen Zwecke dienen sollten, die mit anerkennenswerther Mühe gesammelten, werthvollen Mittheilungen dem Verfasser dieses unentgeltlich, jedoch mit folgender, am 21. September 1880 niedergeschriebenen Bemerkung: „Obige Arbeit macht das geistliche Amt resp. die Kirche zu Caulsdorf, der dasselbe seine Ansprüche abgetreten hat, der „reinen", „höheren" Wissenschaft zum Geschenk in der Hoffnung, daß auch sie (die „hohe" Wissenschaft) allezeit gern bereit sei, ihrer Mutter der Kirche samt ihrem Amte ihre Dienste zu widmen". Nun, wenn die vorliegende, sowie die bisher herausgegebenen Trillerschriften auch nicht unmittelbar im Dienste der Kirche ausgearbeitet wurden, so hofft ihr Verfasser trotzdem, durch den wissenschaftlichen Charakter derselben (von „höherer" oder „hoher" Wissenschaft war übrigens nie die Rede!) auch den Vertretern der Kirche und dieser selbst Genüge gethan zu haben; ist ja doch eine Hauptaufgabe der letzteren die Bekämpfung von Anmaßung, Lug und Trug!

⁹⁷) Von dieser Tochter gibt nur die Geneal. Tryller. (Seite 100, Anmerk.) Kunde. Die Genealogia ist aber zweifelsohne auch in diesem Punkte gut unterrichtet.

⁹⁸) Aus den Langenschader Kirchenbüchern (Reichenbach ist Filial von Langenschade) mitgetheilt von Herrn Pfarrer Röhrig in Langenschade.

⁹⁹) An dem betreffenden Tage wurde Nicol Tryllern zu Saalfeld nach Ausweis des Kirchenbuches „eine Tochter" geboren. Gevattern waren „Jakob Leitenbergers Sohn, Christian Trautzels und Paul Hopffen Weiber". Beide Frauen, welche das Kind mit aus der Taufe hoben, hießen Judith (Christian Trautzels Weib, verheirathet seit 1622, Judith geb. Breunig, und Paul Hopfs Weib, verheirathet seit 1631, Judith geb. Pfister). Da es nun üblich war, dem getauften Kinde den Namen des Pathen zu geben und da ferner in der Geneal. Tryller. a. a. O. als Tochter Trüllers Judith erwähnt wird, so hieß jedenfalls gerade die am 28. Juni 1634 geborne (bezw. getaufte) Tochter Judith.

¹⁰⁰) Geneal. Tryller., Seite 101.

¹⁰¹) Geneal. Tryller., Seite 102, nennt diese Tochter „Margaretha".

¹⁰²) Geneal. Tryller., Seite 102.

¹⁰³) Geneal. Tryller., Seite 103.

¹⁰⁴) Die Peißkersche Handschrift der Genealogia Trylleriana enthält über die Saalfelder Tryller einen Abschnitt, der bei Menzel in der Anmerkung auf Seite 102 bis 104 seines mehrerwähnten Buches nur unvollständig (bis zu den Angaben über die Coburgische Familie Kleiner) sich abgedruckt findet. Das noch Fehlende bietet — von Joh. Samuel Tryllers Hand geschrieben — Folgendes:

„Ich Johann Samuel Triller Bin geborhn 1720 b. 31. Januarij abens 6 Uhr. Meine tauff Zeigen sind gewesen Herr Johann Christoph Schlegel Raht und leib Metcos, Herr Samuel Bledner Magist. und brediger in Lichtanne (d. i. Lichtentanne); „auf das tuch machen hant werd getom. 1736 den 2. Decbr., aus gelernt den 2. Feb. 1740. In die freude gegangen den 12. Julij 1740. Wieder kommen den 20. Juni 1744. Meister Worden den 4. Merz 1746. Angefangen und zu Hauße gezogen den 16. Maij 1746. Copiieret worden den 24. Novem. 1746. Mit Jungfer Eva Dorothea, Herrn Justus Reimeisters Ehr Rathskämmer in lesten, die Mutter seelig Eine geborne Hoy gewesen.

„Zeugte Kinder

1) Johann Samuel Triller geborhen b. 30. 7ber. 1749.
2) Maria Sophia b. 7. Xber. 1751.
3) Benata Justdiena Dorothea b. 2. Merz 1754 ist Jung gestorben.

„den 7. Aprill 1755 ist Mein in Leben gewesenes liebes Ebeib Eva Dorothea Trillern in Gott Seelig EndSchlaffen ihres Alters 33 Jahr 3 Mont 8 tage.

„den 7. Decbr. 1755 zum Zweyten Mahle verlobet mit Jumfer Suß Anna Cathrina Matbesin Eines erlichen Bürgers Dochter Von Leidenberg, der Vatter hat geheißen Hans Matbias die Mutter eine Geborne Feinerin von Fischdorff gebirdiget und den 22. Jan. 1756 zu Leidenberg Trauen lassen, mit ihr gezeiget Kinder, den 3. Maij 1788 Seelig entschlassen, geborhen den 6ten Novemb. 1717. Verstorben den 3. Maij 1788.

1) Dorothea Elisabetha geborhen den 27. May 1762."

Hierauf noch von anderer (Peißlers?) Hand:

„1802 Geheurabet Johann Christoph Peißler ein Tuchbreider (d. i. Tuchbereiter, Tuchmacher) in Saalfeld, mit Ihm gezeiget Johann Christian Dobrobetha Eleonora. Ich Samuel und Johann Wilhelm der älteste Sohn ein Tubmacher und die 2 andern Tuchbreider ihres handwerks. Die Dohter Eleonora."

Und auf der inneren Seite des Umschlages, als Beschluß des Buches steht noch:

„1801 den 3. Sept. ist mein Herr Schwiger Vatter gestorben um ½11 Uhr zu mittag. Sein alter wart 81 Jahr 8 Monat und 3 Tage. Er ist 6. Jahr über den Trillerschen FreyTisch in Leipzig Colabor gewesen.

Johann Christoph Peißler

Eidam".

[105]) Nach den in Anm. [98] genannten Quellen. Die Angaben über die Herkunft der Sophie Marie geb. Sachs entstammen dem Bößnecker Kirchenbuche (mitgetheilt von Herrn Superintendent Fr. Thalmann zu Pößneck).

[106]) In den Saalfelder Kirchenbüchern ist nichts hierüber zu finden. Wahrscheinlich ist die Familie von Saalfeld weggezogen.

[107]) Caspar Trüller Salveldensis wurde am Lukastage (18. Oktober) 1511 zu Wittenberg immatrikulirt (Album Academiae Viteberg. ed. Förstemann, Seite 40b). Dies würde an sich noch kein Beweis dafür sein, daß Kaspar Trüller damals auch wirklich die Universität bezog, da nicht selten Immatrikulationen selbst mehrere Jahre vor dem Besuch der Universität erfolgten. In dem gegebenen Falle aber muß die Immatrikulation gleichzeitig mit dem Beginn des akademischen Studiums stattgefunden haben; denn der Landrentmeister Kaspar Tryller erzählt in seiner Genealogia Trylleriana: „Mein lieber Vater ist, wie ich in der Jugend öffter vonn Ihme selbst gehöret, tempore Lutheri neben M. Caspar Aquila etwa Pfarrern und Superintendenten zu Saalfeld gegen Wittenberg kommen, und albo etliche Jahrlang Studirt." Luther war bekanntlich im Jahre 1508 an die Hochschule zu Wittenberg berufen worden. Kaspar Aquila aber, der berühmte erste evangelische Superintendent

zu Saalfeld, wurde am 7. Februar des Jahres 1513 als Hörer der Universität zu Wittenberg immatriculirt, wie aus dem Album der Universität (Förstemann, Seite 44: Caspar
aquila Augusten. dioc. b. i. Augustensis dioecesos; Aquila war, wie auch sonst bekannt
ist, in Augsburg geboren) zu ersehen ist. Schwerlich liegt hier eine „Immatriculation im
Voraus" vor, und es ergibt sich, daß auch Kaspar Trüller um jene Zeit thatsächlich sich in
Wittenberg befand. Dann aber kann er nicht wohl nach dem Jahre 1495 geboren
worden sein.

[105]) Geneal. Triller., Seite 85, 86, 104—106. Die Angaben über den Ort, an welchem
Trüllers Wittwe starb, und an welchem sie begraben wurde, sind dem Grabaer Kirchenbuche (Altermarkt war früher nach Graba gepfarrt) entnommen.

[106]) Geneal. Triller., Seite 105.

[110]) Ebenda, Seite 106.

[111]) Justus Triller Salveldensis wurde im Sommersemester des Jahres 1558 zu Jena
immatriculirt. Am 20. Aug. 1562 stellte ihm der damalige Rektor der Universität,
Laurentius Hiel, ein empfehlendes Zeugniß über seine fünfjährigen theologischen Studien aus
(Großherzogl. Archiv zu Weimar).

[112]) Geneal. Tryller., Seite 106—108.

[113]) Ebenda, Seite 109.

[114]) Ebenda, Seite 109, 110, 122—129. Die in der Einleitung zur vorliegenden Schrift
enthaltene Selbstbiographie Trüllers entspricht dem bei Menzel, Seite 122—129, abgedruckten
Abschnitt, ist aber der Beißler'schen Handschrift der Genealogia entnommen. Ein Lebenslauf Trüllers — zu welchem aber auch die Geneal. Trylleriana als Quelle diente — findet
sich in der von Martin Autumnus, Pastor zu St. Ulrich in Sangerhausen, dem Landrentmeister am 20. März 1625 gehaltenen und zu Eisleben gedruckten Leichpredigt. Der
Verfasser derselben äußert sich dabei noch wie folgt (Blatt Fij):

„Was nun ober dieses ferner anbelangt, erstlich unsers verstorbenen Herrn Caspar
Trüllers seeligen Privat Leben, so er allhier ein Zeitlang geführet: So ist jedermann bekand,
daß er sich, wie einem solchen vornehmen ansehnlichem vnnd verlebten" [d. h. hoch-
bejahrten] Mann wolangestanden, gravitätisch gehalten, seine Reputation in acht genommen,
vnd ein Erbares Politisches Leben geführet, ohne Leichtfertigkeit oder andere Vntugenden.
Nicht zwar, daß wir allerdings hiermit ihn Canonisiren vnd Engelrein machen wollen, er
ist so wol als wir, ein Mensch gewesen, hat sich auch aus dem Sünden Register Pauli zum
Röm. am 3. Cap. nicht ausschließen können, noch wollen: Es ist hie kein Vnterschied, sie
sind allzumal Sünder, vnd mangeln des Ruhms, den sie bey GOtt haben sollen. Darumb
seynd auch allerley Mängel vnd Gebrechen mit vntergelauffen, sonderlich aber, welche das
liebe Alter mehrentheils mit sich zu bringen pfleget".

[115]) Geneal. Tryller., Seite 127, 128. Nach Büttcher, Pförtneralbum, wurde Kaspar
Trüller am 9. Juni 1583 zu Schulpforte aufgenommen.

[116]) Stiftungsurkunde Kaspar Trüllers, Seite 3 (Seite 36 der vorliegenden Schrift);
desgl. Geneal. Tryller., Seite 136.

[117]) Geneal. Tryller., Seite 128, 129.

[118]) Ebenda, Seite 136.

[119]) Aus dem Kirchenbuche zu St. Jacobi in Sangerhausen mitgetheilt von
Herrn Lehrer Clemens Menzel in Sangerhausen.

[120]) Geneal. Tryller., Seite 129.

[121]) Stiftungsurkunde Kaspar Trüllers, Seite 3 (Seite 36 dieser Schrift).

[122]) Geneal. Tryller., Seite 110.

[123]) Ebenda, Seite 120.

[124] Ebenda, Seite 121.

[125] Ebenda: „Georgius, mein dritter Bruder, ist in seiner Kindheit gestorben und zu Graba begraben worden". Nach ihm führt Kaspar Tryller nur noch seine Schwester Sibylla auf. Es steht also fest, daß dem Pfarrer Kaspar Tryller zu Graba die vier Söhne Justus, Kaspar, Michael und Georg geboren wurden. Der Stammbaum des Pastors Anton Friedrich Triller zu Nägelstedt (f. Seite 29) freilich weist nur drei Söhne des alten Kaspar Tryller auf, Michael, Kaspar und — Johann Gottfried, welch letzterer als Sohn des Grabaischen Pfarrers erfunden wurde, um den Anschluß der betreffenden Triller-familie (sie gehört zu den auf Seite 30 und 31 besprochenen osterländischen Trillern) an die Kaspar Trylleriche Familie zu ermöglichen. Schon der Vater jenes Nägelstedter Pfarrers, der Gärtner Heinrich Benjamin Triller, hatte von Zwätzen bei Jena aus, wo er damals eine Stelle inne hatte, im Jahr 1790 auf den gleichen Stammbaum hin die Kollatur erlangen wollen, damals wies ihn jedoch der Magistrat von Sangerhausen ab, weil Johann Gottfried Triller als Bruder Kaspar Tryllers nicht nachzuweisen sei. Gleichwohl erhielt der Nägelstedter Pastor im Jahre 1821 auf den gleichen Stammbaum hin die Kollatur, die er, ohne irgendwie mit der Trylleriche Familie oder mit den Köhlertrillern verwandt zu sein, bis 1853 inne hatte! (Vergl. Menzel, Kaspar Tryller und die Handhabung der Trullerstiftung, Seite 43).

[126] Geneal. Tryller., Seite 111—115, 135, 136.

[127] Ebenda, Seite 117, 118.

[128] Stiftungsurkunde, Seite 5 (Seite 37 dieses Heftes).

[129] Aus dem Kirchenbuche zu St. Ulrich in Sangerhausen mitgetheilt von Herrn Lehrer Clemens Menzel daselbst.

[130] Unter den alten Drucken aus Eisleben (von Rembe beschrieben in der Harzvereins-zeitschrift 1886, S. 366) findet sich „Epithalamia ornatissimo et doctissimo juveni Dn. Joanni Tryllero amplissimi et praestantissimi viri Dn. Michaelis Trylleri quaestoris Electoralis Sangerhusani filio sponso et lectissimae ac pudicissimae virgini Catharinae, amplissimi et integerrimi viri Dn. Wendelini Königs p. m. quondam Quaestoris in Alstedt relictae filiae Sponsae dicata ab amicis. Islebiae, MDC" (mitgetheilt von Herrn Lehrer Menzel in Sangerhausen).

[131] Geneal. Tryller., Seite 135.

[132] Nach Ausweis des Kirchenbuches zu St. Jacobi in Sangerhausen kommt dieser Heinrich Kaspar Tryller in den Jahren 1615 und 1621 zu Sangerhausen als Pathe vor (mitgetheilt von Herrn Lehrer Menzel daselbst). Der Tag des Begräbnisses steht fest durch den betreffenden Vermerk des Wolferstedter Kirchenbuches (Einsdorf pfarrt nach Wolferstedt bei Allstedt), mitgetheilt von Herrn Pfarrer Osterloh in Wolferstedt *).

[133] Er kam, nach Ausweis des Kirchenbuches zu St. Ulrich in Sangerhausen, damals als Pathe vor (mitgetheilt von Herrn Lehrer Menzel in Sangerhausen) *).

[134] Geneal. Tryller., Seite 118.

[135] Nach der Angabe des Herrn Lehrer Menzel in Sangerhausen erfolgte die Trauung am Sonntage Invocavit (1. März) 1612. Der 23. Februar wurde als Hochzeitstag in die Stammtafel aufgenommen, weil er von zwei Epithalamien, die auf die betreffende Hochzeit gedruckt wurden, angegeben wird. Es sind dies:

---

*) Die Glieder der Trullerischen Familie, auf welche sich Anm. 132 und 133 beziehen, sind in den Nachträgen zu dem Stammbaum der Triller vom Geschlechte Kaspar Tryllers am Ende der vorliegenden Schrift angeführt.

1) „Epithalamia clarissimo et consultissimo viro dn. Michael Trillero J. U. D. integerrimi et spectatissimi viri dn. Michaelis Trilleri, quaestoris quondam Sangerhusani vigilantissimi relicto filio, nuptias solemnes cum honorata et honestissima virgine Margreta Susanna, eximii et prudentissimi viri dn. Joannis Voigten quaestoris in Brücken et consulis Sangerhusani fidelissimi p. m. filia pudicissima ad diem 23. Februarii Anno 1612 celebranti. Ab Amicis consecrata. Islebii, Typis Gubisianis." 8 Bll in 4°.

2) „Thalamus excellentissimi et clarissimi viri dn. Michaelis Trilleri Sangerhusani J. U. D. et lectissimae virginis Margaritae Susannae Bogtin, viri quondam clarissimi et consultissimi Dn. Johannis Boigt, quaestoris Helmnepontani et Consulis Sangerhusani fidelissimi et meritissimi relictae filiae, XXIII. die Februarii celebratus a Civibus, Cognatis et Amicis. Anno ConIVgI DonVM. Lipsiae, Typis exscripsit Valentin Am Ende." 6 Bll in 4°.

¹³⁶) Weil am 20. Februar 1628 Dr. Michael Tryllers Weib Marie Susanne geb. Hackin als Pathin vorkommt (nach dem Kirchenbuche zu St. Ulrich in Sangerhausen mitgetheilt von Herrn Lehrer Menzel daselbst).

¹³⁷) Geneal. Tryller., Seite 119, 120.

¹³⁸) Ebenda, Seite 120. Der eingeklammerte Vermerk aus dem Kirchenbuche zu St. Ulrich in Sangerhausen mitgetheilt von Herrn Lehrer Menzel daselbst.

¹³⁹) „Fraw Magdalene, des Herrn Doctor Michael Trillers Schwester von Obhausen" kommt am 12. Juni 1645 als Pathe zu Sangerhausen vor (aus dem Kirchenbuche zu St. Ulrich mitgetheilt von Herrn Lehrer Menzel in Sangerhausen).

¹⁴⁰) Nach Mittheilungen des Herrn Lehrer Menzel in Sangerhausen. Leider fehlen die Aufgebot- und Trauregister der Kirche zu St. Ulrich aus jener Zeit.

¹⁴¹) Aus den Stolberger Kirchenbüchern mitgetheilt von Herrn Kirchner Reingardt in Stolberg am Harz.

¹⁴²) Dietmann, Priesterschaft in dem Churfürstenthum Sachsen. I. Theil, 5. Bd. (Dresden, 1763), Seite 349. Diese Angaben werden im Wesentlichen bestätigt durch das, was Joh. Andreas Triller auf die erste Seite des im Jahr 1705 neu angelegten Gatzener Kirchenbuches schrieb (mitgetheilt von Herrn Kirchschullehrer Kluge in Gatzen):

„Anno 1704 hatt der Hoch Wohlgeborne Herr, Herr Adam Ernst Senfft von Pilsach, BurgMann zu Gießen, Erbherr der Pflege Löbnitz und GroßPriestigl. Ihro Königl. Majestät in Bohlen unbt Churfürstl. Durchlaucht zu Sachßen HochAnsehnlicher Geheimbber Rath, Krafft Dero habende Juris Patronatus, mich, Johann Andreas Trillern, von Stolberg am Harz Bürtig, nachdeme ich zehen Jahr durch Gottes Gnade das Pfarr Amt in Rippicha verwaltet, legitimo modo hirher naher Gaatzen Beruffen. Wie ich dann Domin. 20 post Trinit. d. a. die gewöhnliche ProbPrebigt abgeleget, unbt der Gemeinde Vorgestellet worden, auch gleich dabey die schrifftlige Vocation empfangen, Worauff ich den 24. Abr in fürstlichem StifftsConsistorio zu Zeiz confirmirt, unbt den 24. Sonntag p. Trin. die Anzugs Prebigt gehalten, darauf Bin ich den 25. p. Trinit. Von Tit. Herrn M. Christian Gottfried Echlitio, HochVerordneten Stiffts Superintendent in Zeiz investirt unbt zu meinem Amt völlig unbt öffentlich angewiesen worden."

¹⁴³) Aus dem Gatzener Kirchenbuche mitgetheilt von Herrn Kirchschullehrer Kluge in Gatzen. Der Geburtstag Johann Andreas Trillers ergibt sich aus der Inschrift seines Leichensteines, der an der Ostseite der Gatzener Kirche steht; sie lautet, wie folgt (mitgetheilt von Herrn Kirchschullehrer Kluge in Gatzen):

„Allhier ruhet in Gott der weyl. WohlEhrwürdige Großachtbare u. Wohlgelahrte Hr. Joh. Andreas Triller, treu meritirter Pastor bey der Christl. Gemeinde allhier zu

Gaßen. Er kam ins Leben zu Stollberg am Harz d. 15. Junÿ 1672, ins Priester-Amt nach Rippicha 1694, durch göttl. beruf im Jahr 1704 nach Gaßen befördert, trat in die erste Ehe mit Jgfr. Marien geb. Wunderin Anno 1695 d. 6. Julii, zeugte mit derselben 3 Söhne u. 2 Töchter, in die andere Ehe mit Fr. Annen Catharinen verw. Kannin geb. Zschirpin Anno 1741 d. 21. Novbr., verschied seel. d. 17. Octobr. 1752 im 58. Jahr u. 2 M. seines amts und 80 Jahr 4 M. 2 Tage seines Rühmlichen lebens."

[144]) Aus dem Rippichaer Kirchenbuche mitgetheilt von Herrn Pfarrer Greiling zu Rippicha.

[145]) Aus dem Gaßener Kirchenbuche mitgetheilt von Herrn Kirchschullehrer Kluge zu Gaßen.

[146]) Aus den Salsißer Pfarrakten mitgetheilt von Herrn Pfarrer Hahn in Salsiß.

[147]) Aus den Salsißer Kirchenbüchern mitgetheilt von Herrn Pfarrer Hahn in Salsiß.

[148]) Aus den Geraer Kirchenbüchern mitgetheilt von Herrn Oberpfarrer L. Barth in Gera.

[149]) Er wurde am 2. Mai 1720 zu Leipzig immatriculirt (mitgetheilt von Herrn P. W. Ullrich in Leipzig). Vergl. auch Trillersagen I, Seite 69.

[150]) Aus den Altenburger Kirchenbüchern mitgetheilt von Herrn Stadtkirchner J. Fritzsche in Altenburg. Durch die eheliche Verbindung Christian Friedrich Trillers mit Dorothea Sophia Triller, welch letztere der Familie der Köblertriller entsprossen ist, wurde auf kurze Zeit eine theilweise Verwandtschaft zwischen den beiden Trillerfamilien hergestellt (s. Urkundlicher Stammbaum der Triller vom Geschlechte des Köblers, Seite 9).

[151]) Aus den Stolberger Kirchenbüchern mitgetheilt von Herrn Kirchner Reingardt in Stolberg. Da am 28. März 1699 eine Frau Susanna Triller zu Stolberg begraben wurde, so ist anzunehmen, daß es die Gattin Joh. Theodor Trillers war.

[152]) Aus den Torgauer Kirchenbüchern mitgetheilt von Herrn Superintendent Trümpelmann und Herrn Kirchner Schulze in Torgau.

[153]) Aus den Kirchenbüchern zu St. Martini in Halberstadt mitgetheilt von Herrn Oberküster C. Ahl daselbst.

[154]) Aus den Egelner Kirchenbüchern mitgetheilt von Herrn Superintendent Pinkernelle und neuerdings von Herrn cand. theol. G. Koch in Egeln.

[155]) Mitgetheilt von Frau Auguste Tryller, Wittwe des Lehrers Karl Wilhelm Christian Tryller, jetzt in Halberstadt, und ihrem Sohne Heinrich Tryller.

[156]) Aus den Gröninger Kirchenbüchern mitgetheilt von Herrn Superintendent Grabe in Gröningen.

[157]) Aus den Domkirchenbüchern zu Halberstadt mitgetheilt von Herrn Domküster Teitge daselbst.

[157a]) Aus den Akten des Königl. Heroldsamtes zu Berlin mitgetheilt von dem (inzwischen verstorbenen) Mitglied des Heroldsamtes und Ceremonienmeister J. Graf von Oeynhausen in Berlin. An der Änderung des Namens Tryller in Triller war — einer Mittheilung des Herrn Julius v. Tryller in Clötze zufolge — die Abfassung des betreffenden, vom königl. Heroldsamt in Berlin ausgestellten Adelsdiplomes schuld, in welchem der Name des Ahnherren Michael Tryller sich mit i geschrieben fand, eine Schreibweise, die auf falsche Voraussetzungen sich gründet und darum aufgegeben werden sollte.

[158]) Aus den Kirchenbüchern zu St. Moritz in Halberstadt im Jahre 1882 mitgetheilt von Herrn Oberküster Ohening daselbst.

¹⁵⁸) Aus den Kirchenbüchern der St. Johannisgemeinde zu Halberstadt im Jahre 1882 mitgetheilt von Herrn Oberküster Hanff und neuerdings (1889) von Herrn Oberküster Blume daselbst.

¹⁵⁹) Aus den Kirchenbüchern zu St. Moritz in Halberstadt im Jahre 1888 mitgetheilt von Herrn Oberküster Münchhoff daselbst.

¹⁶⁰) Aus den Clötzer Kirchenbüchern mitgetheilt von Herrn Pastor Dietz in Clötze, sowie nach Mittheilungen des Herrn Julius von Tryller in Clötze selbst.

¹⁶¹) Mitgetheilt von Herrn Oberprediger Müller in Calbitz a. d. Milde.

¹⁶²) Aus den Beetzendorfer Kirchenbüchern mitgetheilt von Herrn Superintendent Büchsel in Beetzendorf.

¹⁶²ᵃ) Nach persönlichen Erkundigungen mitgetheilt von Herrn Superintendent Büchsel in Beetzendorf.

¹⁶³) Mitgetheilt von Herrn Oberpfarrer Dr. Crusius in Oschersleben.

¹⁶⁴) Mitgetheilt von Herrn Probst Bode, einem Verwandten der Frau Tryller geb. Backhaus, in Erfurt.

¹⁶⁴ᵃ) Mitgetheilt vom Herrn Pfarrverweser Mönig in Magdeburg, welcher ausdrücklich angab, daß Friedr. Wilh. Tryller bei seiner Verehelichung noch evangelisch gewesen sei.

¹⁶⁵) Aus dem Kirchenbuche der katholischen Gemeinde zu Althaldensleben (Kreis Neuhaldensleben) mitgetheilt von Herrn Pfarrer Köster daselbst.

¹⁶⁶) Johann Friedrich Tryllers Gattin wird nach Ausweis der Register zu St. Martini bei der Geburt ihrer Tochter Johanne Friederike Auguste (1811, 26. Januar) Johanne Helene geb. Erdmann genannt, und ebenso wird in den Kirchenbüchern der Domgemeinde Johanne Tryller geb. Erdmann, Wittwe des Postpackmeisters Friedrich Tryller, als am 9. Januar 1838 verstorben angeführt, bei welcher Gelegenheit der Name Erdmann aber erst an Stelle des durchstrichenen Namens „Marckwardt" gesetzt wurde. Dieser letzte Name wird der Mutter der von 1815 bis 1824 geborenen Kinder Johann Friedrich Tryllers stets beigelegt: Johanne Helene geb. Marquardt. Offenbar handelt es sich hier um ein und dieselbe Person, nicht etwa zwei verschiedene Frauen, und möglicherweise besaß Tryllers Gattin zwei Familiennamen.

¹⁶⁷) Ähnliche Unsicherheit wie hinsichtlich der Gattin Joh. Friedrich Tryllers herrscht in Betreff ihres muthmaßlich ältesten Sohnes. Das Kirchenbuch der St. Martinigemeinde nennt ihn bei dem Todesvermerk vom 21. April 1850 Johann Friedrich Tryller, bei dem Trauvermerk seiner Tochter Dorothea Friederike Johanne vom 24. Juni 1866 aber Georg Friedrich Tryller, und so heißt er auch bei den seine Kinder betreffenden Taufvermerken in den Domkirchenbüchern, sodaß man annehmen muß, daß der Name Johann auf einem Irrthum beruhe.

¹⁶⁷ᵃ) Aus dem Kirchenbuche zu St. Petri in Nordhausen von Herrn Pfarrer Schalle daselbst.

¹⁶⁸) Aus den Kirchenbüchern der reformirten Hofkirchengemeinde zu Halberstadt mitgetheilt von Herrn Oberküster Löthe daselbst.

¹⁶⁹) Gottlieb Wilhelm heißt dieser Tryller nach dem betreffenden Tauf- und Trauvermerk des St. Martinikirchenbuches. In den Domkirchenbüchern kommt er irrthümlich auch als Gottfried Wilhelm Tryller vor.

¹⁷¹) Aus den Kirchenbüchern der katholischen Kirche zu St. Katharinen in Halberstadt mitgetheilt von Herrn Pfarrer Wbite daselbst.

¹⁷²) Aus den Garbelegener Kirchenbüchern mitgetheilt von Herrn Oberprediger Kallenbach in Garbelegen.

¹⁷²) Aus den Offlebener Kirchenbüchern mitgetheilt von Herrn Pastor Moldenhauer in Offleben, an welchen sich der Verfasser der vorliegenden Schrift wandte, als im
Jahre 1881 durch die Zeitungen die Nachricht lief, daß der „letzte Triller" aus dem
Geschlechte des Köhlers zu Offleben gestorben sei. Das Kirchenbuch weist aus, daß „Carl
Friedrich von Triller, Bergarbeiter-Invalide", 71 Jahre alt, gebürtig aus Halberstadt, am
15. April 1880 zu Offleben gestorben sei. Es ist dies unzweifelhaft der ehemalige Halber-
städter Bürger und Bäcker. Leider konnte Herr Pastor Moldenhauer nur noch ermitteln,
daß eine Tochter dieses Triller an einen Arbeiter namens Bormann verheirathet sei;
die Anverwandten des bewußten Triller waren zur Zeit, als um Nachricht über diese
Familie gebeten wurde, von Offleben bereits verzogen.

¹⁷⁴) Die Zahl der Kinder erster und zweiter Ehe läßt sich nicht genau feststellen. Nach
dem Sterbevermerk im Kirchenbuche der St. Moritzgemeinde zu Halberstadt vom 14. Juni
1850 starb der Schuhmacher Ludwig Tryller unter Hinterlassung der Ehefrau und fünf
minderjähriger Kinder, unter denen sich zwei Söhne befanden. Nach den über
diese Familie vorliegenden Nachrichten ließen sich bisher nur die auf Tafel XII. verzeichneten
Kinder ermitteln, d. h. nur zwei, welche den Vater überlebten. Es fehlen demnach in der
Reihe derselben mindestens drei Kinder, die sämtlich vor dem Jahre 1850 geboren
waren. Da außerdem noch Kinder vorhanden gewesen sein können, welche bei dem Tode
des Vaters nicht mehr lebten, so kann nicht einmal mit Bestimmtheit angegeben werden,
das wievielte Kind die am 18. April 1850 geborne Marie Sophie Auguste war.

¹⁷⁵) Mitgetheilt von Herrn August von Tryller (Triller) in Essen a. d. Ruhr.

Nachträge

zu dem

urkundlichen Stammbaum der Tryller vom Geschlechte Kaspar Tryllers.

Tafel II, in der Mittelquerreihe links, lies Michael Tryller⁴⁶ᵃ) statt Michael
Tryller³⁵).

Tafel III, zweite Querreihe im Abschnitt 4 (Kaspar Ernst Triller), ist auf Zeile 6 von
unten zu lesen ⁴⁶) statt ⁴⁴).

Desgl., vierte Querreihe, im Abschnitt 1. (Kaspar Christian Hinrich Triller) ist
auf Zeile 4 von oben hinter die Rechte das Anmerkungszeichen ⁷⁶) zu setzen.

Tafel V, zweite Querreihe vorn, ist hinter 1. Martha das Anmerkungszeichen ¹⁰¹) zu
setzen.

Tafel VII sind unter die zweite Querreihe als Kinder Johannes Tryllers Folgende
zu setzen:

*Heinrich Kaspar Tryller,	*Michael	*GeorgHeinrich
wahrscheinlich geboren 1601, zog nach	Tryller,	Tryller,
Einsdorf bei Alstedt und starb daselbst	lebte noch 1622 ¹³⁴).	lebte noch 1618 ¹³⁵).
(begraben den 30. December) 1660 ¹³³).		

Nachträge

zu dem

urkundlichen Stammbaum der Familie Triller vom Geschlechte des Köhlers.

(Meiningen, 1887.)

· Tafel III (Seite 9) ist in der zweiten Querreihe am Ende zu lesen ¹⁹) ⁿ ⁴⁶) statt ¹⁹) ⁿ ³⁴).

Tafel V (Seite 12) ist in der zweiten Querreihe bei 1. Charlotte Wilhelmine,
Zeile 3, statt angeblich zu lesen am 29. Mai 1764, und Zeile 5 statt ⁵⁷) das
Anmerkungszeichen ⁴⁴) zu setzen.

Ebenda ist in der dritten Querreihe bei 2. Karl Daniel Wilhelm Triller, Zeile 5,
statt (1724) zu lesen (1824).

Ebenda, vierte Querreihe, sind vor 1. Antonie Rosalie folgende Vermerke zu setzen:

<table>
<tr><td>1. Henriette Wilhelmine,
geb. zu Niemitzsch am 12. Januar 1819, gest. am 4. Febr. darauf [*]).</td><td>2. Karl Wilhelm,
geb. zu Niemitzsch am 20. Juli 1821, gestorben am 27. Juli darauf [*]).</td></tr>
</table>

Die vor Antonie Rosalie, Henriette Pauline und Auguste Wilhelmine stehenden Ziffern 1. 2. 3. sind in 3. 4. 5. umzuändern.

Im Abschnitt Antonie Rosalie ist statt wahrscheinlich zu lesen am 12. April 1823, und hinter in Niemitzsch ist das Anmerkungszeichen [*]) zu setzen.

Tafel VI (Seite 14), zweite Querreihe, ist nach Friedrich Wilhelm geb. am 16. December 1754 zu Großenhain [*]) fortzufahren: wurde Buchbinder und Bürger zu Rawitsch, wo er als Oberältester der Schenk- und Bielbandwerker am 28. September 1828 starb. Verheiratet war er seit 7. Januar 1782 mit Susanne Theodore Trenkler, vermutlich aus Rawitsch, welche am 17. November 1825 starb [*]).

<table>
<tr><td>1. Friedrich Wilhelm,
geb. zu Rawitsch den 14. Juni 1785, starb daselbst am 5. October 1787 [*]).</td><td>2. Samuel Friedrich,
geb. zu Rawitsch den 25. Juli 1788, starb daselbst am 9. Januar 1798 in Folge eines Falles auf dem Eise [*]).</td></tr>
</table>

Ebenda (Seite 15 unten) lies Robert Edmund Kuntze statt Robert Edmund Kunze.

Seite 18 sind die Anmerkungen 14 und 15 umzustellen, so daß 14 zu 15 und 15 zu 14 wird.

Ebenda ist in Anmerk. [*]) zu lesen Meyer statt Heyer.

Seite 20 ist zwischen [*]) und [*]) einzuschalten:

[*]) Aus dem Wittenberger Kirchenbuche mitgetheilt von Herrn Custos Kübnau in Wittenberg.

Ebenda ist in Anm. [*]) zu lesen Kuntze statt Kunze; ferner ist nach Anm. [*]) noch Folgendes anzureihen:

[*]) Aus dem Niemitzscher Kirchenbuche mitgetheilt von Herrn Oberpfarrer Voldt zu Niemitzsch.

[*]) Aus dem Rawitscher Kirchenbuche mitgetheilt von Herrn Superintendent Kaiser daselbst, nachdem Herr Robert Kuntze zu Dablen auf diese ihm noch bekannte Verwandtschaft aufmerksam gemacht hatte. Im Register der Verstorbenen ist übrigens die am 17. November 1825 verstorbene Gattin Friedrich Wilhelm Trillers Susanna Dorothea statt Susanna Theodora genannt.

———→◆←———

Druck der Keyßner'schen Hofbuchdruckerei in Meiningen.

Tafel I.

Peter Tryller,

Bürger zu Torgau[1]), verheirathet mit Anna, der Mutter Nicolaus[2]) und wahrscheinlich auch Justus Tryllers. Beide waren vor 1526 bereits gestorben[3]).

Justus Tryller (Troller, Trüller), Bürger zu Saalfeld um 1500[4]).	Nicolaus Tryller (Trüller, Drüller), geboren zu Torgau[5]), war um 1523 Rector der Knabenschule zu Wittenberg, hernach zu Torgau[6]).

Simon Tryller (Troller), geb. zu Saalfeld angeblich im Jahr 1496, f. Tafel II.	Kaspar Tryller (Trüller), geb. zu Saalfeld angeblich 1497, f. Tafel VI.	

Johannes Tryller (Trüller, Dröller, Triller), geb. wahrscheinlich zu Wittenberg, besuchte die Schule zu Torgau, von 1543 an die Universität Wittenberg, wo er Johannes Bugenhagens (Dr. Pomeranus) Kinder unterrichtete, 1546 zum Baccalaureus und 1549 zum Magister promovirte; 1552 wurde er Pfarrer zu Neuendorf in der Mark (wahrscheinlich Neuendorf im Kreise Belzig), 1555 aber setzte er zu Jena seine Studien fort; 1556 wurde er Pfarrer zu Lauenstein in Sachsen, 1559 Pfarrer zu Alt-Dresden, 1565 kurfürstlicher Hofprediger zu Dresden, als welcher er am 9. Decbr. 1578 daselbst das Bürgerrecht erwarb. Er starb am 20. October 1584. Verheirathet war er mit Katharina Hartmann, einer Bürgerstochter aus Dresden, welche 1599 daselbst gestorben sein soll[7]).

1. Katharina, geb. 1562 (getauft den 13. Juli) in Dresden[8]), verheirathete sich an Hans Müller, einen Handelsmann und Rathsverwandten zu Dresden[9]).	2. Johannes, starb jung[10]).	3. Magdalena, verheirathete sich an Samuel Wapner, kurfürstlich sächsischen Secretarius des voigtländischen Kreises[11]).	4. Johannes Tryller (Troller, Dröller), besuchte vom 26. Januar 1586 bis 1589 die Fürstenschule zu Meißen[12]), studierte zu Leipzig, wurde daselbst Magister und 1593 Konrector zu Pirna[13], 1594 Diakonus in Dohna[14]), 1596 Pfarrer zu Dittersbach bei Stolpen in Sachsen[15]), 1606 zu Kindelbrück bei Weißensee, wo er am 4. September 1611 starb[16]). Verheirathet war er seit 5. November 1593 mit Magdalena, Kaspar Zimlers (Zundler?) Rathsverwandten zu Pirna, Tochter[17]). Von Kindern dieser Ehe sind nur bekannt:	5. Daniel Tryller, kam 1589 auf die Fürstenschule zu Meißen[19]) und wurde später Pfarrer zu Jedenspeigen in Österreich unter der Enns[20]).

1. Johannes, geb. den 21. October 1594 zu Pirna[18]).	2. Magdalena, geb. den 20. Mai 1596 zu Pirna[19]).

1. Michael Tryll	8. Ursula,	9. Balthasar,
wurde Rothgerber und Bür...	starb jung *).	starb jung *).
...eld und starb am 8. Septe...		
Verheirathet war er 1) mit		
...hans Bock s zu Saalfeld, we...		
...arb; 2) mit einer Tochter		
...eisters Schreck zu Rudolst...		
...621 starb (begraben den 1. A...		
...8. Sept. 1621 mit Frau A...		
...es Bürgers und Kärners		
...heil zu Saalfeld		

1. Sebastian,	2. ...
eb. 1597, starb als	gebo...
Schüler der Saalfelder	jung...
Lateinschule am	weil...
3. März 1617 **).	Soh...
	g...

Kin...

. Johann	2. Anna	12.	13.	14. Eine
Erasmus,	Katharin...	Heinrich	Dorothea	unge-
...b. 1633 (ge-	(geb. zu En...	Nicolaus	Barbara,	taufte
...uft am 19. Dec.	b. Jahres 16...	Triller,	geb. 1656 (ge-	Tochter,
mb.) zu Saal-	in Eichicht	...b. 1654 (ge-	tauft d. 8. Fe-	geboren am
...lb **), starb	verheirathet	...ast b. 7. Mai),	bruar)***), ver-	13. Juli
...egraben den	sich mit J.	wurde Schnei...	heirathete sich	1657 **).
...Juli) 1651	Siegfried	...und ver-	mit Heinrich	
...s Schüler der	einem Maler ...	...rathete sich	Dietzel in	
...teinschule zu	Rudolstadt **)	...April 1681	Caulsdorf **).	
Saalfeld **).		...t Elisabeth		
		Nüllerin		
		...n Unterwel-		
		...born, welche		
		...08 starb (be-		
		graben den		
		1. Oct.) ***).		

...lena	2. Martha	3. Johann
...a,	Elisabeth,	Adam,
...b bereits	geb. 1684.	geb. 1686.
...m 25. Fe-		
...).		

Rippicha bei
1719 bis zu
, welche am
ag. Johann

1. *Je[...]er,	4. *Ernſt August Triller,	5. *Sophia Maria,
geb. (ge[...]1720 zu Leipzig 1697 zu fürſtl. ſächſiſcher zwei Tage [...]ſächſiſcher Kom- [...]n 27. October). [...]hea Sophia, tin Triller zu r) ſtarb [150]).	geb. den 31. Juli 1706 zu Gaßen, ſtarb un- verheirathet am 12. September 1745 zu Gaßen [146]).	geb. den 26. Mai 1708 zu Gaßen [146]), ſtarb un- verheirathet am 4. Jan. 1762 bei ihrem Bruder Johann Chriſtian im Pfarrhauſe zu Salſiß [147]).

1. *Jo- hanna Chriſtia- na,	2. *Johann, Fried- rich,	5. *Wilhelm Auguſt,	6. *Jo- hann Gottlob,	7. *Auguſt Leberecht,	8. *Johanna Eleonora,
geb. den 13. Mai 1740 zu Salſiß, ſtarb daſelbſt am 11. December 1755 [147]).	[...]uft [...]ai) [...]m [...]ec- 8. geb. d. 20. Auguſt 1741 [147]).	geb. (getauft am 2. Auguſt) 1734 zu Alten- burg, ſtarb (be- graben den 9. Oct.) 1736 [150]).	geboren (getauft am 24. Juni) 1736 zu Al- tenburg, ſtarb (be- graben den 16. Nov.) in demſelben Jahre [150]).	geb. am 4. Dec. 1737 zu Alten- burg, ſtarb (be- graben den 23. Dec.) 1742 [150]).	geb. d. 12. Aug. 1739 zu Alten- burg, ſtarb (be- graben am 14. Auguſt) im ſelbigen Mo- nat [150]).

Aus erſter E[...]
1. *Johanne Em[...]
geb. den 28. Juni 181[...]
Gera, ſtarb daſelbſt de[...]
Juli 1819 [144]).

Die Münzen
auf Meininger Privatpersonen.

Mit vier Tafeln Abbildungen

und einem

Inhaltsverzeichniß.

Von

Otto F. Müller,

Amtsgerichtsrath in Saalfeld.

Meiningen.
Verein für Meiningische Geschichte und Landeskunde.
1890.

In den älteren Jahrgängen des Meininger Tageblattes war eine ständige Spalte den „Meiningern im Ausland" geöffnet, und wo in der Welt ein Landsmann sich in irgend einer Form auszeichnete, berichtete solches der Tageblattschreiber seinen Lesern. Mitunter wurden seine Mittheilungen belächelt, denn er trug das Lob oft dick auf, und manchmal wurden auch recht bescheidene Verdienste gefeiert, im Allgemeinen aber wurde die gute Absicht gerne anerkannt und in den Kreisen der betheiligten Personen freute man sich doch über die liebenswürdige Aufmerksamkeit.

Meine Aufgabe ist leichter und weiter: ich brauche nicht erst die Verdienste ausdrücklich vorzuführen und aufzuzählen, da sie schon in ehernen Denkmalen klar vor Aller Augen liegen und es nur gilt, diese Denkmale zu sammeln und zu einem abgeschlossenen Bild zu vereinigen, und dann beschränke ich mich nicht auf die jetzt lebenden Landsleute, sondern dehne meine Abhandlung aus auf alle diejenigen, welche früher innerhalb der Grenzen unseres jetzigen Staates gelebt oder Beziehungen zu den gegenwärtigen Bestandtheilen unseres Herzogthums gehabt haben, und bespreche alle Prägungen, soweit die durch sie ausgezeichneten Personen im Lande gewirkt oder daselbst geboren, dann aber verzogen sind oder nur vorübergehend sich aufgehalten, oder nur durch ihren Namen für uns Interesse haben. Dagegen beschäftige ich mich nicht mit denjenigen, welche Münzen oder Marken an Geldes Statt ausgegeben haben, so verlockend es auch sonst sein möchte, die Mylins in Friedrichsthal, die Greiner in Limbach, Rauenstein und Veilsdorf, Conta & Böhme in Pößneck, Commerzienrath Oertel auf den Schmiedebacher Schieferbrüchen bei Lehesten und die schönen Sonneberger Folgen zu betrachten. Bei der dem Umfang unseres Staates entsprechenden Einwohnerzahl ist es erklärlich, daß nicht viele Persönlichkeiten vorzuführen sein werden, trotzdem ist es aber geradezu auffällig, daß die Reihe derer, die im Herzogthum ausgezeichnet worden sind, so kurz ist, denn auch bei uns gab und gibt es hervorragende Männer, welche ebensogut wie in Weimar Christoph Gottlob von Voigt, von Fritsch und von Watzdorf, Meyer und Hummel, wie in Gotha-Altenburg Feustking, Waitz, Nitsch,

1*

Tenzel und Wermuth, von Gotter, von Lindenau, von Franckenberg, von Trützschler, Löber und Jacobs auf Denk- oder Schaumünzen hätten gefeiert werden können. Allein es geht in dieser Hinsicht uns wie den einstmaligen Herzogthümern Hildburghausen und Coburg-Saalfeld, wir hatten nicht die schaffenden Künstler, wie sie Weimar in dem Professor Facius und seiner Tochter Angelika Facius, wie sie Gotha in dem berühmten Christian Wermuth, den beiden Koch, Th. Stockmar und dem noch rüstig schaffenden Helfricht und Altenburg in C. F. Haseroth aufzuweisen haben, und so fehlte die Anregung, welche aus derartigen Kunstwerkstätten so zu sagen herauswächst.[1]) Abgesehen von unserem Vereinsmitglied, dem Herrn Bildhauer Robert Diez aus Pößneck, welcher 1881 zu der großen braunschweigischen Jubiläumsmedaille die Stempel entworfen — vergl. Blätter für Münzfreunde, 1885, Spalte 1121 — wird nur ein bedeutender Stempelschneider unserem Herzogthum zugewiesen, und auch von dem

---

[1]) Zur Zeit sind mir außer dem noch zu erwähnenden Rentmeister F r i e d e r a u nur drei Münzen auf Coburger Privatpersonen bekannt: bei der 50jährigen Amtsjubelfeier des Consistorialrathes und Generalsuperintendenten E r d m a n n R u d o l f F i s c h e r in Coburg, welcher 1713 einige Monate lang in Hildburghausen im Hause des Oberjägermeisters von Rimptsch als Hauslehrer gelebt hat, verehrte ihm 1767 sein Landesherr Ernst Friedrich von S. Coburg-Saalfeld eine vom Stempelschneider Johann Veit Riesing in Würzburg gefertigte, in Gold und Silber abgeschlagene Denkmünze, welche in der über diese Feier vom Jubilar selbst verfaßten Schrift abgebildet und beschrieben, auch in Gruner, historisch-statistische Beschreibung von Coburg, S. 122 behandelt und im Verzeichniß der von dem Herrn Rath Geldner in Meiningen hinterlassenen Sammlung unter Nr. 1379 aufgeführt ist. Ein silberner Abschlag im Durchmesser von 42 mm und von 21 Gramm Schwere liegt in meiner Sammlung, das Stück stellt auf der Hauptseite das Brustbild des Jubilars von rechts im geistlichen Gewand vor, darüber die durch den argen Stempelfehler entstellte Umschrift ERDM· RUDOLPH· FISCHERUS DHEOLOG· COBURG· und darunter in vier Zeilen NAT· A· C· MDCLXXXVII· D· XXVIII· NOV· | MUN· SACR· PRIM· INITIAT· | A· C· MDCCXVII· | D· XXII· IUL·, der Name des Stempelschneiders steht im Armabschnitt. Auf der Rückseite liest man in einem von Verzierungen gebildeten Kranz die 12zeilige Widmung: VENERABILI SENI | BENE ADHUC MERENTI MUNERIS SACRI L· ANNOR· | LABORES FELICITER | EXANTLATOS GRATULATUS | PLACIDANQ· SENECTUTEM | ADPRECATUS | H· M· L· M· F· I· (hoc monumentum libens merito fieri jussit) | ERNESTUS FRIDERICUS | DUX SAXO COBURG | A· C· MDCCLXVII· | D· XXII· IUL· Dem damals in Coburg als Wirklicher Geheime Rath und Minister a. D. lebenden Dichter M o r i t z A u g u s t von T h ü m m e l, dem Verfasser der „Wilhelmine oder der vermählte Pedant", ließ 1783 die Kaiserin Katharina II. von Rußland eine goldene, von Gruner a. a. O. S. 318 beschriebene Denkmünze überreichen, welche die Bilder des Zaren Peter des Großen sowie der genannten Kaiserin und die Widmung „à l'auteur de Wilhelmine" zeigt und vermuthlich von Carl von Leberecht geschnitten ist; in neuester Zeit ist aus der wohlbekannten Lauerschen Prägeanstalt in Nürnberg eine Denkmünze auf den Germanisten und Direktor des Germanischen Museums in Nürnberg Dr. theol. & phil. G e o r g K a r l F r o m m a n n hervorgegangen, welcher am 31. Dezember 1814 in Coburg geboren und am 6. Januar 1887 in Nürnberg gestorben ist.

ist es sehr ungewiß, ob er wirklich ein Meininger war: der am 30. September 1827
in Petersburg gestorbene kaiserlich russische Etatsrath und Ritter Karl von
Leberecht, als Stahl- und Steinschneider hochgeschätzt und viel beschäftigt, soll
nach den einschlagenden Kunstschriftstellern 1749 in Meiningen geboren worden
sein. Es hat indessen meinen Freunden und mir noch nicht gelingen wollen,
die Richtigkeit dieser Annahme nachzuweisen, und so weiß ich nicht, ob wirklich
Leberecht als „Meininger im Ausland" zu begrüßen ist.

Neben diesen beiden ist dann noch, wenn auch nicht als ausübender Künstler, so doch als anregender kunstverständiger Geschäftsmann der Zinngießer
Friedrich Stammer in Hildburghausen zu nennen, welcher im ersten Viertel
unseres Jahrhunderts durch Veranstaltung mehrerer Denk- und Schaumünzen
sich verdient gemacht hat. So hat er auf die Feldherrn in den Freiheitskriegen, die Fürsten Blücher und Schwarzenberg, die in Wellenheims Catalog II
Nr. 13273 und im dritten Heft der von der numismatischen Gesellschaft in Dresden
herausgegebenen Abhandlungen „Aus Dresdener Sammlungen" (Dresden
1883) S. 55—56 beschriebene, 38 mm messende, zinnerne Denkmünze ausgegeben, welche vom Medailleur Pfeuffer in Suhl geschnitten worden ist und
u. a. in der Erbstein'schen Sammlung in Dresden liegt.[1] Zum Wiener Con-
greß gab Stammer 1814 eine 76 mm haltende, in Zinn abgeschlagene „Sieges-
und Friedensmünze" aus, deren Entwurf von dem berühmten Gymnasialdirektor
Dr. Sickler in Hildburghausen herrührte, das Stück wird in dem Verzeichniß
der Ampach'schen Sammlung unter Nr. 11764 als preußische, im Wellenheim-
schen Catalog als österreichische Medaille aufgeführt, es ist nicht selten, aber
erst in dem erwähnten Heft der Dresdener numismatischen Gesellschaft genau
bestimmt worden unter Hervorhebung der Sickler'schen Urheberschaft.[2] Daß
Stammer auch zum fünfzigjährigen Regierungsjubiläum des Königs von
Sachsen 1818 eine Denkmünze veranstaltet hat, habe ich in meiner Arbeit über
die Münze zu Hildburghausen in den bereits oben genannten Blättern für
Münzfreunde, Jahrgang 1888, Spalte 1439 bemerkt.

---

[1] In anderer, aber auch künstlerischer Weise gab 1814 der durch seine vortrefflichen
Elfenbeinschnitzereien bekannte Leberecht Wilhelm Schulz in Meiningen, nachmals Professor
und Mitglied der Akademie der Künste in Berlin, seiner Verehrung und Begeisterung für
die Helden der Freiheitskriege Ausdruck: er überreichte den Fürsten Blücher und Wellington
prächtige Tabakspfeifen, welche freundlich angenommen wurden, vergl. Meininger Chronik,
Jahrgang 1814 und 1832.
[2] Welches Interesse für die Münzwissenschaft Sickler hatte, beweisen auch seine Werke:
„Handbuch der alten Geographie für Gymnasien und zum Selbstunterrichte, mit steter Rücksicht
auf die numismatische Geographie", Göttingen 1824, und die beiden Hildburghäuser
Gymnasialprogramme 1825 und 1832 „de typis homonymis in nummis veterum".

Was nun die diesem Heft beigegebenen Abbildungen anlangt, so sind die Tafeln I bis III in der Lichtdruckanstalt von E. Jaffé & A. Albert in Wien hergestellt worden und betreffen nur die Familie Bachoven von Echt, über deren Münzen ich unter Beigabe dieser Abbildungen im XXI. Band der numismatischen Zeitschrift in Wien 1889 eine Abhandlung habe erscheinen lassen. Die Tafel IV hat die Firma Schlick & Schmidt in Saalfeld geliefert, es ist die erste derartige Arbeit, welche in unserem Herzogthum angefertigt worden ist, und dürfen wir mit diesem Versuch wohl zufrieden sein. Die Nummern 1 bis 12 sind nach Gypsabgüssen, die Nummern 13 bis 16 nach den in meiner Sammlung befindlichen Münzen auf photographischem Weg hergestellt worden, und geben sie alle die Originale genau und in ihrer natürlichen Größe wieder, etwa bei einzelnen Prägungen zu rügende Unebenheiten und Unregelmäßigkeiten fallen also nicht dem Lichtdrucker zur Last.

Die ältesten mir bekannt gewordenen Münzen auf Privatpersonen, welche ich nach meiner Ausführung als Meininger anspreche, sind aus der alten ehrwürdigen Münz- und Bergstadt Saalfeld hervorgegangen: es sind die meistens in Kupfer, selten in Silber ausgeprägten Schaupfennige, welche die zu Ende des 16. und Anfang des 17. Jahrhunderts angestellten Münz- und Kammermeister dieser Stadt zum Andenken an ihre Amtsthätigkeit ausgegeben haben. Ich darf mir das Verdienst zusprechen, diese Saalfelder entdeckt zu haben; man kannte ja wohl die meisten derselben, konnte sie aber nicht bestimmen und habe ich zuerst in dem in Hannover erscheinenden numismatisch-sphragistischen Anzeiger, 1878, Nr. 5 und dann in den Blättern für Münzfreunde in einer Abhandlung über die Saalfelder Münze und ihre Meister 1884 die Geschichte dieser Schaupfennige entwickelt, welche in Neumanns Werk über die bekanntesten Kupfermünzen einzeln beschrieben sind.

Aus der stattlichen Reihe von Münz- und Kammermeistern, welche nach der Erhebung Saalfelds zur vierten Münzstätte des obersächsischen Kreises an derselben wirkten, sind es die fürstlichen Zehntner, Einnehmer und Ausgeber Hans Egersdorfer, und der Bürgermeister und Zehntner Georg Pfaler, später dann der Münzmeister Gregor Bechstädt und die Zehntner Jakob Nebelthau und Asmus Barthel, die uns diese Schaupfennige überliefert haben. Ihnen schließen sich an Florian Gruber, welcher von 1585 bis 1597 hier Münzmeister, dann im gleichen Amt in Erfurt war und bei Erbauung der dortigen neuen Münze einen in Leitzmanns numismatischer Zeitung, 1849, Seite 160 und in Neumann Nr. 37202 beschriebenen Pfennig schlug, und Johann Jakob, ein Sohn des Gerbers Hans Jakob in Saalfeld, welcher 1612 bis 1618 hier, dann in anderen Städten und zuletzt in Dresden Münzmeister gewesen ist, dort die in Neumann Nr. 32701 behandelte Marke ausgegeben hat, sein Bürgerrecht in Saalfeld aber beibehielt und zum Weihnachtsfest 1621 in An-

betracht der großen Theuerung den hiesigen Geistlichen, Lehrern und Kirchen-
dienern eine bedeutende Unterstützung zukommen ließ.

Die Familie Egersdorfers wird von 1561 bis 1591 hier genannt;
er selbst war mit Lucretia gebornen oder verwittweten Kapplan verheirathet und
ist am 3. Juli 1580 hier als fürstlich sächsischer Zehntner und Münzverwalter
gestorben; im Wappen führte er eine Egge und die Buchstaben HE—ZEH
(Hans Egersdorfer Zehntner), die vortrefflich erhaltenen Grabsteine der beiden
Ehegatten sind in der Mauer des alten Gottesackers rechts vom Eingang eingesetzt. Auf seinen vielen Schaupfennigen ließ er die Sprüche „Schweig und leid,
es kommt die Zeit, daß Schweigen macht Leiden queit" und „Infoelix fortuna
caret aemulis, excitat invidiam virtus" anbringen und damit auf die Beschwerden
anspielen, welche man, allerdings unbegründeter Weise, gegen ihn erhoben hatte.

Mit Egersdorfer zusammen saß der Zehntner und Bürgermeister Georg
Pfaler in der Commission, welche der fürstliche Kammerrath Dr. Lucas
Thangel in Weimar auf Befehl des Kurfürsten August von Sachsen, des
Obervormundes der minderjährigen Landesherren, zur Hebung des Bergwerks
und zur Abstellung der in der Münze eingeschlichenen Mißstände gebildet hatte.
Pfaler entstammte einer in Eichstädt angesessenen Familie; dem von dort aus
zu Anfang des 16. Jahrhunderts hierher eingewanderten Zweig derselben
verlieh Kaiser Karl V. mit Wappenbrief d. d. Brüssel, den 8. Juli 1531 als
neues Wappen ein rothes Herz mit silbernem Kreuz besteckt in goldenem Feld,
und dieses Wappen führte Pfaler auf seinen Schaupfennigen und daneben die
Buchstaben GPZ. Wie sein 1540 gestorbener Vater gleichen Namens ein
wohlhabender, angesehener Mann gewesen war und durch Gründung der
ersten Apotheke in Saalfeld sich ein bedeutendes Verdienst erworben, so
sind auch unser Pfaler, welcher nach der von Herrn Amtsgerichtsrath Trinks
im 3. Heft unserer Vereinsschriften veröffentlichten Abhandlung über Saalfelder
Stiftungen in der Blankenburger Straße in der Nähe der Richard Knoch'schen
Nähmaschinenfabrik gewohnt hat und Ausgangs der 1570er Jahre hier gestorben ist, und dessen Kinder begütert gewesen: Seine Tochter wurde die
Mutter des Saalfelder Geschichtsschreibers Sylvester Liebe, von den Söhnen
war der dritte, Johannes, von 1581 bis 1616 hier Münzer, der vierte, Jakob,
war Münzmeister der Stadt Marsberg, dann in Nordheim, Paderborn, Det-
mold und Corvey, erlangte schließlich die Würde eines Generalmünzmeisters
von Kur-Cöln und führte als Zeichen das von einem Zainhaken durchstochene
Herz mit einem Kreuz darüber. Ein weiterer Sohn, Michael Pfaler, war Berg-
meister in Wernigerode, dann Aurichter auf der herrschaftlichen Saigerhütte
in Eisfeld und starb hier in Saalfeld 1620 als „fürnehmer Bürger". Ein
Sohn des Johannes Pfaler, Ernst, wurde brandenburgischer Wardein in Halle
und Quedlinburg, von einem 1673 bis 1678 in Oels amtirenden Münzmeister

Samuel Pfaler berichtet Schlickeyſen, Erklärung der Abkürzungen auf Münzen ꝛc., und von einem Chriſtian Pfaler, welcher ebenfalls das obenbeſchriebene Wappen führte, 1668 bis 1672 Holſtein-Gottorpiſcher Münzmeiſter in Schleswig und 1673—1674 in gleichem Amt bei der Stadt Emden war, handeln die Blätter für Münzfreunde, 1883, Spalte 993: man ſieht, wie lange die Überlieferungen der Vaterſtadt nachgewirkt haben.

Der Münzmeiſter Gregor Bechſtädt iſt bis jetzt noch nicht in der gebührenden Weiſe anerkannt worden. Seither galt das liegende B mit der aufgeſteckten Eichel als Zeichen eines Saalfelder Münzmeiſters Benedict Beſchel, welcher von 1579 bis 1608 in Dienſt geweſen ſein ſoll, aber urkundlich bereits 1595 als geſtorben aufgeführt wird, während das Zeichen Bech-ſtädts, der von 1579 bis 1603 geſchlagen, unbekannt geblieben iſt, und ſo ſind auch verſchiedene Schaupfennige, welche das erwähnte Zeichen oder ein ähnliches tragen und den Spruch führen: „Was Gott will geſchieht allzeit", nicht dem Gregor Bechſtädt, ſondern allermeiſt dem Benedict Beſchel zugewieſen worden. Ich hatte ſchon lange meine Zweifel darüber, ob die Überlieferungen über die Wirkſamkeit des Letzteren auch geſchichtlich begründet ſeien, jetzt aber darf ich auf Grund eingehender Forſchungen beſtimmt behaupten, daß Benedict Beſchel, welcher nie als Münzmeiſter, ſondern immer nur als Bergverwalter und Bergmeiſter aufgeführt wird, überhaupt gar nicht geſchlagen hat, daß das ihm zugeſchriebene Zeichen von Gregor Bechſtädt geführt worden und dieſer es geweſen iſt, welcher die vielen ſchönen Thaler und kleineren Stücke geprägt hat. Er ſtand im Spezialdienſt des Herzogs Johann von Sachſen Weimar, ſein zu Ende des 16. Jahrhunderts in Saalfeld geborener Sohn Johann, welcher die Rechtswiſſenſchaft in Jena, Marburg und Heidelberg ſtudiert und in letzterer Stadt ſich 1600 mit einer Diſſertation de testamentis den Doktorhut geholt hatte, trat in die Dienſte des Herzogs Johann Caſimir von Sachſen-Coburg, wurde dort 1601 Hofgerichtsadvokat, 1603 Aſſeſſor des Schöppenſtuhls, 1617 bis 1621 (nach Gruner 1627) Amtmann in Eisfeld und dann wieder Rath in Coburg. 1632 war er mit ſeiner Frau unter den Geißeln, welche im Novem-ber jenen Jahres von den kaiſerlichen Truppen fortgeführt und erſt zum Oſter-feſt 1633 wieder in die Heimath entlaſſen wurden. 1633 zum Konſiſtorial-direktor ernannt, ſtarb er 1635 in Coburg als ein hochangeſehener, gelehrter Mann, von welchem Hönn, coburgiſche Chronik, Gruner, hiſtoriſch-ſtatiſtiſche Beſchreibung des Fürſtenthums Coburg, und Krauß, Hildburghäuſiſche Kirchen-, Schulen- und Landeshiſtorie weiteres berichten. Seine hinterlaſſenen drei Söhne Friedrich Georg, Johann Georg und Johann Chriſtian ſind vom Kaiſer Ferdinand in den Adelſtand erhoben worden, der mittlere wurde coburgiſcher Hof- und Regierungsrath und ſtarb 1661, die weiteren Schickſale der Familie, welche ſich Bechſtädt und Bachſtedt nannte, ſind mir unbekannt.

Auch der bereits im ersten Heft unserer Vereinsschriften, Seite 19 von mir genannte Jakob Rebelthau gehörte einer guten Familie Saalfelds an: ein Rebelthau war einer der vier Saalfelder Bürger, welche 1547 durch einen Fußfall Kaiser Karl V. um Schonung der Stadt anflehten (Richter, Saalfelder Weihnachtsbüchlein, 1855), jedenfalls Michael Rebelthau, der 1544—62 Zehntner, Einnehmer und Ausgeber war; er wird am 21. Februar 1567 als gestorben auf= geführt. Georg Rebelthau wird von 1580—98 als Münzverwalter genannt, Jakob Rebelthau selbst wird 1575 als Amtsschreiber, 1580—94 als Zehntner und am 28. November 1588 als fürstlich coburgischer Münzverwalter und Münzmeister in Saalfeld bezeichnet. Er gab allein und in Gemeinschaft mit dem fürstlichen Rentverwalter Christoph Frieberaun, welcher aus Erfurt stammte, 1682 starb und in der Moritzkirche in Coburg begraben liegt, mit Gregor Bechstädt und mit Hans Egersdorfer Schaupfennige aus; sein auf ihnen abgebildetes Wappen zeigt zwischen zwei Männern als Schildhaltern einen ge= spaltenen Schild mit einem Kreuz in jedem Feld und einen schrägen, von dem einen Feld in's andere hinüberreichenden Doppelhaken. Rebelthaus Familie ist dann in Kurhessen ansässig geworden, und hat ihr der bekannte Kasseler Abge= ordnete angehört, auch kommt ihr Name im Offiziercorps unserer Armee vor, in der Stadt Meiningen ist ausweislich des coburg-meiningischen gemeinnützigen Taschenbuchs ein Ernst Friedrich Rebelthau von 1801—24 Hoftapezier gewesen.

Der Zehntner Asmus Barthel, wohl ein Sohn des von 1561 bis 1575 ebenfalls als Schösser hier im Dienst gewesenen Valentin Barthel, besaß 1580 den sogenannten, noch jetzt vorhandenen Schieferhof in Graba und ist in demselben 1594 als Amtsschösser von Probstzella gestorben; auf seinen 1577 und 1579 ausgegebenen Prägungen sind zwei gekreuzte Zainhaken in verschiedener Form als Wappen vorgestellt.

Endlich ist hier noch ein Kupferpfennig zu nennen, welchen 1592 der in Graba bei Saalfeld geborene, damals eben geadelte kursächsische Rentmeister Caspar Truller (gewöhnlich Tryller genannt) in Dresden gemeinschaftlich mit dem Kammermeister Gregor Unwirth geschlagen und Neumann Nr. 32739 be= schrieben hat. Um Trullers Willen, dem im siebenten Heft unserer Vereinsschriften ein so hervorragendes Denkmal gesetzt worden ist, möchte ich diesen Schaupfennig, welcher auch den bewurzelten dreiblätterigen Kleestengel als Wappen Tryllers zeigt, eine Ehrenstelle unter seinen Kameraden, ja geradezu den Vorrang ein= räumen. Er ist gleichzeitig auch der Schlußstein in dieser Reihe, wie in Kur= sachsen, so hörten in Saalfeld die Münz= und Kammermeisterpfennige auf, um im vorigen Jahrhundert auf dem Harz wieder eingeführt zu werden.

Unter den Personen, welche durch Geburt oder Übersiedelung Angehörige unseres Landes geworden, geblieben und in der Münzkunde vertreten sind, steht an erster Stelle Hans Christoph II., Frei- und Banner- herr von Wolzogen, der allmächtige Minister der Herzöge Ernst Ludwig I. und Friedrich Wilhelm von S. Meiningen, welcher 1721 eine von Christian Wermuth in Gotha geschnittene Schau- und Denkmünze ausgegeben hat. Seine Familie stammte aus dem Dorf Neuhaus bei Baden bei Wien, wo Hans Christoph I. von Wolzogen das vorhandene Schloß umbaute und 1612 zur Erinnerung an die Grundsteinlegung eine Münze in Gold, Silber und Kupfer veranlaßte, welche auf der Hauptseite den Erlöser mit der Weltkugel in der Hand zeigt und die Umschrift: Non est in alio quoquam salus, auf der Rück- seite die Aufschrift trägt: Templum salvatoris in castro suo Neuhaus fundavit Joh. Christoph Wolzogen, lib. Baro 1612, sie wird in der noch zu er- wähnenden Wolzogenschen Familiengeschichte, sowie in Neumanns Kupfermünzen Nr. 28892 weder richtig noch vollständig beschrieben und befindet sich jetzt nicht mehr im Besitz der Familie. Der Urenkel des Münzherrn, unser Minister, wurde am 10. August 1666 in Blindenmarkt in Niederöstereich als Sohn des späteren Konsistorialdirektors in Bayreuth Hans Paul II. von Wolzogen und der Anna Susanna, Freiin von Regall, Herrin zu Cranichsfeld geboren, trat in S. Meiningische Dienste, wurde 1691 Erzieher der Prinzen Bernhard, Ernst Ludwig, Friedrich Wilhelm und später auch des Prinzen Anton Ulrich, 1694 Hof- und Justizrath, 1697 Geheime-Raths-Director und Präsident sämmtlicher Landescollegien, 1702 Reichshofrath und nach dem Tod Herzogs Bernhard I. Premierminister. „Hiermit — so schreibt der Verfasser der Familiengeschichte — beginnt die zweite Periode in der Staatslaufbahn Hans Christophs von Wolzogen, während welcher er alle Fäden der Landesregierung in seiner kräf- tigen Hand vereinigend als unumschränkter Minister mit der ganzen Wucht und Schärfe seines Geistes einer Richtung diente, die starke Opposition hervor- rief und sich nur durch die eisernste, bis zur oft rücksichtslosesten Gewaltsamkeit gesteigerte Consequenz durchsetzen ließ." 1715 und 1716 bekleidete er neben seinen Meininger Ämtern auch noch den Posten eines Premierministers in S. Weißenfels, am 27. Mai 1734 starb er in Meiningen und wurde in der Kirche zu Mülfeld bei Mellrichstadt beigesetzt. In erster Ehe war er verheirathet mit Katharine Luise von Rospoth auf Groß-Städeln und Güldengaßa (1674 bis 1715), seine zweite Gemahlin wurde Auguste Julie von Mordeisen auf Stennschütz (1693—1755) und beide Ehen waren reich mit Kindern gesegnet. Wolzogen kaufte 1697 Bauerbach, welches bis 1853 im Besitz der Familie blieb und in diesem Jahr an die Herren Gebrüder von Türcke in Meiningen verkauft wurde, 1710 Mülfeld bei Mellrichstadt, 1717 den Gülthof Oberharrles, welcher bis 1848 der Familie gehörte, und eine adlige

Besitzung in Henneberg, die 1763 an den Oberjägermeister von Grappendorf veräußert worden ist; 1722 erwarb er das Erbschenkenamt der gefürsteten Grafschaft Henneberg[1]) und hinterließ ein Vermögen von 75000 Gulden.

Das Gut zu Mülfeld und das Henneberger Erbschenkenamt kamen auf Wolzogens Sohn aus erster Ehe, den Gotha-Altenburgischen Geheime Rath und Consistorialpräsidenten Friedrich von Wolzogen,[2]) welcher die Mülfelder Linie stiftete. Sie verkaufte 1772 das Erbschenkenamt an den Geheime Rath Christoph Ulrich Freiherrn von Ketelhodt in Rudolstadt (siehe unten), gerieth in Vermögensverfall, verlor 1783 das Gut Mülfeld und ist jetzt ausgestorben.

Der übrige Besitz von Wolzogens kam auf einen Sohn zweiter Ehe, den hildburghäusischen Geheimen Legationsrath Ernst Ludwig Freiherrn von Wolzogen, welcher die Bauerbacher Linie begründete, das seiner Mutter 1750 gerichtswegen zugeschlagene und bis etwa 1798 im Familienbesitz gebliebene Wohnhaus in der Stadt Meiningen — die 1874 mit abgebrannte alte Mädchenschule in der früheren Metzengasse — bewohnte, am Dittrich Hopfen- und Weinberge besaß und in einem gepachteten Garten eine weitberühmte Nelkenzucht betrieb. Seine Wittwe Henriette geborene Marschalck von Ostheim war die bekannte Beschützerin Schillers, sein einer Sohn Wilhelm wurde dessen Schwager; ein anderer Sohn, der preußische General Ludwig Freiherr von Wolzogen, hat 1841 die Kirche in Bauerbach restaurirt, und wiederum ein Sohn von diesem, also ein Urenkel Hans Christophs II., der in Schwerin lebende Karl August Alfred Freiherr von Wolzogen und Neuhaus — so nennt sich nunmehr das Geschlecht — ist der Verfasser der ausführlichen Familiengeschichte, welche 1859 in zwei Bänden bei F. A. Brockhaus in Leipzig erschienen ist und mir als Quelle gedient hat. Männliche Nachkommen dieser

---

[1]) Es gab vier hennebergische Erbhofämter: den Marschall, den Kämmerer, den Truchseß und den Schenk. Der erste war der vornehmste und waren die Marschalle zu Ostheim auf Wallborf mit der Würde beliehen. Erbtruchsesse waren die Herren von Truchseß, später die Herren von Speßhardt, Kämmerer die Herren Schrimpf von Berg, dann die von und zu der Tann. Zur Zeit besteht nur noch das Erbschenkenamt, welches die Schenke von Ostheim, dann die Frei- und Bannerherren von Wolzogen und jetzt die Freiherren von Ketelhodt zu Leben tragen. Ob der derzeitige Obmann der letzteren bei dem Lehnhof in Meiningen bereits um die Belehnung nachgesucht hat, weiß ich nicht. Vergl. Walch, historisch-statistische Beschreibung der königl. und herzogl. sächsischen Häuser und Lande, S. 23—25.

[2]) Eine Tochter desselben, Caroline Henriette von Wolzogen, war Oberhofmeisterin der Herzogin Charlotte von Sachsen-Hildburghausen und kam dort vielfach mit Jean Paul in Berührung. Sie besaß das jetzt nicht mehr vorhandene Schlößchen Monbijou in Hildburghausen, dessen sinnige und pietätvolle Einrichtung von den Chronisten hervorgehoben wird, und durfte sich der Freundschaft der Herzogin Friederike Karoline Louise von Mecklenburg-Strelitz, der Mutter der Königin Louise von Preußen und der Herzogin Charlotte von Hildburghausen, rühmen. Human, Hildburghäuser Chronik, S. 97, 216, 223, 224 und 245.

Linie, welche jetzt das Gut Kalbsrieth im Großherzogthum Weimar zum
Sitz erwählt, leben in unserem Herzogthum nicht mehr.

Während nun die erste Schaumünze dieser nachmals im Meininger Land
so mächtig gewordenen Familie nur sehr selten mehr aufzufinden ist, gibt es
von der zweiten, 1721 ausgegebenen noch manche, freilich nicht billige Stücke
und besitze auch ich einen Silberabschlag im Gewicht von 29 Gramm. Der
Minister von Wolzogen war selbst ein eifriger Münzsammler und ließ, als er
das Herrenhaus in Mülfeld 1715 von Grund aus umgebaut, zum Andenken
an die österreichische Heimath „Schloß Neuhaus" genannt und auch die Wieder=
herstellung der Dorfkirche in Angriff genommen hatte, von Christian Wermuth
in Gotha 1721 eine Denkmünze schlagen, welche in der Familiengeschichte,
Theil II, S. 64 genau abgebildet, ebenda und im Verzeichniß der Ampach'schen
Sammlung Nr. 10127 beschrieben ist und 45 mm im Durchmesser hält. Auf
der Hauptseite sind die hintereinander gesetzten Brustbilder des Ministers und
seiner zweiten Gemahlin, auf der Rückseite das Brustbild der verstorbenen ersten
Gemahlin, alle von rechts vorgestellt, im Armabschnitt des Freiherrn steht die
Geburtszeit NATVS 1666· | D· 10· AVG· und darunter das Zeichen des
Künstlers C· W· Unterhalb der Brust der zweiten Gemahlin liest man in
zwei Zeilen NATA 1695· | D· 30· IAN· und im Armabschnitt der ersten
Frau ÆTAT. 41· Die zweizeilige Umschrift um das Ehepaar lautet IOH·
CHRISTO· S· R· I· L· B· ac BAN· a WOLZOGEN· III· IMP· III· REG·
III· DVC·¹) CONS· IMP· AVL· ACT· et STAT· MIN· S· R⁰ L· IVSQ·
C· (Rößchen) | ET AVGVSTA IVLIA· NAT· A MORDEISEN· II· CONI·
SVAVISSIMA· (nach freier Übersetzung der Familiengeschichte: „Hans
Christoph des heiligen römischen Reichs Frei= und Bannerherr von Wolzogen
und Neuhaus, dreier Kaiser, dreier Könige, dreier Herzöge Wirklicher Reichs=
hofrath und Premierminister, Schützer der Religion und des Rechts, und
Auguste Juliane von Mordeisen, seine zweite trauteste Gemahlin) —— über
dem Bild auf der Rückseite liest man in 2 Zeilen EIVSD· Q· I· CON·
DESIDER· CATH· LOVIS· A KOSPOTH· DES· MDCCXV· 28· OCT·
FELICES PARENTES XII· — LIBERORVM MAXIMA SPE („Dessen
erste geliebteste Gemahlin Catharine Luise von Kospoth gestorben am 28.
Oktober 1715. Glückliche Eltern von 12 hoffnungsvollen Kindern") und
darunter in neun Zeilen die Widmung IN MEM· SEDIS AVITAE ET
AEDIVM | SACRAR· S· SALVATORIS | NEVHVSII IN AVSTRIA·

---

¹) Gemeint sind die Kaiser und Könige Leopold I., Joseph I. und Karl VI., die
Herzöge Ernst Ludwig I. und Friedrich Wilhelm von Meiningen, sowie Herzog Christian
von Weißenfels.

DERELICTARVM | MVLFELDIAE IN FINIBVS | FRANCONIAE | FELICIBVS AVSPICIIS | REVIVISCENTIVM | A· MDCCXXI· („Zum Andenken an den alten in Österreich verlaſſenen Ahnenſitz und an die Kirche Sancti Salvatoris zu Neuhaus, wie ſolche durch die zu Mül ſelb an der fränkiſchen Grenze errichteten Gebäude glücklich erſetzt worden iſt im Jahre 1721“); — die erhaben ausgeprägte Randſchrift lautet SAEPE IOVIS TELO QVERCVS ADVSTA VIRET· OVID· L· IV· E· IX· V· 7 (Röschen). Bei Ausgabe der Münze wurde gleichzeitig eine vier Quartſeiten lange, gedruckte Denkſchrift „publizirt“, welche ſich noch im Familienarchiv befindet.

Ein Jahr danach iſt die einzige Denkmünze ausgegeben worden, welche ein Meininger Landesherr auf einen Unterthanen hat ſchlagen laſſen: es iſt die von Herzog Ernſt Ludwig I. von Meiningen 1722 auf den vermuthlich in Queienfeld geborenen und nach Waſungen übergeſiedelten Zimmermann Johann Caspar Hartung bei deſſen 100jähriger Geburtstagsfeier übergebene, ebenfalls von Wermuth in Gotha geſchnittene Prägung, welche in Daßdorf, numismatiſch hiſtoriſcher Leitfaden, Nr. 2560) und ausführlich in meiner Arbeit über Meininger Ortsnamen und Bauwerke ꝛc., im erſten Heft unſerer Vereinsſchriften, Seite 25 und 26 behandelt wird, ich habe auch bis jetzt noch kein Stück derſelben auffinden können.

Einen ähnlichen Einfluß wie von Wolzogen, aber auf ganz anderem Gebiete und in weſentlich verſchiedener Form, übte der ebenfalls reichbegüterte Karl Gotthelf Reichsfreiherr von Hund und Altengrottau, Erbherr auf Lipſe und Manua in der Oberlauſitz, römiſch kaiſerlicher Wirklicher Geheime Rath, aus. Sein Geburtsort iſt nicht zweifellos, als Geburtszeit pflegt man den 11. September 1722 zu bezeichnen, er trat bald in den Freimaurerorden ein und hat in demſelben, unterſtützt durch ſein großes Privatvermögen, eine außerordentliche Thätigkeit entfaltet. Als ein ſchwärmeriſcher Verehrer der in den damaligen Logen überwuchernden myſtiſchen Gebräuche und eifriger Anhänger des ſogenannten Hochgradinſtems wurde er bald eine Hauptſtütze des Ordens, trat von der evangeliſchen zur katholiſchen Kirche über und zog nach Meiningen, wo er im Herbſt 1776 den Herzog Karl in den Freimaurerbund aufnahm und am 6. (nach andern am 8.) November unter den Klängen der an ſein Bett gerufenen Hofmuſiker unvermählt ſtarb. Seine Leiche wurde mit dem vollen Schmuck des Tempelherrn bekleidet und am 11. November in der katholiſchen Kirche in Meßrichſtadt vor dem Hochaltar unter großen Feierlichkeiten beigeſetzt. Den Schlüſſel zum Sarg bekam der Meiſter vom Stuhl der Loge Charlotte zu den 3 Nelken in Meiningen zur Aufbewahrung, und habe ich bei meinem verſtorbenen Vater, welcher Meiſter vom Stuhl dieſer Loge

war, das wohlversiegelte Päckchen mehrmals gesehen. Über von Hunds
maurerische Thätigkeit ist viel geschrieben worden, man schwankte lange, ob er
getäuscht habe oder getäuscht worden sei, neigt sich aber jetzt der letzteren
Meinung zu, und beziehe ich mich auf seine Lebensbeschreibung im Allgemeinen
Handbuch der Freimaurerei, wo das Wichtigste zu finden ist. Unter den vielen
hochgestellten Persönlichkeiten, welche damals zur Loge in Meiningen gehörten,
befand sich auch der verdiente Verfasser der Topographie des Meininger
Oberlandes, der Oberstlieutenant Christian Friedrich Keßler von
Sprengseysen,[1] er war der vertraute Freund von Hunds und hat auch
über ihn geschrieben.

Nach Hunds Tod ließ die Loge Minerva zu den 3 Palmen in Leipzig
von dem berühmten Stempelschneider Abramson in Berlin eine Münze auf
ihn prägen, welche 45 mm mißt, auf der Vorderseite das Brustbild des Verstorbenen von rechts mit der Umschrift CAROLVS L· B· AB HVND ET
ALTENGROTKAV und unter dem Brustbild den Namen des Künstlers, auf
der Rückseite eine auf einem schwebenden korinthischen Postament stehende ge-
schlossene Urne zeigt, von deren Hals das Ordensband mit dem Templerkreuz
herabhängt, während über dem Deckel eine in sich geschlungene Schlange gelegt ist. Auf der Sockelplatte des Postaments steht die Jahreszahl MDCCLXXVI,
die Umschrift lautet PIETAS FRATRVM D. R. L. V und bezieht sich auf
die Logen in Dresden, Rostock, Leipzig und Weimar.

Gute Abbildungen und Beschreibungen des Stückes, welches auch in Ampach's Verzeichniß Nr. 9646 und in Merzdorf, Freimaurermünzen, S. 32,
Nr. 69 aufgeführt wird, bringen das Cöthener Taschenbuch für Freimaurer
1800 und Ernst Zacharias, numotheca numismatica latomorum, Heft II,
Nr. III. Ein Kupferabschlag der seltenen Nummer liegt im Gothaer Kabinet
und in der Sammlung unseres Vereinsmitgliedes, des auf dem Gebiet der
freimaurerischen Münzkunde als bedeutendster Fachmann bekannten Herrn
Hauptmann a. D. Horst von Baerenstein in Altenburg.

---

[1] Christian Friedrich Keßler wurde in Saalfeld am 7. Juli 1730 als Sohn des
fürstl. saalfeldischen Kammersekretärs Johann Georg Keßler und der Isabella geb. Baillif
geboren, trat in fremde Kriegsdienste, erwarb dabei den Adel, verheirathete sich als fürstlich
coburg-meiningischer Oberstlieutenant in Sonneberg am 26. Dezember 1777 mit Marie
Magdalena Schweizer, ältesten Tochter des Hofraths Schweizer in Wetzlar, und starb in
Sonneberg am 11. Januar 1808. Seine beiden Söhne fielen jung als kaiserliche Offiziere,
die Ehe einer Tochter blieb kinderlos, aus der Ehe der anderen mit dem Kaufmann Christian
Justus Hopf in Sonneberg lebt von den acht Kindern nur noch die verwittwete Frau Rath
Louise Kost, die Mutter des Herrn Raths Erich Kost in Sonneberg. Keßler von Sprenge-
eysen wird ebenfalls in dem Allgemeinen Handbuch der Freimaurerei behandelt, wie er aber
unter die von Friedrich Bülau bearbeiteten räthselhaften Menschen gerathen ist, verstehe ich
nicht, dieses Schicksal hat er nicht verdient.

Zum besonderen Vergnügen gereicht es mir, jetzt einen Mann nennen zu können, welcher ein Freund meines verstorbenen Vaters, vielfach in unserem Haus verkehrt hat und von uns Kindern hochverehrt worden ist, ich meine den Kindergärtner Friedrich Fröbel, welcher während seines Aufenthaltes in Liebenstein und Marienthal zum öfteren in das Diakonat nach Meiningen kam und seine Freunde gern mit meinem Vater bekannt machte. Auch seine Wiege stand, wie die Wolzogens und Hunds nicht in unserem Herzogthum, doch hat auch er hier eine Heimath gefunden, die ihm lieb, einen Wirkungskreis, der ihm werth war, aber sein Schaffen war in ganz anderer Weise gesegnet und sein Andenken wird hochgehalten und gefeiert im ganzen deutschen Land. — Friedrich Wilhelm August Fröbel wurde im Pfarrhaus zu Oberweißbach am 21. April 1782 geboren, wählte das Forstfach zu seinem Beruf, studierte in Jena Kameralia, erwarb dann in verschiedenen Privatstellungen Mittel zur Fortsetzung seiner Studien in Göttingen und Berlin, kämpfte als Lützower Jäger in den Freiheitskriegen und wurde nach dem Friedensschluß Gehülfe von Weiß am mineralogischen Museum der Universität Berlin. 1816 errichtete er die Erziehungsanstalt in Griesheim bei Stadtilm, verlegte dieselbe nach Keilhau bei Rudolstadt, wo sie noch jetzt blüht, und ging 1831 in die Schweiz, wo er zunächst auf dem seinem Freunde Schnyder von Wartensee gehörigen Schlößchen Wartensee, dann in Willisau eine der Keilhauer ähnliche Erziehungsanstalt gründete und leitete. Im Auftrag der Berner Cantons-Regierung richtete er in Burgdorf einen Bildungskursus für Lehrer ein und wurde 1835 Vorsteher des dortigen Waisenhauses. Dann ging er nach Deutschland zurück, wo er in Blankenburg im Schwarzathal sich niederließ und den ersten Kindergarten schuf. Nachdem er in Dresden und Hamburg für seine Kindergärten gewirkt, auch mit dem Herzog Bernhard von Meiningen wegen Errichtung einer Erziehungsanstalt in Helba verhandelt hatte, siedelte er 1849 nach Bad Liebenstein, wo er im Gutsgebäude Wohnung fand, und 1850 in das nahegelegene Schlößchen Marienthal bei Schweina über, dort bildete er in halbjährigen Kursen junge Mädchen zu Kindergärtnerinnen aus und gab eine „Wochenschrift für Freunde der Menschenbildung" sowie eine „Zeitschrift für Fr. Fröbels Bestrebungen" heraus.

Von seinen Schülern nenne ich insbesondere den Herrn Lehrer Christian Koch in Salzungen, welcher sich namentlich um das Zustandekommen der Festlichkeiten bei der Jubelfeier 1882 wesentliche Verdienste erwarb, und Fräulein Minna Schellhorn, eine Tochter des verstorbenen Hofmalers Paul Schellhorn in Meiningen, welche in Weimar einem von ihr errichteten Institut zur Ausbildung von Kindergärtnerinnen vorsteht.

Am 4. August 1850 veranstaltete Fröbel ein großes Kinder- und Spielfest auf dem Altenstein, ein Jahr darauf gründete er einen Volkskindergarten in Liebenstein, auf der zu Pfingsten 1852 zu Gotha abgehaltenen allgemeinen deutschen Lehrerversammlung entwickelte er unter großer Begeisterung seine Erziehungsideen, wenige Wochen darauf, am 21. Juni 1852 starb er in Marienthal und am 24. Juni wurde seine Leiche auf dem Kirchhof in Schweina beerdigt. Unter seinen zahlreichen Freunden sind die in der pädagogischen Welt wohlbekannten Wilhelm Middendorf, Langethal und J. A. Barop, dessen Nachkommen die Keilhauer Anstalt leiten, zu nennen; seine erste Gemahlin Henriette Wilhelmine, Tochter des Kriegsraths Hoffmeister in Berlin, starb 1839, 1851 verheirathete er sich zum zweiten Male mit Fräulein Luise Lewin, welche meines Wissens noch in Hamburg lebt, und eine Mutterschwester des verstorbenen Herrn Hofbuchhändlers Manfred Renner in Meiningen ist, beide Ehen waren kinderlos.

Fröbel hat schwer gekämpft, um seiner Idee Bahn zu brechen, besonders hart traf ihn aus Preußen und Sachsen das Verbot seiner Kindergärten, weil sie irreligiös seien, aber unerschrocken und unermüdet arbeitete er weiter und weiter; der Lohn ist nicht ausgeblieben, das prophetische Schlußwort des ihm im Meininger Tageblatt, 1852, Nr. 102 gewidmeten Nachrufs, daß das, was probehaltig sei in seiner Lehre, sich nun erst auf's beste bewähren, ihn weit überbauern und segensreich wirken werde auf fernere Geschlechter, ist voll und ganz erfüllt worden. Allüberall bestehen jetzt Kindergärten nach dem System Fröbels, zahlreiche Fröbelgemeinden pflegen mit großer Treue sein Andenken und bilden seine Gedanken weiter und tiefer aus. In großartigster Weise wurde in ganz Deutschland die Feier seines hundertjährigen Geburtstages begangen, an Stelle des einfachen Grabsteines, welchen seiner Zeit die begeisterte Freundin Fröbels, Frau von Mahrenholz-Bülow, im Verein mit andern Getreuen hatte setzen lassen, kam ein großes Grabdenkmal, welches aus den Beiträgen aus allen Welttheilen entstanden und am 21. Juli 1882 in festlicher Weise enthüllt worden ist (vergl. Extrablatt des Salzunger Tageblattes vom 18. Juli 1882 und Nummer 7 und 8 der „Erziehung der Gegenwart" 1882); sein Geburtsort hat ihm zu Ehren auf der Bergeshöhe einen Fröbelthurm gebaut, die Stadt Blankenburg, deren Ehrenbürger er war, errichtete ihm im Schwarzathal ein Denkmal, und ein trefflicher Stempelschneider, Herr Hofgraveur Hermann Held in Magdeburg, gab zu der Jubelfeier eine vorzüglich gelungene Bronce-Denkmünze aus, welche in den Leipziger Blättern für Münzfreunde, 1882, Spalte 915 und 916 beschrieben ist. Sie mißt 37 mm, stellt auf der Hauptseite das Kopfbild Fröbels von links mit der Umschrift FRIEDRICH FRÖBEL GEB. APRIL 21. 1782. GEST. JUNI 21. 1852. und unter dem Halsabschnitt den Namen des Künstlers H. HELD MAGDBG. vor, zeigt auf der Rückseite in einem dichten Eichenkranz in fünf Zeilen das Wort des Meisters KOMMT, LASST UNS | UNSERN | KINDERN | LEBEN! und auf erhöhtem mattem

Raud, welcher vom Feld durch einen Perlenkreis getrennt ist, die Umschrift Z. 100 JÄHR. GEBURTSFEIER FR. FRÖBEL'S 21 APRIL 1882 ☉ Es ist geradezu auffällig, daß diese gut gearbeitete Nummer so wenig Beachtung gefunden hat, sie kommt in den Fachschriften und Sammlungen so gut wie gar nicht vor, vielleicht tragen diese Zeilen dazu bei, ihr den verdienten Platz einzuräumen und Sammler und Forscher zum Erwerb des nicht theuern Stückes zu veranlassen.

Eine dritte Gruppe von Münzen betrifft Männer, die in den Grenzen unseres Herzogthums geboren, dann in's Ausland gegangen und dort durch Prägungen geehrt worden sind. An ihrer Spitze steht ein würdiger und hochangesehener evangelischer Pfarrherr: der Theologe Johannes Michael Dilherr, in Themar am 14. Oktober 1604 geboren und in Nürnberg als Hauptpfarrer an der St. Sebaldskirche am 8. April 1669 gestorben. Er gehörte, wie Georg Andreas Will in seinen Nürnbergischen Münzbelustigungen, Theil III, S. 289—296 sagt, zu einem Geschlecht, „welches bei der Zierde eines alten Adels dem Staat ansehnliche Kriegsbediente, geschickte Räthe und vornehme Beamte und der Kirche einen großen Lehrer gegeben, welches durch einen gesegneten Handel die wahren Kräfte des gemeinen Wesens vermehren helfen und es verdient, daß sein Angedenken in Segen blühe und sein Gedächtniß erhalten werde."

Die Familie Dilherrs stammt aus Schwaben, aus der Reichsstadt Gingen im Ries und aus Laningen, Leonhard II. Dilherr war alter Bürgermeister in Gingen, zog mit seinem Sohne Magnus I. nach Nürnberg und hinterließ mit seiner Gemahlin, einer Lebzelter von Ulm, 12 Kinder, von denen Rochus I. die österreichische, Magnus I. die nürnbergische und Michael die hennebergische Linie der Dilherr gründeten. Die erste gelangte zu hohen Ehren und war zu Wills Zeiten — 1766 — noch in Wien vertreten, die Nürnberger Linie, auf welche 13 Schau oder Gedächtnißmünzen geprägt worden sind, erlosch am 1. Februar 1758 mit Johann Paul Dilherr von Thummenberg im Mannesstamm, aus der Henneberger Linie ging unser Johann Michael Dilherr hervor. Ihr obengenannter Stifter war Hofmeister der Grafen Wolfgang und Georg Ernst von Henneberg gewesen, wurde Rath und Amtmann zu Themar und erwarb sich die gundelsheimischen Lehen und den dritten Theil vom Dorf Lengfeld. Sein Enkel war Johann Michael Dilherr, über dessen Lebensgeschichte ich nichts besseres zu berichten weiß, als das, was aus der Feder des verstorbenen Herrn Geheime Archiv-Rath Brückner im fünften Band der allgemeinen deutschen Biographie S. 225 zu lesen ist:

„Johannes Michael Dilherr (nicht Dillherr) aus ärmlicher Lage in sehr trüben Zeiten durch thatkräftiges Streben zu einer theologischen Leuchte seiner

Tage und zum Wohlthäter der Nachwelt emporgestiegen, erblickte zu Themar, dem Stammort seiner Vorfahren und wo sein Vater Johannes D. als meiningischer Kammerprokurator und als Konsulent der fränkischen Ritterschaft fungirte, den 14. Oktober 1604 das Licht der Welt. Im 13. Lebensjahr frequentirte er das Gymnasium zu Schleusingen und 1623 die Universität zu Leipzig, hatte aber hier wie dort, weil sein Vater durch den Bischof von Würzburg um seine Lehen gekommen war, mit der Noth zu kämpfen. In Wittenberg, wohin er sich von Leipzig aus begeben, kam zu seiner dürftigen Lage noch eine schwere Krankheit. Sobald er genesen, ging er nach Leipzig zurück. Ein guter Stern ging für ihn auf, als im Sommer 1627 einige seiner Verwandten zu Nürnberg ihn mit ihren Söhnen nach Altorf schickten. Hier legte er den Grund zu seiner Kenntniß der orientalischen Sprachen. Im Jahre 1629 bezog er mit seinen Pflegebefohlenen die Universität zu Jena und wurde daselbst 1631 Professor der Beredtsamkeit, 1634 Professor der Geschichte und Poesie und 1640 nach Gerhards Tod (Johannes Gerhard, früher Superintendent in Heldburg, Verfasser der kasimirianischen Kirchenordnung) außerordentlicher Professor der Theologie. Zwei Jahre darauf folgte er einem Ruf nach Nürnberg, wo er zuerst als Professor der Theologie und Philosophie, von 1646 an als Hauptpfarrer an der Sebalduskirche, außerdem als Direktor des neu errichteten Gymnasiums St. Aegidii und als Inspektor der Bibliothek und der Alumnen wirkte und endlich am 8. April 1669 sein Leben beschloß. Sein frommer Sinn, sein eiserner Fleiß und die vielfachen Verdienste, die er sich in seinen Ämtern, durch seine theologischen und philosophischen Schriften, durch seine Kirchenlieder und durch seine wohlthätigen Stiftungen erworben hat, fanden in Deutschland überall die vollste Anerkennung, wie denn ihm zu Ehren eine Reihe panegyrischer Schriften erschienen, unter denen die von Christoph Molitor und von Christoph Arnold zugleich Biographien sind. Aus Liebe zu seinem Stammland stiftete Dilherr für die Schulen zu Meiningen, Themar und Schleusingen Geldstipendien und aus Dankbarkeit für Nürnberg vermachte er dieser Stadt seine ansehnliche in 8000 Bänden bestehende Bibliothek und seine werthvolle Münzsammlung. Von seinen Kirchenliedern sind 13 von den früheren Gesangbüchern aufgenommen worden. Den gewissenhaften Fleiß und frommen Sinn des Mannes kennzeichnet die interessante Aufschrift seiner Stubenthür:

„Sta hospes! ne pulsa, nec turba! nisi major vis cogat. Horas promeridianas deo meo et demandatis officii mei consecratas scito; si quid tamen est, quod aliquam pretiosi temporis jacturam mereatur, tuum esto promeridiana, ita tamen, ut scias reddendum deo rationem esse singularum horarum. . ."

Als Ergänzung trage ich aus Köhlers historischen Münzbelustigungen, Theil VII, S. 217—224 und aus dem vom Meininger Lyceumsinspektor

2*

M. Christoph Albrecht Erck 1734 ausgegebenen Schulprogramm „Kurze Nachrichten von den milden Stiftungen bei dem hochfürstlichen Lyceo zu Meiningen"
nach, daß die Schwester Dilherrs mit dem Archidiakonus Caspar Thomas
Müller in Meiningen, dem Stifter des Müllerschen Stipendiums, verheirathet
war (neue Ausgabe der Güthischen Chronik von Meiningen, Anmerkung 248
und 269), daß seine Frau Marie die Wittwe des Kaufmanns Nikolaus
Deschauer in Eger, die Ehe kinderlos „und doch nicht so vergnügt als es
billig hätte sein sollen" gewesen und mit ihm die Henneberger Linie im
Mannsstamm ausgestorben ist. Der Meininger Schule, die Dilherr von 1609
bis 1619 besucht, vermachte er „aus rühmlicher Dankbarkeit 100 Reichsthaler,
daß deren Zins jährlich an Geld an tüchtige und gute Hoffnung gebende
Subjekta zu einiger Beisteuer ihres nöthigen Bücherkaufs sollten ausgetheilt
werden" (neue Ausgabe der genannten Güthischen Chronik a. a. O. und
Bechstein, Chronik der Stadt Meiningen, Theil II, S. 72, Anmerkung), für
Studierende aus der ehemaligen gefürsteten Grafschaft Henneberg, welche ihren
Vorbereitungsunterricht auf den Gymnasien zu Schleusingen, Meiningen oder
Hildburghausen genossen haben, gründete der Pfarrherr zwei Stipendien, welche
unter der Collatur des Magistrats in Nürnberg stehen und jetzt einen Kapital-
stock von 5142 Mark 28 Pfg. aufweisen ¹). — Ich bemerkte bereits, daß auf
die nürnbergische Linie des Geschlechts 13 Münzen ausgegeben worden sind,
die Will a. a. O. beschrieben hat; unser Landsmann wird in vier Schaumünzen gefeiert, die ebenfalls in den nürnbergischen Münzbelustigungen, Theil
III, S. 296 und von Christoph Andreas IV im Hof in seiner Sammlung
eines nürnbergischen Münzkabinets, Theil I, Abth. 2, S. 713—715 aufgezählt
und nothdürftig beschrieben werden. Die eine Nummer, bei Will unter
Nr. 14, bei Imhof unter Nr. 19 aufgeführt, ist auch in Köhlers historischen
Münzbelustigungen, Theil VII, S. 217—224 abgebildet und beschrieben:
sie ist von Silber, 37 mm groß und zeigt auf der Hauptseite das unbedeckte
Brustbild Dilherrs von rechts im Talar mit breitem Überschlag und langem
Haar, sowie die Umschrift IOH: MICH: DILHERRVS (so beschreibt Köhler,

---

¹) Im Meininger Staatshandbuch und in dem von unserem Vereinsgenossen, Herrn
Superintendenten Dr. Füßlein in Saalfeld herausgegebenen Amtshandbuch für Geistliche
und Lehrer, wird angegeben, daß Dilherr diese 2 Stipendien in seinem Testament vom 5.
Mai 1669 ausgesetzt habe. Nun aber ist, wie erwähnt, Dilherr bereits am 8. April
jenes Jahres gestorben, mithin trifft diese Zeitangabe nicht. Vielleicht ist der Tag der
Testamentseröffnung damit gemeint. In gleicher Weise ist die Bemerkung in Brückners
Landeskunde, Theil II, S. 238, Dilherr habe 1699 ein Bücherlegat von 100 Thalern für
Themar ausgesetzt, nicht zutreffend, es liegt vermuthlich eine Verwechselung mit der
Meininger Stiftung vor. Auch in der von mir abgedruckten Lebensbeschreibung irrt sich
Brückner bezüglich der Stiftungen Dilherrs.

welcher es mitunter an der erforderlichen Genauigkeit fehlen läßt, in Wirklich=
keit wird wohl DILHERRVS auf der Münze stehen) NAT. 14 OCT. 1604.
Auf der Rückseite ist ein von hohen, vielfach zerklüfteten Felsen umschlossenes
Thal zu sehen, in dessen Mitte ein Crucifix steht; eine Taube fliegt auf das=
selbe zu und die Umschrift lautet IN FORAMINIB., — PETRÆ QUIESCO
(richtiger wohl QVIESCO), am Fuß des Kreuzes, zu dessen beiden Seiten
vertheilt, steht die Jahrzahl 16-66.

Ein einseitiges Stück ohne Jahrzahl von 38 mm Durchmesser (von
Imhof Nr. 18) hat dieselbe Hauptseite, ein drittes mit 26 mm Durchmesser
wird von Will folgendermaßen beschrieben: „Hauptseite IOH: MICH: DILHERR,
P: E: P: P: AÑO: AET: 63. Das links sehende Brustbild in geistlicher Kleidung
mit einem Ueberschlag, darunter 1667. Rückseite: Auf einem Felsen mit einer
Höhle, zu welcher eine Taube fliegt, stehet ein aufgemachtes großes Buch, auf
dessen aufliegendem Blatt rechter Hand folgende Schrift in vier Zeilen zu
lesen: IN FORAMINIB., PETRAE QVIES, linker Hand aber ein Crucifix
vorgestellt wird. Unten am Fuß des Felsen findet man das Dilherrische
Wappen." Imhof gibt unter Nr. 20 eine etwas abweichende Beschreibung
der Nummer. Während diese drei, wohl in Nürnberger Sammlungen sich
findende Nummern, das Brustbild Dilherrs von der rechten Seite im Profil
zeigen, stellt das vierte, im Gothaer Kabinet liegende Stück das Brustbild von
vorne, etwas nach links gewendet vor, ebenfalls in geistlicher Kleidung mit
breitem glattem Überschlag, langem Haar und der Umschrift IOH: MICH:
DILHERR; P: & P: P: NOR: ÆTAT: 59. Auf der Rückseite sieht man
dasselbe tiefe Felsenthal wie auf den vorigen Prägungen, in der Mitte steht
auf einem Altar ein Crucifix, um welches Vögel fliegen, an der Vorderseite
des Altars sind ein Schild mit drei übereinander schwebenden sechsspitzigen
Sternen, dem Wappen der Dilherr, und unten auf der Sockelplatte die Jahr=
zahl 1664 angebracht. Auf einem am unteren Rand sich aufrollenden Spruch=
band liest man ICH RVHE IN DEN FELSLÖCHERN, und noch tiefer
scheinen Buchstaben den Namen des Stempelschneiders anzudeuten. Diese in
Silber abgeschlagene Münze hält im Durchmesser 46 mm und ist das von
Will unter Nr. 12, von Imhof unter Nr. 17 aufgeführte Stück, nähere
Nachrichten über Stempelschneider und Metall der verschiedenen Nummern
fehlen mir, doch berichtet von Imhof a. a. O., S. 981, Nr. 3 und 4 noch
von zwei weiteren Münzen auf Dilherr, welche indessen nur im Entwurf vor=
handen, und nie zur Ausführung gelangt seien. Man ersieht aus der Anzahl
und Ausführung der ausgegebenen Prägungen, wie angesehen und beliebt
Dilherr war, zweifellos wollte man ihm, der ja selbst ein eifriger Münz=
sammler war, auch mit den neuen Stücken eine Freude machen, und wird
man wohl diesen Zweck erreicht haben.

Eine Art Zeit- und Heimathsgenosse des Vorigen war Jakob Jodokus Rab aus Hildburghausen; ich habe über ihn und über die von Christian Wermuth in Gotha 1707 auf ihn geprägte silberne Schaumünze bereits im ersten Heft unserer Vereinsschriften S. 5 und in meiner Abhandlung über die Hildburghäuser Münze in den Blättern für Münzfreunde Spalte 1399 und 1400 berichtet und nehme auf das dort Gesagte Bezug. Rab ist am 12. Januar 1629 in Hildburghausen geboren, seine Eltern waren Magister Jodokus Rab (Sohn des vornehmen Rathsverwandten Hiob Rab und der Cordula Elisabethe geborenen Nürrenberger in Coburg), welcher einst Leibmedikus des Herzogs Johann Kasimir von Coburg, von 1600 bis 1606 Rektor in Eisfeld, dann Physikus und von 1609 ab auch Rektor in Hildburghausen war und hier am 3. November 1635 an der Pest starb, und Anna Schrickel, Tochter des Bürgermeisters und Rathsseniors Johann Schrickel und der Margarethe geb. Mey in Hildburghausen; nach vollendeten Studien wurde er 1657 Stadt- und Landphysikus in Römhild, 1661 kam er in gleicher Eigenschaft nach Meiningen und hier hat er an der Leiche des Hans Michael Urban aus Wölfershausen, welcher am 2. November 1664 an dem Tags zuvor neu errichteten Galgen auf dem Breuberg gehenkt worden war, unter großem Zulauf des Volkes die erste öffentliche Sektion vorgenommen[1]). Nachdem Rab manchen ehrenvollen Ruf ausgeschlagen, kam er 1669 als Leibmedikus an den Altenburger Hof und nach dem Aussterben dieses Hauses in derselben Eigenschaft nach Gotha, wo er am 11. Januar 1708 als fürstlich gotha-altenburgischer Rath und Leibarzt aus dem Leben geschieden und in seinem Erbbegräbniß in Altenburg beigesetzt worden ist. Am 17. Mai 1659 hatte er sich mit seiner Cousine Erdmuth Adelheid Schrickel, einziger Tochter des Geheimeraths Dr. Johann Schrickel in Zerbst, verheirathet, welche ihm die ihrer Familie gehörigen Freigüter in Gleichamberg und Jüchsen zubrachte und am 27. November 1702 starb; von seinen vielen Töchtern wurde eine die Gemahlin des Professors der Theologie Kaspar Neumann in Breslau, eine zweite vermählte sich mit dem aus Streufdorf stammenden Landphysikus Johann Christoph Schnetter in Heldburg, welcher dann nach Altenburg kam; Rabs einziger Sohn, der altenburgische Wittthumsrath und Landcommissar Johann Friedrich Jodokus Rab in Gotha starb auf der Heimreise von den elterlichen Gütern am 8. Oktober 1703 in Suhl an den Blattern ohne männliche Nachkommen, und so erlosch dann mit dem Vater das Geschlecht im Mannsstamm. Die Lebensbeschreibungen und Leichenfeierlichkeiten des Vaters und des Sohnes

---

[1]) Solche Leichenöffnungen müssen damals etwas Außergewöhnliches gewesen sein, denn auch eine spätere vom 21. März 1682 wird ausdrücklich in der Meininger Chronik verzeichnet.

finben sich mit einem guten Bild des Ersteren in der gothaischen Bibliothek in einem Band gedruckter Leichenpredigten „Conciones funebres Jurisconsultis et Medicis habitae No. XIV". Die seltene Denkmünze, von welcher ich einen Silberabschlag im Gewicht von 29 Gramm besitze, ist 43 mm groß und zeigt auf der Hauptseite das Brustbild des Herrn Rathes von rechts mit großer Perücke und umgeworfenem Mantel und die Umschrift D· IAC· IOD· RAB-ILFRED· A LENITSCH·, die Altersangabe AN· ÆT· LXXIX· im Armabschnitt und das Zeichen des Stempelschneiders C· — W· am Randkranz. Auf der Rückseite ist der mit dem geschlossenen Bügelhelm bedeckte und mit reichen Helmdecken geschmückte Wappenschild des Gefeierten vorgestellt, im oberen Feld ein nach rechts schreitender Rabe mit einem Ring im Schnabel, im unteren Feld der dreiblättrige Kleestengel, als Hinweis auf die drei Güter Rabs in Lehnitzsch bei Altenburg, Gleichamberg und Jüchsen; die Helmzier besteht aus offenem doppeltem Flug mit dazwischen schwebendem Todtenkopf, die zweizeilige Umschrift lautet in Fortsetzung der auf der Hauptseite ersichtlichen GLEICHAMB· ET JUCHSEN· DVC· SAX· GOTH· CONSEIL· ET ARCHIATER· (Röschen) | CANDIDE — SED CAUTE·, Jahrzahl und Namen des Künstlers sind am unteren Theil des Schildes rechts und links in zwei Zeilen vertheilt 17—67· | C· — W·; die Randschrift heißt SOLI (Röschen) DEO (Röschen) GLORIA (Röschen). Eine gute Abbildung und Beschreibung der Münze befindet sich im Thesaurus numismatum modernorum huius seculi, 1707, Nr. 81, S. 766, eine nicht überall richtige und unvollständige Beschreibung auch in Carol. Ludov. de Duisburg — C. A. Rudolphi, numismata virorum de rebus medicis et physicis meritorum memoriam servantia, S. 116, Nr. CCCXI.

Das Bibelwort, daß der Herr den Arzt geschaffen und Könige ihn ehren, bewährte sich recht an einem zweiten Jünger des Heilgottes, dem im Pfarrhaus zu Solz am 22. Juli 1747 geborenen und am 15. September 1834 in Berlin als Doktor der Medicin und königlich preußischer Geheime Rath gestorbenen **Ernst Ludwig Heim**. Sein Vater war der gelehrte Magister Johann Ludwig Heim, welcher sich auch als Geschichtsforscher vielfach ausgezeichnet und namentlich die Hennebergische Chronik als zweiten und dritten Theil der Spangenbergischen Chronik herausgegeben hat; von den sechs überall bewährten und hochgeschätzten Söhnen desselben ist neben Ernst Ludwig besonders der älteste Johann Ludwig zu nennen, welcher Erzieher des nachmaligen Herzogs Georg I. von Meiningen gewesen, als Wirklicher Geheime Rath und Präsident 1819 in Meiningen gestorben ist und in der wissenschaftlichen Welt durch die geologische Beschreibung des Thüringer Waldes sich rühmlichst bekannt gemacht hat. Über die Schicksale Ernst Ludwig Heims gibt die Lebensbeschreibung, welche sein aus Herpf stammender Schwiegersohn, der spätere Regierungs-

präsident Georg Wilhelm Keßler in Arnsberg in Westfalen, 1835 bei Brockhaus in Leipzig hat erscheinen lassen, eingehende Auskunft; das mit warmer
Liebe und großer Verehrung geschriebene Buch wird jeden Leser mit besonderer Befriedigung erfüllen und darf ich auf dasselbe hier verweisen. Heim
war ein sehr gesuchter und hochgeschätzter Arzt, bei Hoch und Niedrig, bei
Reich und Arm gleich beliebt, ein eisenfester und doch liebenswürdiger Charakter,
eine durchaus volksthümliche Persönlichkeit, seiner Meininger Heimath hat er
ein sehr treues Andenken bewahrt und Zeit seines Lebens hat er mit den
Thüringer Freunden und Verwandten in lebhaftestem Verkehr gestanden. Als
sein fünfzigjähriges Doktorjubiläum in Berlin unter allgemeiner Theilnahme
auch weiterer Kreise am 15. April 1822 hochfestlich gefeiert wurde, übergab
man ihm an der Mittagstafel eine in Gold abgeschlagene, von Brandt in
Berlin geschnittene Schaumünze, welche 41 mm groß ist, auf der Hauptseite
das Brustbild des Jubilars von rechts mit dem Namen des Stempelschneiders
im Halsabschnitt und der zwischen zwei vierblätterigen Röschen stehenden
Unterschrift NATUS D· XXII JUL· MDCCXLVII sowie die Umschrift zeigt
ERN· LUDOV· HEIM DOCTOR CREATUS D· XV APR MDCCLXXII,
während auf der Rückseite der sitzende Aeskulap von links mit der Überschrift NULLAM DIEM PERDIDIT und der im Abschnitt stehenden Jahrzahl MDCCCXXII vorgestellt wird. Die wohlgelungene, auf Tafel IV Nr.
13 abgebildete Nummer ist auch in Silber und Kupfer geprägt worden und
wird in dem erwähnten Werke von Duisburg, S. 156, Nr. CCCCXVII behandelt,
der Verfasser nennt dabei den Jubilar „medicus Berolinensis summae meri-
taeque famae". Unter den vielen Bildnissen Heims wird die zu demselben
Fest von Tieck's Meisterhand geschaffene eherne Büste als dasjenige bezeichnet,
welches die Züge am geistreichsten, treuesten und befriedigendsten wiedergibt;
im Mannsstamm ist sein Zweig ausgestorben, wohl aber leben noch zahlreiche
Abkömmlinge seiner Töchter und viele Seitenverwandte.

Aus sehr bescheidenen Verhältnissen hat sich ein dritter Arzt, Johann
Christoph Hartung aus Römhild hervorgearbeitet, er wurde als dritter Sohn
des Schneidermeisters Johann Georg Hartung in der genannten Stadt am
11. Mai 1779 geboren, kam nach seiner Konfirmation zum Amtswundarzt
Vogel in Römhild in die Lehre und wanderte nach Ablauf der Lehrzeit nach
Wien, wo er in das Josephinum, eine Vorbildungsanstalt für Militärärzte,
eintrat (Denkmünzen dieser Schule führt Ockel Nr. 4354 und 4377 auf) und
nach sechsmonatigem Unterricht zur Armee versetzt wurde. Dort blieb er bis
zum Wiener Frieden 1809, dann nahm er sich längeren Urlaub und promovirte in Wien zum Doktor der Medicin am 1. August 1812. Nach den
Freiheitskriegen, an denen er als Oberarzt theilgenommen, zog er mit seinem
Regiment nach Biala in Galizien und gründete dort eine vielbesuchte Heilan-

stalt, 1830 wurde er als Stabsarzt des lombardisch-venetianischen Königreichs nach Italien versetzt, machte sich 1843 durch eine glückliche homöopathische Kur des Feldmarschalls Radetzky, welcher an schwerer Augenkrankheit litt und von anderen Ärzten bereits aufgegeben war, auch in den höheren Kreisen bekannt, wurde geadelt und siedelte nach seiner Versetzung in den Ruhestand nach Wien über, wo er 1858 als k. k. Rath und Obermedicinalrath gestorben ist. Ob er ein Verwandter ist von dem oben erwähnten Zimmermeister Johann Kaspar Hartung, habe ich nicht ermitteln können, er hatte sich 1808 oder 1809 mit der Waise eines k. k. Beamten verheirathet, wurde Vater von 17 Kindern, von denen ein Sohn Chr. von Hartungen als homöopathischer Arzt in Wien lebt, und erwarb sich ein großes Vermögen. Seine 1845 von ihm zu Papier gebrachte Lebensbeschreibung, von welcher ich durch die Güte des ebengenannten Herrn Chr. von Hartungen Einsicht nehmen durfte, ist höchst lehrreich, sie zeigt, daß es dem wackeren Mann an offenen und heimlichen Gegnern nie gefehlt, daß man ihm den Aufenthalt in Mailand schwer gemacht hat und manches — recht faul war im Staate Österreich. Über die Heilung des Feldmarschalls Radetzky berichtet ausführlich ein Artikel im Meininger Tageblatt, 1856, Nr. 65, der, wenn ich nicht irre, aus der Feder des damals in Themar lebenden praktischen Arztes Julius Arnold stammt; es wurde anläßlich dieser Kur von Hartungs Verehrern zu seinem Geburtstag 1843 eine vom Mailänder Münzgraveur Broggi geschnittene, in Gold, Silber und Bronce abgeschlagene Denkmünze — Tafel IV Nr. 14 — zugleich mit einer von 64 Unterschriften bedeckten Adresse, überreicht, welche, in von Duisburg a. a. O., S. 169, Nr. CCCCLV unrichtig beschrieben, in der genannten Nummer des Meininger Tageblattes und im ersten Heft unserer Vereinsschriften S. 18 und 19 behandelt wird. Sie mißt 42 mm, zeigt auf der Hauptseite das Kopfbild Hartungs von links mit dem Namen des Stempelschneiders unter dem Halsabschnitte und in zwei Zeilen die Umschrift CRISTOFORO HARTUNG I. R. CONSIGLIERE NATO A ROMHILDO IN SASSONIA INFERIORE XI MAGGIO MDCCLXXIX | CREATO DOTTORE L'UNDICI AGOSTO MDCCCXII A VIENNA DALLA ACCADEMIA GIUSEPPINA; auf der Rückseite liest man im Feld das homöopathische Schlagwort SIMILIA SIMILIBUS | CURENTUR und darunter, durch einen Zierstrich getrennt, die Widmung PRIMO | OMEOPATICO | NELLA | LOMBARDIA, sowie die Umschrift I CLIENTI ED AMICI IN SEGNO DI GRATITUDINE ED AMICIZIA MILANO XI MAGGIO MDCCCXLIII. Die Ausführung der Münze ist wohlgelungen, das Stück selbst selten, ich besitze eine Silberprägung in der Schwere von 30 Gramm in meiner Sammlung.

Ein vierter Arzt ist ein Sohn der bis jetzt noch nicht vertretenen Haupt- und Residenzstadt Meiningen, es ist der preußische Geheime Medicinalrath

Professor Dr. Moritz Heinrich Romberg in Berlin. Er entstammte der noch jetzt in Meiningen blühenden, fürstlicher Gunst und bürgerlicher Behäbigkeit nicht ermangelnden Familie Romberg, wurde als Sohn des herzoglichen Hofkommissionärs C. Romberg am 11. November 1795 in Meiningen geboren, siedelte aber frühzeitig nach dem Tod seines Vaters mit seiner Mutter nach Berlin über, wo er nach Besuch des Gymnasiums zum grauen Kloster auf der Universität Medicin studierte. Nachdem er am 29. März 1817 zum Doktor promovirt und eine längere Studienreise nach Wien gemacht, ließ er sich in Berlin als praktischer Arzt nieder, und wurde eine Zeit lang Assistent des oben genannten alten Heim, welcher auch im Familienverkehr ihm näher trat, seinen jetzt am Reichsgericht zu Leipzig als Anwalt thätigen Sohn, den Herrn Justizrath Romberg, aus der Taufe hob und dem Pathen seinen Namen gab. 1830 habilitirte sich Romberg, welcher von 1820—45 auch als Armenarzt wirkte, an der Universität, wurde 1840 Direktor der Poliklinik, 1845 ordentlicher Professor der medicinischen Fakultät und 1851 Geheime Medicinalrath. Um die Mitte der 60er Jahre zog er sich in Folge Kränklichkeit nach und nach von seiner akademischen Thätigkeit zurück, behielt jedoch seine ausgedehnte ärztliche Praxis, bis ihn eine schwere Herzkrankheit an's Bett fesselte und nach längerem Lager am 16. Juni 1873 der Tod erlöste. In dem in der Berliner klinischen Wochenschrift, 10. Jahrgang, Nr. 25 vom 23. Juni 1873, enthaltenen Nachruf heißt es über Romberg: „— Mit ihm ist wieder einer der Herren dahingegangen, deren Geistesarbeit wir den gegenwärtigen, auf physiologischer Grundlage ruhenden Bau unserer medicinischen Wissenschaft, auf den die Jüngern wie auf etwas nie Entbehrtes und Selbstverständliches hinaufblicken, und der in der That nunmehr für alle Zeiten unentbehrlich und für die Wissenschaft unveräußerlich sein wird, in erster Linie zu verdanken haben. Es ist das Gebiet der Nervenkrankheiten, welches auf dem Fundamente der epochemachenden Entdeckungen in der Neurophysiologie . . von Romberg allein aufgebaut wurde. Romberg ist dadurch der Schöpfer der neueren Nervenpathologie geworden und wird allein als solcher, stets mit diesem ehrenden Epitethon gekennzeichnet, fortleben in den Annalen der Geschichte . . ." Der Nachruf bringt dann noch Weiteres über die hohe wissenschaftliche Bedeutung, die Schriften und die reichgesegnete ärztliche Wirksamkeit Rombergs und erwähnt rühmend des am 29. März 1867 in Berlin gefeierten Doktorjubiläums, über welches ebenfalls die erwähnte klinische Wochenschrift, 1867, Nr. 14 eine ausführliche Beschreibung gebracht hatte. Diese Feier war eine außerordentlich festliche, neben vielen anderen Ehrengeschenken wurden dem Jubilar vom Herzog seines Geburtslandes durch den Sanitätsrath Martini aus Liebenstein das Comthurkreuz des ernestinischen Hausordens übergeben, und von einer Abordnung der ihn als Arzt consultirenden Familien eine für diesen Tag in Gold, Silber und

Bronce geprägte Medaille mit einer Adresse verehrt. Der Sprecher dieser Abordnung, an welcher sich Unterstaatssekretär Sulzer, Geheime Rath Hitzig,
Geheime Rath Mendelssohn, Geheime Rath Robert Warschauer und Andere
betheiligten, war Leopold von Ranke, kein Anderer als er war es auch, welcher
die Widmung auf der Münze verfaßt hat. Dies von W. Kullrich in Berlin
angefertigte, unter Nr. 15 der Tafel IV abgebildete Stück ist 62 mm breit
und zeigt auf der Hauptseite das „sprechend ähnliche" Kopfbild des Jubilars
von links und den Namen des Künstlers unter dem Halsabschnitt, neben dem
erhöhten glatten Rand läuft ein Blattkranz. Auf der Rückseite liest man in
11 Zeilen die Widmung: MAURITIO HENRICO | ROMBERG | PER
DECEM LUSTRA | MEDICINAE DOCTORI | ARTE FELICITER
EXERCITATA | ET PROMOTA | INSIGNI | VIRO DE SE MERITIS-
SIMO | AMICI | (Leiste) | A. D. IV CAL. APRIL. | MDCCCLXVII. In
den Handel ist diese Münze, von der ich einen Bronceabschlag besitze, nur sehr
wenig gekommen, beschrieben habe ich sie noch nicht gefunden.

Es ist bemerkenswerth, daß die bisher von mir genannten Personen, soweit sie in jetzt meiningischen Ortschaften geboren sind, mit Ausnahme der
Saalfelder Münz- und Kammermeister, also Dilherr, Rab, die beiden Hartung, Heim und Romberg allesammt aus den früher hennebergischen Landes-
theilen stammen, und so gehört auch der letzte in dieser Gruppe zu nennende
Meininger seiner Geburt nach zu den Alt-Hennebergern: der königlich preußische Generalpolizeidirektor Karl Ludwig Friedrich von Hinckeldey in
Berlin, der dritte in der nunmehrigen Kaiserstadt zu hohen Ehren gelangte
Landsmann, wurde in Simmershausen am 1. September 1805 geboren, wo
sein Vater, der dereinst auch in einer Meininger Münzgeschichte noch zu
nennende fürstlich Löwenstein-Wertheimsche Geheime Rath und Regierungspräsi-
dent Karl Heinrich von Hinckeldey[1]) als Gutsherr lebte.
Derselbe war drei Mal verheirathet, und ein Sohn der zweiten Gemahlin,
Christiane von Rochenhausen, Tochter des kurfürstlich hessischen Generals von
Rochenhausen, war unser Karl von Hinckeldey, welcher nach vollendeten Rechts-
studien in den preußischen Staatsdienst trat, Regierungsassessor in Köln,
Regierungsrath in Arnsberg und Liegnitz, daselbst dann auch Oberregierungs-
rath und 1848 Polizeipräsident von Berlin wurde. Hier verdanken ihm die
Verbesserungen im Polizei- und Armenwesen, die Errichtung von Speisean-

---

[1]) Vergleiche über ihn noch die Abhandlung von Herrn Professor Mötz: „Herzog
Karl von Sachsen Meiningen und A. L. Schlözer" im fünften Heft unserer Vereinsschriften,
S. 21, und die Bemerkung vom 24. April 1772 in der Meininger Chronik, nach welcher
von Hinckeldey in der damaligen großen Theuerung Korn aus Holland hatte kommen lassen,
zu billigem Preis an die Bäcker abgab und so der Noth abzuhelfen suchte.

anstalten, die neue Feuerwehr, die Herstellung von Bade- und Waschanstalten, mehrere sanitätspolizeiliche Baugesetze, die Gesundheherbergen für stellenlose weibliche Dienstboten ihre Entstehung; 1853 wurde er Generalpolizeidirektor und 1855 als Geheimer Oberregierungsrath Dirigent der Abtheilung für Polizei im Ministerium des Innern, am 10. März 1856 fiel er in einem Pistolenduell in der Jungfernheide. Jetzt ist sein Andenken wieder erneuert worden durch die nunmehr veröffentlichte Äußerung des damaligen Prinzen von Preußen, welcher sich in einem Brief an den Herzog Ernst von Sachsen Coburg-Gotha vom 13. März 1856 u. a. so ausspricht: „Die tragische Hinckeldeysche Angelegenheit ist ungemein traurig. Bei seinen Fehlern war er doch ein seltener Mensch, der viel Übles abgehalten hat, wenn auch nicht alles Übele richtig vermieden. Sein Tod hat ihn populärer gemacht, als er es je bei Lebzeiten war." („Aus meinem Leben und aus meiner Zeit," von Ernst II. Herzog von Sachsen Coburg-Gotha, 1888, Theil II, S. 355.) Von Hinckeldey war seit dem 18. Oktober 1835 vermählt mit Karoline Freiin von Grundherr-Altenthann aus Nürnberg, Ehrendame des königlich bayerischen Theresienordens, welche jetzt in Merseburg lebt,[1] von seinen sieben Kindern war das älteste, Ida, vermählt mit dem Freiherrn Friedrich Georg Christian von Werthern-Wiehe, einem Verwandten unseres früheren Staatsministers von Werthern;[2] ein Sohn Friedrich, dem ich diese Familiennachrichten verdanke, steht als Hauptmann und Kompagniechef beim Kaiser Alexander Garde-Grenadierregiment Nr. 1 in Berlin.

---

[1] Sie ist eine Pflegetochter der Frau Ida Karoline von Grundherr-Altenthann, geborenen von Feuchtersleben, die einst am Hildburghäuser Hof Hofdame der Herzogin Charlotte war, eine Zeit lang innige Beziehungen zu Jean Paul unterhielt und sich dann 1817 mit dem Kammerherrn und Oberlandesgerichtsrath Karl Christoph von Grundherr-Altenthann, dem Erzieher der Prinzen Georg, Friedrich und Eduard von Hildburghausen, vermählte. vergl. Human, Chronik von Hildburghausen, S. 38, 52, 201 und 224. Der Bruder der Dame war österreichischer Generalmajor und dessen Sohn, also der Vetter der Frau von Hinckeldey, ist der bekannte Dichter Dr. Ernst von Feuchtersleben gewesen, welcher als praktischer Arzt in Wien lebte, 1849 gestorben und durch eine 1851 von den Mitgliedern der medicinischen Fakultät in Wien veranstaltete, von C. Radnitzky geschnittene prächtige Denkmünze gefeiert worden ist, welche in von Duisburg a. a. O. unter CCCCXLIII beschrieben wird. Die Familie der Grundherr von Altenthann ist ein altes nürnbergisches Patriziergeschlecht und kommt wiederholt auf Schau- und Denkmünzen vor; Imhof führt in seiner Sammlung, Theil I, Abth. 2, S. 349—351 21 Nummern auf, welche in den Jahren 1530 bis 1730 ausgegeben worden sind und Bezug haben auf diese Familie.

[2] Ampach führt Nr. 10107 eine 1717 auf den Dr. theol. Johann Friedrich Freiherrn von Werthern und eine 1796 auf den Generallieutenant Philipp August Wilhelm von Werthern — Nr. 10108 — geprägte Denkmünze auf: ob sie der Familie des Staatsministers von Werthern zuzuweisen sind, weiß ich nicht.

Ein Bruder des Generalpolizeidirektors, der herzoglich Sachsen-
Meiningensche Kammerherr, fürstlich Thurn- und Taxissche Oberforstinspektor
Christian Heinrich Karl von Hinckeldey ist 1884 in Naumburg gestorben;
aus seiner ersten Ehe lebt eine unverheirathete Tochter in Meiningen, seine
zweite Gemahlin ist Emma von Schönberg auf Kreipitzsch bei Naumburg, deren
Familie wir später noch einmal begegnen werden.

Das Gut Sinnershausen, welches dem Herzog Bernhard I., dann seiner
zweiten Gemahlin Elisabeth Eleonore, später dem Herzog Anton Ulrich gehört
hatte und etwa in den vierziger Jahren des vorigen Jahrhunderts durch Erbgang
in den von Hinckeldeyschen Besitz gekommen war, wurde 1851 von den beiden
genannten Brüdern von Hinckeldey an Herzog Bernhard von Meiningen verkauft, nach dessen Tod ist es abermals in Privatbesitz übergegangen.

Zum Andenken an den Generalpolizeidirektor wurde in Berlin aus Ge-
schenken eine von Hinckeldey-Stiftung gegründet, welche die Unterstützung
unverschuldet verarmter Bürger bezweckt, unter Verwaltung der städtischen
Armendirektion in Berlin steht und zur Zeit ein Vermögen von 9900 Mark
besitzt. Um dieser Stiftung weitere Mittel zuzuführen und gleichzeitig auch die
Person des verdienten Mannes zu ehren, wurde in der Loosschen Medaillen-
anstalt in Berlin von dem schon genannten Stempelschneider W. Kullrich eine Gedächtnißmünze geprägt, von der ein Stück in Gold 50 Thaler, eins in Silber
3 Thaler 15 Sgr. und eins in Bronce 1 Thaler kostete. Die ersten Abschläge
wurden am 23. Juni 1856 dem König Friedrich Wilhelm IV. in Sanssouci
durch eine aus dem Kommerzienrath Hahn, dem Schloßprediger Frege und
dem Rentner Vetter bestehende Deputation der von Hinckeldey-Stiftung überreicht und mit dem Ausdruck besonderer Befriedigung entgegengenommen
(Spenersche Zeitung, Nr. 145, vom 24. Juni 1856). Die Münze ist selten,
nicht einmal der Magistrat in Berlin besitzt sie, wie mir unser Landsmann,
Herr Regierungsrath Dr. Christ in Berlin, neben anderen werthvollen Nachrichten in liebenswürdigster Weise mittheilt; ebenso wenig findet sie sich in der
bekannten Sammlung preußischer Münzen von Paul Henckel, dem sonderbarer
Weise auch die Nummern von Heim und Romberg fehlen. Ich habe das
Stück, welches in einem Bronceabschlag in meiner Sammlung liegt, nur bei
Ockel Nr. 3154 und von wenigen Münzenhandlungen angezeigt gefunden, und
so mag schon seiner Seltenheit willen die Abbildung auf Tafel IV Nr. 16
Vielen erwünscht sein. Die Prägung mißt 42 mm und zeigt auf der Haupt-
seite das Kopfbild von Hinckeldeys von links mit den Namen des Stempel-
schneiders W. Kullrich und des Atelierdirektors G. Loos unter dem Hals-
abschnitt; die Umschrift ist zweitheilig: oben liest man CARL LUDW.
FRIEDR. v. HINCKELDEY GEN. POLIZEIDIR., unten in kleineren Lettern
GEB. I SEPT. 1805. GEST. 10 MÄRZ 1856 und nach weiter unten

an der Kante des erhöhten Randes abermals G. LOOS. Auf der Rückseite ist die sitzende Berolina in weitem, faltigem Gewand von links mit der Mauerkrone vorgestellt, welche in der rechten ausgestreckten Hand einen Lorbeerkranz reicht und mit der Linken sich auf den Bärenschild stützt, auf der unteren Seite der Leiste steht dann wieder der Namen des Stempelschneiders. Die Umschrift lautet DEM FÖRDERER DES STAATS U. D. VOLKS-WOHLS DIE v. HINCKELDEY-STIFTUNG IN BERLIN (die beiden letzten Worte stehen im Abschnitt), die Berolina der Rückseite ist dann 1874 von C. F. Haseroth in Altenburg auf seiner zur Altenburger Landwirthschafts- und Gewerbeausstellung geschnittenen Preismedaille — vergl. hannöv. numism. sphrag. Anzeiger, 1877, S. 4 — zu einer Saxonia benutzt worden. Nach freundlicher Mittheilung des Herrn Stadtrathes Ernst Friedel in Berlin, des verdienstvollen Leiters des Vereins für die Geschichte Berlins, welcher als junger Mann im Hause des Herrn Generalpolizeidirektors verkehrt hat, giebt es von dem Letzteren auch eine gute Lithographie, und es sind nach Mittheilung desselben Herrn im Hohenzollern-Museum in Berlin eine überlebensgroße Büste von Hinckeldeys von weißem karrarischem Marmor, auf Bestellung des Königs Friedrich Wilhelm IV. für seinen Privatbesitz vom Bildhauer Holbein gefertigt, und eine kleine vom Bildhauer G. Gläser gearbeitete Gypsstatue mit voller Figur aufgestellt.

Wenden wir uns nun zu denjenigen Persönlichkeiten, welche weder in den jetzigen Grenzen unseres Herzogthums geboren noch in's Land eingewandert sind, doch aber eine Zeit lang hier gewohnt haben, so begegnet uns zunächst ein Ritter ohne Furcht, aber nicht ohne Tadel, wenn derselbe auch wohl nicht das harte Schicksal verdient hat, welches ihn schließlich ereilte. Es ist der Ritter Wilhelm von Grumbach aus Ostfranken, welcher am Hof des unglücklichen Herzogs Johann Friedrich des Mittleren von Sachsen-Gotha in der zweiten Hälfte des 16. Jahrhunderts eine verhängnißvolle Rolle spielte und nach der Einnahme von Gotha unter schrecklichen Martern am 18. April 1567 auf dem Marktplatze dieser Stadt hingerichtet wurde. Die Geschichte der „Grumbachischen Händel" haben u. a. unser Landsmann, der Professor Johannes Voigt in Königsberg, in Raumers historischem Taschenbuch 1846 und 1847, und insbesondere in einem vierbändigen Werk der verstorbene Oberappellationsgerichtspräsident Dr. Ortloff in Jena geschrieben, eine Schaumünze auf den unglücklichen Mann bringen Köhlers Historische Münzbelustigungen, Theil XII, S. 153: Das einseitige, 1567 geprägte, 72 mm haltende und von Köhler selbst als selten bezeichnete Stück stellt den Ritter im Hüftbild von vorne, im Lehnstuhl sitzend, vor, die Umschrift lautet WILHELMVS A· GRVMB—ACH

ÆTAT—SVÆ LXIX; Metall, Gewicht und Namen des Künstlers sind nicht angegeben, die Abbildung der Münze ist wie immer bei Köhler scharf und sauber. Grumbach hat das Schloß in Hellingen bei Heldburg besessen und längere Zeit bewohnt, wie ich bereits im ersten Heft unserer Vereinsschriften S. 7 ausgeführt habe, und fehlt es in der dortigen Gegend nicht an mancherlei Erinnerungen an ihn.

Friedlicher und segensreicher hat sich das Leben des Meininger Hof= predigers Joachim Justus Breithaupt gestaltet: Er wurde im Februar 1658 in Nordheim im Hannöverschen geboren, wo seine Eltern Christian Breithaupt und Anna Engel geborne Trost als Pfarrersleute lebten; dann wurde der Vater Superintendent in Hohenstädt; der Sohn war schon 1680 Conrector in Wolfenbüttel, habilitirte sich in Kiel und wurde 1685 als Hof= prediger und Consistorialrath nach Meiningen berufen, wo er am 17. Januar 1686 ordinirt wurde, auch dem Erbprinzen Ernst Ludwig I. Religionsunter= richt ertheilte, aber namentlich in Folge der von dem ebenso einflußreichen als unheilvollen Geheime=Raths=Direktor Johann Konrad Meß veranlaßten Intriguen (vergl. das sehr interessante Henslingsprogramm des Meininger Gymnasiums, 1884, von Professor Adolf Schaubach, Beiträge zur Geschichte von Stadt und Land Meiningen unter Herzog Bernhard I.) bereits am 10. April 1687 seine Abschiedspredigt hielt, um als Geistlicher und Professor der Theologie an die Universität nach Erfurt zu gehen. Die Meininger Chronik rühmt ihm nach seine Gelehrsamkeit, seinen Wandel und seine Mildthätigkeit gegen die Armen, sein Abschied sei von der Bürgerschaft sehr bedauert worden. „Seine Freimüthigkeit, sein Ernst, wo er Unrecht erblickte, seine Sittenstrenge verwickelten ihn in Verdrießlichkeiten, die ihm die Veränderung seiner Verhält= nisse wünschenswerth machten." 1691 wurde er von Erfurt aus Professor der Theologie und Direktor des Seminars an der Universität Halle, rückte dann zum Abt des Stifts und Klosters Berga auf und starb als ein hoch= geschätztes Haupt des Pietismus am 16. März 1732 in Halle. Sein Lebens= lauf und die Leichenfeier sind gedruckt und in der Gothaer Bibliothek in einem Band Leichenpredigten B. I, Nr. 9 (XX) III zu finden, eine vortreffliche, 1703 von Christian Wermuth in Gotha auf ihn geschnittene, in Gold, Silber, Kupfer und Zinn abgeschlagene Schaumünze wird — ebenso wie die auf den obengenannten Rab — in der von Wermuth 1713 herausgegebenen „Speci= ficatio Wermuthischer Medaillen, allen curiosen Medaillen=Freunden zu dienstlicher Nachricht" S. 9, Nr. 25 angeboten, im Thesaurus numismatum modernorum anni 1703, S. 322 abgebildet und beschrieben, auch in Oelrichs Verzeichniß Nr. 2963 aufgeführt und liegt in Silber im Gothaer Kabinet. Das Stück mißt 30 mm, zeigt auf der Hauptseite das Brustbild Breithaupts von vorne, etwas nach links gewendet, mit langem Lockenhaar, Mützchen,

Priesterrock und Überschlag sowie die zweizeilige Umschrift IOACH· IVST., BREITHAVPT· HALLENS· PIETATIS & | SAPIENTIAE—DOCTOR· Unten lieſt man auf einem am Rand entlang laufenden Band TACENDO ET NVTV MAGISTRO· Auf der Rückſeite wird der Wiederaufbau Jeruſalems nach der babyloniſchen Gefangenſchaft vorgeſtellt, darüber ſteht AD VTRVMQVE, unter der Leiſte im Abſchnitt die zweizeilige Schrift NEHEM· IV· 15· 17· 17 C· W· 03· Die Randſchrift lautet NON EX FVLGORE FVMVM SED EX FVMO LVCEM, und es iſt auch dieſes Stück geſucht und theuer, wie alle von Wermuth auf Privatperſonen geſchlagenen Münzen.

Als erſter hier zu nennender Künſtler führt ſich ein der ansbachiſche Kammermaler Johann Peter Feuerlein, geboren am 12. Oktober 1668 in Boxberg in der Pfalz, ſeit dem 14. Mai 1704 verheirathet mit Roſine Magdalene Wachsmann, älteſter Tochter des Advokaten Johann Ernſt Wachs= mann in Gräfenthal, und am 16. September 1728 in Ansbach geſtorben. Derſelbe kam zu Ende des 17. Jahrhunderts nach Hildburghauſen als fürſt= licher Hofmaler, wurde von da 1716 nach Ansbach berufen und wird von dem Herausgeber der Brandenburgiſchen Münzbeluſtigungen „einer der größten Maler dieſes Jahrhunderts" genannt, ein nach Naglers Künſtlerlexikon wohl= verdientes Lob. Auf dieſen Feuerlein hat R. Faltz eine in den ebengenannten Münzbeluſtigungen von Spieß, Band III, S. 81, abgebildete und beſchriebene Münze, „ein fürtreffliches pouſirtes einſeitiges Schauſtück", von 75 mm Durchmeſſer verfertigt, welches das Bruſtbild des Malers von rechts mit großer Perücke, Halstuch und umgeworfenem Mantel zeigt und die Umſchrift IOHANN: PETRVS FEVERLEIN, PICT: EXCELL; ſowie im Arm= abſchnitt den Namen des Stempelſchneiders R. FALTZ. trägt. Um die Umſchrift läuft ein doppelter, aus je 3 Fäden beſtehender Reif; eine Jahrzahl iſt nicht angegeben, da aber R. Faltz 1703 geſtorben iſt, ſo kann das Stück nach dieſem Jahr nicht entſtanden ſein. In den Blättern für Münzfreunde, 1888, Spalte 1400 habe ich bereits dieſe Prägung beſprochen und dabei mit= getheilt, daß nach den Andeutungen von Spieß noch eine zweite Schaumünze vorhanden zu ſein ſcheint, auf welcher jedoch Feuerlein nicht ſo gut getroffen iſt.

In einer ausgezeichneten und höchſt intereſſanten Weiſe ſind die Bachoven (Bachof, Bachofen, Bachoff, Bachoffen, Bachov) von Echt vertreten, von denen ein Aſt zu ſeinen vielen Beſitzungen das Rittergut Schlettwein bei Pößneck am 16. Dezember 1721 von den Herren von Thüna gelauft und faſt ein Jahrhundert in der Familie erhalten hat. Ich kenne kein einziges thüringiſches Geſchlecht, welches auf ſo viel Schau= und Denkmünzen gefeiert wird, wie das der Bachoven von Echt, ich kenne aber auch nur ſehr wenig

Familien, deren Andenken und Geschichte mit solchem Eifer und Erfolg gepflegt worden, wie das ihrige. Mit außerordentlicher Rührigkeit, mit seltenem Geschick und mit den zu solchen Forschungen unbedingt nothwendigen Mitteln hat ein Angehöriger derselben, der jetzt in Nußdorf bei Wien lebende Großindustrielle Herr Adolf Bachofen von Echt, der Geschichte seines Geschlechts nachgespürt und die den aufgewendeten Fleiß wohl lohnenden Ergebnisse seiner Studien in einem 1888 in Wien im Selbstverlag des Verfassers erschienenen Schriftchen, „Beiträge zur Geschichte der Familie Bachoven von Echt" veröffentlicht. Daneben hat derselbe Herr die auf sein Geschlecht ausgegebenen Münzen theils in Original, theils in vorzüglichen galvanoplastischen Abschlägen gesammelt und mit neuen Prägungen auf seine Kosten vermehrt, Urkunden und Bildwerke abschreiben oder besonders anfertigen lassen, kurz Alles, was auf seine Familiengeschichte Bezug hat, zusammengetragen. Auf seine Anregung habe ich im XXI. Band der numismatischen Zeitschrift in Wien, 1889, eine ausführliche Abhandlung über die Münzen der Familie Bachoven von Echt erscheinen lassen, welche sich mit der Geschichte, dem Wappen und den Prägungen des Geschlechts beschäftigt und durch Beigabe der auf drei Tafeln vertheilten vorzüglich gelungenen Abbildungen der Münzen geschmückt ist. Diese auf seine Kosten angefertigten Tafeln hat dann mein Nußdorfer Freund auch für unsere Vereinsschrift verfüglich gestellt, und sollen und werden sie auch hier zur Zierde gereichen. Für Diejenigen, welche sich eingehender mit der Geschichte der Familie beschäftigen wollen, wird die genannte numismatische Zeitschrift reichen Stoff liefern, für unsere Zwecke genügt ein Auszug aus derselben. Uns interessiren hier von dem aus der Provinz Limburg vom rechten Ufer der Maas stammenden, nach Köln eingewanderten und in mehrere Linien sich theilenden Geschlecht die zu der in Thüringen angesiedelten evangelischen sogen. dritten Linie gehörenden Glieder: der herzoglich sachsen-gothaische Geheime Rath und Premierminister Johann Friedrich Reichsfreiherr Bachov von Echt, sein Sohn Johann Friedrich, gothaischer Oberconsistorialpräsident und Amtmann zu Tenneberg, und sein Enkel, der zum Reichsgrafen erhobene Johann Friedrich, sowie weiter aus der ersten, in Westfalen angesessenen katholischen Linie der zu Nußdorf lebende Familienchronist und seine beiden Brüder, diese sechs Personen sind auf Münzen allein oder mit ihren Gemahlinnen vertreten.

Der erstgenannte Johann Friedrich wurde als Sohn des in schwedischen Diensten emporgekommenen Friedrich Bachov von Echt und der Anna Sabine gebornen Volck in Gotha am 17. Februar 1643 geboren, verheirathete sich in Coburg am 23. Mai 1678 mit Magdalene Sibylle Johanne (geboren 18. Februar 1660, gestorben 7. September 1716), Tochter des herzogl. sächsischen Geheime Raths, Kanzlers und Obersteuerdirektors Johann Thomä in Altenburg und der Marie Elisabethe geborenen von Bonn aus dem Hause Burkenau und Weinheim, und ist in Gotha am 27. Oktober 1726 gestorben. Er war gotha-altenburgischer Premierminister und Geheime-Raths-Direktor, kaiserlicher Reichshofrath, königlich polnischer und kurfürstlich sächsischer Geheime Rath, Ritter des preußischen Ordens de la générosité, erhielt am 1. September 1683 vom Kaiser Leopold I. eine Adelsbestätigung und am 12. Oktober 1691 den Reichsfreiherren-Stand; er war unter den Begleitern des Herzogs Friedrich I. von Gotha, als dieser im August 1678 in Meiningen den ersten Landtag der ihm zugefallenen hennebergischen Ämter hielt, und hat ein sehr bedeutendes Vermögen, darunter das von ihm erworbene Rittergut Schlettwein, hinterlassen. Von seinen 12 Kindern wurde der am 9. April 1679 in Gotha geborene und ebenda am 3. Januar 1736 gestorbene Johann Friedrich 1726 ebenfalls kaiserlicher Reichshofrath und 1730 Kanzler und Direktor im Landesregierungscollegium. Aus seiner Ehe mit Johanne Elisabethe von Watzdorf auf Schloß Berga¹) stammen der königl. preußische Kammer- und Jagdjunker, resignirter Domherr des hohen Stiftes zu Camin Johann August Bachof von Echt, welcher in dritter Ehe vermählt war mit Christiane Marie Beate, Tochter des coburg-saalfeldischen Bergraths und Schloßhauptmanns zu Saalfeld Christian Wilhelm von Dieskau (einen von dem kursächsischen Kammerrath Otto von Dieskau 1592 ausgegebenen kupfernen Schaupfennig bringt Neumann a. a. O. Nr. 32 696; es ist also auch diese Familie in der Münzkunde vertreten), lange Zeit in Schlettwein wohnte, dort die noch jetzt vorhandene Familiengruft baute, unter dem Namen „der Prälat" in vortrefflichem Andenken steht, und mit seiner genannten Gemahlin auch in Schlettwein beigesetzt ist. Zwei weitere Söhne des Regierungsdirektors waren der noch zu nennende Hildburghäuser Hofrath Wilhelm Ferdinand und der am 12. Januar 1710 geborene, in Wien am 24. Juni 1781 gestorbene Johann Friedrich Bachoff von Echt, welcher als königlich dänischer Gesandter am kaiserlichen Hofe zu Wien vom Kaiser Franz I. am 24. März 1752 in den Reichsgrafenstand erhoben wurde und sich am 9. Juni 1756 mit Johanne Henriette Karoline Gräfin von Ronow und Bieberstein vermählte. Auch muß erwähnt werden, daß eine Tochter des gothaischen Hofraths Johann Christoph Bachoffen von Echt in Gotha, des älteren Bruders des Premierministers, Sophie Luise sich mit dem hildburghäusischen Geheime Rath und Kanzler Tobias Sutorius vermählte, welcher am 25. Juni 1713 vom Kaiser in den Reichsritterstand erhoben und zum Edlen von Karlstein ernannt worden ist, und daß eine zweite Tochter Eber-

---

¹) Ein Angehöriger dieses Geschlechts war der langjährige und hochverdiente weimarische Staatsminister von Watzdorf, auf welchen, wie oben angedeutet, Angelika Facius in Weimar 1868 eine hübsche Denkmünze gefertigt hat.

harbine Susanne Gemahlin des hildburghäusischen Hof- und Kammerraths Friedrich Wilhelm Carpzov wurde. Auch diese berühmte Familie wird auf Schau- und Denkmünzen gefeiert: drei Nummern, auf Johann Benedict und Samuel Benedict, auf August und auf Johann Gottlieb Carpzov, bringt Ampachs Verzeichniß Nr. 9387 bis 9389, in Lochners Medaillensammlung, Jahrgang 1738, S. 353 ff. sind zwei Prägungen auf Johann Benedict Carpzov den Jüngeren abgebildet und beschrieben. Der am 3. Mai 1708 geborene und am 29. Juli 1739 in Tobitschen bei Altenburg als königlich polnischer und kurfürstlich sächsischer Hofrath und Geheime Referendar verstorbene Wilhelm Ferdinand Bachofen von Echt[1]), ein Bruder des Schlettweiner Prälaten und des Reichsgrafen in Wien, wurde am 16. Februar 1732 Kammerjunker und Hofrath in Hildburghausen und rückte am 1. Dezember 1734 zum Geheime-Raths-Assistenten auf, als welcher er bei der Beisetzung des Prinzen Friedrich August Albrecht, zweiten Sohnes des Herzogs Ernst Friedrich II., am 18. Juni 1735 die Parentation gehalten hat. Von den vielen Familien, mit denen sich die Thüringer Bachoven noch verschwägerten, sind insbesondere auch die von Ketelhodt zu nennen, auf die ich noch zu sprechen kommen werde.

Schon aus dieser hervorragenden Stellung erklärt sich die Menge der auf die Familie veranstalteten Denk- und Schaumünzen, und insbesondere ist der gothaische Premierminister und erste Reichsfreiherr auf nicht weniger als fünf Prägungen vertreten.

Die erste, von Christian Wermuth, 42 mm im Durchmesser und in Silber 43,73 Gramm schwer, stellt auf der Hauptseite das Brustbild des Ministers von links mit dem dem Beschauer voll zugewendeten Gesicht in Allongeperücke und Mantel vor, unter dem Bilde liest man NAT· XVII· FEBR· MDCXLIII· Die Umschrift lautet IOHANN: FRIDERIC: BACHOV· BARO AB ECHT· Auf der Rückseite ist das Familienwappen abgebildet: im eirunden Schild das nach rechts schreitende Lamm, auf dem gekrönten Bügelhelm das wachsende Lamm von links, unter dem Schild steht der Name des Künstlers und die doppelzeilige Umschrift lautet SAC· C.ES· MAIEST. CONSILIARIVS IMPERIALIS AVLICVS | ET CONSILII INTIMI

---

[1]) Die Sammlung in Rußdorf bewahrt ein von Berningeroth in Kupfer gestochenes Bild von Karlsteins, im Schlosse zu Molsdorf bei Gotha hängt ein Bild des Hofraths Wilhelm Ferdinand Bachofen von Echt in Hildburghausen; Tobitschen ist das letzte diesem Familienzweig verbliebene Gut und gehört dem jetzigen Obmann, dem herzoglich altenburgischen Kammerherrn und königlich sächsischen Rittmeister a. D. Ulrich Bachoff von Echt, welcher vermählt ist mit Marie Elisabeth von Lindenau, einer Schwestertochter unseres Vereinsgenossen, des Herrn Kammerherrn Felix Freiherrn von Stein in Großlochberg.

SAXO-GOTHANI DIRECTOR· Die Jahreszahl ist auf dem in einem Silberabschlag im Gothaer Kabinet liegenden Stücke — Abbildung Nr. 1 — nicht angegeben, doch muß es zwischen 1698 und 1713 entstanden sein.

Auf den Antritt des 70. Lebensjahres des Ministers schlug Johann Christian Koch in Gotha, der wohlbekannte Schüler Wermuths, zwei gleich-große Schaumünzen, von 47 mm Durchmesser — siehe Bild Nr. 2 und 3 —, welche auf der Hauptseite das Brustbild des Jubilars von rechts, ebenfalls mit Allongeperücke und Mantel, und die Umschrift JOH· FR· BACHOV· L· B· DE ECHT· S· C· M· CO· AVL· IMP· ET CO· INT· S· GOTH· PRÆS bringen, in einer Mantelfalte steht der Name des Stempelschneiders. Auf der Rückseite zeigt das eine Stück — in Silber mit 65,2 Gramm im Gothaer Kabinet — ein auf offenem Meer segelndes Schiff, in dessen Vorder-theil die Göttin der Gerechtigkeit mit Wage und Schwert sitzt, während die am Steuer befindliche Figur vielleicht die Weisheit darstellt. Darüber die Umschrift INTEGRA FORTVNA ET FAMA, im Abschnitt liest man in vier Zeilen IN TERMINO VITÆ DAVIDICO | AETATIS ANNO 70. FEBR: XXVIII | 1712

Auf der Rückseite der zweiten Nummer, welche in einem Bronze- und in einem Zinnabstoß in Gotha liegt, werden in 20 Zeilen die Verdienste Bachovs gefeiert: TRIUM | SAXON. DVCVM | ERNESTI PII AVI | FRIDER: SAPIENTIS FILII | FRIDERICI PII ET SAP. NEP: | MINISTER PIVS SAPIENS FIDELIS FELIX | INTER TEMPORVM ET RERVM | VICISSITVDINES VARIAS MAGNASQ: | SALVO STATV PVBLICO | AC INTEGRA FORTVNA ET FAMA | FORTUNÆ PROCELL: SCOPVLOSQ· INVIDLÆ | SVMMAR. CVRIAR. PROCERIBVS INFESTOS DVCE VIRTVTE ET PRVDENTIA | COMITE MODESTIA FELICITER PRAETERVECTVS | IN SACRO VITAE TERMINO | AETATIS ANNO LXX | FEB. XXVIII. | MDCCXII. und wird man die auf beiden Münzen erfolgte Hinausrückung des Geburtstages vom 17. auf den 28. Februar auf die inzwischen erfolgte Einführung des neuen Kalenders zu rechnen haben.

Beide Münzen werden beschrieben in der Vorrede zum Jahrgang 1743 der Lochnerschen Medaillensammlung unter XVIII 1.

Drei Jahre später gab derselbe Koch eine neue Münze aus, welche in einem Zinnabschlag im Gothaer Kabinet und im Besitz meines Freundes in Nußdorf sich befindet, auch im Verzeichniß der Ampachschen Sammlung Nr. 9278 in einem Silberabschlag enthalten, hier aber unrichtigerweise dem Sohne zugeschrieben ist. Sie wiegt in Silber 14 Gramm, mißt 31 mm und stellt auf der Hauptseite das Brustbild von rechts mit Ordenssternen, Allongeperücke und Mantel, sowie die Umschrift vor: I. F. BACHOV — L. B. DE ECHT. auf der Rückseite steht eine von einigen Wolken umgebene Säule mit der Umschrift PONDERIBVS — FIRMATA SVIS. und im Abschnitt die Jahreszahl 1715. Beiderseits läuft am Rand ein dickperliger Reif, der Name des Stempelschneiders ist mit K auf der Hauptseite unter dem Brustbild ange-deutet. (Abbildung Nr. 4.)

Während die eine Geburtsfestmünze Kochs der staatsmännischen, öffent-lichen Verdienste des Ministers gedenkt, feiert Christian Wermuth in einem augenscheinlich 1724 ausgegebenen Stück das Privat- und Familienleben (siehe Bild Nr. 5). Auf der Hauptseite sind die hinter einander gestellten Brust-bilder des ersten Reichsfreiherrn und seiner Gemahlin von rechts zu sehen, im Armabschnitt des ersteren liest man den Namen des Künstlers. Die am ganzen Rand entlang laufende Umschrift lautet IOH· FRID· BACHOVI°. L· B· AB· ECHT· EPo· VX· MAGD· SIB· N· THOMEA (sechsspitziger Stern). Die 21zeilige Aufschrift der Rückseite weist hin auf das am 7. Sep-tember 1716 erfolgte Ableben der Gemahlin, welche ihrem Gemahl sieben Söhne, von denen fünf jung gestorben, und fünf Töchter gegeben hat und so die Ahnherrin einer weitverbreiteten Familie geworden ist, führt die bemerkens-werthesten Thatsachen aus dem Privat- und Familienleben des Paares auf und lautet:

PAR | CONIVGVM | XXIII MAII MDCLXXIIX | PIVM NOBILE FAVSTVM | DEO ET | PATRIAE FIDELE | PLVS MILLIES MISERIS | LIBERALE SOLAMEN | DVODECIES PROLI EIDEMQVE | IAM ANNO MDCCXXIV | QVINQVAGIES BIS | PARENTI PARENS | NVNQVAM SIBI INVICEM | LVCTVOSVM | NISI SEMEL VII SEPT· MDCCXVI | VXORE ADMODVM MATVRE | AETATIS LVI OBEVNTE | OMNIBVS NUMERIS | ABSOLVTVM | PAR

Die ebenfalls 42 mm messende Münze liegt in einem 28,75 Gramm schweren Silberabschlag im kaiserlichen Münzkabinet zu Wien, und in dem zu Gotha; sie hat wie die ersten drei Nummern nach dem damaligen Brauch etwas erhöhten Rand mit entlang desselben laufendem, beiderseitigem Faden-reif und schließt die Reihe der uns bekannten Stücke auf den ersten Reichs-freiherrn ab.

Auf seinen 1736 gestorbenen gleichnamigen Sohn, den Oberkonsistorial-präsidenten und Landesregierungsdirektor, besitzen wir die auf Tafel I, Nr. 6 ersichtliche, in Ampachs Verzeichniß Nr. 9279 und in Wellenheims Katalog Nr. 13147, hier aber irrthümlich dem Reichsgrafen und dänischen Gesandten zugeschriebene Begräbnißmünze von 1736, welche Vestner der Jüngere in

Nürnberg geprägt hat.[1]) Sie mißt 41 mm, hat denselben erhöhten Rand mit zwei Fadenreifen und bringt auf der Hauptseite das Brustbild des Verstorbenen von rechts mit Allongeperücke, Ordensstern und reicher Kleidung, sowie die Umschrift IO· FRID· BACHOV· L· B· AB ECHT S· C· M· CONS· AVL· IMP· ET CONS· INT· ATQ· CANC· S· GOTH· und unter dem Armabschnitt den Namen Vestners; auf der Rückseite steht auf zwei Stufen ein Prunksarg mit brennender antiker Lampe, über welchem der Ruhmesengel mit der Posaune fliegt, die Umschrift heißt: VIVIT QUAE GLORIA COMPLEAT ORBEM·, im Abschnitt sind Geburts= und Sterbetag angegeben: NAT· D· 8 APR· 1670 | DENAT· D· 3 IAN· | 1736 Einen 22,₅₅ Gramm schweren Silberabschlag besitzt das Kabinet in Wien, ein gleicher, ein Bronze- und ein Zinnabschlag liegen in der von Bachofen-Sammlung in Nußdorf.

In hübscher Weise fügt sich das von Anton Wideman in Wien auf die Hochzeit des Reichsgrafen Johann Friedrich Bachoff von Echt 1756 gefertigte Prachtstück (Tafel II Nr. 7) als Schlußnummer dieser Reihe an. Der Gefeierte, ein Enkel des Gothaer Ministers und ein älterer Bruder des Prälaten in Schlettwein, war, wie bereits erwähnt, verheirathet mit der Gräfin Henriette Karoline von Ronow; die Münze stellt bei einem Durchmesser von 64 mm auf der Hauptseite die hinter einander gesetzten Brustbilder des jungen Paares von rechts mit reichem Ordens=, Stein= und Spitzenschmuck vor, die Umschrift lautet: IO· FR· COMES BACHOFF AB ECHT ET IO· CAR· COMIT· DE RONOW, weist also den obenangeführten weiteren Namen der Frau Gräfin Henriette nicht auf; unter den Bildern steht der Name des Stempelschneiders. Auf der Rückseite liest man in einem von zwei dichten Lorbeerzweigen gebildeten Kranz die Widmung FELICI | MATRIMONIO : IVNIVNTVR (sic!) | D· IX· IVNII | MDCCLVI an dem ebenfalls erhöhten Rand laufen beiderseits zwei Fadenreife entlang. Einen 104 Gramm wiegenden Silberabschlag besitzt das Wiener Kabinet, in Wellenheims Katalog sind unter Nr. 13146 ein Silber= und ein Bronze-Abstoß aufgeführt, die Nußdorfer Sammlung bewahrt ebenfalls eine Bronzenummer.

Während so die Thüringer oder dritte Linie durch 7 schöne Prägungen aus dem vorigen Jahrhundert vertreten ist, wird die erste in Westfalen zurückgebliebene und in neuerer Zeit zum Theil nach Östreich ausgewanderte Linie durch drei, den letzten Jahren angehörende Stücke ausgezeichnet, sie sind sämmtlich von Herrn Adolf Bachofen von Echt in Nußdorf in der Größe von 48 mm in goldenen (69,₆₅ Gramm), silbernen (60 Gramm) und broncirten Kupferabschlägen ausgegeben und von dem rühmlichst bekannten Kammer-

---

[1]) Da Wellenheim die nachstehend behandelte, auf den Reichsgrafen geschlagene Hochzeitschaumünze von 1756 richtig bestimmt, so versteht man nicht, wie er eine Nummer weiter dieses 1736 geprägte Stück auf den Tod desselben Reichsgrafen beziehen kann.

medailleur Anton Scharff in Wien geschnitten. Die erste betrifft die am 16. Mai 1884 gefeierte silberne Hochzeit des Herrn Adolf Bachofen von Echt selbst, die zweite ist eine Gedächtnißmünze auf seinen Bruder, den am 30. Oktober 1886 in Prag gestorbenen östreichischen Reichsraths und Landtags= abgeordneten Clemens Maximilian Bachofen von Echt und die dritte, in diesem Jahr veranstaltete, ist ebenfalls eine Denkmünze auf den am 22. Februar 1884 in Münster in Westfalen gestorbenen ältesten Bruder, den königl. preußischen Geheime Justizrath und Korpsauditeur des 8. preußischen Armeekorps Karl Abundius Bachofen von Echt in Münster, den Vater des Obmanns dieses Familienzweigs. Alle drei Stücke sind ganz vorzüglich ge= lungen und werden sehr gut auf den Abbildungen Nr. 8 bis 10 wieder= gegeben, auf der Hauptseite stellen sie die Brustbilder der betreffenden Personen mit den erklärenden Um= und Inschriften, auf der Rückseite das Wappen dieser Linie vor. Im Jahr 1325 war letzteres ein nach rechts springender, schwebender, gekrönter, vermuthlich schwarzer Löwe in goldenem Feld; durch kaiserlichen Erlaß vom 24. März 1532 wurde dem Friedrich Bachofen von Echt in Köln, dem Ahnherrn der verschiedenen hier in Frage kommenden Linien, in Gemeinschaft mit seinem kinderlos verstorbenen Bruder Arnold, neben dem Abel als Wappen ein auf grünem Boden nach rechts schreitendes schwarzes Lamm in goldenem Feld, als Helmzier ein gleichfarbiges und gleich schreitendes Lamm, mit schwarz=goldenen Helmdecken verliehen, und es hat die erste Linie auch dieses Wappen beibehalten, mit der Abweichung, daß der Vater der oben= genannten drei Herren Adolf, Clemens und Karl in Gemeinschaft mit seinen vier Brüdern anläßlich der ausdrücklichen Adelsanerkennung Seitens der preußischen Regierung am 14. Februar 1830 als Helmzier anstatt des schrei= tenden das wachsende Lamm von links zwischen einem offenen schwarzen Flug annahm, und daß eine in den früheren Geschlechtern dieses Zweiges sich trennende Sonderlinie, welche noch durch drei ältere Damen in Koesfeld in Westfalen vertreten ist, seit dem 27. Juni 1829 als Helmzier zwar das wachsende Lamm von links, aber nicht den offenen Flug gewählt hat.

Die in Thüringen angesiedelte dritte Linie, auf welche die sieben ersten Münzen entfallen, führt das dem gothaischen Premierminister 1683 verliehene, auf grünem Boden nach rechts schreitende silberne Lamm in blauem Feld im Wappen, als Helmzier das wachsende silberne Lamm von links mit blau= silbernen Helmdecken; dem Reichsgrafen Johann Friedrich Bachoff von Echt wurden für seinen, übrigens bald ausgestorbenen Zweig auf den Wappenschild eine neunperlige Grafenkrone und drei Helme — mit drei goldenen Klee= stengeln, dem wachsenden silbernen Lamm und drei goldenen Kornähren — und als Schildhalter zwei silberne Greife gegeben, deren Flügelfedern in mehreren Reihen abwechselnd roth und silbern gefärbt sind.

Mein Rußdorfer Freund hat nun auch auf das Wappen seiner Familie zwei Münzen schlagen lassen: in der oben schon genannten Prägeanstalt von Lauer in Nürnberg wurde 1887 ein 47 mm messendes Stück angefertigt — Abbildung Nr. 11—, welches die beiden alten Wappen von 1325 und 1532 vorstellt, in Silberabschlägen zu 41 Gramm sowie in broncirten Kupferabschlägen ausgegeben worden ist, und in diesem Frühjahr wurde in der Anstalt des k. k. Hof- und Kammermedailleurs Heinrich Jauner in Wien das 70 mm haltende, in vergoldetem, versilbertem und broncirtem Kupfer abgeschlagene Prachtstück hergestellt, welches die sämmtlichen Wappen der Familie auf sich vereinigt, unter Nr. 12 der Tafeln abgebildet ist und in würdiger Weise die stolze Reihe von Münzen abschließt, welche im vorigen Jahrhundert der Macht und dem Reichthum des Geschlechts, in diesem Jahrzehnt dem Familiensinn und treuer Liebe ihre Entstehung verdanken.

Die schon wiederholt, bei Wolzogen und Bachoven von Echt, genannte Familie von Ketelhodt stammt aus Mecklenburg und wurde in einem Zweig nach Thüringen verpflanzt durch Christian Ulrich Freiherrn von Ketelhodt, welcher am 5. August 1701 in Güstrow als Sohn des mecklenburgischen Oberstallmeisters Gustav Joachim von Ketelhodt und der Frau Anna Katharine geborenen von Hünemörder aus Finsdorf geboren war, nach vollendeten Studien zunächst — am 5. Juni 1724 — in mecklenburgische, dann in Barby'sche und am 8. April 1726 in fürstl. schwarzburg-rudolstädtische Dienste kam, zum Geheime Rath, Kanzler, Regierungs- und Consistorialpräsidenten aufrückte und am 8. Juni 1777 in Rudolstadt gestorben ist. Er war vermählt mit Marie Katharina Freiin von Beulwitz; von seinen Kindern ist besonders zu nennen der rudolstädtische Wirkliche Geheime Rath und Direktor der Landesregierung Karl Gerd von Ketelhodt, welcher sich mit Auguste Friederike Freiin Bachof von Echt aus dem Hause Schlettwein vermählte und der Vater des Rudolstädter Oberstallmeisters Leopold von Ketelhodt war, dieser hat am 20. April 1819 von den Verwandten seiner Mutter Schlettwein erworben und nach seinem Tod 1822 auf zwei seiner Brüder vererbt, welche bis 1830 die Besitzung in der Familie beließen.

Die Lebensgeschichten des Kanzlers Christian Ulrich von Ketelhodt und seines Sohnes Karl Gerd werden von Herrn Archivrath Dr. Anemüller in Rudolstadt in der allgemeinen deutschen Biographie, Band XV, beschrieben, auch die von dem mecklenburgischen Kammerherrn Eduard Freiherrn von Ketelhodt 1855 herausgegebene Familiengeschichte gibt reichen Aufschluß, uns aber interessirt vor allem der Erstgenannte: er besaß eine umfassende und gründliche Gelehrsamkeit, schrieb selbst viel und gut, war Mitglied verschiedener wissenschaftlicher Gesellschaften, er wurde nicht blos von seinem Landesherrn hochgeehrt und hat sehr viel Gutes geschaffen, indem er von seinem großen Vermögen hochherzigen Gebrauch machte und namentlich eine ausgedehnte Wohlthätigkeit übte.

1772 erwarb von Ketelhodt von dem gothaischen Geheime Rath Wilhelm Freiherrn von Wolzogen in Altenburg aus der Mülfelder Linie das Erbschenkenamt der gefürsteten Grafschaft Henneberg mit den dazu gehörigen Erbzinsen und Gütern in Henneberg, Hermannsfeld und Stedtlingen, insbesondere auch mit dem sogenannten tiefen See oder Stedtlinger Moor (der von der Herzogin Charlotte Amalie von Meiningen unter dem 1. Mai 1772 ausgefertigte Lehnbrief ist in der ebenfalls bereits aufgeführten Henneberger Chronik des Pfarrers Heim in Solz, Theil III, S. 375 abgedruckt); am 12. Oktober 1776, also nur wenige Monate vor seinem Tode, kaufte er das Schlößchen Kitzerstein in Saalfeld, um es zum beständigen Wohnsitz der hennebergischen Erbschenken zu machen. Sein bald darauf eingetretener Tod vereitelte die Ausführung seiner Pläne, wohl besitzt die Familie noch den Anspruch auf Verleihung der Erbschenkenwürde, aber nicht mehr die mit derselben verbunden gewesenen oder in Verbindung gebrachten Liegenschaften,[1] und doch ist das Andenken an deren Erwerb in besonders erhebender Weise für die Nachwelt gesichert worden. Der neue Erbschenk verband nämlich mit seiner Würde alsbald wohlthätige Stiftungen: den Armen Saalfelds setzte er am 2. Februar 1777 ein Kapital von 100 Thalern aus, dessen Zinsen, früher unter besonderen Feierlichkeiten, alljährlich vertheilt werden,[2] in die Kirche zu Hermannsfeld, wo zu jener Zeit mein Urgroßvater Samuel J. Müller Pfarrer war, stiftete er am 24. März 1772 die gleiche Summe von 100 Thalern, deren Zinsen zu einer Gabe für den Ortspfarrer und Lehrer sowie zu einer Brotspende für die Armen in Hermannsfeld und Henneberg unter dem Namen

[1] In der Familiengeschichte wird der Erwerbung des „Erblehnguts Kitzerstein" nur sehr beiläufig gedacht; es kann auch nicht lange im Besitze des Geschlechts geblieben sein, da es bereits anderweit am 27. Mai 1779 von Johann Georg Kirsert in Saalfeld an Johann Heinrich Filß und von diesem am 27. Juli 1780 an den burggräflich kirchbergischen Oberforstmeister Christoph Christian Friedrich von Aremann verkauft worden ist. Als es 1856 von den damaligen Besitzern öffentlich zum Verkauf ausgeboten wurde, meldete sich als Kaufliebhaber auch der Freiherr Eduard von Ketelhodt auf Hermannsgrün, der Verfasser der Familiengeschichte, doch zerschlug sich der öffentliche Verkauf wieder.

[2] Ketelhodt liebte es, mit der Vertheilung seiner Spenden solche Feierlichkeiten zu verbinden: auf seinem Gut Eichfeld bei Rudolstadt führte er das Tulpenfest ein, in der Dorfgemeinde Lichstedt, ebenfalls bei Rudolstadt, wird noch heute das von ihm ins Leben gerufene Rosenfest unter Betheiligung aller Dorfbewohner begangen. Eine gute Abbildung von diesem Rosenfest, verbunden mit einer kurzen Beschreibung desselben, bringt Scherers Familienblatt, 1859, Nr. 38 aus dem Griffel und der Feder Edmund Hergets.

Gottesbissen alljährlich verwendet werden sollten. Während über die erstere Stiftung die Saalfelder Chronik S. 128 berichtet und Herr Amtsgerichtsrath Trinks in der Fortsetzung seiner Abhandlung über Saalfelder Stiftungen wohl noch Ausführliches bringen wird, ist Name und Ursprung des Hermannsfelder Gottesbissens, von dem sogar die Meininger Chronik rühmend zu erzählen weiß, und den die Brücknersche Landeskunde noch nennt, in Vergessenheit gerathen, ich entnehme deshalb aus der von Ketelhodtschen Familiengeschichte, Abtheilung C, S. 6 und 7 die wohl wenig bekannten Stiftungs- und Bestätigungsurkunden, jene lautet:

„Nach einer in dem IV. Stück der Dresdener gelehrten Anzeigen gemachten Nachricht, daß in früheren Zeiten nach dem Genuß des heiligen Abendmahls und beendigtem Gottesdienst etwas an Brot den Armen gegeben worden ist, und solches Gottesbissen genannt wurde, will ich hiermit eben dergleichen sogenannten Gottesbissen bei meinem zum Erbschenkenamt mitgehörigen Dorf Hermannsfeld in der Maaße stiften:

Daß die Interessen à 5 Thl. von den an das Kirchen-Aerarium zu Hermannsfeld von mir gezahlten 100 Thl. so angewendet werden, daß dem jedesmaligen dasigen Pastor 1 Thl., dem Schuldiener 12 gr. für ihre Bemühungen, die übrigen 3 Thl. 12 gr. aber zu Ankauf von Brot angewendet werden und solches im August jeden Jahres nach dem Ermessen der Pastoren durch die Schuldiener unter die Armen erwähnten Ortes und Henneberg nach genossenem heiligen Abendmahl und geendigtem Gottesdienst ausgetheilt werde.

Und da der jetzige Herr Pfarrer zu Hermannsfeld S. F. Müller die Erfüllung dieser Stiftung sehr wünscht: und in Henneberg sehr viele Arme vorhanden sein sollen; deshalb ich um gnädigste Confirmation dieser milden Stiftung unterthänigst bitte. Rudolstadt, den 24ten März 1772, Christian Ulrich Freiherr von Ketelhodt."

Die Confirmationsurkunde lautet: „Diese Stiftung ist unter dem Namen einer milden Gabe an die Armen nach geendigtem Gottesdienst auf einen Sonntag im August, um Brot, was in die Kirche nach geendigtem Gottesdienst getragen wird, auszutheilen, erlaubt und daher diese ertheilte Confirmation von Uns eigenhändig unterschrieben und unser Consistorial Secret darunter gedruckt. Meiningen zur Elisabethenburg, den 1. Mai 1772. Charlotte Amalie."

Hierzu bemerke ich, daß nach freundlicher Mittheilung des Herrn Pfarrer Sintenis in Hermannsfeld alljährlich 3 Mark 43 Pfennig aus der Kirchkasse dieses Ortes zum Ankauf von „Legatbrot" verwendet werden und dieses an die ärmsten Armen vertheilt wird, auch eine Zeit lang „aus dem Ketelhodtschen Legat" für den Pfarrer 45 Kreuzer, für den Lehrer 22½ Kreuzer gezahlt worden sind, während in Henneberg nach freundlicher Mittheilung des Herrn

Pfarrers J. Motz in Sülzfeld alljährlich durch den Kirchenvorstand 5 bis 6 Laibe Brot aus der Kirchkasse gekauft und als „Legatbrot" an die Ortsarmen vertheilt werden. Beide Gaben sind zweifellos Ausflüsse der von Ketelhodtschen Gottesbissen-Stiftung, nur ist augenscheinlich im Verlauf der Zeit der Stock des Stiftungskapitals verringert oder sein Abwurf auch noch anderen Zwecken zugewiesen worden.

Daß ein so einflußreicher und hochgefeierter Mann wie Christian Ulrich Freiherr von Ketelhodt nach der Sitte seiner Zeit auch numismatisch ausgezeichnet worden ist, nimmt nicht Wunder, wir besitzen zwei Denk- bezüglich Schaumünzen, von 45 mm Durchmesser, auf ihn, beide vom Stempelschneider Oexlein gefertigt und in der Familiengeschichte, leider aber nicht richtig, abgebildet und beschrieben.

Das eine Stück von 1771, auch in Spieß, a. a. O., Theil V, S. 9—20 abgebildet und behandelt, sowie in Ampach Nr. 9669 aufgeführt, ist zur Feier des 70. Geburtstages des Herrn Präsidenten ausgegeben worden, es zeigt auf der Hauptseite dessen Brustbild von vorne, etwas nach links gewendet, in reich gestickter Hofkleidung, geschmückt mit Stern und Band des Großkreuzes des rothen Adlerordens und Band und Kreuz des dänischen Ordens de l'union parfaite, und die Umschrift CHRISTIANVS VLRICVS DE KETELHODT im linken Armabschnitt steht des Künstlers Name OEXLEIN. Auf der Rückseite liest man in einem aus zwei dünnbelaubten Lorbeerzweigen gebildeten Kranz die fünfzeilige Widmung EX MERITIS | IMMORTALI | LXX. ANNOS NATO | BENE PRECATVR | P· D· LONGOLIVS und unter der Leiste im Abschnitt die Jahrzahl CIↃ IↃ CC LXXI Der Rektor des Gymnasiums zu Hof Paul Daniel Longolius, ein sehr gelehrter Herr und fleißiger Schriftsteller, welcher wiederholt in Spieß a. a. O. genannt wird, auch in der allgemeinen deutschen Biographie aufgenommen ist und ein tüchtiger Münzforscher war, hat diese jetzt recht seltene Münze dem ihm nahe befreundeten von Ketelhodt gewidmet, und da, wie wir aus der Familiengeschichte erfahren, der letztere 1772 dem Gymnasium in Hof „100 Gulden fränkisch zur Hälfte für die Gymnasialbibliothek, zur andern Hälfte für den Rektor" gestiftet hat, so wird wohl der Schluß berechtigt sein, daß diese Schenkung die Gegengabe sein sollte für die gewidmete Schaumünze.

Die zweite Nummer wurde am 5. Juni 1774 bei dem 50jährigen Dienstjubiläum des Ministers ausgegeben, welches unter großer Theilnahme gefeiert und in der Familiengeschichte ausführlich beschrieben worden ist. Die Hauptseite ist dieselbe wie auf der vorigen Prägung, auf der Rückseite sind die Genien der Frömmigkeit und der Gerechtigkeit vorgestellt, welche auf einen brennenden Altar Weihrauch streuen, als Symbol des von Ketelhodtschen Sinnspruchs Pietate et justitia; auf der Vorderseite des Altars steht in drei Zeilen

das Datum IPSIS | NONIS | IVNIIS. über dem Altar strahlt das Gottes-
auge, am Rand läuft die Umschrift MVNERIBVS SALVVS LVSTRIS BIS
QVINQVE PERACTIS. und unter der Leiste im Abschnitt liest man die
Jahrzahl CI.) I.) CC LXXIIII. Auch dieses Stück, dessen Stempel noch im
fürstlichen Kabinet zu Rudolstadt aufbewahrt werden, ist nicht häufig. Silber-
abschläge im Gewicht von 29 Gramm besitzen das gedachte Kabinet und der
Urenkel des Jubilars, der Herr Oberforstmeister Rudolf Freiherr von Ketelhodt daselbst.

„Am 1. August — so lautet ein in Nr. 129 des Meininger Tageblattes
1854 enthaltener Nachruf — starb unser hochgeachteter und hochverehrter Mit-
bürger, Se. Excellenz Freiherr Georg Ferdinand Friedrich Johann
von Riedesel zu Eisenbach, auf Krauthausen, in Neuenhof ꝛc., viele Jahre hindurch und auf Lebenszeit gewählter Landmarschall des Großherzogthums
Sachsen-Weimar-Eisenach, auf einem Gute seiner Schwester, Gräfin Redern in
Schlesien. Der Selige hat sich vor mehreren Jahren in der hiesigen Residenz
angekauft, wo er die Wintermonate in derselben mit seiner Familie zubrachte.
Echte Humanität und Wohlthätigkeitssinn waren ihm im hohen Grade eigen,
und sein schon seit einiger Zeit befürchtetes Hinscheiden ist für unsere Residenz
ein Verlust zu nennen." Der Verstorbene war am 27. April 1785 geboren,
1808 mit Karoline Friederike gebornen Riedesel Freiin zu Eisenbach und
Altenburg vermählt, und Ausgangs der 40er Jahre nach Meiningen gezogen,
wo er das in der Marienstraße neben dem Bechsteinischen Besitzthum belegene
Haus gekauft hatte, und die Erziehung seiner die Meininger Schulen be-
suchenden Enkel, der Söhne seiner an den Freiherrn Hermann von Rotenhan
auf Markt-Rentweinsdorf verheiratheten Tochter, überwachte. Riedesel gehörte
seit 1809 dem Landtag des späteren Großherzogthums Sachsen an, im Jahr
1816 wurde er mit Eintritt des neuen Staatsgrundgesetzes Landtagsmarschall
und blieb es bis zum 22. Februar 1847, wo er wegen hohen Alters und zu-
nehmender Kränklichkeit das Amt niederlegte. Seine hervorragenden Verdienste
sind durch Titel und Orden anerkannt worden, der weimarische Landtag
wünschte der allgemeinen Verehrung und Liebe, welche sich Riedesel während
seiner langen ständischen Thätigkeit und Leitung der Landtagsgeschäfte durch
sein erfolgreiches Wirken für das Wohl des Landes erworben, durch ein besonderes Zeichen Ausdruck zu geben und ließ von F. Helfricht in Gotha eine
Münze prägen, welche in Gold-, Silber- und Kupferabschlägen mit einem von
dem ersten Vicepräsidenten Geh. Hofrath Dr. Kieser in Jena, den Abgeordneten Graf Werthern-Beichlingen und E. Hagenbruch unterzeichneten Schreiben
dem aus dem Landtag scheidenden Marschall überreicht worden ist. Dieselbe
mißt 44 mm, zeigt auf der Hauptseite das Kopfbild Riedesels von links mit

GEORG RIEDESEL FREIHERR ZU EISENBACH. 1809—1847. als Umschrift, und unter dem Halsabschnitt des Stempelschneiders Namen F. HELFRICHT
F., auf der Rückseite steht in einem reichen Eichenkranz die dreizeilige Widmung
DAS | DANKBARE | VATERLAND und unter dem Kranz DURCH SEINE
VERTRETER. Des gut ausgeführte Stück, von dem ich einen Bronze-Abschlag
besitze, wird ungenau und sehr dürftig in Hoffmeister, hessische Münzen, Nr.
5669 und 5767 beschrieben unter Hinweis auf B. von Köhne, Petersburger
Memoiren, Band V, S. 88, welcher ebenfalls sehr knapp sich ausdrückt; im
II. Nachtrag zum Katalog des hessischen Münzkabinets des Prinzen Alexander
von Hessen, 1885, Nr. 2686ᵃ wird die Nummer ebenfalls aufgeführt und
wenigstens richtig beschrieben, geschichtliche Erklärungen fehlen aber in allen
drei Werken; meine Wissenschaft verdanke ich zum großen Theil der Güte des
Herrn Kammerherrn Georg Freiherrn von Rotenhan auf Neuenhof bei Eisenach,
des ältesten Enkels des Herrn Landmarschalls.

Von Gelehrten, Dichtern und Künstlern, welche eine Zeit lang im Herzogthum gewohnt, sind der Hofmaler Feuerlein in Hildburghausen und der Coburger
Generalsuperintendent Erdmann Rudolf Fischer bereits genannt worden, daß
auf Schiller, welcher auf dem von Wolzogenschen Gut in Bauerbach 1782
und 1783¹) eine Zufluchtsstätte gefunden, eine große Anzahl von Münzen
geprägt worden ist, braucht blos erwähnt zu werden, eine Aufzählung derselben
würde kaum zu ermöglichen sein. Auf den Tonsetzer Karl Maria
von Weber, welcher als Knabe in den neunziger Jahren des vorigen Jahrhunderts mit seinem als Theaterunternehmer umherziehenden Vater nach Hildburghausen kam, dort im Justizrath Wagnerschen Haus der Bürgerschule
gegenüber wohnte, von dem Kammermusikus Johann Peter Heuschkel in der
Musik unterrichtet wurde und nach Jahresfrist wieder abreiste,¹) vergl.
Humans Chronik von Hildburghausen S. 174 und 224, ist 1825 von C. R.
Krüger in Dresden eine 39 mm haltende Schaumünze geschlagen worden,
welche auf der Hauptseite das Kopfbild Webers von links mit Namensunterschrift, dem Namen des Stempelschneiders und der Jahrzahl zeigt, auf der
Rückseite einen nackten, auf einem Delphin sitzenden Jüngling, mit der Cither

---

¹) In neuerer Zeit haben Schillers Aufenthalt in Bauerbach behandelt Julius W.
Braun, welcher einen munter und launig geschriebenen Artikel „Auf Schillers Spuren"
im Unterhaltungsblatt der in Berlin erscheinenden Täglichen Rundschau, 1887, Nr. 231 und
232 veröffentlicht hat, und Otto Brahm, welcher in der Berliner Nationalzeitung, 1888,
Nr. 306 und 310 über „Schiller in Bauerbach" berichtet.

²) Daß „die Webersche Schauspielergesellschaft" auch in Meiningen im Frühjahr 1790
Vorstellungen gegeben hat, berichtet die Meininger Chronik, man darf also annehmen, daß
der berühmte Künstler auch in dieser Stadt eine Zeit lang gewohnt hat.

in der linken Hand, unten das Meer und im Abschnitt eine Harfe und zwei Flöten vorstellt, und u. A. in Ampach Nr. 10093 sowie in dem von den Herren Gebrüdern Dr. Erbstein herausgegebenen Katalog der Dresdener Dubletten Nr. 3896 beschrieben ist.

Auch Jean Paul Friedrich Richter wird numismatisch gefeiert: König Ludwig I. von Bayern hat 1841 zu Ehren des in diesem Jahre in Bayreuth errichteten Richterdenkmals einen Gedenkdoppelthaler schlagen lassen, welcher in Schwalbach, die neuesten deutschen Thaler, Doppelthaler und Doppelgulden, Nr. 26 beschrieben ist und auf der Hauptseite das Kopfbild des Münzherrn von rechts, auf der Rückseite das Bild des Denkmals mit entsprechenden Umschriften vorstellt. Über den Aufenthalt des Dichters in Hildburghausen, wo er im Mai 1799 eintraf, vom Herzog zum Legationsrath ernannt wurde und mit der oben erwähnten Hofdame von Feuchtersleben ein auf Herders Veranlassung wieder gelöstes Verhältniß anknüpfte, berichtet die Hildburghäuser Chronik S. 36, 38, 140, 173, 204, 224, 231 und 245; über seinen Aufenthalt in Meiningen, wo er vom 17. Juni 1801 bis 4. Juni 1803 gelebt und erst in dem jetzt abgebrannten, der Geheime Räthin Zink, dann dem Hofmetzgermeister Rink gehörigen Wohnhaus in der unteren Marktstraße, und später in dem Hause des Senators und Kaufmanns Amthor an der Ecke der einstmaligen Büchsengasse gewohnt hat, handeln ein von meinem Vater 1865 anläßlich der Enthüllung des Jean-Paul-Denkmals im englischen Garten herausgegebenes Gedenkblatt und insbesondere das Osterprogramm des Meininger Gymnasiums 1863, mit der trefflichen Arbeit des verstorbenen Professors Dr. Henneberger über Jean Pauls Aufenthalt in Meiningen.

———

Nachdem ich in drei Abschnitten die Münzen besprochen habe, welche geschlagen worden sind auf solche, die entweder durch Geburt oder durch Übersiedelung Meininger in dem von mir angesprochenen Sinn gewesen sind oder nur vorübergehend sich in unserem Land aufgehalten haben, erübrigt es noch, auch die meiningischen Familien aufzuführen, deren Namen auf Münzen vorkommen, wenn auch die durch die letzteren gefeierten Personen weder Meininger waren, noch besondere meiningische Beziehungen pflegten oder unterhielten, und wähle ich hier der mir nothwendig erscheinenden Übersichtlichkeit halber eine alphabetische Reihenfolge im Gegensatz zu der bisher nach Möglichkeit festgehaltenen chronologischen Anordnung. Leider sind die unter den geistlichen Würdenträgern seiner Zeit oft genannten Geschlechter derer von Butler, von Donop, von Grumbach, von Stein ꝛc. auf den von ihnen ausgegebenen oder veranlaßten Stifts- und Kapitelsmünzen nicht namentlich aufgeführt, kommen

also hier nicht weiter in Betracht, dafür treten aber neben den bereits besprochenen von Feuchtersleben, Grundherr von Altenthann und Werthern andere
ein und ist zunächst die Tonkünstler-Familie Bach zu nennen. Nach den im
ersten Band der allgemeinen deutschen Biographie enthaltenen Aufsätzen gehörten
in der Residenzstadt Meiningen die in den 40er und 50er Jahren an unserer
Hofkapelle angestellt gewesenen Kammermusikus Johann Matthäus Bach und
Hofmusikus Friedrich Bach, sowie die Klavierspielerin Fräulein Fanny Bach,
als Nachkommen des 1626 in Wechmar verstorbenen Spielmanns und Teppich-
flechters Hans Bach, und weiter als Nachkommen des Lips Bach der von
Bechstein (Mittheilungen aus dem Leben der Herzöge von Meiningen und
deren Beziehungen zu Männern der Wissenschaft, S. 61 und 264) genannte,
von seinem Vetter Johann Sebastian Bach geschätzte Hofkapelldirektor Johann
Ludwig Bach (1677—1741) und sein Enkel, der 1846 gestorbene Hoforganist
und Kabinetsmaler Johann Philipp Bach, dessen Pastellbilder noch heute
gelobt werden, zu den Seitenverwandten des berühmten Meisters. Auf diesen
hat die 1855 gegründete Bachgesellschaft in Hamburg gelegentlich ihres 25.
Stiftungsfestes von Lemke in Berlin eine Schaumünze fertigen lassen, welche
auf der Hauptseite das Brustbild von Johann Sebastian Bach vorstellt, in
Gädechens, hamburgische Münzen Nr. 2220 behandelt ist und zb. in einem
Silberabschlag 29 Gramm wiegt.

An die Münzen auf die Fürstbischöfe Lorenz und Konrad von Bibra
von Würzburg, Heinrich von Bibra in Fulda und den Schriftsteller Ernst
Reichsfreiherrn von Bibra aus Schwebheim, welche ich bereits im ersten Heft
unserer Vereinsschriften, S. 4 und 5 besprochen, schließt sich eine sehr eigen-
artige Nummer an, ein Unikum im eigentlichsten Sinn des Wortes: die von
dem Stempelschneider A. C. Lautenschläger in Hanau zur silbernen Hochzeit des
Herrn Lederhändlers Friedrich Wilhelm Walther und seiner Gemahlin Emilie
geborenen Blomeyer in Hanau am 3. Mai 1871 überreichte silberne Denkmünze. Die Silberbraut ist eine Tochter des verstorbenen Herrn Domänen-
gutspachters Fritz Blomeyer in Frankenhausen bei Kassel, des Bruders der
Herren Geheime Rath Blomeyer und Landbaumeister Blomeyer in Meiningen,
sie lebt noch in Hanau und war so liebenswürdig, das Kleinod zur Ansicht
mir zu leihen. Es ist dasselbe nur in dem einzigen Stück vorhanden, welches
der der Familie Walther befreundete, übrigens vor einigen Jahren verstorbene
Lautenschläger zur Silberhochzeit gegossen und dann überarbeitet hat, mißt
43 mm und zeigt auf der Hauptseite im matten Feld die hinter einander
gesetzten Brustbilder des Jubelpaares von rechts und auf der Rückseite ebenfalls im matten Feld das von dem Künstler erst zu diesem Zweck zusammen-
gestellte Wappen Walthers. An erhöhtem Rand liest man dort die Umschrift
FRIED. WILH. WALTHER U. EMILIE WALTHER GEB. BLOMEYER

HANAU, und hier ZUR FEIER DER SILBERNEN HOCHZEIT AM 3ᵀ MAY 1871, unter dem Wappenschild steht in einer Linieneinfassung ZUR ERINNERUNG. | C. LAUTENSCHLÄGER Hofmeister a. a. D. beschreibt und bestimmt unter Nr. 6459 die Prägung genau.

Auf die Nürnberger Großhändler-Familie Erdel (oder Endter?), welche im 15. und 16. Jahrhundert vielfache geschäftliche Beziehungen mit unserem Land unterhielt und in Keßler von Sprengseyfens Topographie, sowie in Brückners Landeskunde bei „Ernstthal" und „Unterneubrunn" wiederholt erwähnt wird, ist der vom Mansfelder Münzmeister Berthold Mainhardt zu Ende des 16. Jahrhunderts veranstaltete kupferne Schaupfennig (mit dem auf einem T aufliegenden ♄ im Feld der Hauptseite) bezogen worden, von dem im ersten Heft unserer Vereinsschriften, S. 6, in Bidermanns Bergwerksmünzen, VIII, S. 323, in Leitzmanns numismatischer Zeitung, 1842, S. 93 und 1847, Nr. 12 des weiteren gesprochen wird.

Auch die Freiherren von Gleichen-Rußwurm, welche seit 1739 das Rittergut Birkigt bei Saalfeld besitzen, eine Zeit lang auf dem Meininger Landtag vertreten waren und durch den 1746 am Hof des Herzogs Anton Ulrich von Sachsen Meiningen abgespielten Rangstreit der Frau Landjägermeister von Gleichen mit der Frau Regierungsrath von Pfaffenrath seiner Zeit schwer gekränkt worden sind, kommen hier in Betracht: Nach einer Mittheilung in Leitzmanns numismatischer Zeitung, Band XII, S. 8 soll etwa 1753 auf den markgräflich kulmbachischen Kammerherrn, Oberreisestallmeister und Oberstlieutenant der fürstlichen Garde Wilhelm Friedrich von Gleichen, genannt von Rußwurm, von dem Stempelschneider Kammerassessor Gottlieb Laurer in Kulmbach eine Prägung ausgegeben worden sein, welche sich auf die freimaurerische Wirksamkeit von Gleichens bezieht und auch in Duisburg Nr. CCCLIII und Merzdorf, Freimaurermünzen, S. 2, Nr. 4 beschrieben ist. Von Gleichen war der Sohn des in der Hildburghäuser Chronik von Krauß genannten früher hildburghäusischen Oberstwachtmeisters, dann kulmbachbayreuthischen Geheime Raths Heinrich von Gleichen, wurde in Bayreuth am 14. Januar 1717 geboren, starb am 16. Juni 1783 und hat sich als Naturforscher und Schriftsteller einen Namen gemacht. Auch in Freimaurerkreisen wurde er sehr gefeiert, er war Meister vom Stuhl der Loge zur Sonne in Bayreuth und ist ein von ihm 1753 geleitetes Johannisfest in den mehrfach angeführten brandenburgischen historischen Münzbelustigungen, Theil I, Seite 313/4 ausführlich beschrieben. Die Schaumünze stellt auf der Hauptseite das Brustbild vor mit G. LAURER im Armabschnitt und der Umschrift WILH. FRIED. L. B. DE GLEICHEN RUSWORM MAG. SUP. BARUTH. die Rückseite zeigt eine auf einer Sphinx sitzende Fortuna mit einem Füllhorn und einem Stern in der linken Hand und die Umschrift

SECURA FRATRUM FELICITAS, doch hat, soviel ich weiß, noch Niemand die Münze selbst, sondern immer nur die Beschreibung gesehen, und so zweifelt man, ob jene überhaupt wirklich geschlagen, oder ob es nicht vielmehr bei einem bloßen Entwurf oder einem Probestück geblieben ist.

In einer bedeutungsvollen Weise ist die Familie unseres Vereinsgenossen, des Herrn Alexander Gontard in Glücksbrunn, in der Münzwelt vertreten: dieselbe ist aus Grenoble in der Dauphiné zu Ende des 17. Jahrhunderts in Frankfurt am Main eingewandert, gehört jetzt zu den wohlangesehenen Handelshäusern der früheren Krönungsstadt und scheint für ihre Angehörigen ein besonderes Lebenselixir anzuwenden: zwei goldene Hochzeiten in der Familie werden auf Schaumünzen gefeiert. Die erste wurde auf die am 9. Januar 1809 begangene goldene Hochzeit des Herrn Alexander Gontard, eines Bruders des Urgroßvaters unseres Vereinsgenossen, und seiner Gemahlin Marie Anna Cäcilie geborene du Bosc von den Kindern des Jubelpaares ausgegeben, bei Loos in Berlin geprägt, ist in dessen Verzeichniß sämmtlicher Denk- und Gelegenheitsmünzen, Heft I, S. 47, Nr. 69 sowie in Ampach, Nr. 9564 aufgeführt und hier wie folgt beschrieben:

„Av. Umschrift in zwei Zeilen IN EINTRACHT LIEB' UND DANKBARKEIT | DEM BESTEN ELTERNPAAR GEWEIHT. Drei Kinder umwinden einen Fascesbund mit Blumenguirlanden auf einem Altare, auf dessen Vorderseite zwei durch einen Rosenkranz kreuzweis gelegte Fackeln und ein seine Jungen fütternder Pelikan befindlich sind. Daneben steht ein Storch. Im Abschnitt ZUR 50 JÄHRIGEN | HOCHZEITFEIER Rev. In einem Eichenkranze HERRN | ALEXANDER GONTARD | UND | FRAU MAR. CÄCILIA | GEB. DU BOSC | VON IHREN | SIE INNIGST | LIEBENDEN | KINDERN | (Leiste) | FRANKFURT A. M. | D. IX. IAN. 1809 w. 1¼ Loth" (Silber).

Die zweite Prägung wurde ausgegeben am 11. Juni 1883 auf die goldene Hochzeit des Herrn Senators Friedrich Jakob Keßler und seiner Gemahlin Johanne Helene geborenen Gontard in Frankfurt; die Dame ist die Urenkelin eines zweiten Bruders des Urgroßvaters unseres Vereinsmitgliedes und gleichzeitig auch die Urenkelin des ebengenannten Herrn Alexander Gontard, aus dessen Familie ihre Mutter stammt. Das von O. Schultz geschnittene und ebenfalls von Loos in Berlin geprägte Stück wird gut abgebildet und kurz beschrieben in den Blättern für Münzfreunde, Tafel 80, Nr. 9 und Spalte 1112, und kommt wie das erste öfters in den Verzeichnissen Frankfurter Sammlungen vor, es hält 42 mm im Durchmesser und zeigt auf der Hauptseite die gekrönten und verzierten zwei Wappenschilder des Jubelpaares, über welchen zwei aus den Wolken kommende und vom strahlenden Gottesauge beschienene Hände sich schließen. Am Rand liest man außer den Namen der

Künstler Loos und Schulz die Umschrift DANKET DEM HERRN DENN ER IST FREUNDLICH UND SEINE GÜTE WÄHRET EWIGLICH. • PS. 106 1. • Auf der Rückseite befindet sich in einem von einem Eichen- und einem Lorbeerzweig gebildeten Kranz die zehnzeilige Widmung: ZUR | FEIER DER | GOLDENEN HOCHZEIT | V. HERRN SENATOR | FRIEDR. JAC. KESSLER | UND FRAU | JOH. HEL. KESSLER | GEB. GONTARD | (Stäbchen) | FRANKFURT ᵃ/ₘ | 1835 11 JUNI 1885 Möchten die wohlgelungenen Stücke noch viele Nachfolger finden!

In Neustadt a. d. Orla ist die Familie Hebenstreit seit mehreren Jahrhunderten ansässig, welche unter den Ihrigen nach Ausweis der allgemeinen deutschen Biographie und des großen vollständigen Universallexikons von Zedler hervorragende Ärzte und Theologen aufzuweisen hat und in einem Zweig nach Saalfeld übergesiedelt ist, wo sie jetzt u. A. von dem herzoglichen Amtsanwalt Herrn Wilhelm Hebenstreit vertreten wird. Ein Familiengenosse war Johann Friedrich Hebenstreit, der im April 1691 in Jena geborene Sohn des späteren weimarischen Consistorial- und Synodalrathes Johann Paul Hebenstreit, er studierte in Leipzig und Jena, wurde Pfarrer an der St. Jakobskirche in Weimar, disputirte am 12. December 1725 in Leipzig pro licentia, wurde gleich darauf Superintendent und Oberpfarrer in Buttstädt und ist hier am 7. März 1731 gestorben und — als einziger Fall — in seiner Kirche begraben worden. Für diese von ihm erbetene Vergünstigung vermachte er der Buttstädter Kirche 200 Thaler, deren Zinsen alljährlich zwischen dem Superintendenten und dem Diakonus getheilt werden sollen. Sein in Oel gemaltes Bild zeigt äußerst feine Gesichtszüge und hängt wie die der übrigen Superintendenten am Altarplatz des von ihm bedachten Gotteshauses. Auf seine Einführung in Buttstädt beziehe ich eine nur im 5. Verzeichniß der Münzenhandlung Zschiesche & Köder in Leipzig unter Nr. 437 gefundene, 30 Gramm schwere Silberdenkmünze von 1726, welche auf der Hauptseite das Brustbild Hebenstreits in geistlichem Gewand, auf der Rückseite drei Geistliche im Ornat zeigt, von denen der mittlere kniet. Dieser wird wohl den Ordinirten, die zweite Person wird den die Handlung vollziehenden Generalsuperintendenten Lairitz aus Weimar und die dritte Figur den dabei mitthätigen Baccalaureus Knobloch in Buttstädt vorstellen, der Familie ist die Münze, welche nach der Andeutung im Jahrgang 1742 der Lochnerschen Medaillensammlung, Vorrede unter Nr. 250, von Christian Wermuth geschnitten ist und wohl sehr selten vorkommt, gänzlich unbekannt.

Das münzreichste hier zu nennende Geschlecht ist das auch in anderer Hinsicht langbekannte der Freiherrn von Imhof, welches aus Nürnberg stammt, dann auch nach Thüringen sich ausgebreitet und in seinen Reihen schneidige Soldaten, vortreffliche Beamte, tüchtige Gelehrte, sowie wohlgeschätzte

Münzforscher und Sammler aufzuweisen hat; ihm gehört u. A. auch die Familie unseres vor mehreren Jahren verstorbenen Oberlandjägermeisters von Imhof, Excellenz, an. Die auf das Geschlecht ausgegebenen Schau- und Denkmünzen beziehen sich zumeist auf die Nürnberger Mitglieder, gehören dem 16. bis 18. Jahrhundert an und liegen wohl sämmtlich in den Sammlungen des Germanischen Museums in Nürnberg. In Will, nürnbergische Münzbelustigungen, Theil II, S. 112 ff. wird eine Schaumünze auf Alexander im Hof von 1527 abgebildet und behandelt, dabei werden dann weitere 41 auf das Geschlecht ausgegebene Nummern kurz aufgeführt, in Theil III, S. 393 ff. wird eine „schöne Gedächtnißmünze auf den Reichsschultheißen und vordersten Losunger Herrn Andreas I. im Hof vom Jahre 1569" abgebildet und beschrieben, auch Köhler beschäftigt sich in seinen historischen Münzbelustigungen zum öfteren mit den Herren, insbesondere hat aber der bereits genannte Christian Andreas IV. im Hof den Münzen seiner Familie sein Interesse zugewendet und führt uns a. a. O., S. 454—463, 118 Stücke vor. Eine stattliche Reihe guter Bleiabgüsse befindet sich im Besitz der Frau Oberforstmeister Fanny Freifrau von Imhof in Rudolstadt.

Mit mehreren Familiennamen zugleich ist versehen die 1759 in Bayreuth in Kupfer und Silber abgeschlagene, von dem schon genannten Kulmbacher Stempelschneider Gottlieb Laurer gefertigte Schaumünze auf die in der Nähe des Bades Steben in Oberfranken belegene, jetzt nicht mehr betriebene Friedensgrube bei Naila. In dem mehrfach angezogenen Werk von Spieß, Theil I, S. 81 ff wird das übrigens auch in Bidermanns Bergwerksmünzen VIII, Nr. 316 behandelte, aus der Kupfer- und Silberausbeute der Grube gewonnene Stück, welches in Silber 2 Loth 3 Quentchen wiegt und 45 mm mißt, gut abgebildet und eingehend beschrieben, gleichzeitig auch eine Geschichte der Friedensgrube selbst gegeben, und so erfahren wir, daß auf der Hauptseite der Münze das Kopfbild des Münzherrn, des Markgrafen Friedrich von Bayreuth von rechts mit entsprechender Umschrift (Fridericus d. g. M. B. D. P. et S. B. N) vorgestellt ist, auf der Rückseite die sich die Hand gebenden Götter Venus und Mars mit einem Profilriß der Friedensgrube, dem Rückersberg und entsprechender Überschrift (grata terrae munera) abgebildet sind, und im Abschnitt die dreizeilige Erklärung steht E FODINA PACIS NAYL. MDCCLVIII. Z. S. F. L. T. Diese fünf Buchstaben bedeuten die fünf Gewerken Zehelein, Stöhr, Flessa, Löwel und Tiller, und es haben nach gütiger Mittheilung des königlichen Oberbergamts Bayreuth zu jener Zeit Frau Charitas Elisabeth Tiller, vormals verwittwet gewesene Löwel in Lichtenberg, der Hammerwerksbesitzer Johann Christoph Löwel in Marggrün, Bergamtscommissar Ernst Abraham Löwel in Kleinschmidten, Polizei-

commiſſar Dietrich Conſtautin Fleſſa und ſeine vier Kinder in Hof, Frau
Hofkaplan Katharine Sophie Friederike Stöhr geborne Löwel und Geheime
Kammerrath Zehelein in Bayreuth die Kuxe beſeſſen, während Spieß unter
den Gewerken aufführt die Erben des Bergmeiſters Johann Abraham Löwel
und den Schichtmeiſter Johann Nikolaus Tiller in Lichtenberg.

Von dieſen Familien ſind oder waren Angehörige auch in unſerem
Herzogthum anſäſſig oder wohnhaft: In Saalfeld waren es der Münzmeiſter
Georg Chriſtoph Löwel,[1] und ſein Enkel, der Hofapotheker Hermann Löwel,
in Luiſengrün bei Lehesten der Förſter Karl Löwel, deſſen Wittwe zur Zeit
noch in Saalfeld lebt; die Familie Tiller, zu welcher auch unſer Vereins-
mitglied Herr Lehrer Tiller in Saalfeld gehört, beſitzt die alte und überall
wohlberufene Bierwirthſchaft „zum Loch" in Saalfeld, ein Nikolaus
Friedrich Stöhr „aus dem Bayreuthiſchen" war nach der Saalfelder
Chronik 1737—1740 Conrektor in dieſer Stadt; nach der Todesanzeige im
Saalfelder Kreisblatt, 1888, Nr. 216 hat ein Schieferbruchsverwalter Fritz

---

[1] Georg Chriſtoph Löwel wurde am 30. Oktober 1768 in Kleinſchmidten geboren,
ſeine Eltern waren der 13. Oktober 1746 in Naila geborene, dann auf die Kleinſchmidten bei Lichtenberg verzogene und als Hammerherr auf der jetzt nicht mehr vorhandenen
Dobrahütte bei Lehesten am 15. December 1806 geſtorbene Heinrich Chriſtian Löwel und
Johanne Sophie Friederike Fleſſa, dritte Tochter des Polizei- und Regierungsadvokaten
Fleſſa in Hof. 1801 ſiedelte Löwel von Arzberg bei Bayreuth, wo er Berggeſchworner
geweſen, auf die Dobrahütte über, wurde 1803 als Münz- und Bergmeiſter nach Saalfeld
berufen, bezog am 17. December jenes Jahres ſeine Dienſtwohnung im mittleren Geſchoß
des Münzgebäudes, lehnte 1816 eine Berufung als Domänendirektor der königl. preußiſchen
Grafſchaft Wittgenſtein ab, und kehrte 1817 auf die Dobrahütte zurück, weil er mit der
Landesregierung in Coburg arg zerfallen war. Am 27. April 1821 brannte die Dobra-
hütte ab, Löwel verlor faſt ſein ganzes Vermögen, und es wurde für ihn auf Veran-
laſſung des Regierungsraths Roſe in Coburg öffentlich geſammelt, wobei 425 Gulden 25
Kreuzer einkamen, vergl. coburg-ſaalfeldiſches Regierungsblatt, 1821, Nr. 46. Am 29.
Juni 1821 wurde Löwel Nachfolger des Bergmeiſters Glaſer (des Großvaters unſeres
Vereinsgenoſſen, des Herrn Buchhändlers Rudolf Rieſe in Saalfeld) auf dem Hammerwerk
Gabegottes bei Gräfenthal und am 11. Auguſt 1824 zog er wieder als Berg- und Münzmeiſter in Saalfeld ein, wo er zunächſt das am oberen Thor belegene, damals dem Schneider
Schmidt, jetzt dem Sattlermeiſter Ernſt Streitberger gehörige Haus Nr. 219 bewohnte, bis
er am 24. Oktober 1827 in ſeine frühere Dienſtwohnung in der Münze, welche ſeither der
geiſteskranke und am 25. Juni 1827 verſtorbene Bergrichter Granpuer innegehabt hatte,
überſiedeln konnte; dort iſt er am 4. Mai 1835 geſtorben. Er war zwei Mal verheirathet
geweſen und hinterließ eine zahlreiche Familie, ſeine erſte Frau war Friederike Wilhelmine
Erneſtine, Tochter des Oberpfarrers Grüner in Naila, welche nach 18jähr. Ehe am 12. Februar
1814 in Saalfeld ſtarb; am 26. Juli deſſelben Jahres verheirathete ſich Löwel anderweit mit der
Actuarswittwe Karoline Chriſtiane Luiſe Liebmann gebornen Herold aus Hof, welche am
26. März 1819 auf der Dobrahütte ſtarb und in Lehesten beerdigt wurde. Ich verdanke
dieſe Nachrichten zum großen Theil dem nun auch heimgegangenen Sohne Löwels, dem

Fleſſa auf den von mir bereits erwähnten Oertelſchen Schieferbrüchen bei Lehesten gelebt und iſt am 10. September 1888 in Streitberg geſtorben. Alle dieſe Namen ſind übrigens auch im reußiſchen Oberland und in der Nähe des Bades Steben noch häufig zu finden, wie auch die Münze ſelbſt nicht zu den ſeltenen gehört.

Die unendlich zahlreichen L u t h e r - Denk-, Feſt- und Schaumünzen erwähne ich der Vollſtändigkeit halber, es würde wohl kaum möglich ſein, ſo wenig wie bei Schiller, alle diejenigen Stücke aufzuführen, welche auf den Möhraer Bergmannsſohn geſchlagen worden ſind, und will ich hier nur auf die 1717 geprägten Jubelmünzen, auf die bei der Enthüllung des Lutherdenkmals in Möhra 1861 ausgegebene Schaumünze und auf die von der Keſſelringſchen Hofbuchhandlung in Hildburghauſen im Lutherjahr 1883 vertheilte Marke verweiſen, ſie ſind im erſten Heft unſerer Vereinsſchriften von mir behandelt worden.

Zu den würdigen Namen Breithaupt, Dilherr, Fiſcher und Hebenſtreit geſellt ſich als fünfter geſeierter Geiſtlicher der Doktor der Theologie und Oberhofprediger M o r i t z J o a c h i m C h r i s t o p h P a ſ ſ o w in Ludwigsluſt in Mecklenburg, der Vater des berühmten Lexikographen und Großvater des Profeſſors Wilhelm Arthur Paſſow am Gymnaſium in Meiningen.[1]) Derſelbe war am 13. Mai 1753 in Hagenow in Mecklenburg, wo ſein Vater Präpoſitus

---

früheren Apothekenbeſitzer Herrn Heinrich Chriſtian Löwel in Stadt-Roda; ein Sohn dieſes Herrn, alſo ein Enkel unſeres Münzmeiſters, war der ſchon oben erwähnte, 1882 verſtorbene Hofapotheker Löwel in Saalfeld, deſſen Apotheke 1880 abbrannte und mit landesherr- licher Unterſtützung durch Herrn Oberbaurath Hoppe in Meiningen in ihrer urſprünglichen Schönheit wieder aufgebaut und zu einer hervorragenden Zierde der Stadt geworden iſt.

Über den Bergmeiſter R e m i a W i l h e l m G r a u p n e r berichte ich, daß derſelbe aus Darmſtadt ſtammte und in Saalfeld nach langem geiſtigen und körperlichen Siechthum, 56 Jahre alt, als coburg-ſaalfeldiſch-gothaiſcher Bergrichter in der Münze geſtorben iſt. Das auf den geringhaltigen coburg-ſaalfeldiſchen Sechs- und Dreikreuzerſtücken von 1826 erſichtliche G iſt ſein Münzzeichen, obgleich er ſchon ſeit langer Zeit völlig dienſtunfähig und die Benützung ſeines Namens als Münzzeichen nicht zu billigen war.

Auch bemerke ich, daß es zu Anfang unſeres Jahrhunderts neben dem Münzmeiſter in Saalfeld einen herzogl. i. cob.-ſaalfeldiſchen Münzdirektor in Coburg gab und dieſes Amt der am 17. März 1809 dort verſtorbene Kaufmann J o h a n n F r i e d r i c h W e r n i c k e in Coburg verwaltet het. (Coburg-ſaalfeldiſches Regierungsblatt, 1809, Nr. 12.) Über die Bedeutung und den Umfang dieſes Amtes habe ich bis jetzt noch nichts erfahren können.

[1]) W. A. Paſſow war am 24. März 1814 in Jenkau bei Danzig geboren, wurde 1835 bei Neueinrichtung des Gymnaſiums Bernhardinum in Meiningen als Lehrer an daſſelbe berufen, übernahm 1851 das Prorektorat, 1855 das Direktorat des k. Gymnaſiums in Ratibor und ſtarb am 3. Auguſt 1864 als Gymnaſialdirektor in Thorn. Er war verheirathet mit einer Tochter des Polizeiinſpektors Treiber in Meiningen.

und Pastor war, geboren, starb am 28. Februar 1830 in Ludwigsluft und wurde bei der am 26. April 1829 begangenen Feier seines 50jährigen Dienst-jubiläums von seinem ihn hochschätzenden Landesherrn, dem Großherzog Friedrich Franz von Mecklenburg-Schwerin, durch Überreichung einer zu diesem Fest bei Loos in Berlin geprägten Denkmünze geehrt; auf ihrer Hauptseite liest man die 12zeilige Widmung FRIEDERICUS FRANZISCUS | MEGA POLEOS MAGNUS DUX | VIRO OPTIME MERITO | MAURITIO IOACHIMO CHRISTOPHORO | PASSOVIO | TH. D. CONCIONATORI AULICO PRIMARIO | CONSISTORIO A CONSILIIS | MUNERIBUS IN SCHOLA ET ECCLESIA | PER L ANNOS | D. XXVI APRIL. MDCCCXXIX | EGREGIE FUNCTO | D. auf der Rückseite sieht man Bibel, Kreuz und Kelch mit der Umschrift PROPTER NOMEN DEI LABORAVIT NEQUE DEFATIGATUS EST, sie mißt 45 mm und wiegt in Silber 41 Gramm. Nach gütiger Mittheilung des Herrn Pastor Wolff in Ludwigslust, dem ich die Beschreibung der Münze und die Personalnachrichten verdanke, ist das Stück in Gold dem Jubilar, in Silber den übrigen zur Geistlichkeit in Ludwigslust gehörenden Herren und mehreren auswärtigen Predigern gegeben worden, ich habe dasselbe nur in dem 1889 von Adolf Heß in Frank-furt a. M. herausgegebenen Verzeichniß der von Justizrath Dr. Euler u. A. in Frankfurt hinterlassenen Sammlungen unter Nr. 468 gefunden, Loos führt sie unter den von ihm geprägten Stücken nicht auf.

Ich habe schon bei von Hinckeldey erwähnt, daß wir noch Gelegenheit haben würden, die Familie von Schönberg, welche u. A. in der Grafschaft Camburg begütert und die pietätvolle Besitzerin und Erhalterin der Rudels-burg ist, in unsere Betrachtungen hereinzuziehen: Auf den königlich polnischen und kurfürstlich sächsischen Geheime Rath und Oberberghauptmann Abraham von Schönberg aus dem Hause Frauenstein oder Porschenstein — geboren am 11. März 1640 in Freiberg und gestorben am 4. November 1711 — schlug Christian Wermuth 1698 die in Köhlers historischen Münzbelustigungen, Theil XII, S. 201 bis 208, 423 und 424, 426 bis 431 abgebildete und besprochene, auch in Daßdorf, numismatisch historischer Leitfaden, Nr. 2690 aufgeführte Denkmünze. Köhler fügt eine sehr eingehende Lebensbeschreibung aus der eigenen Feder des Oberberghauptmanns bei, aus welcher man erfährt, daß die aus drei Ehen stammenden Kinder desselben sämmtlich vor dem Vater verstorben sind. Die Münze selbst ist sehr selten und kenne ich nur einen 28 Gramm schweren Silberabschlag im Gothaer Kabinet, sie mißt 43 mm, zeigt auf der Hauptseite das Brustbild von Schönbergs von vorne, etwas nach links gewendet, mit langer Perücke und der zweizeiligen Umschrift ABRAHAM A SCHOENBERG· REG· POL· & EL· SAX· CONSILIARI? INTIMVS (Röschen) | AC RERVM — METALL· PRAEF· SVP· Auf der Rückseite sind sieben Berge vorgestellt, in denen auf sieben Metalle gegraben wird, auf den Spitzen der Berge stehen die chemischen Zeichen der in jenen gewonnenen Mineralien,[1] über die Berge weg fliegt der Merkur, in der rechten Hand ein aufgeschlagenes Buch haltend, auf dessen Blättern man die Worte BERG (werk) IN F (reiberg) liest. Oben strahlt in hebräischen Buchstaben der Name Jehovah, und die im Halbkreis laufende Überschrift lautet FERT MAGNI — DONA LABORIS· im Abschnitt liest man I· M· H • C· W· (In memoriam hujus Christian Wermuth) und darunter die Jahrzahl.

Inwiefern der Hildburghäuser Gymnasialdirektor Dr. Sickler sich um Münzkunde und Münzwissenschaft verdient gemacht, habe ich oben ausgeführt, ein zweiter hier zu nennender Philologe ist der 1843 verstorbene Rektor des Gymnasiums in Bautzen, Karl Gottfried Siebelis, der Vater des am 8. Oktober 1867 verstorbenen Gymnasialprofessors Dr. Johannes Siebelis in Hildburghausen und Großvater unseres Vereinsmitgliedes, des Herrn Ernst Siebelis. Die Ampachische Sammlung hatte unter Nr. 9988 eine 37 mm große, 20 Gramm in Silber wiegende, von Krüger in Dresden geschnittene Denkmünze, welche dem Herrn Rektor am 30. Januar 1829 zu seinem 25jährigen Jubiläum von seinen Leipziger Schülern gewidmet worden ist; ihre Beschreibung lautet: „Av. Umschrift in 2 Zeilen CAROLVS GODO FREDVS SIEBELIS AA. LL. M. PH. D. NAT. VI. ID. OCT. MDCCLXIX ; GYMNASII BVDISSENSIS RECTOR — INDE A III. CAL. FEB. MDCCCIV Kopf von der linken Seite. Am Arm vertieft KRVEGER F. Revers: PRAECEPTORI LIPSIENSES. Innerhalb eines Lorbeerkranzes zwei alte Schriftrollen mit der Aufschrift EΛΛHNΩN — LATINORVM. Unten III. CAL. FEB. MDCCCXXIX.“

Endlich sind noch die Freiherrn von und zu der Tann zu nennen, welche nach Anmerkung 1 auf Seite 12 das hennebergische Erbhofamt des Kämmerers

----

[1] Von unserem Vereinsgenossen Herrn Professor Dr. Grießmann in Saalfeld wurden mir in sehr hübscher Weise diese Zeichen, welche ja auch Planeten bedeuten, folgendermaßen erklärt: 1. Das Gold betrachtete man ehedem als das Symbol für den König der Gestirne und nannte es Sol, Zeichen ☉. — 2. Der alte Name für Silber ist luna, Zeichen desselben ☾. — 3. Das Kupfer erhielt den Namen der Schutzgöttin von Cypern, Venus, und deren Zeichen ♀. — 4. Die Beweglichkeit des Quecksilbers gab Veranlassung, es dem beweglichsten der alten Götter, dem Merkur, zu widmen und ihm mit dessen Namen zugleich das Zeichen ☿ zu verleihen. — 5. Sonst sah man das Eisen als das Symbol des Krieges an und gab ihm den Namen Mars und dessen Zeichen ♂. — 6. Zinn führt in den älteren chemischen Werken den Namen Jupiter und das Zeichen ♃. — 7. Die schädlichen Wirkungen des Bleimetalls äußern sich nicht immer gleich, wenn das Blei in den menschlichen Körper kommt, sondern oft erst nach Jahren. Man rechnet es aus diesem Grund zu den sogenannten schleichenden Giften. Deswegen verglich man es sonst auch mit dem Gott der Zeit und gab ihm den Namen Saturnus und das Zeichen ♄.

bekleideten und vielfach in der vaterländischen Geschichte genannt werden, denen u. A. Christoph Kaspar von der Tann, Oberhof- und Oberstallmeister bei Herzog Bernhard I. und Ernst Ludwig I. von Meiningen, die Kammerherren Melchior und Ferdinand von der Tann am Hofe Herzogs Bernhard II., die in Saalfeld verstorbene Frau Oberforstmeister Friederike Luise von Pfaffenrath geborne von der Tann, Wittwe des meiningischen Oberforstmeisters Karl von Pfaffenrath genannt von Sonnenfels und Großmutter der in Meiningen lebenden Stiftsdame Fräulein Emma von Pfaffenrath, und der im Winter 1865/6 in Salzungen verstorbene Christian Freiherr von der Tann angehören. In der Münzkunde ist die Familie vertreten durch die von Drentwett in Augsburg auf den berühmten bayrischen Heerführer Ludwig von der Tann zum Gedenken an den schleswig-holsteinischen Feldzug von 1848/50 geschnittene Prägung, welche nach der Beschreibung des Herrn Dr. Eugen Merzbacher in München 41 mm mißt, auf der Hauptseite das Bild des Generals in voller Figur, halb rechts gewendet und an ein Postament gelehnt, den gezogenen Degen in der gesenkten rechten Hand haltend, vorstellt und die zweizeilige Umschrift trägt: LUDWIG FREIH. — VON DER TANN | GEBOREN DEN — 18 JUNI 1815. Am Postament ist der holsteinische Wappenschild befestigt. Auf der Rückseite ist um eine Trophäe die dreizeilige Umschrift angebracht: D. EDLEN SCHLESWIG-HOLSTEINER D. TAPFERN KÄMPFER F. IHR | RECHT FÜR IHR DEUTSCHES VATERLAND | MIT GOTT ZUM SIEG. Unten stehen dann noch die Jahrzahl 1850 und der Name des Stempelschneiders.

Damit ist denn die Reihe der ehernen Denkmale abgeschlossen, welche zu Ehren unserer Landsleute und ihnen nahestehender Personen geschaffen worden sind: auf der einen Seite darf man sich freuen über die mancherlei Beziehungen und vielen Fäden, welche zwischen den einzelnen Namen hin und her laufen, auf der andern Seite wird man meine oben aufgestellte Behauptung bestätigt finden, daß nämlich nur wenig Meininger im Herzogthum selbst in der geschilderten Weise ausgezeichnet worden sind.

Ich hoffe, daß das von mir aufgestellte Inhaltsverzeichniß für ein rasches Finden der verschiedenen Münzen nicht unwillkommen sein wird.

Beulwitz bei Saalfeld, am Weihnachtsfest 1889.

Müller.

Inhalts=Verzeichniß.

	Seite.			Seite.
Bach	47	Hinkeldey		27
Bachoven von Echt	32	Huub		14
Barthel	10	Jakob		7
Bechstädt	9	Jean Paul		46
Bibra	47	Imhof		50
Blomeyer	47	Ketelhodt		40
Breithaupt	31	Löwel		52
Carpzov	35	Luther		53
Dieskau	34	Nebelthau		10
Dilherr	18	Passow		53
Egersdorfer	8	Pfaler		8
Erkel (Endter)	48	Rab		22
Feuchtersleben	28	Riedesel von Eisenbach		44
Feuerlein	32	Romberg		26
Fischer	4	Schiller		45
Flessa	53	Schönberg		54
Friederaun	10	Siebeliß		55
Fröbel	16	Stöhr		52
Frommann	4	Tann		55
Gleichen	48	Thümmel		4
Gontard	49	Tiller		52
Gruber	7	Tryller		10
Grumbach	30	Walther-Blomeyer		47
Grundherr-Altenthann	28	Watzdorf		34
Hartung, Johann Kaspar	14	Weber		45
„ „ Christoph	24	Werther		28
Hebenstreit	50	Wolzogen		11
Heim	23	Zehelein		52

Berichtigung.

Seite 11, Zeile 7 v. u. lies Güldengossa statt Güldengaßa.
„ 26, „ 20 „ „ „ Heroen statt Herren.
„ „ „ 11 „ „ „ Epitheton statt Epitethon.
„ 29, letzte Zeile „ noch statt nach.

— ⚔—✕—⚔ —

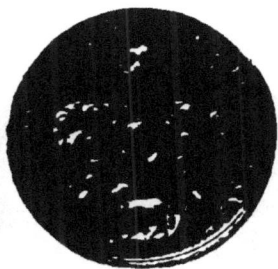

1

2

3

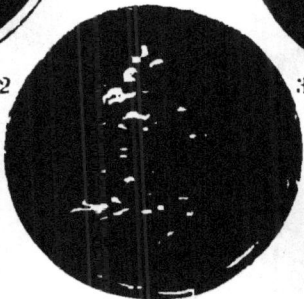

4

4

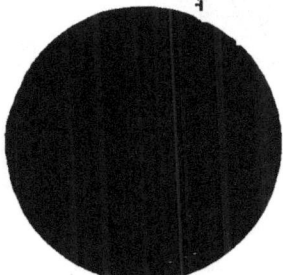

5

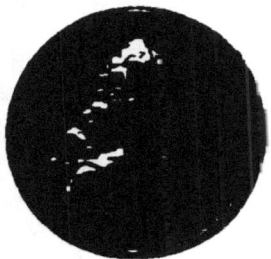
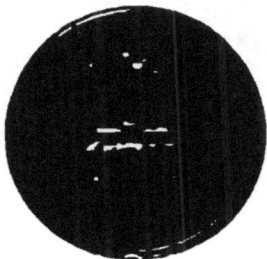

6

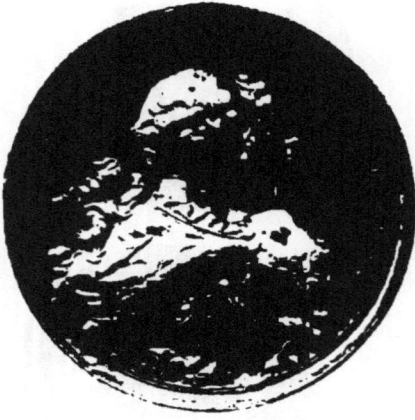

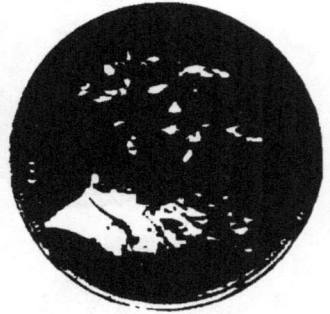

8

7

9

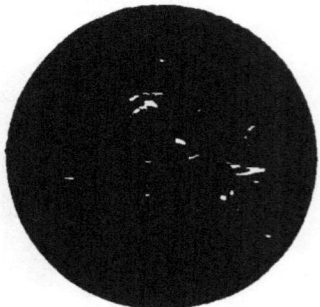

10

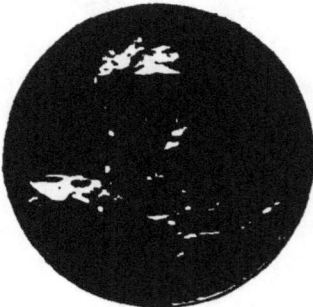

12

11

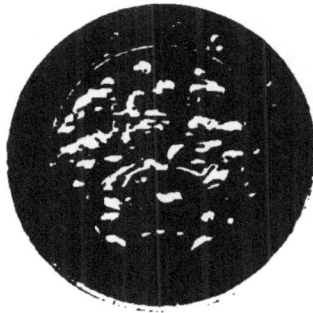

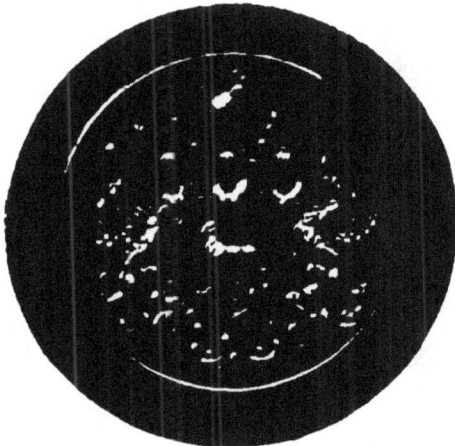

12

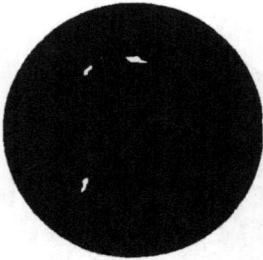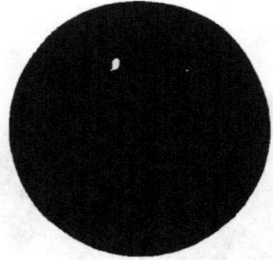

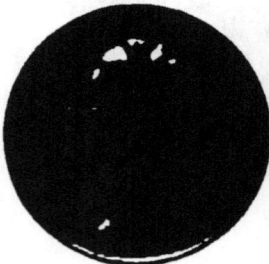

Ein Brief

an

Johann Christian Reinhart

von

Thekla Podleska.

Von

Friedrich Mohr,

Professor am Gymnasium Bernhardinum
in Meiningen.

Meiningen.
Verein für Meiningische Geschichte und Landeskunde.
1890.

Druck der Keußner'schen Hofbuchdruckerei in Meiningen.

Eine der lieblichsten Gegenden an dem Abhange des Thüringer Waldes, welche neuerdings durch die Restauration des Schlosses Altenstein die Aufmerksamkeit in erhöhtem Grade auf sich gelenkt hat, machte schon vor etwa hundert Jahren auf einen Künstler, welcher bald zu den gefeiertsten seiner Zeit gehören sollte, einen tiefen Eindruck. Der Maler Reinhart weilte damals einige Jahre an dem Hofe des ihn durch besondere Wertschätzung auszeichnenden Herzogs Georg I. von Sachsen Meiningen und teilte dessen Bewunderung der landschaftlichen Schönheiten der Altensteiner Gegend in vollem Maße. Der gegenwärtige Zeitpunkt möchte nicht unpassend gewählt erscheinen, ein Schriftstück zu veröffentlichen, welches geeignet ist, über die Beziehungen, in denen jener während seiner Anwesenheit in Meiningen nach außen hin stand, helleres Licht zu verbreiten. Wenn die Veröffentlichung dieses Schreibens andere veranlassen sollte, etwa hier noch vorhandenes weiteres Material zur Ergänzung der Lebensbeschreibung des Künstlers und der ihm nahe Stehenden bekannt zu machen, so wäre ihr Hauptzweck erfüllt.

Vor Wiedergabe des Briefes selbst scheint es jedoch geboten, die Verhältnisse, in welche wir durch denselben versetzt werden, etwas näher zu beleuchten. Wir sind dabei in der günstigen Lage, uns als eines trefflichen Führers des Werkes von Otto Baisch: „Johann Christian Reinhart und seine Kreise" *) bedienen zu können. Dasselbe behandelt auch die Meininger Periode des Lebens jenes Künstlers in eingehender Darstellung. Unter dem Material, welches schon Heinrich Stieglitz und Rudolf Marggraff für die Biographie Reinharts gesammelt hatten, befanden sich nämlich auch Mitteilungen des Kriminalrats Fritz Baumbach in Meiningen, eines Neffen der Gattin des

_____

*) Leipzig, Seemann 1882.

Advokaten Hofrat Heim, in dessen Hause Reinhart besonders viel verkehrt hatte. Mit Hülfe dieser Nachrichten konnte Baisch ein lebensvolles, eine Fülle kleiner Züge bietendes Bild von dem Leben des Künstlers in Meiningen entwerfen.

Johann Christian Reinhart wurde am 24. Januar 1761 als Sohn des Archidiakonus Peter Johann Reinhart zu Hof in der damaligen Markgrafschaft Ansbach-Bayreuth geboren. Nachdem er früh den Vater verloren hatte, besuchte er die Volksschule und das Gymnasium seiner Vaterstadt und bezog 1778 die Universität Leipzig, um Theologie zu studieren. Allein bald gewann er die Überzeugung, daß seine Neigung ihn auf ein anderes Gebiet hinweise, nämlich auf die Beschäftigung mit den bildenden Künsten. Sich unter des berühmten Malers, Modelleurs und Kupferätzers Oser Leitung stellend, welcher das Amt des Direktors der Akademie bekleidete, widmete er sich mit voller Hingebung der Zeichenkunst und Malerei. Allein sein lebhafter Sinn für die Reize der Natur ließ ihn sich bald mit Vorliebe der Darstellung landschaftlicher Schönheit zuwenden, soweit ihn nicht Illustrationen, welche er im Auftrage von Buchhändlern anfertigte, in Anspruch nahmen. 1783 begab er sich, besonders von der berühmten Gemäldegallerie angelockt, nach Dresden. Durch die unter den damaligen Hauptvertretern der Kunst dort herrschenden Eifersüchteleien abgestoßen, wurde er auf den Weg des selbständigen Studiums hingelenkt, zu welchem ihm sowohl die Schätze der Gemäldesammlung, besonders die Schöpfungen der niederländischen Landschaftsmaler, als auch die herrliche Umgebung der Stadt reichen Stoff boten. Im Frühjahr 1784 wanderte er, seine Anschauung und seine Studienmappe durch eine Fülle lieblicher landschaftlicher Bilder bereichernd, durch Thüringen und das Vogtland nach Böhmen. Hier, in Karlsbad, lernte er die Freifrau Elisa von der Recke, geb. Reichsgräfin von Medem, kennen, welche, nachdem sie die Scheidung von einem ihr völlig ungleichartigen Gemahle erlangt hatte, eben eine Reise durch Deutschland machte, um teils ihre erschütterte Gesundheit wieder zu kräftigen, teils durch den Verkehr mit den hervorragendsten Männern dieses Landes Befriedigung ihres lebhaften litterarischen und künstlerischen Interesses zu finden. Von dem reichen Geiste dieser seltenen Frau gefesselt, durch die vielfachen Berührungen, in welche er, in ihr Gefolge aufgenommen, mit bedeutenden Persönlichkeiten kam, auf das lebhafteste sich angeregt fühlend, begleitete er sie auf der Reise nach Dresden, Halle, Dessau, Wülfrode, dem Gute des Dichters Goeckingt, Gotha, Erfurt, Weimar und Jena. Hier trennte er sich von der bisherigen Reisegesellschaft und begab sich wieder für ein Jahr nach Leipzig. Wenn er auch in gewohnter Weise seine Studien nach der Natur in der Umgebung dieser Stadt, namentlich während seines Sommeraufenthaltes in Gohlis, eifrig fortsetzte, so beeinflußte ihn doch stark der rege Verkehr mit Kreisen, deren ganzes Interesse litterarischen Bestrebungen zugewandt war. Er gehörte dem Freundeskreise an, welcher sich um das damals zu Gohlis wohnende Albrecht'sche Ehepaar gebildet hatte; Dr. Albrecht, ursprünglich Arzt, jetzt besonders als Romanschriftsteller thätig, in der Folge Theaterdirektor in Altona, und seine reichbegabte Gemahlin Sophie, Verfasserin von Gedichten und Theaterstücken, sowie angesehene Schauspielerin, sammelten eine Schar erlesener Geister um sich, deren Mittelpunkt damals gerade Schiller war, welcher eben durch seine „Räuber" aller Augen auf sich gelenkt hatte. Die Ähnlichkeit der Naturen, in denen das Streben nach freier Entwickelung der eigenen Persönlichkeit durch selbstgewählten Studiengang den Grundzug ausmachte, ließ Schiller und Reinhart großen Gefallen an einander finden,*) und der Einfluß des Freundes veranlaßte den letzteren zu mehrfachen poetischen Versuchen, die, wenn auch sorgfältig geheim gehalten, doch zu Schillers Kenntnis kamen und seine Ermunterung erfuhren; allein Reinharts Urteil über die eigene Begabung war zu klar, als daß er dieser Beschäftigung einen größeren Teil seiner Zeit gewidmet hätte. Gegen Ende des Jahres beschloß er seinen in Erlangen weilenden Bruder Amandus zu besuchen und berührte auf seiner Reise Meiningen. Offenbar bestimmte ihn zur Wahl dieser Route die Absicht, sich dem damals regierenden Herzog Georg I. vorzustellen, welcher schon einst in Leipzig, als er mit Kurfürst Friedrich August von Sachsen in Reichels Garten sich erging, die besondere Aufmerksamkeit des Künstlers erweckt hatte. Dieser seinerseits lenkte später bei seiner Anwesenheit mit Freifrau Elisa von der Recke in Gotha das Interesse der Gemahlin Herzog Ernsts II., Maria Charlotte, auf sich, so daß sie den Wunsch äußerte, er möge bis zu dem eben erwarteten Besuch ihres Bruders, des Herzogs Georg von Meiningen, verweilen. Da jedoch die Ankunft dieses sich verzögerte, war jenesmal die beabsichtigte Begegnung nicht erfolgt. Als dennoch bald darauf Reinhart ein Schreiben des Herzogs erhielt, in welchem dieser ihm unter sehr günstigen Bedingungen eine Stelle an seinem Hofe anbot, glaubte der Künstler, durch Bedenken, ob er den gehegten Erwartungen entsprechen könne, bestimmt, den Ruf mit Dank ablehnen zu müssen. Jetzt führte sogleich die erste Audienz bei dem Herzoge, über deren Veranlassung die Nachrichten Bechsteins**) und Baisch' auseinander-

---

*) Als später Schiller in Meiningen wieder mit dem Künstler zusammengetroffen war, that er desselben in einem Brief in folgender Weise Erwähnung: „Mit Reinhart war ich oft zusammen; er ist noch ganz der alte und brave Kerl. Jetzt geht all sein Dichten und Trachten auf Italien. Er hat mich gezeichnet und ziemlich getroffen. Wir haben uns hier noch genauer kennen gelernt; ich bin ihm recht gut." Bei einer anderen Gelegenheit aber äußerte der Dichter, auf Reinhart könne man wie auf einen Felsen bauen.

**) „Mittheilungen aus dem Leben der Herzoge zu Sachsen Meiningen und deren Beziehung zu Männern der Wissenschaft" S. 261.

gehen, zu einer Ausdehnung des ursprünglich auf kürzeste Zeit geplanten Aufenthaltes in Meiningen auf drei Tage, nach deren Ablauf sich Reinhart zu einem längeren Verbleiben in den ihm rasch lieb gewordenen Verhältnissen entschloß. Wie das Zusammenleben von Fürst und Künstler sich für beide Teile gleich angenehm gestaltete, schildert Baisch in anziehender Weise. Hier mögen nur wenige Züge aus jener Schilderung hervorgehoben sein. Die offene und gerade Weise des Gastes, welche sich selbst an dem Hofe in ihrer Natürlichkeit frei geben durfte, sein gesundes Urteil über Persönlichkeiten und Verhältnisse, sein verständnisvolles Sichversenken in die landschaftlichen Schönheiten der Gegend gewannen ihm in besonderem Grade des Herzogs Zuneigung, und diese hatte u. a. eine gemeinschaftlich zu Fuß nach dem Rhein unternommene, ganz dem Genuß und dem Studium der Natur gewidmete Reise zur Folge. Ein höfisches Wesen annehmen wollte Reinhart allerdings weder, noch konnte er es seiner männlichen, jeder Liebedienerei abgeneigten Weise nach; gegen die dadurch hervorgerufenen Beschwerden, sowie die Äußerungen der Gereiztheit über des Künstlers treffliche Karrikaturen und derbe Abfertigungen nahm der Herzog den Gast kräftigst in Schutz. Im allgemeinen jedoch war dieser in der Stadt höchst beliebt und namentlich in den Familien des Hofbuchdruckers Hartmann,*) des Advokaten Hofrat Heim und des Leibmedicus Panzerbieter wohl gelitten. Was den Landschaftsmaler am meisten anzog, das waren die schönen Partieen in der Umgebung Meiningens, von denen hier im Interesse der Naturfreunde diejenigen genannt sein mögen, welche vorzüglich seine Aufmerksamkeit erregten. Vor allem machte er die Türk'sche Mühle bei Welkershausen (in der sogenannten Meininger Schweiz) zum Gegenstand eingehendsten Studiums. Sie hat er in einem großen Landschaftsbilde dargestellt, nach welchem er eine Radierung arbeitete, von der Abbrücke noch vorhanden sind. Die leider später von einem Kupferstecher mit wenig Verständnis überarbeitete Platte verkaufte er 1792 an Frauenholz in Nürnberg für hundert Spezies-Dukaten. Sodann zogen ihn besonders die Ruinen der Grimmenthaler Wallfahrtskirche an, und diese besang er auch in einem Gedichte, in welchem sich treffliche, den Gegensatz zwischen der einstigen Pracht und dem jetzigen Verfall schildernde Partieen finden. Auch die Bachmühle bei Untermaßfeld gewann ihm solches Interesse ab, daß sie zum Motiv für ein Gemälde wurde, welches früher den Hauptschmuck eines Zimmers in der Fasanerie bei Meiningen bildete. Die landschaftlichen Reize dieses Naturparkes selbst übten auf Reinhart eine besondere Anziehungskraft aus; wochenlang weilte er dort mit dem Herzoge, welcher das

---

*) „Hannchen", die Tochter desselben, die spätere Frau Landschulinspektor Kenßner, erinnert ihn noch nach Jahren an den Lorbeer von Vergils Grab, den zu bringen er ihr einst in der Stunde des Abschiedes versprochen habe.

daselbst befindliche Jagdhaus zu seinem Lieblingsaufenthalte erkoren hatte;
die lieblichen Aussichten, die zahlreichen malerischen Partieen der Gegend, die
herrlichen Baumgruppen boten Reinhart Gelegenheit zu den anziehendsten
Studien.*) Endlich war es die Gegend um Altenstein, welche er in vielen
Zeichnungen, die für den Herzog bestimmt waren, wiedergab.**)

Der Art waren die Verhältnisse, in welchen Reinhart in unserer Stadt
lebte, als der unten mitgeteilte Brief Thekla Poblexlas an ihn gelangte.

Ihre Bekanntschaft hatte der Künstler während seines ersten Aufenthaltes
in Leipzig gemacht. Sie war als die Tochter eines Geigers zu Beraun in
Böhmen 1764 geboren, aber schon frühzeitig nach Leipzig übergesiedelt, um
mit zwei Schwestern als Harfenistin aufzutreten. Der bekannte Opernkomponist
und Begründer des Singspiels Johann Adam Hiller wurde auf ihre herrliche
Stimme aufmerksam und bildete dieselbe schulgemäß weiter aus. In dieser
Zeit, als sie unter des Meisters Leitung die glücklichsten Fortschritte machte,
lernte sie Reinhart kennen, und bald von inniger Zuneigung ergriffen, gestanden
sie sich im Frühjahr 1782 im Rosenthale bei Leipzig ihre Liebe. Allein nicht
offenen Ausdruck durften sie dieser leihen, da sowohl Theklas Eltern, als auch
Hiller ihren Wünschen sich abgeneigt zeigten, jedenfalls durch die Erwägung
geleitet, daß beider Zukunft durch ein so früh geknüpftes Band in nachteiliger
Weise beeinflußt werden möchte. Die Liebenden aber, solchen Bedenken

*) Der Fasanerienwald ist ein Rest des großen königlichen Waldes, welchen nebst
Jagd- und Wildbahn am 17. Oktober 1031 Kaiser Konrad II. dem Stifte Würzburg ab-
trat. Der interessanten, uns erhaltenen Urkunde über diese Schenkung (Schultes, Diplomatische Geschichte des gräflichen Hauses Henneberg, 1. Tl. 1788, S. 78—79, Monumenta
Boica XXIX, a, 32) entnehmen wir folgendes. Veranlaßt wurde letztere besonders durch
die Fürsprache der Kaiserin Gisela und des Abtes Richard von Fulda. Die Grenze
dieses ausgedehnten Waldes, eines Restes von dem Urwald Germaniens, bildete von
Mellrichstadt aufwärts bei Stockheim, Ostheim, Nordheim, Flabungen die Streu; dann lief
sie über Schafhausen nach Gerthausen, um hierauf der Herpf bis zu der heutigen Wustung
Fascha (Bochsbeim) zu folgen, wandte sich von da nach dem Gleimershäuser-Haselbacher
Grund und Kurimbach (Kurenbach) d. i. der jetzigen Wustung Körnbach bei Sülzfeld
(Förstemann, Deutsche Ortsnamen, suchte den Ort an unrichtiger Stelle vergebens) und
lehrte endlich über Harles nach Mellrichstadt zurück. Zu dem Übergang dieses Gebietes
an Würzburg hatten der Abt von Fulda, Otto, Gangraf in Grabfeld, u. a. ihre Zustimmung gegeben. Ein Tiergarten wird an der Stelle der jetzigen Fasanerie schon 1340
erwähnt; allein die heutige Gestalt gab derselben der Hauptsache nach Herzog Georg I.,
dessen geniale Erfindungsgabe für Garten- und Parkanlagen bekannt ist. Wie es den Herzog
freuen mochte, in Reinhart einen verständnisvollen Bewunderer seiner Schöpfungen zur
Seite zu haben, so fand dieser wieder für seine Vorliebe für schöne, namentlich charakteristische
Bäume reiche Nahrung, wie man ja später oft die Kühnheit und Kraft des Baumschlages
als eine Hauptschönheit seiner Landschaften gerühmt und in einzelnen Fällen das Fehlen
von Baumgruppen auf denselben bedauert hat.

**) Baisch ist hier durch Bechstein a. a. O. S. 263 zu ergänzen.

unzugänglich), schlossen sich nur um so inniger an einander an, und besonders bei Thekla nahm, wie namentlich ihr Tagebuch beweist, die Leidenschaft der Richtung der damaligen Zeit entsprechend einen schwärmerischen Charakter an. Nicht lange sollte diese glückliche Zeit dauern.

Herzog Peter von Kurland, welcher zu Mitau residierte, wünschte, der Neigung seiner Gemahlin zur Pflege der Musik Rechnung tragend, für seine Kapelle einige tüchtige Sängerinnen zu gewinnen und wandte sich deshalb an Hiller. Dieser empfahl ihm die Schwestern Podleska und entschloß sich, einer Einladung des Herzogs, es möge ihm derselbe seine Schülerinnen selbst zuführen, zu entsprechen und diese nach Kurland zu begleiten.*) Im Sommer 1782 verließ also Thekla Leipzig, nachdem sie in bitterem Schmerze von dem Geliebten Abschied genommen hatte.

Die Verhältnisse derselben in ihrer neuen Stellung gestalteten sich anfangs durchaus freundlich und angenehm. Den geistigen Mittelpunkt des kurländischen Hofes bildete die Herzogin Dorothea, eine durch Anmut der Erscheinung, wie lebhafte Empfänglichkeit der Seele für alles Edle und Schöne ausgezeichnete Fürstin. Nachdem sich Herzog Peter von seinen beiden ersten Gemahlinnen hatte scheiden lassen, fand er endlich (1779) in Dorothea eine voll seinen Wünschen entsprechende Lebensgefährtin. Dieselbe war die Tochter Johann Friedrichs, Reichsgrafen von Medem, entstammte also einer der edelsten kurländischen Familien, welche auf einen deutschen Ordensheermeister zurückging. Ihre ältere Schwester Elisa ist unter dem Namen Freifrau von der Recke als eine der geistig bedeutendsten Frauen ihrer Zeit, welche sich mit den hervorragendsten Männern namentlich Deutschlands in Verbindung setzte,**) und als Verfasserin des „Tagebuches einer Reise durch einen Teil Deutschlands und durch Italien in den Jahren 1804 bis 1806" allgemein bekannt.

Es fehlte zwar schon zu jener Zeit nicht an drohenden Vorzeichen des Sturmes, welcher bald über das kurländische Herzogshaus hereinbrechen sollte,

*) Ich bin hier, abweichend von Baisch' Darstellung, der Erzählung in „Anna Charlotte Dorothea, letzte Herzogin von Kurland; geschildert von Christoph August Tiedge, Leipzig, Brockhaus 1823" (S. 70) gefolgt, einem Werke, welches offenbar auf bester Information beruht. Nach Baisch' Annahme, deren Quellen nicht näher bezeichnet sind, wäre Hiller an den kurländischen Hof eingeladen worden und hätte diese Gelegenheit benutzt, seine Schülerin Thekla zu empfehlen und ein Engagement für sie zu erwirken. Daß beide Schwestern, Thekla und Josepha, in Mitau Anstellung fanden, dürfte nach den unten wiedergegebenen Briefe als erwiesen anzusehen sein. (Vergl. auch Theklas Brief vom 17. November 1801 bei Baisch S. 139.) Später verlieh Herzog Peter Hiller den Titel Herzoglicher Kapellmeister.

**) Ihre Reise durch Deutschland 1784 bis 1786 ist durch das Memoirenwerk „Vor hundert Jahren" bekannt, welches jene Fahrt nach dem Tagebuch von Sophie Becker, der Begleiterin Elisas von der Recke, erzählt.

indem schon damals sich Leute fanden, welche durch Anknüpfung von Beziehungen zum Ausland frühzeitig auf Sicherung ihres Vorteils für den Fall eintretender Änderungen bedacht waren, aber noch gelang es der Klugheit und Liebenswürdigkeit der jungen Herzogin, die störendsten Mißklänge verstummen zu machen, wobei auch namentlich die neu erwachte Hoffnung auf einen männlichen Erben mitwirkte. So bot eine Zeit lang das Leben an dem herzoglichen Hofe ein Bild friedlichen, durch die Kunst anmutig bewegten Lebens, wie es hier schon lange nicht mehr beobachtet worden war. Namentlich fand die Musik eine Stätte edler Pflege, indem die Herzogin, selbst mit Verständnis und nicht mittelmäßiger Fertigkeit dieselbe übend, Veranlassung wurde, durch Heranziehen neuer tüchtiger Kräfte die herzogliche Kapelle auf eine hohe Stufe der Vollkommenheit zu bringen. Ein aus jener Zeit stammender Brief*) setzt wie das damalige Hofleben zu Mitau, so die Stellung Thekla Podleskas in helleres Licht. „Glauben Sie nur," — so heißt es in demselben — „daß die Musen auch hier eine erwärmende Sonne und einen Tempel gefunden. Hiller hat uns zwei treffliche Sängerinnen, die böhmischen Schwestern Podleska, zugeführt. . . . . Die Concerte und Opern sind trefflich besetzt, und die Harmonien, die durch die fürstlichen Säle rauschen, scheinen sich auch den Menschen mitgetheilt zu haben. Ueberhaupt hat das Leben des Hofes wohl noch nie eine so würdige und anziehende Physiognomie gezeigt. Die Seele, die das alles belebt, hat die junge Herzogin mitgebracht. Sie ist das Gestirn, um welches recht erfreulich die übrigen Gestalten sich drehen."

Dieser edelen Fürstin trat die neue Hofsängerin noch insofern näher, als ihr zugleich die Aufgabe wurde, das musikalische Talent der Herzogin weiter auszubilden und zu entwickeln. So durfte sie auch das herzogliche Paar, als es sich 1784 nach Teutschland und Italien begab, begleiten. Trotzdem jenesmal von den Reisenden Leipzig und Dresden berührt wurde, war es Thekla doch nicht vergönnt gewesen, Reinhart zu treffen, da derselbe eben, der Schwester der Herzogin, Elise von der Recke, folgend, fern von diesen Städten weilte. Erst auf der Rückreise 1785, als sie sich einige Zeit in Prag bei ihren Eltern aufhielt, sah sie Reinhart, der zu diesem Zwecke gekommen war, wieder und freute sich des lang ersehnten Zusammenseins. Auch im Jahre 1786, wo sie einige Tage in Leipzig die Hiller'sche Familie besuchte, war es ihr noch einmal, zum letztenmal in ihrem Leben, was sie freilich nicht ahnte, vergönnt, den „redlichen Freund und Schutzengel ihrer Jugend," wie sie später einmal Reinhart nennt, zu sehen. In der nächsten Zeit widmete sie ihre ganze Kraft ihrem Berufe als Künstlerin und brachte es bald dahin, daß ihr

---

*) S. Tiedge a. a. O. S. 70.

Name als der einer tüchtigen Opernsängerin in weiteren Kreisen bekannt wurde.

Während der langen Abwesenheit des Herzogs Peter von seinem Lande hatten in diesem die Verhältnisse eine für ihn ungünstige Gestalt angenommen. Die mit der Verwaltung betrauten Oberräte hatten zum Teil sehr willkürlich geschaltet und die Einkünfte des Landes mehr zur Förderung ihrer selbstsüchtigen Absichten als im Interesse des Herzogs und seiner Unterthanen verwandt. Da aus den Ehen jenes bis jetzt ein männlicher Erbe nicht hervorgegangen war, rechnete man schon auf Erledigung des Herzogtums, und die einen suchten durch engen Anschluß an Polen, zu dem Kurland im Verhältnis der Lehnsabhängigkeit stand, sich Vorteile zu sichern, die andern richteten ihre Augen auf Rußland, um sich durch zeitiges Werben um die Gunst der mächtigen Kaiserin Katharina II. eine gesicherte oder bevorzugte Stellung zu verschaffen. Während infolge der Nachrichten von diesen Wirren der leidenschaftliche Herzog den seinen Feinden nur erwünschten Plan faßte, einem so undankbaren Lande fern bleiben und die ihm aus demselben zufließenden Einkünfte anderwärts verzehren zu wollen, entschloß sich die mutige Herzogin, dem Rate aller Wohlmeinenden zu folgen und in das Vaterland zurückzukehren. Ihre Ankunft und die Geburt eines Erbprinzen im Jahre 1787 führte zu einer kurzen Beruhigung des Landes, sobald aber Herzog Peter, durch die dringenden Mahnungen seiner Gemahlin bestimmt, ebenfalls wieder heimgekehrt war, hoben die Wirren von neuem an, indem sie besonders durch die Anklagen gefördert wurden, welche der Landesherr gegen die Oberräte, weil sie während seiner Abwesenheit ihre Befugnisse überschritten und seine Fürstenrechte verletzt hätten, an den polnischen Reichstag richtete. Der höchst schleppende Rechtsgang in Polen verzögerte die Angelegenheit ungemein, und diese Zeit benutzten die in Kurland einander gegenüberstehenden Parteien, um sich auf das gehässigste gegenseitig anzufeinden. Als dazu im Frühjahr 1788 der Herzog in bedenklicher Weise erkrankte, stiegen die Sorgen der Herzogin zu solcher Höhe, daß auch ihre eigene Gesundheit erschüttert wurde und sie sich in ihrer Not brieflich an die Kaiserin Katharina wandte, um bei der herrschenden Verwirrung für den Fall des Ablebens ihres Gemahles deren Schutz anzuflehen. In die Zeit vor Ausbruch der Krankheit Herzog Peters fällt offenbar die Verabfassung des uns beschäftigenden Briefes von Thekla Pobleska, indem andernfalls dieselbe gewiß jener Erwähnung thun würde.

Nachdem wir so die Verhältnisse, aus welchen jener Brief hervorgegangen ist, kennen gelernt haben, mag derselbe hier seine Stelle finden. Er füllt vier Seiten eines Briefbogens, die am Rand vermutlich von der Hand der Schreibenden selbst mit einer in Wasserfarben gemalten, hauptsächlich aus Rosen und Vergißmeinnicht bestehenden Verzierung eingefaßt sind.

„Den 13ten Merz 1788.

Wie Leid thut mirs mein guter Reinhart das Du nicht alle meine Briefe
aus Curland von mir erhalten, ich kan auch nicht be(g)reifen wie das zu geth,
auch thut mirs Leid das ich Dir nicht öftrer geschrieben, aber ich hielt es für
billig da Du mir nicht schriebst, auch nicht zu schreiben — ich denk mir immer
das schlimste bey solchen Gelegenheiten; auch ist mirs nicht zu verdenken,
da Du Dein Versprächen mir oft zu schreiben erst nach einem halben jahre
wieder erneüert und erfüllt hast. Du würst mirs verzeihen wenn ich mich in
so was nicht leicht finden kann; meine Liebe zu Dir wurd nur durch so was
gekränkt, aber nicht gemindert — noch ehr ich wußte was Du mir in Deinem
Briefe sagst — drükt ich schon an meinen mund das Zeichen Deines kußes
— Hungrich wie die jungen eines Pelikans saugt ich Dein Bluth aus — —
ich glaube immer, es ist nicht möglich das man Dich mehr lieben kan wie
ich Dich liebe — auch setz ich darin meinen Stolz und überzeige mich gern das
ich von Dir ebenso herzlich wieder geliebt werde — wie bin ich dann in dem
Gedanken das Du mich liebst so unaussprächlich glüklich, ich bitte Dich mein
Reinhart bey dem mir heiligen Werth den ich auf Deine treue Liebe setze,
bleib mir auch fernerhin so treu und zärtlich in Deiner Liebe, schäme Dich
nicht der Tugend, edler und beßer zu sein, als hundert andre Leichtsinnige
Deines Alters nicht sein — Wache stets über Dich und denk oft an Gott
und an mich — hab Dausend Dank das Du meine Bitte erfüllst und ieden
Tag etwas schreibst,*) mein einförmiges Leben ermundert mich nicht dazu,
sonst würd ich's auch thun — oder ein ieder Tag geht für mich dahin wie
der andre — den ganzen Monat Febr. brachten die Herrschaften zu Mitau**)
zu, um ihre Geburtstäge***) dort zu feyern, für die Herzogin und für den
Herzog componirte Abt Vogler†) zwey Prologs, am Geburtstage der Herzogin

---

*) Diese täglichen Aufzeichnungen scheinen nicht erhalten zu sein, wenigstens haben sie
offenbar Reinharts Biographen nicht vorgelegen. Es ist wohl damit ähnlich ergangen,
wie mit dem über die Reise nach Italien geführten Tagebuche, welches mit der Schilderung
von Innsbruck abbricht.

**) Der kurische Hof weilte jenesmal auch vielfach auf Schloß Würzau in ländlicher
Stille und Einsamkeit, namentlich seit dem Tode der Herzogin Mutter, indem der stete
Anblick der zu Mitau einst von dieser Lewohnten Zimmer die Stimmung des ihr mit zärt-
licher Liebe zugethanen Sohnes ungünstig beeinflußte.

***) Beide Geburtstage fielen in den Februar, der der Herzogin auf den 3., der des
Herzogs auf den 15.

†) Nähere Beziehungen zwischen der kurländischen Herzogsfamilie und Abt Vogler
hatten sich bei Gelegenheit der italienischen Reise der ersteren im Jahre 1784 gebildet.
Damals hatte auch Vogler, welcher die erste Stelle unter den Musikverständigen Münchens
einnahm, Ibella Poblesta kennen gelernt und ihre künstlerische Begabung so bedeutend
gefunden, daß er ihr das Anerbieten machte, ihre musikalische Ausbildung vervollkommnen

spielten die Adlichen die Comedie, die Schlaue Witwe und aufs Herzog seinen Tag ließ die Herzogin nebst den Prolog der sich besonders schön ausnahm, die Oper einstudieren Robert und Caliste, die auch ihren Beyfal fand. Zwey Masqueradenbälle waren unter der Zeit in Mitau, eins gab der Herzog, und eins die Herzogin. Es wäre viel davon zu schreiben; das erste mal war die Herzogin mit den übrigen die zur quadrilie gehörten wie die Bauermädchen in Italien auf der Insel Iskia *) gekleidet, das andermal mit ihren Gefolge als Türkin, worin sie besonders reizend aussah. ich habe beydesmal nicht getanzt; auch hat der Tanz bey solchen Gelegenheiten keinen Reiz für mich. jetzt gehts desto stiller bei unseren Hofe zu, so lange Abt Vogler noch bey uns war — wurde doch zu zeiten Musik auf der Herzogin ihren Zimmer gemacht. Bendas **) waren gegen 7: Wochen hier er lag krank an der Gicht, er durch sein Saufen, sie durch ihre Frechheit — haben sie sich eben beyde keinen guten ruhm nachgelassen. Das sind so meine kleinen Nachrichten die ich Dir

———————————

zu wollen. Die Rücksicht auf die gesicherte Stellung an dem kurländischen Hofe ließ Thella diesen sie ehrenden Antrag ablehnen.

Georg Joseph Vogler stammte aus Würzburg und wurde zum Theologen von den Jesuiten in seiner Vaterstadt und in Bamberg, sowie später in Padua ausgebildet, erwarb sich aber daneben als Klavier- und Orgelspieler so bedeutende Fertigkeit und Kenntnisse, daß er auf diesem Gebiete bald als eine der ersten Autoritäten galt. Besondere Förderung erfuhr er von dem Kurfürsten von der Pfalz Karl Theodor, welcher ihm eine für seine musikalische, wie theologische Ausbildung wichtige Reise nach Italien ermöglichte, und an dessen Hof er anfangs zu Mannheim, später zu München, wohin bekanntlich Karl Theodor durch die Erledigung des bayrischen Kurfürstenstuhles gerufen wurde, lebte. Von ausgedehnten Reisen (nach Frankreich, Spanien, Griechenland und Afrika) 1786 zurückgekehrt, wurde er zum Königlichen Kapellmeister in Stockholm ernannt. Während seines Aufenthaltes in dieser Stadt erfand er das Orchestrion, wodurch sein Name noch bekannter wurde. Da er in jener Stellung bis zum Jahre 1789 verblieb, so haben wir uns die im obigen Briefe erwähnte Anwesenheit desselben in Mitau als eine von Stockholm aus hierher gemachte Besuchsreise zu denken.

*) Auf der italienischen Reise hatte Herzog Peter hier längere Zeit geweilt, um die heilkräftigen Bäder dieser Insel zu benutzen. Seine Gemahlin aber „durchwanderte unermüdet die reichen Blumenthäler und Myrthenhügel derselben. Ihr Herz ergötzte sich an der unverdorbenen Natur und an den ländlichen Sitten der Bewohner; ihre Phantasie bereicherte sich mit den überraschenden, malerischen Bildern, welche von allen Seiten, wohin ihre Wanderungen sie führten, sich darboten. Vor allen Italienern liebte und rühmte sie in ihren Erinnerungen die Einwohner von Ischia: wie sie denn auch einmal in der Tracht dieser guten Kinder der Natur auf einem Maskenball erschien." Tiedge a. a. O. S. 81.

**) Die ursprünglich böhmische Familie Benda hat eine Reihe tüchtiger Musiker hervorgebracht. Hier ist wohl Friedrich Ludwig Benda, geboren zu Gotha 1746, gemeint. Da derselbe seit 1783 in mecklenburgischen Diensten stand und 1789 Konzertdirektor in Königsberg wurde, so erklären sich Beziehungen zu Mitau leicht. Verheiratet war er mit der damals berühmten Sängerin Rietz, mit welcher er eine Zeitlang Kunstreisen machte. Die

geben kan. — Die Nachrichten von dem was in meinem Herzen vorgeht, sind
Dir schon bekant; Du weißt was Du mir bist, und wie über alles ich Dich
liebe. Bey diesem Kuße mein Reinhart vergieß nicht der frohen vergangenen
Stunden — Diese Erinnerung ermundre uns zu jedem Guten. Leb wohl
mein guter Reinhart — lebe mit dem Gedanken, an Deine Dich ewig liebende
Thekla Poblesta.“

Dieser Brief gewährt uns einen deutlichen Einblick in den damaligen
Stand des Verhältnisses zwischen Reinhart und Thekla. Die lange Trennung
ist nicht ohne Einfluß auf seine Empfindungen geblieben; neue Beziehungen
haben sich zu ihm lieb gewordenen Persönlichkeiten gebildet; ihm bisher fremde
Verhältnisse boten seiner Beobachtung und seinem Interesse reiche Nahrung;
vor allem aber beherrscht ihn die Liebe zu seiner Kunst, zieht ihn Sehnsucht
nach dem mit allen Reizen des südlichen Himmels geschmückten Italien und
besonders nach Rom, wo allein er sein Talent voll entwickeln zu können
glaubt; „all sein Dichten und Trachten geht auf Rom.“ So treten früher
geknüpfte Verbindungen in seiner Erinnerung mehr und mehr in den Hinter-
grund, seine Briefe an Thekla werden seltener und seltener. Dieser entgeht
die sich vollziehende Wandlung keineswegs; allein sie ist zu stolz, um zur
vielleicht lästigen Mahnerin zu werden. Wird ihr aber Veranlassung geboten,
einen Brief nach Meiningen zu richten, so sucht sie nicht etwa durch Schmeiche-
leien das ermattende Interesse neu anzuregen oder durch Vorwürfe alte Zusagen in Kraft zu erhalten, sondern bestärkt, wie sie es auch früher dem
„wilden Reinhart“ gegenüber vermöge ihrer größeren Besonnenheit und ihres
praktischen Sinnes gethan hat, denselben in seinen guten Vorsätzen und
Entschließungen. So wahrt sie trotz der unverkennbaren angstvollen Besorgnis,
des Jugendfreundes Zuneigung zu verlieren, die würdigste Haltung, wenn auch
ihrem Briefe der Charakter einer schwermütigen Entsagung aufgeprägt ist.
Demnach bestätigt auch dies Schreiben das höchst günstige Urteil, welches alle,
die den wahren Gründen ihrer Handlungen nachgegangen sind, über ihren
Charakter fällen.

Nur mit wenigen Worten sei der weiteren Schicksale der Personen gedacht,
mit welchen sich die vorstehende Darstellung beschäftigte.

Die Zerrüttung in Kurlands Verhältnissen, die Erbitterung, mit welcher

---

sich in manchen Büchern findende Angabe (z. B. in der „Allgemeinen Encyclopädie der
Wissenschaften und Künste von Ersch und Gruber“ u. d. W.), daß das Jahr 1767 sein
Todesjahr sei, ist eine irrtümliche. Vielmehr ist er im Anfange des letzten Jahrzehnts des
vorigen Jahrhunderts gestorben (nach dem „Neuen Universallexikon der Tonkunst, heraus-
gegeben von Eduard Bernsdorf, 1. Bd.“ u. d. W. starb er den 27. März 1793, nach der
„Allgemeinen Deutschen Biographie“ u. d. W. am 27. März 1792.

sich Adel und Bürgerstand gegenseitig befehdeten, die Feindseligkeit einer mächtigen Partei gegen den Herzog, die Anrufung bald polnischer, bald russischer Hülfe beschleunigten den Untergang der Selbständigkeit des Herzogtums. Mit Polen in gleichem Jahre (1795) hörte auch Kurland auf, als eigener Staat zu existiren, indem die kurischen Stände, meist von persönlichem Vorteile bestimmt, beschlossen, das Land dem russischen Scepter zu unterwerfen, und der Herzog, dessen einziger Sohn in früher Kindheit gestorben war, sich, von allen verlassen, genötigt sah, diesen Beschluß zu bestätigen. Er zog sich mit seiner Familie nach dem schlesischen Herzogtum Sagan zurück. Nach seinem Tode im Jahre 1800 weilte seine Gemahlin meist auf ihrem Gute zu Löbichau in Altenburg, bis zuletzt in regem Verkehr mit hervorragenden Gelehrten und Künstlern; sie starb im Jahre 1821.

Theklas heißer Wunsch, sich mit dem Geliebten dauernd vereint zu sehen, sollte sich nicht erfüllen. Hatten anfangs die Eltern der Neigung ihrer Tochter entgegengestanden, wie diese später einmal in einem Briefe ausdrücklich erwähnt, so verblaßten in der Folge sichtlich in Reinharts Erinnerung jene Leipziger Tage mehr und mehr. Als sich ihm unerwartet die Möglichkeit eröffnet hatte, nach Rom, dem Mekka aller Maler, pilgern zu können, ließ er durch einen ausführlichen Brief sie an seiner begeisterten Freude teilnehmen. Von da an aber mußte sie, die schon vorher manchmal, wie wir sahen, größere in dem brieflichen Verkehr eingetretene Pausen mit Kummer erfüllt hatten, Jahre lang auf jede Mitteilung Reinharts verzichten, den seine Kunst, die Reize der italienischen Natur, ein reger Verkehr mit gleichstrebenden Genossen ganz fesselten, und welchem die Ungewißheit der eigenen Zukunft es bedenklich erscheinen lassen mochte, Thekla mit seinem Geschicke enger zu verknüpfen*). Das Verhältnis fand einen solchen Abschluß wohl aus ähnlichen Gründen, wie sie Goethe nach den von ihm mit allem Zauber dichterischer Darstellung umgebenen Tagen von Sessenheim von Friederike Brion schieden.

Auch als Thekla „unter tausend heißen Thränen", wie sie sagt, Reinhart mitteilte, daß ihr der Flötist in der Kapelle des Herzogs von Kurland, Battka, ein Landsmann von ihr, einen Heiratsantrag gemacht habe, welcher in der Herzogin eine eifrige Fürsprecherin finde, erhielt sie keine Antwort. So weigerte sie sich endlich nicht mehr, sich (1791) mit Battka trauen zu lassen. Die Ehe war eine unglückliche, so daß die Gatten sich bald wieder trennten, indem Thekla durch Abtretung der „Hälfte ihres mühsam ersparten Vermögens" es ihrem Gatten ermöglichte, zu Prag eine eigene Haushaltung zu führen.

---

*) Reinhart ging erst 1800 eine Civilehe (die Ungleichheit der Religionsbekenntnisse hinderte eine kirchliche Trauung) mit einer jungen Römerin („Nanna") ein, welche sich, als er längere Zeit siech danieder lag, in aufopfernder Weise seiner Pflege gewidmet hatte.

Sie blieb auch nach Aufhören der Selbständigkeit Kurlands und dem Tode Herzog Peters in den Diensten der Gemahlin desselben, indem sie die jüngste Prinzessin in Gesang und Musik unterrichtete. Allein im Jahre 1802 wurde sie infolge eines Vorfalles, welcher ohne irgend ein Verschulden von ihrer Seite ihren Ruf schwer kompromittirte, entlassen; doch blieb sie durch eine lebenslängliche Pension von jährlich dreihundert Thalern wenigstens vor Mangel geschützt. Auch jetzt wußte sie sich noch nützlich zu machen, indem sie, in Prag wohnend, sich ihrer Schwestern und nach deren Tode verschiedener talentvoller Mädchen annahm, welche letzteren sie im Gesang unterrichtete und zu tüchtigen Künstlerinnen ausbildete. Die schönen Leipziger Tage waren nie ihrem Gedächtnisse entschwunden, und hie und da hatte sie Reinhart über ihre Erlebnisse Mitteilung gemacht, auch wiederholt von ihm herzliche Antwort= briefe empfangen. Noch in ihrem 79. Lebensjahre (1843) nennt sie ihn „ihren innigstgeliebten, guten Reinhart." Als charakteristisch für die Auffassung des Verhältnisses unter Reinharts näheren Bekannten möge angeführt sein, daß ihm sein Jugendfreund Parthey einst schrieb: „Die gute Seele war doch allein für Sie geschaffen, um glücklich zu sein; konnte es nur durch Sie werden."

Auch des ferneren Geschicks von Reinhart, soweit es nicht schon in vor= stehendem berührt worden ist, mag mit wenigen Worten Erwähnung gethan werden. Noch etwa anderthalb Jahre nach Empfang des oben abgedruckten Briefes aus Kurland weilte derselbe in Meiningen, so daß der Aufenthalt in dieser Stadt die Zeit von Dezember 1786 bis Oktober 1789 umfaßte. So wohl er sich in der Werraresidenz fühlte, blieb doch die Sehnsucht, welche ihn nach Italien trieb, ungemindert. Fürstliche Freigebigkeit sollte ihm ungeahnt schnell alle entgegenstehenden Hindernisse aus dem Wege räumen. Reinhart war von dem Erbprinzen von Coburg, welchem er bei dessen wiederholter Anwesenheit am Meininger Hofe bekannt wurde, aufgefordert worden, sich doch dem durch Kunstsinn ausgezeichneten Markgrafen Alexander von Ansbach= Bayreuth vorzustellen, zumal ja seine Heimat dessen Gebiet angehöre. Durch ein Empfehlungsschreiben jenes Erbprinzen eingeführt, wurde der Künstler, als ihn die lange beabsichtigte und endlich 1788 unternommene Reise nach Er= langen in die Nähe der markgräflichen Residenz führte, in dem Schlosse zu Ansbach von dem Markgrafen empfangen und ihm nicht nur hundert Dukaten als Reisegeld nach Rom, sondern auch die gleiche Summe als jährlicher Gnadengehalt ausgesetzt*) Überglücklich, jetzt durch nichts mehr von dem Ziele seiner Hoffnungen geschieden zu sein, eilte Reinhart, nachdem er noch

---

*) Seit der Vereinigung der Markgrafschaft Ansbach=Bayreuth mit Preußen wurde die Auszahlung eingestellt; doch sicherte die Verwertung seiner Kunstwerke Reinhart hin= länglich seine Existenz in Rom.

einmal zu kurzem Aufenthalte nach Meiningen zurückgekehrt war und den herzlichsten Abschied von seinen Freunden genommen hatte, 1789 über die Alpen, um nie wieder in sein Vaterland zurückzukehren. Indem ihm seine Geringeren als Poussin und Claude Lorrain zum Muster dienten, strebte er besonders danach, das Charakteristische der Landschaften und der Naturgebilde zu ergreifen und in getreuer, von sorgfältigstem Studium der Wirklichkeit zeugender Nachbildung festzuhalten, wobei ihn jedoch ein Zug zu großartiger Auffassung, zum Idealisiren vor Kleinlichkeit bewahrte. Seine gründliche klassische Bildung, um die ihn mancher Künstler beneidete, befähigte ihn in besonderem Maße, namentlich die viel bewunderten Reste der alt-römischen Baukunst mit tiefem Verständnisse wiederzugeben und seinen landschaftlichen Bildern und Zeichnungen das ihnen eigentümliche Gepräge zu verleihen, welches in gleicher Weise das Auge und die Fertigkeit des Künstlers, das Gemüt und die Phantasie des Dichters und den Geist des Altertumskenners verrät. So wurde er Jahrzehnte lang neben J. Koch als Hauptvertreter der soge-nannten klassischen Landschaftsmalerei gefeiert. Er starb am 11. Juni 1847 zu Rom und liegt auf dem protestantischen Kirchhofe, welcher sich in der Nähe der Pyramide des Cestius befindet, begraben.

Wie überhaupt nach Deutschland, so ist er auch nach Meiningen seit jenem dreijährigen Aufenthalte hierselbst nie wieder zurückgekehrt, so vielfach und dringend er auch von den „treuen Meiningern“ und namentlich auch von Herzog Georg dazu aufgefordert wurde. Dieser hatte in ihm nicht nur den Künstler, sondern auch vor allem den Menschen schätzen gelernt. Wie der Fürst ihn schon früher aufgefordert hatte, Meiningen zum dauernden Wohnsitze zu nehmen, so hatte er ihn auch noch unmittelbar vor der Abreise nach Italien zum Bleiben zu bestimmen gesucht, indem er ihm Ratsbesoldung nebst freiem Holze, freiem Tische u. s. w. antrug. Später, im Jahre 1803, wünschte ihn der Herzog in einem durch Herzlichkeit, wie Vaterlandssinn ausgezeichneten Briefe*) wenigstens zu einem Besuche auf dem Altenstein zu bestimmen, damit er „dort nach der deutschen Natur zeichne“, und Reinhart gedachte ernstlich, dieser Einladung Folge zu leisten. Da vereitelte der so frühe Tod des Fürsten (17. Dezember 1803) die geplante Reise. Als die „alte treue ehrliche Heim“**) Reinhart den Trauerfall meldete, antwortete er: „Ich liebte ihn herzlich, nicht aus Eigeninteresse, wie gewöhnlich Fürsten geliebt werden, sondern um sein selbst willen als guten redlichen Menschen.“

*) S. Baisch a. a. O. S. 155.
**) Die Gemahlin des oben erwähnten Advolaten Hofrat Heim.

Christian Junckers

Beschreibung des Rennsteigs

(1703).

Zum erstenmale vollständig veröffentlicht

von

Dr. Paul Mitzschke.

Meiningen.

Verein für Meiningische Geschichte und Landeskunde.

(Commissionsverlag von L. v. Eye.)

1891.

Vorwort.

Was bedeutet der Rennsteig? Wann ist er entstanden? Wer hat ihn eingerichtet? Diese Fragen und ähnliche sind nicht erst jetzt aufgeworfen worden, sondern haben wenigstens schon zwei Jahrhunderte lang den Gelehrten und Forschern Gelegenheit zum Nachdenken und zu Untersuchungen gegeben. Eine eigene Litteratur über den Rennsteig ist allerdings erst in den letzten dreißig Jahren entstanden. Zuerst veröffentlichte Alexander Ziegler sein Buch „Der Rennsteig des Thüringerwaldes. Eine Bergwanderung" (Dresden 1862); dann folgte G. Brückner mit dem längeren Aufsatze „Der Rennstieg in seiner historischen Bedeutung" (Meiningen 1867 in den „Neuen Beiträgen des Hennebergischen altertumsforschenden Vereins"), dessen Gedanken von Röse im „Ausland" und in Petermanns „Mitteilungen" weiter verbreitet wurden; hierauf Fr. Regel mit dem in der Jahresversammlung des Vereins für Thüringische Geschichte und Altertumskunde am 11. Oktober 1885 zu Weimar gehaltenen und in vielen Thüringer Blättern*) damals abgedruckten Vortrage „Zur Rennstiegfrage"; und in neuester Zeit ist wieder ein stattliches Buch von A. Trinius dazu gekommen: „Der Rennsteig, eine Wanderung von der Werra bis zur Saale" (Minden 1890). Erwähnung verdient auch das dritte Heft von Schneiders Unternehmen „Die alten Heer- und Handelswege der Germanen, Römer und Franken im deutschen Reich" (Kassel 1883), worin der Rennsteig für den Teil einer alten Römerstraße erklärt wird. Ziegler ist zwar unmethodisch und weitschweifig und hat sein Buch mit einer Unmenge abliegender Dinge überladen, besitzt aber das Verdienst, den Gegenstand in der gedruckten Litteratur zuerst in zusammenhängender Weise behandelt und mit manchen alten Irrtümern aufgeräumt zu haben. Brückner sieht im Rennsteig seiner ganzen Länge nach eine Völkerscheide zwischen Thüringen und Franken. Schneider baut mit großer Leichtigkeit auf sehr schwachen Grundlagen luftige Gebäude auf; Beweise für seine Ansichten über den Rennsteig hat er nicht. Trinius bringt nichts Neues, sein warm und

---

*) 3. B. in der Zeitung „Deutschland" (Weimar) Nr. 294 vom 26. Oktober 1885.

1*

patriotisch geschriebenes Buch liest sich angenehm, unterhaltend und anregend, verliert sich aber wie das Zieglersche häufig in Nebendingen. Eine streng wissenschaftliche Untersuchung ist der Regelsche Vortrag. Er kommt zu dem Schlusse, daß ursprünglich nur eine kleinere Wegstrecke auf der Gebirgshöhe, etwa von Kuhla bis in die Nähe von Tambach, später bis in die Gegend der Schmücke den Namen „Rennsteig" oder „Rennweg" geführt habe, und daß diese Bezeichnung nicht vor Mitte des 17. Jahrhunderts für einen ununterbrochenen Pfad auf dem Kamme sich nachweisen lasse. Eine Anzahl archivalischer Rennsteigerwähnungen, die bei meinen Studien mir vorgekommen waren, hatte ich 1885 Herrn Dr. Regel zur Verfügung gestellt, und sie sind in dem Vortrage mit berücksichtigt worden*). Weitere Nachrichten dürften aus den verschiedenen thüringischen Landesarchiven gelegentlich zu Tage treten. Eine Denkschrift von Weimars großem Karl August über den Rennsteig liegt handschriftlich in der Großherzoglichen Bibliothek zu Weimar; sie enthält ein Reisetagebuch und strategische Bemerkungen.

Schon anderthalb Jahrhunderte früher hatte ein anderer Ernestinischer Fürst dem Rennsteig seine Aufmerksamkeit zugewandt. Es war der weitblickende und überall rührige Ernst der Fromme von Gotha. Von ihm datiert das Interesse für den Rennsteig und der Beginn der Rennsteigforschung. Im Jahre 1654 trat Ernst der Fromme mit allen beteiligten Fürsten in Verbindung, um den Rennsteig in seiner ganzen Länge aufräumen und zu einem Verkehrsweg herrichten zu lassen. Ob er überall den erwünschten Beistand gefunden hat, muß billig bezweifelt werden, von einer solchen Aufräumung ist wenigstens nichts bekannt, nur eine Vermessung kam zustande. Sie wurde 1666 durch den Forstmeister David Schmidt von Georgenthal und den Oberförster Martin Rees von Unterneubrunn ausgeführt. Der Originalbericht und die zugehörigen Risse dieser beiden Männer scheinen verloren zu sein, das Haus- und Staatsarchiv zu Gotha birgt jedenfalls nichts mehr davon, wie mir auf

*) Vermißt habe ich darin eine Mitteilung, deren Quelle ich jetzt nicht mehr auffinden kann. Danach bestand ein Übereinkommen zwischen den Rennsteigstaaten, daß das Holz, welches beim Freihalten des Rennsteiges ausgehauen würde, immer den betreffenden Förstern eigentümlich zufallen sollte. Jedenfalls um durch diesen Ansporn den Weg immer im Stand zu halten. — Später ist mir noch eine urkundliche Erwähnung des Rennsteigs vom 14. Juni 1434 aufgestoßen, sie steht im Ernestinischen Gesamtarchiv zu Weimar, Kopialbuch F. 2 fol. 2

Anfragen mitgeteilt worden ist. Dafür bieten aber unfängliche Auszüge Ersatz, die früher aus jenem Vermessungsbericht entnommen worden sind. In Rudolphis Gotha diplomatica ist z. B. ein Stück davon ausgeschrieben, fast der gesamte Inhalt aber findet sich in Junckers „Hennebergischer Historie" wiedergegeben.

Christian Junckers Name ist in der thüringischen Geschichtschreibung nicht unbekannt. Als „Historiograph"*) der Ernestiner hat er mancherlei kleinere Arbeiten zur sächsisch-thüringischen Landesgeschichte verfaßt z. B. „Historische Nachricht von der Bibliothek zu Eisenach" (1709), „Historie der Stadt Eisenach" (1711) u. a. m. Mit seinen größeren Arbeiten hatte er wenig Glück. Es war die alte Geschichte von der Not, einen Verleger zu finden. Jahre lang hatte Juncker an der Abfassung einer „Hennebergischen Historie" gearbeitet, und als das Manuskript fertig war, konnte er keinen Verleger für den Druck gewinnen, ja lange Zeit von den sächsischen Fürsten, die sich in Henneberg geteilt hatten, nicht einmal eine Entschädigung erwirken. Die Leidensgeschichte des Manuskriptes und seines Verfassers ergiebt sich aus einem besonderen Aktenstücke, das im Staatsarchiv zu Weimar (in der Abteilung A., Archivsachen) aufbewahrt wird. Schließlich scheint Herzog Friedrich II. von Sachsen-Gotha Junckers Arbeit angekauft zu haben, sie liegt jetzt im Haus- und Staatsarchive zu Gotha unter der Signatur II. 3. XXIII. 2. Ihre Entstehungszeit fällt in die ersten Jahre des vorigen Jahrhunderts**). J. A. Schultes hat sie für seine „Diplomatische Geschichte des Gräflichen Hauses Henneberg" mit Vorteil benutzt.

In dieser „Hennebergischen Historie" von Juncker behandelt das ganze 6. Kapitel des 2. Buches den Rennsteig. Ziegler ist durch eine Bemerkung in dem angeführten Werke von Schultes auf Junckers Manuskript aufmerksam gemacht worden und hat an verschiedenen Stellen seines Rennsteigbuchs größere

---

*) Er wurde geboren zu Dresden den 16. Oktober 1668, besuchte die dortige Kreuzschule und das Zwickauer Ratsgymnasium, studierte in Leipzig, erhielt 1696 das Konrektorat in Schleusingen, ward 1705 zum Ernestinischen Historiographen ernannt, 1708 Rektor und Bibliothekar in Eisenach, 1713 Direktor des Gymnasiums in Altenburg, wo er schon 1714 am 19. Juni starb. Vgl. Allgemeine deutsche Biographie XIV S. 690—691.

**) Im Rennsteigkapitel z. B. wird das Jahr 1703 als das der Abfassung dieses Teiles bezeichnet.

ober kleinere Stücke aus Junckers Abschnitt herübergenommen, allerdings oft in recht unzuverlässiger Weise. Das Kapitel bei Juncker ist die älteste zusammenhängende Abhandlung über den Rennsteig, die sich erhalten hat; aus ihr haben mittelbar oder unmittelbar fast alle Nachfolger geschöpft. Durch diese Eigenschaft und durch die Benutzung der verlorenen amtlichen Vermessungsberichte von 1666 gewinnt Junckers Darstellung einen Wert, der es auch jetzt noch willkommen erscheinen läßt, daß das ganze Kapitel einmal unverkürzt und getreu veröffentlicht werde. Die Aufnahme des Abdruckes in die Schriften gerade des Vereins für Meiningische Geschichte und Landeskunde rechtfertigt sich durch den Umstand, daß keiner der beteiligten Staaten vom Rennsteig in solcher Länge durchschnitten oder begrenzt wird wie eben das Herzogtum Sachsen-Meiningen, und ferner dadurch, daß die beiden Karten des Rennsteigs, welche Juncker 1703 benutzen konnte, damals im Fürstlich Sachsen-Meiningischen und Sachsen-Hildburghäusischen Besitz waren.

Dem nachfolgenden Druck liegt eine Abschrift zugrunde, die von einem Kanzleibeamten der Herzogl. Bibliothek zu Gotha angefertigt worden ist. Dabei wurde noch eine um die Mitte dieses Jahrhunderts angefertigte, treffliche Abschrift des Juncker'schen Werkes verglichen, welche in der Herzogl. Ministerial-Geschäftsbibliothek zu Meiningen sich befindet und von dort für die Zwecke des Vereins für Meiningische Geschichte und Landeskunde dem Vorstand desselben in dankenswertester Weise zur Verfügung gestellt wurde.

Die Orthographie habe ich einer Reinigung nach heutigen Grundsätzen unterzogen und nur da das Altertümliche beibehalten, wo es sich um altertümliche Wortformen, nicht aber bloß um altertümliche Schreibungen handelt. Die Anmerkungen unter dem Texte, zu welchen der Vorstand des Vereins manch wertvollen Beitrag lieferte, sollen wenigstens das Notwendigste erläutern.

Weimar.

P. Mitzschke.

Von den Hauptstraßen über den Thüringerwald, und soweit selbiger das Henneberger Land umzirket, und insonderheit von dem sogenannten Renn- oder Rennsteig.

Gleichwie der Thüringerwald das Frankenland hauptsächlich von Thüringen scheidet, also ist von selbst zu erachten, daß diejenige, so aus Niedersachsen und Meißen durch Thüringen in Franken, und im Wechsel aus Franken in angerege Länder reisen wollen, notwendig den Wald auf einem und anderm Wege passieren müssen. Da sind nun die Hauptstraßen teils auf Schmalkalden; teils auf den Oberhof, Suhla, Melis, Schwarza*) und so fort; teils durch Ilmenau, so recht vorn am Walde und als im Centro vieler Straßen lieget, auf das Dorf zu den Frauen anfn Wald**), von dar sich der Weg rechterhand gen Schleusingen, linkerseits nach Eisfeld, Coburg und so fort abschneidet; teils auf Gräfenthal, Judenbach, Coburg u. s. w., von denen allen wie auch ihrer Bequemlichkeit und Unterhaltung ein Mehrers zu reden nicht not ist. Doch kann mit wenigem auch dieses berührt werden, daß im Winter, wenn der Schnee oft Mannshöhe an gewissen, zumal tiefen Passagen sich häufet und die Bahne verwirret, selbige durch Einsenkung vieler Stangen denen reisenden Personen, Posten und Fuhrleuten gezeiget werde.

Das Allersonderbarste aber auf dem Thüringerwalde und ein recht curieuses Werk ist der sogenannte Rennweg oder Rennsteig, welcher an etlichen Orten auch schlechthin der Scheideweg und im Fürstl. Eisenachischen der Diebssteig***) genennet wird. Er läuft durch den ganzen Wald und folglich auch durch das Hennebergische bis in Böhmen hinein†), gar leicht an die 40 Meilen

---

*) Schwarza im Kreise Schleusingen.

**) Frauenwald zwischen Ilmenau und Schleusingen.

***) Diese Angabe trifft nicht zu. Vgl. A. Ziegler, Der Rennsteig. S. 308–336.

†) Die Ansichten über den Lauf des Rennsteigs sind heutzutage andere, als zu Junckers Zeiten.

Weges lang, und zwar bergestalt, daß er immer auf den Höhen fortgehet, auch
weder fließendes Wasser (außer an einem einzigen Ort bei dem Ursprung und
Ablauf eines starken Baches), noch Dorf noch Thal berühret, wiewohl vor
etlichen Jahren die Frauenwälder oder Franz-Wenzels-Glashütte, Allzunahe
genannt*), im Fürstl. Sachsen-Naumburgischen Gebiete**), und noch vor weniger
Zeit im Fürstlich Sachsen-Hildburghäusischen und in Hochgräflich Schwarzburgi-
scher Landes-Portion ein paar Schenkstätten und das Dörfchen Neustadt***)
hart am Wege erbauet worden, wovon unten ein Mehreres an seinem Ort.

Es kann dieser Weg fast überall befahren, beritten und begangen werden
und siehet einem Holzwege gleich, dahero er insgemein nur denen Forstbedienten
und Waldleuten, sonst aber wenig Inwohnern des anliegenden Landes bekannt
ist. Er wird von jedes Forstes Bedienten mit seinem Grenznachbar, wo er
durchpassieret, in Räumung und baulichem Wesen erhalten, damit er nicht
verwildere†). Fast alle hundert Schritt — wenigstens ist solches in dem ganzen
Schmiedefelder Forst††), Fürstlich Sachsen-Naumburgischen Landesteils, des
dasigen Vice-Oberförsters Heinrich Friedrich Meckels Bericht nach, ganz gewiß —,
trifft man zween Brunnen an, so aus oder hart an dem Rennsteige entspringen,
deren der eine gegen Franken, der andere gegen Thüringen abfließet. Und ist
kein Zweifel, es werde auch in den übrigen Forsten ein gleiches sich befinden†††).

Damit man aber den Rennsteig, welcher zuweilen in Holzwege und Hauptstraßen eintritt, mit ihnen auch dann und wann ein Stück Weges fortgehet,
ferner aber wiederum abweichet, nicht verfehlen möge, so ist (wie mich der
Fürstlich Sachsen-Hildburghäusische Oberförster der Ämter Eisfeld und Veilsdorf
zu Unterneubrunn, Herr Martin Rees, ein curieuser Mann, belehret hat), der
mehrere Teil des Rennsteiges von Hessen aus bis ans Hochgräflich Reußische
mit hohen gehauenen Sandsteinen besetzet, und stehet allezeit ein Stein dies-
seits zur rechten, forthin der andere zur linken Hand, auf jeder Seiten des
Steines aber des Landesherrn Wappen eingehauen und die Jahrzahl. Wo
aber Malbäume††††) mitunter stehen, sind solche mit einem Kreuz und drei
Hieben auf diese Art X durchgehendes bemerket; welches auch anders nicht
in den Fürstl. Sachsen- Naumburgischen Gehölzen (nach Anzeige vorgedachten
Vice-Oberförsters Meckel aufm Schmiedefeld, insoweit er derselben und des

*) Der Weller Franzenshütte oder Allzunah bei Frauenwald.
**) Der Sachsen-Albertinische Anteil an Henneberg gehörte damals zu der Seitenlinie
Sachsen-Naumburg (oder Sachsen-Zeitz).
***) Jetzt halb Sachsen-Meiningisch, halb Schwarzburg-Sondershäusisch.
†) Vgl. die betreffende Mitteilung oben im Vorwort Seite 4, Anmerkung.
††) Zu Schmiedefeld, Kreis Schleusingen, gehörend.
†††) Dies ist durchaus nicht der Fall.
††††) D. i. Bäume, welche mit einem Merkmal versehen sind.

Rennsteiges kundig ist) befunden wird. Weiter hinauf aber über das Gräflich Reußische stehen zwar auch dergleichen Grenzsteine, jedoch nicht so groß und meistens nur Waldsteine oder Wacken, auch gezeichnete Malbäume, jedoch weitläufig, gleichwohl also, daß man sich darnach richten kann.

Ferner ist zu remarquieren, daß zu beiden Seiten des Rennsteiges, rechter und linker Hand, teils nur eine Viertelstunde, auch weiter abweges, Städte, Flecken, Dörfer und Schenkhäuser im Walde liegen, deren aber, außer oberzählten, diesen Weg kein einiges berühret. Ingleichen, wenn man hinauf ins Reußische und Markgräfische*) kommet, ist nicht so wilder Wald und ganzes Holz als von Hessen aus bis dahin, sondern man findet gemein und Buschholz, auch bloße Höhen und flache Thäler, mit Gras bewachsen, etliche aber auch öde. Etliche dieser Örter führen Wasserbäche, an etlichen sind Teiche angelegt, darüber der Rennsteig vermittelst der Dämme gehet. Und ist dasiges Gebirge nicht eben von gar zu hohen Bergen als wie der Thüringerwald, sondern das Gehölze ist demselben entworden**).

Ich habe mich zum öftern, nachdem ich von diesem ganz sonderbaren Wege, welcher seinesgleichen ohnstreitig auf einigen hohen Gehölzen, sie sein, wo sie wollen, nicht hat, Nachricht erlanget, nachsinnlich bemühet, sowohl den Urheber, als die Zeit der Erbauung und Endzweck desselben auszufinden, aber bisher, was die beiden ersteren Stück betrifft, vergeblich. Und kann ich mich nicht erinnern, mehr als zwo Stellen bei Scribenten, darin dieses Weges gedacht wird, angetroffen zu haben. Doch will ich meine Mutmaßungen melden. Johannes Pistorius erwähnet seiner in den Traditionibus Fuldensibus, Fol. 494, in Beschreibung der Grenzen von Saleckenmonster, da unter andern stehet: „inde in Hoidenessot usque ad viam Renniweg", und Fol. 572: „et sic sursum ad viam, que vocatur Renniwech". Jenes Diploma scheinet datirt zu sein im Jahr Christi 1093, und also wäre wenigstens dieser Renniwech, welches ohnfehlbar kein anderer als unser Rennsteig ist, noch vor anno Christi 1000 bekannt gewesen***).

Als Herzog Ernst zu Sachsen-Gotha†) Höchstseliger Gedächtnis im Augustmonat des 1649ten Jahres auf dem berühmten Hennsel- oder Inselberge, welcher vor das höchste Gebirge des Thüringerwaldes — vielleicht aber nur selbigerseits††), inmaßen der Finsterberg auf dem Schmiedefelder Forst und der Tolmar bei

---

*) D. h. ins Brandenburg-Baireuthische (jetzt Bairische).

**) D. i. abhanden gekommen.

***) Diese Annahme Junckers ist irrtümlich. „Saleckenmünster", das A. Ziegler (Der Rennsteig S. 239—240) nicht zu deuten weiß, ist Saalmünster zwischen Schlüchtern und Gelnhausen, liegt also weit ab von dem Thüringer Rennsteig.

†) Ernst der Fromme.

††) D. h. auf jener Seite, im Sachsen-Gothaischen.

Kühndorf, beide im Hennebergisch-Naumburgischen gelegen, jenem in der Höhe nicht viel nachgeben dürften *) — geachtet wird, ein Lusthaus erbauen ließe, hat der damalige Kammerjunker, nachgehends aber Hochrenommierte Kur- und Fürstlich Sächsiche auch letzlich Kurbrandenburgische Geheimbde-Rath, Kanzlar zu Zeitz und Director der Universität Halle, Herr Veit Ludwig von Seckendorff, in einem sehr netten und aus dessen eigenhändigem Exemplar vom damaligen Hochfürstlich Sächsischen Historiographo Herrn Wilhelm Ernst Tentzeln anno 1702 zu Gotha in 4to herausgegebenen teutschen Carmine oder Lobrede bemeldeten Inselberg beschrieben, und jetzt dem Rennsteige folgendes ganz à propos

Wie ungebahnt und rauh man sonsten auch will achten
Den Berg, so geht doch hin die wohlberühmte Bahn,
Die man vom Rennen nennt, doch schwerlich rennen kann.
Sie ist wohl wundersam und würdig zu betrachten.
Sie läuft durch eitel Wald und streicht auf so viel Meilen
Auf lauter Höhen hin, sie führt aus diesem Land
Auf weit entlegne Ort, sodaß man unbekannt
Und gleichsam unvermerkt kann andre übereilen.
Doch wer ihr folgen will, der mag sich wohl vorsehen,
Er wird den ganzen Weg zu keinem Wirt geführt,
Ob er gleich beiderseits so manches Land berührt,
Taß, wenn's sein eigen wär', er wohl kann mit bestehen.
(Litt. B. 3. a. vers. 48. 49. 50.)

Nun meinet zwar der Herr von Seckendorff, der Rennsteig habe seinen Namen vom „Rennen" oder Laufen, und Pistorii Schreibart „Renniweeh" stimmt nicht übel mit ein; ist auch nicht ohne, daß er insgemein noch bis dato also genennet und ausgesprochen werde. Allein ich habe der Sache weiter nachgedacht und glaube nicht ungereimt zu sein, wenn ich sage, man soll nicht „Rennsteig", sondern „Reinsteig" schreiben. Denn ein Rein oder, wie man gemeiniglich hier zu Laude und auch in Obersachsen pronunciret, ein Reen oder Renn ist so viel als eine Markung oder Grenz- und Limit-Scheidung eines Ackers, Gehölzes und so fort. Nun aber ist wahrscheinlich, daß dieser Weg gleichsam ein Rein, Grenzscheidung und Hauptmarkung der Länder Thüringen, soweit selbiges sich in die Runde herum von Hessen an durch das Gräflich Schwarzburgische ziehet, Vogtland und teils des Meißnischen Obererzgebürges, allwo dieses sich an Böhmen anschließet, in den alten Zeiten mag gewesen sein, welche dieser Weg fast mitten durch den Thüringerwald die Länge hin von Franken abteilet dergestalt, daß fast alles, was rechter Hand lieget (von Hessen an zu rechnen, wo es an Franken anstößet), fränkisch gewesen und

*) Der 946 Meter hohe Finsterberg übertrifft sogar den nur 916 Meter hohen Inselberg (besser Inselberg); dagegen ragt der Große Dolmar nur 740 Meter empor.

zum Teil noch ist, was aber linker Hand lieget, nicht allein vor viel
100 Jahren, sondern auch noch bis auf den heutigen Tag größtenteils zu
Thüringen, Vogtland und Meißen gehöret, außer etlichen wenigen
Forsten, da vermöge landesherrlicher Teilung und gewisser Verträge da und
dort die Grenzen etwas weiter und nicht eben so ganz genau mit dem Rennsteige gezogen sind, indem die Forsten etwan zergliedert und aus den alten
Grenzen gesetzet worden (welches aber zur Hauptsache wenig thut), inmaßen
die Situation der Forste, deren teils der Reinsteig auch von andern an-
grenzenden Forsten abgesondert, und die Geographie der obangeführten
Länder und Territoriorum solches in richtiger Maße belehren. Hieraus schließe
ich nun soviel, daß vielleicht die oftmaligen Streitigkeiten zwischen den Hessen,
Franken und Thüringern, so etwan der Grenze halber auf dem weitläufigen
Thüringerwalde in den alten Zeiten entstanden, mögen Gelegenheit gegeben
haben, mit gemeinsamem Ratschluß durch einen auf ewige Zeiten beständigen
Weg, auch dessen sonderbare Vermalbäumung und Versteinigung die Haupt-
grenzen dieser Lande abzumarken und zu entscheiden, deren Exempel dann
auch ferner andere gefolget und den Rennsteig so fortgeführet haben bis an
den Böhmerwald. Gleichwie aber eine Sache zwar vornehmlich nur ein
Hauptabsehen, jedoch auch nicht selten viel Nebenzwecke zu haben
pfleget, also bin ich gar nicht in Abrede, daß dieser sonst wenig kundbare
und durch unwegsame Örter und hohe Walbungen von den Landstraßen ab-
gehende Weg, welcher an gefährlichen Passagen leicht zu verhauen und impracticable
zu machen sein möchte, in schweren Kriegsläuften, da die Leute sich vor dem
eindringenden Feind in die Wälder verbergen müssen, gar nützlich habe dienen
können, wie denn ohnschwer zu glauben ist, was mich vorerwähnter Oberförster
Martin Rees berichtet, daß, als Höchstgedachter Herr Herzog Ernst sel.
anno 1666 den Rennsteig besichtigen lassen, Dero Absicht vornehmlich dahin
gezielet, weil im Jahr 1663 der Krieg mit den Türken in Ungarn angefangen
und zwar 1664 Friede gemacht, jedoch etwan auf künftig in Teutschland ein
Einfall von den Barbaren besorglich gedrohet worden, damit der Reinsteig
in Kundschaft gebracht und mit Volk und andern benötigten Dingen einem
und andern bedrängten Örten unvermerkte Hülfe geleistet, auch etwan im
Notfall den flüchtigen Unterthanen eine sichere Retirade vor dem Feind geschaffet
werden könnte. Allermaßen nun Höchsterwähnter Herzog Ernst, aus höchst
rühmlicher Curiosité und andern Ursachen bewogen, nichts unerforschet zu
lassen pflegen, so nur auf einige Weise Dero Landen und Unterthanen zum
Besten gedeihen könnte, also veranstalteten Sie auch, daß im Jahr 1666 sowohl
von Dero damaligem Forstmeister zu Georgenthal, David Schmidt, als auch
mehrbenanntem Oberförster zu Unterneubrunn, Martin Rees, der Reinsteig in
genaue Erkundigung und geometrische Abmessung mit vorhergehender Bewilligung

allerseits angrenzender Hohen Herrschaften genommen worden, durch den erstern zwar von Hessen an bis an den ersten sogenannten Dreiherrnstein, wo die Fürstlich Sachsen-Naumburgischen mit den Fürstlich Sachsen-Weimarischen Waldungen und Gräflich Schwarzburgischem Amte Gehren grenzen *) denn es stehet nicht weit davon noch ein Dreiherrnstein usw Pfnusche**), welcher Fürstlich Henneberg-Schleusingen oder Sachsen-Naumburg mit Fürstlich Hildburghausen oder Eisfeld und Gräflich Schwarzburg scheidet und welchen der Reinsteig gleichfalls berührt ***) —, durch diesen aber von dar an bis ins Vogtland hinauf. Und weil der Oberförster Nees noch im Jahr 1703, da ich dieses schreibe, gelebt, habe ich mich einiger Umstände dieser Bereitung und Besichtigung des Reinsteigs halber mit ihm selbst persönlich zu unterreden bequeme Gelegenheit gehabt, auch nachgehends auf mein ferneres Befragen von ihm in freundlich erteilter schriftlicher Antwort auch Folgendes vernommen, welches vermutlich nicht unangenehm zu lesen sein dürfte. Nämlich er habe auf seines gnädigsten Fürsten und Herrn, Herzog Ernsts gnädigsten schriftlichen Befehl mit zugegebenem Creditivschreiben an alle fürstlichen und andern Herrschaften, wo er sich anzumelden nötig gehabt, samt einem von Fürstlicher Hoher Hand unterschriebenen und mit dem Fürstlichen Secret bestärkten Paßport, nicht weniger auch mit beigefügten zweien Schreiben (als eines von dem Herrn Markgrafen Georg Albert†) zu Brandenburg-Culmbach, und das andere von dem noch lebenden Herrn Christian Ernst††) Markgrafen zu Brandenburg-Bayreuth, worinne sie Herrn Herzog Ernsten freudwilligst zugestanden, dick†††) berührten Reinsteig durch Dero Distrikt auszumessen) sich im Frühling anno 1666 und dann noch einmal im Herbst besagten Jahres in Gesellschaft des damaligen ihm untergebenen Fürstlichen Forstbedienten zu Heubach, Hans Heinrich Schillings, auf den Weg begeben und von benanntem Dreiherrnstein den Anfang gemacht. Die Fürstlich Bayreuthischen Schreiben aber seien ihm wohl zu statten kommen, denn er sonst nicht durchs Land wäre

*) Der sogen. kleine Dreiherrenstein, wo jetzt preußisches, weimarisches und schwarzburg-sondershäusisches Gebiet an einander grenzen, zwischen Franzenshütte (Allzunah) und Neustadt a. R.

**) Nach einer handschriftlichen Beschreibung der zur Grafschaft Henneberg gehörenden Wälder und Wildbahnen vom Jahr 1587 (Bd. 112 der Zinck-Wattenberg-Maaierschen Sammlung zu Meiningen) war „der Pfnusch" ein Teil des Schmiedefelder Forstes und erstreckte sich vom „Meisensted" an der Landstraße die Landstraße hin bis zum „Rotenbergsweg", von dort wieder zurück bis zum „Wellerweg", von da bis wieder zum „Meisensted".

***) Der sogenannte große Dreiherrnstein, Grenzpunkt für preußisches, schwarzburg-sondershäusisches und meiningisches Gebiet, nicht weit südlich vom kleinen Dreiherrnstein.

†) Regierte bis 1666.

††) Regierte von 1655 bis 1712.

†††) D. i. oft.

gelassen worden, wie er dann deswegen zu Spechtsbrunn*) fünf Tage still liegen müssen, bis endlich in später Nacht ein Trompeter von Hochbesagtem Herrn Markgrafen Fürstlicher Durchlaucht ankommen mit Befehl, daß er sein Vorhaben ungehindert fortsetzen und sowohl von den Beamten als Forstbedienten, wo es von nöten, allen Vorschub und Beihülfe genießen sollen. Er habe mit dieser Arbeit ein Vierteljahr zugebracht, und wären die Kosten in allem etwa auf 50 Gulden sich belaufen, indem er alle Forstbediente und Bauern, die ihm zur Nachweisung mitgegeben worden, im notdürftigen Essen und Trinken freihalten müssen. Früh, als er an die Arbeit gegangen, habe er vor sich, seine Leute und Pferde Proviant mitgenommen, nachts aber ein Quartier rechts oder linker Hand, wo es am nächsten vor ihm gelegen, oder auch wohl wieder rückwärts müssen suchen. Er sei nicht weiter als bis gen Sparenberg**) kommen, von dar an, wie ihm gesagt worden, der Reinsteig gegen die Glashütte Bischofsgrün an der Saale bis hinauf an den Fichtelberg (allwo die Saale, die Eger, die Nab und der Mainfluß entspringen), von welchem Berge auch Caspar Bruschii gründliche Beschreibung desselben (Nürnberg 1683 in 4°) mit mehrerm zu lesen, und durch solchen hinauf bis gegen Eger sich ziehe. Er habe noch einmal dahin reisen und das Werk vollends ausführen sollen, aber Herrn Herzog Ernsts Hochfürstliche Durchlaucht sei darüber verstorben und das Vorhaben also nachblieben***). Nach ausgehändigten Pässen sei er in seiner Arbeit ungehindert fortgangen, ihm aber zu Lauenstein†) erzählet worden, daß am Eppenberge††), so Fürstlich Bambergisch ist und zwischen dem Lauenhainer und Lehestener Forsten lieget, im vorigen dreißigjährigen schwedisch-teutschen Kriege die ganze Passage als ein Paß verhauen und mit vielen Schlagbäumen verwahret gewesen, damit die Kaiserlichen aus dem Markgräfischen nicht weiter hineinwärts gehen sollten. Die schwedischen Truppen hätten diesen Paß besetzt gehalten, wobei sich dann öfters blutige Scharmützel begeben, also daß mancher braver Soldat allba sein Leben verloren. Unten dran nach der rechten Hand lieget ein ziemlich großer Teich, der Häßlicher Teich†††) genannt, darüber der Fußsteig gehet. Als

---

*) Östlich von dem damals gotbaischen, jetzt meiningischen Dorfe Spechtsbrunn begann das markgräflich brandenburgische, jetzt baierische Gebiet, welches bis nach Lehesten hin auch nördlich vom Rennsteig, bis tief in das Thal der Loquitz hinab, sich hinzog.

**) An der Saale.

***) D. i. unterlassen worden.

†) Lauenstein nördlich von Ludwigstadt.

††) Es gibt in der dortigen Gegend zwei Eppenberge, der eine liegt zwischen dem Doberbache und dem Kremnitz-Grunde, der andere südlich von der Lauenhainer Ziegelei, an der von Teuschnitz über Lauenhain nach Ludwigstadt führenden Straße; offenbar ist der letztere Berg gemeint.

†††) Diesen Namen führte er jedenfalls wegen des nahgelegenen Dorfes Haslach.

er, Oberförster, nun den gefertigen Riß dem Höchstseligen alten Herzog Ernsten unterthänigst vorgetragen und Seine Durchlaucht dieses Teiches Bemerkung erschen, haben Sie gesagt: „Ja es ist ellichemal scharf auf diesem Paß hergegangen, und jagten mich die Kaiserlichen dreimal über diesen Teichbaum und ich sie wieder hinüber. Weiln sie mir aber zu stark wurden, mußte ich endlich den Paß verlassen."

Noch habe ich etwas Denkwürdiges von dem Reinsteige in einer anno 1548 von dem damaligen Amtmann Balthasar von Ostheim verfaßten Manuskript-Beschreibung*) von der Grenze des Hennebergischen, ißt Fürstlich Hessischer Botmäßigkeit unterworfenen Amtes Hallenberg angetroffen, welches billig hier mit einzurücken ist. Ohnweit von dem Oberhof tritt der Reinsteig in die Meliser Straß. „Ehe du nun, so schreibt der von Ostheim, in die Meliser Straße trittest, so siehe dich um und merke drauf, da ist vor 50 Jahren [und also anno 1498] einer gerichtet worden, mit Namen Dietzel von Gebe**), der ist durch Hansen Zolner, Amtmann zu Hallenburg, zu Melis gefänglich augenommen und gen Hallenburg in den Turm geführt; Ursach, daß er hat uf der Meliser Straße auf dem Walde tötlich angegriffen. Dem soll uf der Zent Benshausen sein Recht geschehen sein, da haben sich die Herrn verglichen, daß derselbige Dietzel von Gebe uf der Grenz daselbst, da der Rennsteig in die Meliser Straße eingehet, soll gerichtet werden. Allda grenzt zusammen der Kurfürst von Sachsen, als der Schwarzwald genannt***), und auf der rechten Hand der Gemeinwald, bis auf die Meliser Straße hinein grenzt der Gemeinwald. Und da dieser Dietzel von Gebe ist gericht worden, da sind die Amtleut von Schmalkalden, der Amtmann zu Hallenburg, Claus Schreiberer von Ordruf vom Grafe Sigmund von Gleichen wegen, der zu der Zeit den Schwarzwald hat innen gehabt, von des Kurfürsten wegen†) dabei gewest."

*) Hier steht am Rande die Signatur: „J. V. Coll. Henneb. f. IIIb". Vermutlich liegt das Ostheimsche Manuskript unter dieser Bezeichnung im Gothaer Haus- und Staatsarchive.

**) Geba, nordwestlich von Meiningen.

***) D. i. nämlich der sogenannte Schwarzwald; „Kurfürst von Sachsen" steht hier für „kurfürstlich sächsisches Gebiet".

†) D. h. Claus Schreiberer von Ordruf ist im Namen des Grafen Sigmund von Gleichen, welcher damals den Schwarzwald (den nördlich von Oberhof befindlichen Forst mit der jetzt verfallenen Burg Schwarzwald und dem gleichnamigen Dorfe) inne hatte, als Vertreter des Kurfürsten dabei gewesen.

Damit man aber nun den völligen Strich und Gelegenheit dieses sonderbaren Hauptgrenzweges oder Reinsteiges desto deutlicher erkennen möge, so will
ich aus dem ganzen Grundriß desselben, welchen ich in zweien absonderlichen
Originalmappen oder Zeichnungen, die erstere zwar, welche sich von Hessen
anfähet, bis zu dem Dreiherrnstein und, wie obgedacht, von weiland David
Schmidten, Fürstlich Sächsischem Forstmeister zu Georgenthal, verfertiget ist,
aus der schönen Handbibliothek Seiner Hochfürstlichen Durchlaucht Herrn Herzogs
Bernhards zu Sachsen-Meiningen mit Dero gnädigster Erlaubniß, die andere
aber von dem Dreiherrnstein an bis ins Markgräflich Bayreuthische Gebiete
durch den oft bemeldten Verfasser selbst, nämlich den Fürstlich Sächsischen
Oberförster zu Unternenbrunn, Martin Rees, mit gleichfalls gnädigster Ver-
stattung Seiner Hochfürstlichen Durchlaucht Herrn Herzog Ernsts zu Sachsen-
Hildburghausen auf beschehene unterthänigste Veranlassung Dero Hochbestallten
Oberlandjägermeisters Herrn Ernst Gottlieb von Nimptsch erlanget, nach allen
Umständen und von Forst zu Forst ausführlich beschreiben*); auch darum, weil
die Karten viel zu groß und lang sind, als daß selbige in Kupfer gestochen
werden könnten.

Demnach ist auf itzt angeregten Mappen oder Grundrissen der Anfang zur
Abmessung und Bereitung des Rennsteiges genommen worden

1) vom Lützenloch**) so fort auf Wilhelmsberg und Weg, Büttnersheide,
Eichkopf beim Hainbüchen-Stock, Pfaffenberg, uf Flachsland (so ein Gehölz
dieses Namens beim Dorf Möhra***) im Salzunger Forst, linker Hand lieget
Etterwinden); ferner Möhrischer Koppfeld, allwo die Waldfische Straße quer
durchgehet †).

*) Das nun Folgende ist demnach ein Auszug aus den im Jahr 1666 angefertigten
Rennsteigkarten und der beigefügten Beschreibung.

**) Östlich von Marksuhl, in der Nähe des Bahnhofes, erheben sich die „Lützenloher
Wände", an welche sich ostwärts der „Wilmesberg" anschließt; die weiterhin genannten
Forstorte Eichkopf, Pfaffenberg und Flachsland liegen westlich von Etterwinden. Aus alledem ergibt sich, daß man vor zweihundert Jahren der Ansicht war, der Rennsteig beginne
bei Marksuhl und ziehe sich erst südwärts bis zur Waldfischer Straße, wobei Etterwinden
links gelassen wurde, dann ostwärts bis zum Ottowald.

***) Das Flachsland liegt eigentlich näher an Etterwinden als an Möhra.

†) Wahrscheinlich ist die Stelle gemeint, wo die von Waldfisch nach Etterwinden
führende Straße das weimarische Gebiet erreicht. Der Rennsteig, wie er 1666 vermessen
wurde, schnitt offenbar von Nordwesten her diese Straße und zog sich auf der Wasserscheide
zwischen der südwärts fließenden Fücha und der nordwärts nach Wilhelmsthal hin
fließenden Elta nunmehr ostwärts, das Forstorte Luderau (in dem meiningischen Winkel
zwischen der hier die Landesgrenze bildenden Waldfisch-Etterwindener Straße und der süd-
ostwärts streichenden Landesgrenze), Eisenberg (nördlich von Luderau und Schwarzem
Graben, östlich von Etterwinden) und Schwarzen Graben (östlich von der Luderau) zur
Linken lassend.

II) **Eckartshäuser Forst**: Luckerau, Eisenberg, Schwarzer Graben, Odenwald*), Hinterröder, Mittelrain.

III) **Schlauchental, Schauenburg****). Eisenachische Grenze rechts, linker Hand der **Rühler Forst**; Birkenheide, Schießplatz, Neufang, Glasbachs-wiesen, Neufang***) — da tritt die Schweinaer Straß ein, rechter Hand die Freiherrlich Hundische†) Grenze —, Hundischer Gerberstein, Klein-Weißenberg, Groß-Weißenberg, Rote Pfütze, Stroböhrer††).

IV) **Wintersteiner Forst**, Mittelberg†††) (linker Hand Amt Tenneberg), Inselberg hart am Fürstlichen Lusthause vorbei (unweit davon tritt die Brotteröder Straße ein), Wagenberg, Weißenberg, (zur rechten Hand Hessische Grenze).

V) **Tabarzer Forst**, Jagdsberg.

VI) **Friedrichröder Forst**, Krause Büchen, Kalte Heide, Langenberg, Kniebrechen, Heuberg, Spießberg.

VII) **Georgenthaler Forst**, Freiwaldischer Stein Nr. 14, Tiergarten, Freiwaldischer Stein Nr. 13 (rechter Hand Tennebergische Grenze). Hangweg, Dreiherrnstein, auch Freiwaldischer Stein Nr. 11, Freiwaldische

— — — — —

*) Der Ottowald westlich vom sogen. Ruhlaer Häuschen, jener bekannten Waldblöße, wo vier Wege mit dem Rennsteig zusammenstoßen. Östlich vom Rennsteig finden sich die Forstorte Röhler, Hinter- und Mittelrain, sowie das Schlauchenthal. Hier, am Ruhlaer Häuschen ist demnach die Stelle, wo der von Juncker beschriebene Rennsteig, dessen bisheriger Verlauf völlig von der jetzt allgemein angenommenen Linie abweicht, in eben diese Linie mündet.

**) Wahrscheinlich gleichbedeutend mit dem Forstort Schaumborn rechts vom Rennsteig, zwischen Höllkopf und Vogelheide.

***) Der Forstort Birkenheide südlich von der Vogelheide (rechts vom Rennsteig); der Schießplatz befindet sich in der Nähe des Punktes, wo der Rennsteig aus dem Weimar-Eisenachischen in das Sachsen-Meiningische tritt, zwischen dem Glöckner und dem Neufang, welch letzterer rechts vom Rennsteig, westlich vom Glasbachsgrunde liegt, der an der Glasbachswiese, dem Kreuzpunkte des Rennsteigs und der Schweina-Ruhlaer Straße, seinen Anfang nimmt.

†) Die Freiherren Hunde von Wentheim zu Altenstein, deren Besitz bis zum Rennsteig sich ausdehnte und auch den Gerberstein umfaßte, hatten von 1492 — 1722 die Herrschaft Altenstein inne.

††) Der Kleine Weißenberg östlich vom Gerberstein, der Große Weißenberg an der Grenze von Gotha, Preußen (ehedem Hessen) und Meiningen (Dreiherrnstein); die Rote Pfütze befindet sich zwischen der sogen. Hübnerwiese und dem Strohböhrel.

†††) Der Mittelberg östlich von dem Punkte, wo die von Brotterode nach Winterstein führende Straße den Rennsteig schneidet; weiter östlich erhebt sich der Inselberg, dem weiterhin der Wagenberg, Große Weißenberg und Große Jagdberg folgen. Der Rennsteig nimmt hier überall den jetzt bekannten Verlauf und auch die alten Namen der Forstorte bestehen noch zu Recht.

Spitzen, Freiwaldischer Stein Nr. 10, Neilsteter Gehren *), Hohe Leiten, Tambacher Nesselberg — da tritt die Schmalkalder Straß ein **) —, Hubenthal, Frankengrund.

VIII) T a m b a c h e r F o r ft, Wedelbach, Wolfsdellen, Eisensteig, Roßkopf, Harte Schorn (linker Hand Amt Georgenthal, rechter Hand Hessische Grenze), Hohe Schorn.

IX) G r ä f e n h a i n e r F o r ft, Näherthal (gleich dabei hebet sich linker Hand die Schwarzwälder Grenze an), Kerngrund, Greifenberg, Kalte Mark, Wilde Buch.

X) C r a w i n k l e r F o r ft, Schützenberg, Mittelberg (hier tritt die Melifer Straße *** ein), Alte Joch, Harzwälbchen (hier tritt die Suhler Straße† ein und gehet eine Ecke mit dem Rennfteige fort bis an den Heiligen Stock; linker Hand liegt der Oberhof), Große Buche.

XI) G r ä f e n r ö t e r F o r ft linker,

XII) Z e l l e r F o r ft rechter Hand, Sattelberg, Schmücke ††), Heiligen Stock.

XIII) A r l e s b e r g e r F o r ft linker Hand, rechter Hand

XIV) H e n n e b e r g i s c h e G r e n z e und S u h l e r F o r ft, Beerberg, Schmücke †††), Teufelskreis (nahe dabei ift die Straße, die güldene Brücke genannt), Geiersberg rechts, Mittelrein links.

XV) S c h m i e d e f e l b e r F o r ft, Blauer Stein, Mordfleck, Finsterbergkopf, Finsterberg, Larsberg, Leibesberg, Schießplatz, Strubt (ift ein Moraft und daher der Rennfteig in die 200 Schritt lang gebrückt), Rotenberg bei der Hand oder Franz-Wenzels-Glashütte.

XVI) S t ü z e r b a c h e r - F o r ft. Da tritt die Frauenwälder Straße ein und gehet mit dem Rennfteige fort bis an das Einsiedlershäuschen, oder das Steinerne Kreuze, und zu den beiden Dreiherrnfteinen, von denen oben gedacht. Da bleibt Sachsen-Weimarisches respectu Ilmenau, welches vormals und eigentlich zu Thüringen gehöret hat, jetzo aber zu Henneberg gerechnet wird, doch

---

*) Jedenfalls gleichbedeutend mit der „Nägelftädter Birn" zwischen dem Spitterthal und der Hohenleite.

**) An der fogen. alter Ausspanne zwischen Schmalkalben und Tambach.

***) Gemeint ift die alte von Mehlis nach Oberhof zwischen dem Gebrannten Stein und Sternberg führende Straße.

†) Die alte Suhler Straße zog fich nach der fogenannten Ausspanne zwischen dem Sommerbachskopf und Beerberg empor und folgte dann nach Oberhof hin dem Rennfteig.

††) Gemeint ift der vom Großen Beerberg nach Norden zu abfallende Forftort Schmücke, von welchem der am weiteften füdlich entfpringende Quellarm der Wilden Gera den Namen „Schmücker Graben" trägt.

††† Dies der Forftort, wo der bekannte Gafthof fteht. Der Teufelskreis zieht fich weftlich von der Geblberger Straße nach dem Schneekopf hin; ein Punkt diefer Straße heißt noch jetzt die „Güldene Brücke".

Verein für Meiningifche Gefchichte und Landeskunde. Heft 10.

2

nicht geographice, sondern politice und historice, linker Hand, wie nicht weniger etwas besser vor*) auch ein Stück Sachsen-Gothaisches, und nebst dem Ilmenauischen auch Gräflich-Schwarzburgisches**); rechter Hand Sachsen-Naumburgisch Schleusingen, Stützebacher und Schönauer Forst, wie auch Sachsen-Hilperhäuser Unternenbrunner Forst, welches alles fränkisch ist.

So weit gehet die erste Mappe, auf welcher nach dem Maßstabe die Ruten gezeichnet, derer ich im Nachzählen 15 156 befunden. Doch bedünket mich, es sei hin und wieder die Zahlen beizusetzen aus der Acht gelassen worden, daher der Weg leicht ein Mehrers betragen dürfte, und will man 16 000 Ruten in allem setzen, jede Meilen aber auf [1562½] Ruten, so wird es beiläufig in die [10⁷⁵⁰⁄₃₁₂₅] Meilen betragen.

Die andere Mappe scheinet mit mehrerm Fleiß gemacht zu sein, nach deren Anleitung ich dahero dem Rennsteig in seinem Lauf folgen will.

XVII) **Unternenbrunner Forst** rechts, links Schwarzburgisch-Gehrener Forst, Arolsberg, Finstergabelskopf, Tannenrein, Kleine Seudenberg, Hohe Huckel, Langenwirier Straß, Große Seudenberg, Lange Brücke, Neustadt (ist ein Wohnhaus hart am Rennsteige, so der Fürstlich Sächsisch-Hildburghäusische Oberjägermeister, Herr von Nimptsch, erbauen lassen, wobei auch die neue Glashütte, so landesfürstlich, nebst etlichen Häusern. Gleich gegenüber ist ein Wirtshaus, nämlich hart am Rennsteige, so Gräflich Schwarzburgisch, zum Neuen Frosch genannt); Glasbachskopf, Eselspfütze.

XVIII) **Heubacher Forst** Sächsisch Hildburghäusisch, linker Hand Schwarzburgisch. Gießhübelsberg (¼ Stund von dem Reinsteige rechter Hand ab liegt die Glashütte zum Gießhübel genannt), Große Neubrunnskopf, Latzschberg, Querberg, Rote Horn, Erstebberg, Fehrenberg, rechter Hand das Dorf Heubach, linker Hand Neuhammer***), welcher Schwarzburgisch, Fehrengrund und Glashütte Fehrenbach, ein Wirtshaus (linker Hand am Rennsteige) zum Alten Frosch genannt†), so Schwarzburgisch, Eselsberg, Hohe Heid.

XIX) **Sachsendorfer Forst**, so Hildburghäusisch (zur Linken ist alles Schwarzburgisch), Weißeberg, Faule Pfützen, Pechleiten, Heuberg, Steinberg, Schweinsberg, Hühnberg, Große Rudelsberg (Große Rottelsberg).

XX) **Steinheider Forst**, Sachsen-Coburgisch, linker Hand noch Schwarzburgisch, Saarzipfel, Limbach, Scheubenberg (hier folgt der Weg nach dem Dorf Steinaheid, so ¼ Stund am Rennsteige rechter Hand abliegt),

*) D. i. etwas früher.
**) Die Worte „und nebst dem Ilmenauischen" schließen sich nicht an die Worte: „wie nicht weniger eines besser vor" an, sondern bilden die Fortsetzung des Satzes „Da bleibt Sachsen-Weimarisches, respecto Ilmenau . . . linker Hand".
***) Zwischen Goldisthal und Langenbach.
†) Wahrscheinlich der Anfang des jetzigen Dorfes Masserberg.

Kuppen, Steinberg, allwo ein schöner Sandsteinbruch). Ferner heißt's „Bei der Brück"; ist ein auf drei Stunden lang mit Schalhölzern belegter Ort. Ferner heißt's „Bei der Gabel"; ist eine hölzerne Gabel gesteckt, so von der Brück ab und zur Rechten auf den Scheideweg, wie der Reinsteig alldorten genennet wird, gegen die Lauschen; die Brücke aber geht fort gegen Kursdorf oder der Schmalsluchen. Linker Hand steht ein anno 1665 neu gebautes schönes Jagdhaus*), so die Herrn Grafen von Schwarzburg anrichten lassen oder der Schmalen Buchen. Rechter Hand ist das Dorf Lauscha, linker Hand aber Schmalenbuchen, eine Glashütte, so Schwarzburgisch, deren Gebiete auch allda sich endet. Nicht weit davon, jedoch am Reinsteige, stehet ein Stein, der Hohe Lach oder Dreiherrnstein genannt, scheidet gegen Mitternacht Schwarzburgisch, gegen Mittag das Amt Gräfenthal, gegen Abend das Coburgische und den Steinaheider Forst, gegen Morgen gehet es durch das Pappenheimische uf dem Scheideweg hindurch bis ans Markgräfische.

XXI) Spechtsbrunner Forst, rechts und links Pappenheimisch oder Altenburgisch. Finstergrund (zur linken Hand ¾ Stund vom Weg ab das Dorf Lichte, Beim Großen Hiebe**), Laubshütten***), Beim Hohen Schuß (linker Hand das Dorf Piesau), Rotenberg (rechter Hand der Gasthof Spechtsbrunn). Beim Bühl, Auf der Küchen, allwo die Gräfenthäler Landstraße quer durchgehet. Von der Küchen aus ist der ganze Scheideweg oder Reinsteig vielfältig bis nach Grumbach, allwo es geendet, mit drei Hieben an den Malbäumen gezeichnet und bemerket.

XXII) Gräfenthaler Forst, S. Altenburgisch oder itzt Saalfeldisch, (linker Hand liegt das Städtchen Gräfenthal, rechter Hand das Dorf Groß Tettau), Bochberg (rechter Hand Klein-Tettau, eine Glashütte), Schildwiesen. Hier stehet wieder ein Dreiherrnstein, scheidet gegen Mitternacht Altenburgisch oder Gräfenthälisch, gegen Mittag Bambergisch und gegen Morgen Markgräfisch, und gehet auf dem Scheidewege gleich durchs Markgräfische.

XXIII) Ebersdorfer Forst, so Markgräfisch (linker Hand das Dorf Lichtenhain), Auf der Kehlberger Straßen, Beim Folderbrunn (linker Hand liegt Ebersdorf, rechter Hand das Dorf Langenau), Beim Zoll (allhier stehet eine große Tanne zur Rechten, woran eine Zolltafel, ist ein Loch im Baum, davor ein eisern Blech mit einem Loch, da das Geld hineingesteckt und der Markgräfische Zoll eingenommen wird), Bei der Kleewiesen.

XXIV) Lauenhainer Forst, so Markgräfisch. Kühndorfer Platz (nicht weit davon†), jedoch am Reinsteige, stehet eine große Tanne, der Rote Turm

---

*) Neuhaus a. R., dessen einer Teil im Volksmund dort nur „Herrenhaus" genannt wird.
) Igelshieb. *) In der Nähe des inzwischen dort entstandenen Dorfes Ernstthal.
†) In der Nähe des Königl. baierschen Forsthauses Waidmannsheil. Im vorigen Jahrzehnt wurde ein mannshoher Tannenstumpf unter großer Beteiligung namentlich der Ludwigstädter Bevölkerung wieder als „roter Turm" hergerichtet.

genannt, darum, weil Markgraf Erdmann Augustus*) zu Brandenburg-Baireuth hiebevor einen roten Turm und wilde Tiere an eine Tafel malen lassen, welche er selbst, den Ort also zu benennen, an die Tanne genagelt, so aber von einem bösen Buben wieder herabgeschlagen worden. Doch behält dieser Ort noch den Namen), Hohe Häßlich oder Bei der Brücken (unweit davon stößet an der Ecken die Bambergische Grenze an und gehet zur Rechten fort), Dorf Stein-bach) ¼ Stund zur rechten Hand (hier ist ein wenig Feld zur Rechten, so Bambergisch, zur Linken aber Gehölze, so Markgräfisch); Steinbacher Höhe, Ober dem Häßlicher Teich (dieser lieget zur Linken, allwo wieder ganzer Wald ist, im Markgräfischen). Vom Roten Turm gehet in einem Grunde und über den Damm dieses Teiches ein Fußsteig vom Reinsteig ab, geradezu, jedoch wieder in den Reinsteig nicht weit vom Teiche. Und dieses ist derjenige Paß, von welchem oben**) erzählet ist, daß Herr Herzog Ernst zu Gotha daselbsten den andringenden Kaiserlichen Truppen habe weichen müssen. Beim Großen Hieb***) (dieser Ort ist hiebevor in den feindseligen Zeiten ein Paß zwischen dem Bambergischen und Markgräfischen gewesen, ist auch mancher ehrlicher Soldate allhier sitzen blieben, und wird „am Heppenberge" genannt); Lauenhain, das Dorf, zur Linken, Mittelbühl (hier steht wieder ein Dreiherrnstein mit der Jahrzahlen 1619; zeiget gegen Mittag Altenburgisch, gegen Morgen Bam-bergisch und gegen Abend Markgräfisch), und gehet zwischen dem Bambergischen zur Rechten und Altenburgischen, so allhier wieder anfähet, zur Linken fort.

XXV) Lehsteuer Forst, so Altenburgisch ins Amt Gräfenthal (rechter Hand lieget das Dorf Teuschnitz, und linker Hand Lehesten, ein Flecken). Hier gehet der Weg einen Wiesgrund unterhin (zur Rechten durchgehends Bambergisch, zur Linken Altenburgisch) bis an das Wasser die Düber†) und also die Düber weiter hinauf bis an den Reinsteig. (Es gehet zwar die Grenze weiter den Grund hinein bis an die Haberwiesen und sodann die Wand auf Altenburgischer Seiten zur Rechten wieder aufher, weiln es aber ein sehr böser Weg und gar nicht Fortkommens, so ist dieser Scheidweg geräumet worden bis wieder in den Reinsteig. Das Wasser, die Düber folgends††) endet der Grund und gehet vom Wasser, die Düber, zur Rechten den Berg hinan bis wieder in den Rein-steig). Bei der Kleinen Tränk (allernächst dabei tritt die Straße nach Tschirn und Kronach ein). Falsbach ein Wiesgrund; Bei der Hohen Tanne; (da ist wieder ein Dreiherrnstein, scheidet gegen Mittag Bambergisch, vom Morgen gehet das Gräflich Reußische an, gegen Mitternacht Altenburgisch).

---

*) Starb 1661.

**) Seite 13 und 14.

***) Jetzt „Soldatenhieb".

†) D. i. Dobra. Der Dobergrund befindet sich in der Nähe des jetzigen Dorfes Brennersgrün.

††) D. i. dem Wasser der Dobra folgend.

XXVI) **Neuendorfer** oder **Titschendorfer Forst**, Gräflich Reußischer oder Geraischer Wald genannt, links und rechts: Gölzenbächlein, Grumbach*), eine Glashütte, zur rechten Hand Neue Schenke; zur Rechten ist ein Gasthof mitten im Walde alleine gelegen, welcher anno 1665 erbauet worden, und vergleichet sich fast dem Oberhof auf dem Schwarzwalde. Hier fällt die Straße von Lobenstein nach Titschendorf, so zur rechten Hand lieget, in den Reinsteig ein. Wo aber dieser von besagter Straße wieder abgehet, da sind an eine Tanne zum Gemerk drei Hiebe gehauen. Lobenstein aber liegt linker Hand an 1½ Stund vom Reinsteige. Ferner passiret der Weg über das Wasser, die Nodach genannt, unterhalb des Langensteiner Floßteiches (sogleich daneben zur linken Hand uf 15 Ruten); hernach gehet's einen alten Weg fort gegen der Kreuztannen hin. Besser hinauf zur rechten Hand ist der Grollensee oder Schwarzteich, so auch zum Flößen gebraucht wird. Allhier auf dem Teichdamm stößt an einer Fichten, woran beiderlei Herrschaften Zeichen gehauen, wobei auch eine Waldwacke mit einem Kreuze bemerket stehet, das Reußische an das Markgräfische. Ferner heißet's „Beim Schwarzen Brunn", so die ganze Thüringer Moschwitz hinabfließet und wird das Schwarze Bächlein genannt, scheidet durchaus zur Rechten Markgräfisch, zur Linken Reußisch. Wobei noch dieses anzumerken: Bei der Thüringer Moschwitz ist ein schöner Wiesgrund gleich der Schleusen im Hennebergischen, zu beiden Seiten Wald und ganz flach, bis hinauf, da das Wasser die Selbitz und vollends die Saala darein fällt. Hernachmals die Saala ferner aufhin, daß alsdann die Moschwitz und Saala, wie zuweilen auch im Hennebergischen die Wasser, die Grenzen sind, bis in den Fichtelberg, und wird alldorten der „Reinweg" genannt.

XXVII) **Langenbacher Forst**, so Markgräfisch, zur Linken ist Reußisch.

XXVIII) **Lichtenberger Forst**, so Markgräfisch, zur Linken ist's Reußisch; ein wenig zur rechten Hand liegt das Dorf Hartsgrün**), und besser hinauf eine Mahlmühle, die Krötenmühle genannt. Dann auch rechter Hand eine Mahlmühle, die Buttermühle genannt, und gegenüber zur Linken das Dorf Schlegel. Seitwärts rechter Hand das Dorf Lichtenberg. Unweit davon fällt die Moschwitz, welche bisher den ganzen Langenbacher und Lichtenberger Forst durch den Reinsteig gemacht hat, in die Selbitz, welche zur Rechten beikommt und aus dem Fichtelberge entspringet. Auch stehet allda zur rechten Hand ein Eisen- und Blechhammer, besser oberhalb aber die Dorfenmühle. Ferner bei dem Dorf Blankenstein, so im Markgräfischen rechter Hand, fällt die Selbitz in die Saala, und hierauf folget die Blankenberger Mahlmühle zur rechten Hand, so Markgräfisch. Gegenüber aber liegt Blankenberg auf

---

*) Von hier ab bis zum Schlusse deckt sich Junckers Reinsteig wiederum nicht mit der Linie, die z. B. Ziegler beschreibt.

**) Jedenfalls ist Karlsgrün gemeint. Ein „Hartsgrün" gibt es nicht.

einem hohen Berge, so dem von Meuselbach zustehet und kursächsischer juris-
diction. Und allhier stößet auch das Vogtländische ein wenig mit an. Darnach
gehet das Reußische und des von Bottiche adelige Güter wieder fort. Nicht
weit von der Blankenberger Mühle schneidet sich ein Weg ab auf das Dorf
Grün, das Städtchen Berg bis nach der Markgräfischen Stadt Hof im Vogtlande. Der Reinsteig aber gehet mit der Saala weiter, und immer in dem
Markgräfischen nach dem Saalhammer, so ein schöner Eisenhammer (das
Dorf Bottich*) aber bleibt zur linken Hand im Reußischen liegen), bis zu den
Flecken Sparnberg, so halb Markgräfisch und halb Reußisch, wie ihn der Saal-
strom teilet.

Und so weit ist der Oberförster Martin Rees kommen. Wie nun seines
Erachtens der Reinsteig vollends bis an den Böhmerwald fortstreiche, das ist
oben **) von mir allbereit angezeiget worden. Hat jemand die Curiosité, ferner
nachzufragen, der muß deßfalls bei den Hochfürstlich Markgräfischen Forstbedienten zum Hof im Vogtlande und selbiger Gegend die beste Nachricht
erholen, welche mir aber aus Mangel der addresse an sie entstehet***). Doch
wird es, wie ich hoffe, dem geneigten Leser nicht ganz unannehmlich gewesen
sein, vorgesetzte Erzählung von diesem denkwürdigen Hauptgrenzwege des
Thüringerwaldes, weil er in anderen Büchern davon nichts findet, gelesen
zu haben, mit welcher auch zuversichtlich den Particuliergrenzen und Limit-
scheidungen allerseits hoher Herrschaften nichts præjudiciert sein wird, als
welche hieher nicht gehören. So kann auch zu Kriegszeiten den Feinden oder
auch etwa den Zigeunern und Schnapphähnen diese Nachricht wenig dienen,
weil die flüchtigen Landleute nebst jedes Orts hoher Obrigkeit schon Mittel
wissen werden, sobann und im solchen Fall die Waldpässe genugsamlich zu
verwahren.

Die Länge aber dieses Weges erstreckt sich meiner nach der auch in dieser Mappe
beigeschriebenen Zahl der Meßruten genommenen Ausrechnung zufolge auf
20,397 Ruten, welche = 13 168/3125 Meilen. Also wenn die Rechnung des ersten
Teils richtig ist, so hielte der ganze Reinsteig von Lutzenloch an in allem
36,397 Ruten oder 23 313/3125 Meilen Wegs, eine Rute zu 16 Schuh und
1562½ Rute auf eine teutsche Meile gerechnet, nach Weckens Calculo in der
Dresbnischen Chronike fol. 188 b.

Aber genug hievon.

*) D. i. Pottiga.
**) Vergl. Seite 10. 11. 13.
***) D. i. abgeht.